国学基础导论

刘介民 著

广东高等教育出版社
广州

图书在版编目（CIP）数据

国学基础导论/刘介民著．—广州：广东高等教育出版社，2008.8（2015.8重印）
ISBN 978-7-5361-3647-2

Ⅰ．国…　Ⅱ．刘…　Ⅲ．国学-概论　Ⅳ．Z126

中国版本图书馆CIP数据核字（2008）第069209号

广东高等教育出版社出版发行
地址：广州市天河区林和西横路
邮政编码：510075　电话：87557232
南方医科大学广州广卫印刷厂印刷
787×960毫米　16开本　24.75印张　460千字
2008年8月第1版　2015年8月第3次印刷
印数：1 001～3 000册
定价：45.00元

目　录

序 …………………………………………………………… 李明华（1）

前言 ……………………………………………………………（1）

一、国学的兴起和国学热 ……………………………………（1）

二、国学的主要内容和学科 …………………………………（3）

三、国学的价值和现代意义 …………………………………（4）

四、国学的治学和研读方法 …………………………………（6）

第一章　国学的名称与内涵 …………………………………（1）

一、国学的观念与实质 ………………………………………（1）

二、国学的范畴与分类 ………………………………………（4）

第二章　儒家 …………………………………………………（7）

孔子 ……………………………………………………………（8）

一、人生哲学与理想人格 ……………………………………（10）

二、教育是生命的学问 ………………………………………（13）

三、政治哲学与历史演化 ……………………………………（16）

四、《大学》、《中庸》、《论语》 …………………………（19）

孟子 ……………………………………………………………（30）

一、人性论：心灵的研讨 ……………………………………（30）

二、修养论：养浩然正气 ……………………………………（32）

三、仁政说：民贵君轻论 ……………………………………（35）

四、道德教育：明人伦物理 …………………………………（38）

五、《孟子》、《礼记・学记》、《礼记・乐记》 ………………（40）

荀子 ……………………………………………………………（47）

一、人性观：性恶论 …………………………………………（47）

二、礼是核心思想 ……………………………………………（50）

三、天有自然法则 ……………………………………………（52）

四、知识论之解说 …………………………………………………… (54)
五、心理学与劝学 …………………………………………………… (57)
六、《荀子》 ………………………………………………………… (62)
第三章 道家 ………………………………………………………… (65)
老子 ……………………………………………………………… (65)
一、天地之宗，道统万物 …………………………………………… (66)
二、道法自然，自然无为 …………………………………………… (67)
三、绝仁弃义，道体虚无 …………………………………………… (69)
四、道家的人生哲学 ………………………………………………… (72)
五、无为而治的政治哲学 …………………………………………… (76)
六、道教及《太平经》、《老子》 ………………………………… (78)
庄子 ……………………………………………………………… (86)
一、知也无涯的知识论 ……………………………………………… (86)
二、至乐无乐的人生哲学 …………………………………………… (91)
三、"全生葆真"的修养论 ………………………………………… (94)
四、"死生如昼夜"的生死观 ……………………………………… (98)
五、政治理想和哲学追求 …………………………………………… (101)
六、《易经》、《庄子》 …………………………………………… (102)
第四章 墨家 ………………………………………………………… (110)
墨子 ……………………………………………………………… (110)
一、爱心充溢的政治理想 …………………………………………… (110)
二、"尚天"、"崇鬼"的宗教观念 ………………………………… (116)
三、勤俭实用与主张非乐 …………………………………………… (118)
四、道德教育的原则和美德 ………………………………………… (119)
五、墨者的认识论和逻辑 …………………………………………… (120)
六、《墨子》 ………………………………………………………… (125)
第五章 法家 ………………………………………………………… (127)
一、劝之以赏赐，纠之以刑法 ……………………………………… (128)
二、明法者强，慢法者弱 …………………………………………… (131)
三、极权主义的法治思想 …………………………………………… (134)
四、争于气力的人生哲学 …………………………………………… (136)
五、融法、术、势为一体的法制 …………………………………… (137)

六、《韩非子》……（140）

第六章　佛家……（143）
一、佛教的产生及其发展……（143）
二、般若涅槃的基本观念……（145）
三、佛教传入的演变轨迹……（150）
四、宗派林立，创立三宗……（152）
五、佛教与中国传统文化……（156）
六、《心经》、《金刚经》、《六祖坛经》……（158）

第七章　阴阳家……（163）
一、阴阳五行观念的源起……（163）
二、黄老道家与阴阳五行……（169）
三、易学与星占术……（170）
四、风水、卜居、相术……（173）
五、《邹子》……（176）

第八章　纵横家……（177）
一、纵横鼻祖鬼谷子……（179）
二、乱世枭雄苏秦、张仪……（180）
三、长短纵横术主父偃……（182）
四、纵横家的学术价值……（183）
五、《鬼谷子》、《战国策》……（185）

第九章　名家……（189）
一、名家及其核心理念……（189）
二、惠施的“合同异”……（191）
三、公孙龙的“离坚白”……（194）
四、《公孙龙子》……（197）

第十章　兵家……（198）
一、孙武与《孙子兵法》……（199）
二、《素书》与文韬武略……（202）
三、奔袭的骑兵李世民……（203）
四、神机妙算的刘伯温……（204）
五、《孙子兵法》……（205）

第十一章　农家 …………………………………………（206）
一、以农为本假托神农氏 …………………………（206）
二、传统农家思想的形成 …………………………（209）
三、四象、人力与天时 ……………………………（210）
四、农家思想中的主体意识 ………………………（211）
五、《神农》…………………………………………（213）
第十二章　杂家 …………………………………………（215）
一、杂家的特征及代表作 …………………………（216）
二、杂家的思想内容 ………………………………（218）
三、杂家的历史地位 ………………………………（219）
四、《吕氏春秋》……………………………………（220）
第十三章　经学 …………………………………………（224）
一、经学的意义和兴起 ……………………………（225）
二、经学派别与价值取向 …………………………（229）
三、经学的兴盛和流变 ……………………………（231）
第十四章　史学 …………………………………………（240）
一、史的意义和分类 ………………………………（241）
二、正史：纪传，政书 ……………………………（245）
三、编年：编年体，纪事本末 ……………………（249）
四、国别体史书 ……………………………………（251）
五、目录、史评与学术史 …………………………（253）
第十五章　子学 …………………………………………（257）
一、子学特质及学术使命 …………………………（258）
二、诸子命名与各家渊源 …………………………（261）
三、诸子蜂起与百家争鸣 …………………………（266）
四、诸子思想差异之原因 …………………………（270）
第十六章　集学 …………………………………………（274）
一、《楚辞》…………………………………………（275）
二、别集、总集 ……………………………………（276）
三、诗文评论 ………………………………………（281）
四、史学评论 ………………………………………（285）

第十七章　玄学、理学 …………………………………… (288)
一、玄学的特征及思想渊源 ………………………………… (288)
二、玄学之内涵与代表人物 ………………………………… (290)
三、理学之内涵与代表人物 ………………………………… (293)
四、朱熹的理学体系 ………………………………………… (296)
五、宋明理学之派系 ………………………………………… (298)

第十八章　义理学 …………………………………………… (303)
一、《尚书》、《诗经》 ……………………………………… (303)
二、"三礼"、《春秋》、"三传" …………………………… (307)
三、《孝经》、《尔雅》 ……………………………………… (315)

第十九章　考据学 …………………………………………… (320)
一、目录学、图书馆学、版本学 …………………………… (321)
二、校勘学、辨伪学、辑佚学 ……………………………… (325)
三、文字学、声韵学、训诂学 ……………………………… (328)

第二十章　词章学 …………………………………………… (332)
一、诗学、词学、曲学 ……………………………………… (332)
二、文章学、小说学 ………………………………………… (337)
三、俗文学 …………………………………………………… (341)

第二十一章　经世学 ………………………………………… (344)
一、经世致用的一般特点 …………………………………… (345)
二、经世致用的文化渊源 …………………………………… (352)
三、通往近代新学的桥梁 …………………………………… (354)

结论：国学的现代生命律动 ……………………………… (358)
一、国学在当今世界学术界的地位 ………………………… (360)
二、国学的现代性与社会的现代化 ………………………… (362)
三、国学的基本观念是"生命律动" ………………………… (365)

参考书目 …………………………………………………… (368)

后记 ………………………………………………………… (370)

序

刘介民教授的《国学基础导论》是专门研究国学和中华文化的一部专著。按照作者自己的界定，国学是中国学术的简称。所谓“学术”，是指有系统的、较专门的学问。中国之学术，乃相应环绕于人生之诸问题，以探讨其原理、原则，并寻求解决之方术。刘教授的这部著作，俯瞰中国学术，对中国学术的核心，如经学、史学、子学、集学等国学知识做了大致的浏览；对中国学术的方法问题，如义理学、考据学、词章学、经世学等也做了全面的论述。可以说，这部书为我们打开了进入国学殿堂的大门。

“国学”一说，产生于西学东渐、文化转型的历史时期。20 世纪 90 年代“国学热”至今，都是今人对于传统文化的反思与正视。近百年的发展、变迁，中国的社会文化已经与以前有很大差别。历史的车轮已驶入 21 世纪，中国已经步入了现代化的轨道。此时，国际化浪潮汹涌澎湃，社会信息传递日益便捷，国人对世界的了解可以说超过了以往任何一个时期。在这文化交流日益频繁的时代背景下，“国学热”在某种程度上只是众多文化潮流中的一支，于今而言，则正是对传统文化在今日中国乃至世界多元文化中的重新定位。

国学的根本要义是对于古人思维成果和高尚精神的再现，经学以及诸子百家之学皆归于其中。“国学”记录以往，开启后来，丰富中华文化。可见，作者的国学研究是以中华文化作为对象，总结中国人在精神文化方面的创造成果。“国学热”的出现和升温，使国人对中国历史和文化的认同感也进一步增强。如果考察“国学”倡导者的文化背景，应当说这些人对“国学”的认知并不一致，但是他们对中国历史和中华文化的认同是一致的。“国学”的核心问题还是中国传统文化，它是一种中国传统文化的象征，“国学热”更多体现的是一种对中国历史文化的认同。

《国学基础导论》是一本浏览和研究中国学术的著作，探讨了国学的兴起和国学热、国学的主要内容和学科、国学的价值和现代意义、国学的治学和研读方法等问题。全书 21 章，分四个大的部分。本书第一部分（前 6 章），是对国学的大体扫描，对国学的缘起以及主要内容都有所涉及。如国学的名称与内涵、国学的观念与实质、国学的范畴与分类；儒家的孔子、孟子、荀子，道家的老子、庄子，墨家墨子，法家韩非子，佛家的佛教，道家的道教。第二部分（7～12章）是对九流十家中其他各家的介绍和论述，如对阴阳家、纵横家、名家、兵家、农家、杂家的阐述，能够将主要内容都容纳其中，给读者一个整体印象。第三部分（13～16章），专论经学、史学、子学、集学。经学，涉及先秦经学，两汉经学，魏晋南北朝经学，隋唐经学，宋代经学，元明经学，清代经学。史学，涉及正史：纪传，政书；编年：编年体，纪事本末；国别体史书；目录、史评与学术史。子学，涉及子学特质及学术使命，诸子命名与各家渊源，诸子蜂起与百家争鸣，诸子思想差异之原因。集学，涉及《楚辞》，别集、总集，诗文评论，史学评论。以及《四书》、《五经》、《十三经》。第四部分（17～21章）是关于国学的相关理论知识和治学方法。涉猎玄学、理学，义理学，考据学，词章学，经世学。如理学中的朱熹的理学体系，宋明理学之派系。义理学中的《尚书》、《诗经》、"三礼"、《春秋》、"三传"、《孝经》、《尔雅》。考据学中的目录学、图书馆学、版本学、校勘学、辨伪学、辑佚学、文字学、声韵学、训诂学。词章学中的诗学、词学、曲学、文章学、小说学、俗文学。经世学中的经世致用的一般特点、经世致用的文化渊源、通往近代新学的桥梁。作者的结论是：国学的基本观念是"生命律动"，国学在当今世界学术上具有很高的地位。

我认为，本书的特点是集众多经典为一书，采集提炼群经诸子的最有代表性的经典话语，同时吸取近百年来许多国学大师的心得，结合作者的研究，做出简明而直接的诠释。本书明白易懂，便于大学生和初学者入门。读者可以根据需要选读，也可以根据经、史、子、集，以及义理、考据、词章、经世的阅读了解国学，并对国学有一个总体印象和感悟。国学并非高不可测，国学就在我们身边。本书提出了一个新的国学理论体系，在理论的探讨上、系统观点上、全书结构上都有新的特色。本书在现代学术思想的观照下，确立了一个新的立场、新的观点。这就是作者通过对我国古代典籍，特别是对孔子、孟子、荀子，老子、庄子，墨子、韩非子等细读、钩玄、梳理，提高学生的文化素质和人才培养质量。在建立具有中国特色的国学理论过程中，认真把握了儒家、道家思想之关键，以丰富的资料论证了中国学术博大精深，符合中国文化特征。该书属多学科的综合研究，有很多独到的新的见解，如提出"国学精要知识谱系"的问题，是新鲜的。从建立国学比较系统的理论体系看，有一定学术价值。

作者治学态度严谨，掌握很多第一手资料，用历史唯物主义观点和人文主义的方法分析、研究、梳理，具有科学性，是一部有较高质量的学术著作。

《国学基础导论》是在作者多年研究和教学基础上完成的。10年前作者就完成并出版了《中国传统文化精神》一书，对国学的核心问题一直投以极大的关注。据了解，在刘教授执教的广州大学，先后有3 000多名学生选修了“中国文化概论”课程，较好地提高了大学生的文化素质。广州大学是国家大学生文化素质教育基地，刘教授这本《国学基础导论》对提高教师和学生的文化素养和学校文化品位也应该有积极的推动作用，同时，对广州大学建设有特色的、高水平的国家大学生文化素质教育基地会有直接的作用。

李明华

2007年5月

（李明华　研究员，博士生导师，享受国家特殊津贴专家；广州市社会科学联合会主席，广东省文化学会主席）

前　言

何谓国学？所见分歧者众。只是就它的普及意义讲，它应该包容了一个国家曾经赖以生存的语言、艺术、思想、文化、历史，是民族文化的一个载体。具体来说，我认为：国学，是中国学术的简称。所谓“学术”，乃相应环绕于人生之诸问题，以探讨其原理、原则，并寻求解决之方术。就此探求而得之原理、原则，以及解决之方术，所成就之理论系统，称为“学术”。此属于中国特有之学术系统，简称为“国学”。“国学”之名，始见于清末。清光绪三十三年（1907），刘师培、章太炎、邓实等创办《国粹学报》，第27期邓实有《国学精论》一文发表。称“国学”者，盖所以有别于“西学”。“国学”大盛于20世纪80年代，有“寻根热”，世纪之交“国学热”再次掀起至今，无不是今人对于传统文化的反思与正视。于今而言，则正是对传统文化在今日中国乃至世界多元文化中的重新定位。

一、国学的兴起和国学热

国学起源较早，形成较晚。经学可以说是国学的基础，形成于汉代，从西汉到清代末年两千多年的岁月里，经历了一个漫长的封建社会。随着中国经学的壮大和成长，人们对治理国家的认识也从一个不自觉到自觉的过程。人们从浩如烟海的经籍中，寻索有关情节的来龙去脉，开拓经营和钩玄，取得了不少的成果。“国学”一说，就产生于西学东渐、文化转型的历史时期。

关于国学的定义，严格意义上，到目前为止，学术界还没有做出统一的、明确的界定。名家众说纷纭，莫衷一是。普遍说法如国粹派邓实在1906年撰文说：“国学者何？一国所有之学也。有地而人生其上，因以成国焉，有其国者有其学。学也者，学其一国之学以为国用，而自治其一国也。”① 邓先生的国学概念很广泛，但主要强调了国学的经世致用性。章太

① 邓实：《国学讲习记》，载《国粹学报》，第19期，1906。

炎著《国学论衡》，国学名称得到广泛的流传。中国文化源远流长，中国学术内容广博，包括哲学、宗教、史学、文学、兵法等，可以说，国学是传统文化的深化，是中国文化在长期历史中创造出的灿烂光辉的成就。

五四运动以后，相当长的时间里，国学淡出意识形态领域，成为书斋里的研究对象。在西化思潮的激荡下，国学始终处于据守地位，成为现代社会的支流和潜流。其实，最初提出“国学”问题的人，固然基于一种现代民族国家意识，但同时他们也是一些对现代学术有所了解、有所比较，并具有对传统学术文化进行反思、加以重新解释能力的人。像章太炎、梁启超等就是典型代表。“国学热”作为一种文化现象，在新的历史条件下能否复兴？国学在现实社会所遭受的挫折使我们看到，国学只是一种中国传统文化的象征，而对现实社会恐怕不可能也无法产生实质性的影响。人们可以通过学习“国学”提高文化素养和道德境界，但却无法解决人人必须面临的衣、食、住、行问题，特别是就业问题。这就失去了“国学热”进一步升温的动力，不能不说是一些倡导国学的人们的隐忧。国学要成为现代中国的文化主流任重而道远，但国学毕竟又是中国传统文化的重要内容，在某种程度上代表中华民族的历史与文化，因此，如何保持中华文化的绵延与发展，又是值得每个人思考的。“国学热”的出现和升温，在某种程度上可以说是这种认同感增强的一个重要标志。如果考察“国学”倡导者的文化背景，应当说这些人对“国学”的认知并不一致，甚至是参差不齐，但是，可以肯定的是，他们对中国历史和中华文化的认同是一致的。他们提倡国学的一个重要目的，就是要促使人们对中国历史和文化的了解，同时也是为了增强中国人的凝聚力。

目前，“国学热”的一个重要表现就是试图通过教育干预来复兴国学。一些高等院校设立国学班或国学院的一个重要目的，也是希望能够通过国学教育来传播国学，并培养出一些大师级的国学研究人员。对于当前的“国学热”，应该抱一种平和、宽容的心态去看待，应该意识到这种文化现象更多的代表的是一种对中国历史文化的认同和兴趣，不会从本质上改变近代以来中国文化的发展方向。同时，也应该看到国学研究的振兴和绵延，更多的应该依靠国学的自身价值、舆论的正确引导和研究者的兴趣，而非其他。应该说，国学经典是最有价值、最有意义的著作。如治先秦经典之国学，我们可以从孔子那里读到一颗爱心，构建和谐；从孟子那里读到豪言正气，治平天下；从荀子那里读到积极进取和科学精神。我们可以从老子那里读到人与自然和生活的辩证法；从庄子那里读到美和艺术的人生观。我们还可以从墨子那里读到救助百姓的古道热肠；从韩非子那里读到遵纪守法、直面人生。总之，国学作为中国学术，我们会从国学精要中更深刻地认识到人生态度、人生智慧、人类社会。

同清末民国时期相比，今天的中国人的确应该，也似乎可以有更为深远的眼光、更为从容的心态、更为自信的方式，在尽量吸收外来优秀文化因素的同时，更加自觉地重视研究、传承、发扬和改造自己的传统学术文化。我想，这恐怕也正是当今“国学复兴”的呼声再一次高涨的时代背景和思想前提。

二、国学的主要内容和学科

一般来说，国学是指以儒学为主体的中华传统文化与学术。国学既然是中国传统文化与学术，那么无疑也包括了医学、戏剧、书画、星相、数术等，这些当然是属于国学范畴，也可以说是国学的外延，本书重点讨论中国传统精神文化和学术方面的问题。

国学以学科分，应分为哲学、史学、宗教学、文学、礼俗学、考据学、伦理学、版本学等，其中以儒家哲学为主流；以思想分，应分为先秦诸子、儒道释三家等，儒家贯穿并主导中国思想史，其他从属地位；以《四库全书》分，应分为经、史、子、集四部，但以经、子部为重，尤倾向于经部。

《四库全书》是中国古代最大的丛书，编撰于乾隆年间（1774），由当时的纪晓岚、王念孙、戴震等一流学者完成。《四库全书》是中国古代最大的一部官修书，也是中国古代最大的一部丛书。最早修成的是文澜阁本，另有文源阁本、文溯阁本等。据现藏北京图书馆的文津阁藏本，该书共收录古籍3 503种、79 337卷。“四库”之名，源于初唐，初唐官方藏书分为经、史、子、集四个书库，号称“四部库书”，或“四库之书”。经史子集四分法是古代图书分类的主要方法，它基本上囊括了古代所有图书，故称“全书”。

经部——经部分为“易类”、“书类”、“诗类”、“礼类”、“春秋类”、“孝经类”等，主要是儒家经典和注释研究儒家经典的名著。其中儒学十三经：《周易》、《尚书》、《周礼》、《礼记》、《仪礼》、《诗经》、《春秋左传》、《春秋公羊传》、《春秋谷梁传》、《论语》、《孝经》、《尔雅》、《孟子》。

史部——史部分为“正史类”、“编年类”、“纪事本末类”，重要书目如：《史记》、《汉书》、《后汉书》、《三国志》、《资治通鉴》等。

子部——子部分为“儒家类”、“兵家类”、“法家类”、“农家类”，重要书目如：《老子》、《墨子》、《庄子》、《荀子》、《韩非子》《公孙龙子》、《淮南子》、《抱朴子》、《列子》、《孙子》、《四十二章经》等。

集部——集部分为“楚辞类”、“别集类”、“总集类”，重要书目如：《楚辞》、《全唐诗》、《全宋词》等。

三、国学的价值和现代意义

国学源远流长，历经长久凝练。它博大精深、奥妙深邃，涵盖全部中国学问。国学是国人灵魂的载体，是对人的高尚精神的再现、安身立命的根基。“国学”不仅创造出令人瞩目的物质文明，也创造了人类文化宝库中占有重要地位的精神文明。在传统的经学、史学、文学中，这种精神传承，孕育了伟大的中华民族，具有不可磨灭的价值。

1. 文化价值

“国学”是中国文化的源头活水，国学的根本要义是对于古人高尚精神的再现，经学以及诸子百家之学皆从中化出。“国学”记录以往，开启后来，创造中华文化。“国学”乃是现代民族国家意识和学术现代化意识这两种现代意识同时觉醒的特殊凝结体，是这两种现代自觉既矛盾、又统一的互动结果。更准确地说，它是现代民族国家意识占据了其外在的概念形式、而学术现代化意识则渗透到其内容之中的特定历史文化范畴和现象。这种现代民族国家意识，民族文化的危机意识和自我认同感，使对国学的现代化研究之追求更加迫切。国学涵盖“六经”，经典自有其历史价值。如《书经》是中国最早的历史科目。《诗经》也含有丰富的历史资料。历史文献资料是史学家根据历史上所发生的真实事件，经过选择后的记录。研究人文历史必须依据史料才能进行，史料包括实物与文献资料，我们更多的是运用文献资料来进行历史研究。《仪礼》记古代礼节，《周礼》讲古代理想的官制，自然也是历史资料。从经书里，可以看到我们的祖先是怎样走过来的。明历代经学变迁之大势：《史记》称孔子赞颂六艺，六艺称经。国学自应由经学史等类的研究，以明各代经学的演变，如《白虎通义》、《五经义疏》，及皮锡瑞的《经学历史》、马宗霍的《中国经学史》、钱基博的《经学通志》等著作，以明经学变易的经纬。

2. 文学价值

国学是中国古典文学的根。如《诗经》是我国古代诗歌总集，为中国最早的文学科目。中国文学的壮丽画卷，上古神话、先秦诗歌散文、汉赋、唐诗、宋词、元曲、明清小说，一脉相承。在文学作品繁丰以后总集成书，于是产生分体的观点，按文体或内容予以编辑；又为求师法乎上，以求“兼功”，于是“略其芜秽，集其清英”（见《昭明文选·序》），如《玉台新咏》、《昭明文选》，都是最具代表性的、有较高文学价值的总集。文章诗歌，均有气势篇评文论诗，有不可不知者。文气无一定之律，而有一定之妙。桐城派古文家奉守之秘传，姚鼐云：

> 大抵学古文者，必要放声疾读，又缓读，只久之自悟。若但能默看，即终身作外行也。①

中国古代文学是中国学术重要组成部分，在学术史上占有重要地位。

3. 教育价值

国学经典保存着最早的教材、最早的教育理论和最早的教育方法，一直到今天都有着珍贵的价值。孔子总结学术，是上古学术文化的集大成者。他总结的上古文献资料都是当时教授学生的最好的教材，后世尊称为“六经”。经学之大义，牵涉多端，总之不外修己治人而已。修己重德性之陶冶，治人则在政教礼制。孔子教弟子，对学生施行的就有《诗》教、《书》教、《乐》教、《易》教、《春秋》教。采取的教学方法是学思结合、举一反三、因材施教、因人制宜。目前“国学热”的一个重要表现就是试图通过教育干预来复兴国学。一些高等院校设立国学班或国学院的一个重要目的，是希望能够通过国学教育来传播国学，并培养出一些大师级的国学研究人员。这种愿望的确很良好，但能否达到这样的目的却值得商榷。

4. 政治价值

在国学经典中，有着极其丰富的关于治国安民的政治智慧和政治哲学。《五经》、《四书》、《十三经》就是中国的政治学，在这些经书中，基本讲清了为政的基本原则与方法，对于提高执政者的执政水平与能力，极关紧要。孔子、孟子、荀子、老子、庄子、墨子、韩非子等都有一套治国之道。立国的宏规，中华文化的法律制度，自汉以后，凡是政治上理论的争执，政治制度的确立，几无不援引经典，以为裁断。经典之著成为读书人必读书。钱塘《与王无言书》云：

> 士君子读书，宜务知大者远者，于经宜考圣王之制作。(《湖海文传》)

因为中国的经典，大多不是空泛的理论，不是脱离现实的学术，而是见

---

① 姚鼐：《惜抱轩集·与陈硕士书》，周中明选注评点，苏州：苏州大学出版社，2001。

之于人伦日用之间，政治施措之际。古人明体达用，无不依傍经典，而其实际，则在典章制度之中，都是依循于经典，体现出国学经典在政治上的价值。

5. 思想价值

国学在2 000多年来的各种政治文化教育思想都可以在经书中找到源头。如儒家的恭、宽、信、敏、惠；忠、孝、仁、爱、信、义、和、平等诸多品德，构成中国人的道德规范，成为中国人的精神家园。先秦思想重视社会问题，具有强烈的忧患意识和社会责任感，重视人际关系，重视人的主观能动性的进取精神，都体现了它的思想价值，具有现代意义。孔子云："学而不思则罔，思而不学则殆。"（《论语·为政》）学贵悟解，必由思得，所谓"思之思之，鬼神通之"，其方法亦可得而言。经学乃吾国思想之祖，学术之源，故必以求本义、明大义为旨归。

四、国学的治学和研读方法

如何治学？或者治学有什么具体要求？这是十分重要的问题。但毕竟是人言言殊，仁者见仁，智者见智。论中国学术不能只谈背景、意义而不谈治学方法，但谈方法与其说探讨一种行之有效的研究程序或模式，不如说是讨论在国学研究中碰到的难题。经、史、子、集几乎为吾国典籍之总称，乃国学研究的对象。四部之书，人人不能尽读，但亦不能不读，而研究所及，往往出入四者之间，故不可不求其治学方法。首先要了解历代经学迁变之大势。其次是经学乃吾国思想之祖，学术之源，故必以求本义、明大义为旨归。再次经学之大义，牵涉多端，总之在修己治人。最后读经宜从传注着手：读任何古籍，都宜从传注训诂着手，惟经学之传注，不为千门百类，而且全系古人心力精神所专注学问，是读经的要途。

中国经典文本中很多思想范畴缺乏严格的意义界定，也是国学研究的难题。王国维说：

> 夫古人之说，固未必悉有条理也。往往一篇之中时而说天道，时而说人事；岂独一篇中而已，一章之中，亦得如此。幸而其所用之语，意义甚为广漠，无论说天说人时，皆可用此语，故不觉其不贯串耳。①

王国维的评论，涉及某种思想方式的问题。这不是说，古人表达思想可

---

① 王国维：《静庵文集》，37页，沈阳：辽宁教育出版社，1997。

以不合逻辑，而是某些基本概念的形成，没有或者难以通过清晰的定义。类比及隐喻，是经典中表达某些抽象观念的途径。古代典籍之中，最要者莫如群经，前人尊经，认为经书系经过孔子的赞修，乃圣人的制作，自不可与诸子等书为伍；又以经乃“恒久之至道，不刊之鸿教”，故特加尊重，甚至认为无研究讨论之可能，如《四库全书总目卷一·经部总叙》所云：

经禀圣裁，垂型万世，删定之旨，如日中天，无所容其赞述，所论次者，诂经之说而已。然以今日之治学眼光视之，经亦史也，所可论次者，非止于诂经之说而已。

然吾人仍应尊经，除上述的理由外，盖经乃最早出现的旧典，是吾国学术的本源；又历代师儒，无不瘁尽心力于经学，经已成为历代贤哲思想之总汇，各种学术发展都与经学有关。文章以义为主，而辞欲能副其意，气欲能举其辞，为学文不可舍弃之法则。夫经史子集，均为研究国学者所必须研读者，然以卷帙浩繁，常苦其多。读经之法，前人言之特多，如义理、考据、辞章、经世等，此举其重要者论之：

1. 发现新理论，建立新体系

治学贵在创新，而以发现新理论，建立新体系为难能可贵。诸子之学，就其源流而言，各有别异；诸子之书，非一人之手所成，乃一家派之书，于是互相批评论难。故源流要明，明诸家之流别，才能入手。明各子书的精要，源流既知，同异既辨，变迁既明，便宜究明各家学术的本末精粗，全体大用，得到全书的了解，发现新的体系。由深入的探讨，得其精微，明其要点，以明其学术思想，古代哲学的根本大义，方可期其讲究明白，有所创新。

2. 发现新方法，树立新范型

新理论新体系之发现与建立是以真正千古之著为根基。故发现新的方法，创造出新的品物和范型，亦足流古，或争胜一时，绝非易事。讲明各家的迁变，学术有起源、有发展、有蜕变、有衰竭的过程，必寻求新的研究方法。于是学术才有不同的开展，有不同的内容，有盛衰起伏。或系时代的影响，或系个人创获不同的缘故，《韩非子·显学》云：

孔、墨之后，儒分为八，墨离为三，取舍相反不同，而皆自谓真孔、墨。孔墨不可复出，将谁使定世之学乎？

这说明了韩非当时所见，同属儒家，已有了八派，墨家已分离为三派，既分出派别，其学即各有发展，而有不同，故要用新方法、新范例。

3. 发现新问题，提出新解决方法

人类学术的积累，是不断地在发现新问题，而提出新的解决方法。要了解所研究对象的异同，夫同一师承，立言未必一致；同一学派，大同之中，必有互异；相异之外，仍有相同诸子之学，就其源流而言，各有别异。由此可以发现新问题。《汉书·艺文志》以为某家出于王官某官，足见诸子必前有所承，而后有此专家之学。同时学术之发展，亦必受先前时势的影响，社会的发展，时代的需要，可以促成新的学问。

4. 整理旧资料，构成新系统

将无系统的古书，予以系统化，因而面目一新。利用旧资料，依实际的需要，一定的体例，撰成工具书，便利大众或专门的研究，各类的工具书，大概都可入此类。例如《中国古今地名大辞典》的编撰，诚有需要，因为"吾国幅员辽阔，地志浩如烟海，偶举一地，欲详其过去之历史，现在之状况，恒苦不易，而较僻者且不知其所在，遑论其他"①，发现新资料，提出新研究。治学贵在有新资料，有了新资料，便有了新证据，往往会有新发现、有新结果。王国维云：

> 古来新学问起，大都由于新发见。有孔子壁中书出，而后有汉以来古文家之学；有赵宋古器出，而后有宋以来古器物、古文字之学。惟晋时汲冢竹简出土后，即继以永嘉之乱，故其结果不甚著然。②

读书是治学的起点，在学术研究的园地中，没有"不学有术"的可能性。读书要先知书，其次要知道读书的方法，再进而知。在我看来，对于中国传统学术尤其是人文学术的某些基础学科的现代转型来说，像章太炎、王国维那样既真诚执著于国学、又有着现代学术意识与修养的人，其新的国学实践较之那些只知一味单纯地介绍和引进西学的人来说，有时其贡献往往还要更为直接和实在。

"六经皆史"或曰"经史同源"，这是经学中古文一派的重要治学理念。史与经比较，一个通其变而求其常，一个未通其变而以之为常，经者常道也。在研究方法上，文字音韵训诂之学构成经学的门径，而考证史事与编撰著书则为史学之大要。我做学问从未局限于某一时期、某一地区、某一专业，而是史学与经学，子学与集学相结合。国学作为中国学术，包含经、

---

① 戴均良主编：《中国古今地名大辞典·缘起》，上海：上海辞书出版社，2005。

② 王国维：《最近二三十年中国新发现之学问》，载佛雏编：《王国维学术文化随笔》，北京，中国青年出版社，1996。

史、子、集。本人在写作过程中没有经史分别的观念，自觉遵循“六经皆史”论，秉承“经史同源”的治学精神，希望为促进中国国学“近代化”的历史进程发挥作用。

“九层之台起于累土”。《国学基础导论》以分门别类介绍国学的基本知识、主要经典和治学方法。它的特点是集众多经典于一书，采集提炼诸子的最具代表性的经典话语，同时吸取了近百年来许多国学大师的心得，并结合本人的研究心得和新时代人群的要求。在本书编撰过程中，我除翻阅中华经典古籍之外，还参阅了国内外很多学者的研究成果，特别是这方面一些专家的著作，使我受益良多。我特别借鉴和援用了刘兆祐、江弘毅等著的《国学导读》，朱维焕所著的《国学入门》，中华孔子学会编辑委员会组编的《国学通览》等著作，对此我对他们表示衷心的感谢。我也特别感谢那些一贯支持我和关心我的朋友，他们是管林教授、陈永彪教授、栾栋教授、纪德君教授等。感谢广州市社会科学联合会主席、广东省文化学会主席、博士生导师李明华研究员为本书写序。他在推荐本书时说：“作者提出了一个新的国学理论体系，在理论的探讨上和系统观点上都有新的特色。在建立具有中国特色的国学理论过程中，认真把握了儒家、道家思想之关键，以丰富的资料论证了中国学术博大精深，符合中国文化特征。该书属多学科的综合研究，有很多独到的新的见解，如提出‘国学精要知识谱系’的问题，是新鲜的。从而建立了国学比较系统的理论体系，有一定学术价值。作者治学态度严谨，掌握一手资料，用历史文化的方法分析、研究、梳理，具有科学性，是一部有较高质量的学术著作。”我也要感谢广州大学人文学院副院长纪德君教授，他在推荐本书时说：“刘介民的新著《国学基础导论》，是在他多年研究和教学基础上完成的。10 年前，他就为本科生开设了‘中国文化概论’课程，完成并出版了《中国传统文化精神》一书。在广州大学先后有 3 000 多学生选修了这门课程。在长期教学和研究的实践中，他不断接受学生的建议，不断提高自己对国学的研究水平，不断地对教材进行补充、修订，最后完成这本教材，为广州大学大学生文化素质教育作出了贡献。”

本书在现代学术思想的关照下，确立了一个新的立场、新的观点。这就是作者通过对我国古代典籍，特别是对孔子、孟子、荀子，老子、庄子，墨子、韩非子等细读、钩玄、梳理，提高学生的文化素质和人才培养质量。本书的特点是集众多经典为一书，采集提炼群经诸子的最有代表性的经典话语，同时吸取近百年来许多国学大师的心得，结合本人的研究，作出简明而直接的诠释。本书明白易懂，便于大学生和初学者入门。读者可以根据需要选读，也可以根据经、史、子、集，以及义理、考据、词章、经世的阅读了解国学，并对国学有一个总体印象和感悟。国学并非高不可测，国学就在我们身边。最近，我校成为国家大学生文化素质教育基地，本书对提高教师的文化素养和学校文化品位会有积极推动作用，对加强大学生文化素质教育也是一个很好的教材。对实现建设广州大学有特色的、高水平的国家大学生文化素质教育基地会有直接的效果。

要写好这本书，既要博古通今，慎思明辨；又要辨章学术，考据源流；既要吸纳传统精华，又要开拓创新。我尝试通过对经典意义的探求和诠释，寻找古今相通的、至今仍然具有鲜活生命力的思想。尽管本人能力和水平有限，但我愿意与大家一道，为中华国学的伟大事业尽绵薄之力；愿为广大读者和学生提供一个简明、实用的国学知识谱系。

本书的读者对象是广大国学和中国文化爱好者，同时可以为高等学校各个学科本科学生、研究生教学用书。特别适合从事中国传统文化、中国古代文学教学和研究的教师和读者。既要把它写成适应高校教学需要的教材，也要写成一部专著，这是我编撰本书的宗旨。

本书是广州市社会科学界联合会出版赞助项目。本书的出版要感谢市社科联和广州大学的资助。感谢广东高等教育出版社对学术文化研究的大力支持，感谢责任编辑王亚芳的热心和积极工作。本书涉及知识领域十分宽泛，限于学术水平、时间仓促，书中缺点、错误在所难免，希望得到专家和广大读者的批评指正。

刘介民

2008 年 5 月

第一章 国学的名称与内涵

国学，兴起于20世纪初，而大盛于20年代，80年代又有“寻根热”，90年代“国学热”再次掀起至今，无不是今人对于传统文化的反思与正视。于今而言，则正是对传统文化在今日中国乃至世界多元文化中的重新定位。“国学”一说，产生于西学东渐、文化转型的历史时期，与“西学”相对。而关于国学的定义，严格意义上，到目前为止，学术界还没有给我们做出统一的明确的界定。名家众说纷纭，莫衷一是。一般来说，国学是指以儒学为主体的中华传统文化与学术。国学既然是中国传统文化与学术，那么无疑也包括了医学、戏剧、书画、星相、数术等，这些当然是属于国学范畴，但也可以说是国学的外延了。

国学到底是做什么的？本书认为：她起到的是理性的认识世界、把握世界的作用。虽然这个目标永无止境，但人们在这一目标意识牵引下努力奋斗了几千年；虽然她时时干扰着我们心灵的安宁，那却是我们的基本欲望和要求。如今，一些人也许认为，国学不是我们思考和研究的对象，但她毕竟还在持续影响着中国文化和中国社会。国学是具有相对稳定性、也最具有生命活力的文化传统。国学在她的整体文化框架中得到滋生和发展，那些湮没的文化经典和埋藏在地下的文物资料，是中国文化的根，是中国学术的核。

一、国学的观念与实质

如前所述，“国学”这个词，恐怕没有很清楚的意义，这是对国学的内涵而言。可以说“国学”这个词没有能够从名称上明确表明中国学术研究的根本特征，但它在国人心目中是被承认的。旧版《辞源》上说：“国学，一国固有之学术也。”普遍说法如国粹派邓实在1906年撰文说：“国学者何？一国所有之学也。有地而人生其上，因以成国焉，有其国者有其学。学也者，学其一国之学以为国用，而自治其一国也。国学者，与有国而俱来，因乎地理，根之民性，而不可须臾离也。君子生是国，则通是学，知爱其国，无不知爱其学也。”① 邓先生的国学概念很广泛，但主要强调了国学的经世致用性。1908 年章太炎为留日的中国学生讲学；1910 年刊行了他综论中国学术的《国故论衡》。他说：

> 夫国学者，国家之所以成立之源泉也。吾闻处竞争之世，徒恃国学固不足以立国矣。而吾未闻国学不兴而国能自立者也。吾闻有国亡而国学不亡者矣，而吾未闻国学先亡而国仍立者也。故今日国学之无人兴起，即将影响于国家之存灭，是不亦视前世为尤岌岌乎？②

合起来，恰好涵盖其时“国学研究”的各重要领域。在曹聚仁整理章太炎有关国学讲习稿而出版的《国学概论》中，也有这样一段话。③

“国学”一词，有人称之为“国粹”，或称之为“国故”。外国人则称“中国学”或“汉学”。朱维焕在《国学入门》中说：

> “国学”即“中国学术”之省称。所谓“学术”，乃相应环绕于人生之诸问题，以探讨其原理、原则，并寻求解决之方术。就此探求而得之原理、原则，以及解决方术、所成就之理论体系，称为“学术”。此一属于中国特有之学术系统，简称为“国学”。④

我比较同意这种说法。“国学”之名，始见于清末。清光绪三十三年(1907)，刘师培、章太炎、邓实创办《国粹学报》27 期，邓实有“国学精论”一文发表。称“国学”者，盖所以有别于“西学”。

1. 中学

清末，张之洞主张“中学为体，西学为用”，这时的“中学”即中国之学术，是与“西学”对称的。中学是主体，吸收西学，是为国家之富强。

2. 国粹

粹为精粹之意。有夸大中国学术为精粹之意。许地山有《国粹与国学》一书，刘师培、章太炎发行《国粹学报》。

3. 国故

“国故”有两种解释，一为中国之旧学，二为中国之古代文献。即本国

---

① 邓实：《国学讲习记》，载《国粹学报》，第 19 期，1906。

② 章太炎：《国粹学报》，第 6 卷 4 号，1910 年 5 月。

③ 《国学讲习会·序》，载《民报》第 7 号。转引自曹聚仁整理：《国学概论》“汤志钧导读”，6 页，上海：上海古籍出版社，1997。

④ 朱维焕：《国学入门》，1 页，北京：中国人民大学出版社，2005。

文献之意，只代表研究对象，不能代表研究这种对象的学问。章太炎有《国故论衡》一书。曹聚仁著《国故学大纲》，用科学方法研究国故，成为一个系统性知识。

4. **古学**

古学也称旧学。中国学术为“古学”、“旧学”，与翻译西方之哲学、政治、伦理等学术相对称，称西方学术为“新学”。

5. **东方文化**

东方指中国、印度、日本等地区。文化则包括道德、宗教、艺术、文学、风俗。

6. **文学**

《论语·先进》云：“文学：子游、子夏。”先秦所谓的“文学”，实为当时学术之总称。

7. **汉学**

国学不同于西方文化，是中国汉族之学，所以每称中国学术为“汉学”。至于“汉学”一词，在我国学术史上有两种含义：一是指汉代的学术；二是指以训诂、校勘等为主的考据之学，它常和讲求义理的“宋学”对称。所以国人自己称之为“汉学”并不适当，而西方学者则称中国学术为“汉学”，可以理解。

“国粹”与“国故”，很容易让人联想它是一门守旧、与时代脱节的学术，用“国学”一词较为贴切。曹聚仁有比较明确的定义：“国学者，中华民族以文字所表达之结晶思想，用合理的、组织的、系统的方式记载其生灭，分析其性质，罗列其表现形式，考察其因果关系者也。简言之，国学者，以我国固有学术为研究对象，而以科学方法处理之，使成为一种科学者也。”① 也就是说，那是在中国本土发生的，有中国特色的学问，是有五千年悠久历史的中国文明和中国学术。

当代学者张岱年说：“国学是中国学术的简称。”② 胡道静说：“如果以国学的态度、提倡国学的目的为标准，大致可以分两派：一派视国学为立国之本、民族之魂，认为国学的兴衰，关系着中华学术之前途和国家民族之命运；另一派则认为国学是国故学的缩写，是一门研究中国过去的历史文化的

① 曹聚仁：《国故学之意义与价值》，载《曹聚仁文选》，北京：中国广播电视出版社，1995。
② 张岱年等著：《国学今论·序》，沈阳：辽宁教育出版社，1991。

学问，历史上的一切，都属于国学研究的范围。”①

本人认为，“国学”，顾名思义，是一个国家、一个民族的文化与学术。她在民族文化中具有一种潜在的情感色彩和价值评价，是与民族、国家生存和发展息息相关的。中国学术应该称中国国学。

二、国学的范畴与分类

“国学”，就是指我国固有的学术。由于我国历史悠久，学术内涵丰富，因此，要确切地列举“国学”的范畴和分类，很不容易。先秦的六经与诸子是国学的源头，以后历朝历代都对国学作出了历史性的贡献。

谈到“国学”的范畴，通常都用历代史书艺文志（或经籍志）的分类及类目为依据。国学之范围很广，总而言之，凡中国之学术，莫不属之。自从《隋书·经籍志》将图书分而言之，所包括之类别，如经、史、子、集四部，后世多沿用之，因此，有人以为国学的内涵，就是经、史、子、集四部图书的研究。这种看法，固然有其道理，但是经、史、子、集四部，基本上是图书的分类，而不是学科的分类，所以，经、史、子、集四部，只是国学典籍的内涵，并不完全等于国学的内涵。

国学以学科分，应分为哲学、史学、宗教学、文学、礼俗学、考据学、伦理学、版本学等，其中以儒家哲学为主流；以思想分，应分为先秦诸子、儒道释三家等，儒家贯穿并主导。国学以《四库全书》分为经、史、子、集四部，经、史、子、集几乎为吾国典籍之总称，乃国学研究的对象。四部之书，人人不能尽读，但亦不能不读，而研究所及，往往出入四者之间。但以经、子部为重，尤倾向于经部。中国传统书面文化，是以“经”、“史”为主体，立于“经”，“史”起到阐发“经义”的作用。“六经皆史”，从“经”中读到的也是历史。

国学的分类，也是知识的分类，或是科学的分类。国学的内涵，是从事国学研究的内容。1929—1936年间，国立北平图书馆出版《国学论文索引》（初编）（二编）（三编）（四编），收录清代光绪至民国二十四年（1935）间的国学方面的论文。这四编目录索引，相当能反映国学的内涵，兹将其分类，列举如下：

①总论；②群经；③语言文字学；④考古学；⑤史学；⑥地学；⑦诸子学；⑧文学；⑨科学；⑩政治法律学；⑪经济学；⑫社会学；⑬教育学；

---

① 胡道静主编：《国学大师论国学·序》，上海：东方出版中心，1998。

⑭宗教学；⑮音乐；⑯艺术；⑰图书目录学。

这17种学科，大致能反映国学的内涵。不过，这些学科研究的内涵，仅限于根据古籍从事对古代事物的研究，例如《唐代考试制度的研究》，这是根据《唐书·选举志》、《通典》及《文献通考》等文献所撰成的论文，研究的内涵是古代的制度，是属于国学的范围。《民国以来考试制度的研究》，虽同样是研究考试制度，但根据的文献是近代的，研究的内涵是近代的制度，就不属于国学的范围了。

国学之范畴，尽管分类方法不同，都包括全部中国学术。最早的分类起源于最古的经典《六经》及诸子的分类。刘歆校理皇家秘书，分群书为“六略”，而冠以“辑略”，又叫“七略”。如“六艺略”为经部，包括《易经》、《尚书》、《诗经》、《礼记》、《春秋》、《论语》、《孝经》、《小学》等。

根据研究的对象不同，将国学分科。魏晋以来古代文献分经、史、子、集四部，也是清代《四库全书》的分类法。

1. 四部

四部即把书籍分为四类，称为“四部”，藏之四库，也称为“四库”。

（1）晋武帝秘书监荀勖著《中经新簿》，分群书为四部。

（2）唐代，玄宗之集贤院分部为：

①甲部——经；②乙部——史；③丙部——子；④丁部——集。

经、史、子、集，我国旧时的图书分类法，把所有图书分为经、史、子、集四类，称为四部。经部包括儒家经传和小学方面的书；史部包括各种历史书、地理书；子部包括诸子百家的书；集部包括诗、文、词、赋。

（3）清代，乾隆三十七年（1772），诏开四库全书馆，由纪昀主持整理书籍，历10年而成。共收3 470种，36 000册，分为：

①经类十；②史类十五；③子类十四；④集类五。

2. 四门

曾国藩在《圣哲画像记》云：“姚姬传氏学问之途有三：曰义理，曰词章，曰考据。戴东原氏亦以为言。”并认为：“义理明则躬行有要，而经济有本。辞章之学，亦所谓发挥义理者也。考据之学，吾无取焉。此三途者皆从事经史，各有门径。”[①] 曾氏复益之“经世”一门。姚鼐从学术史角度将国学分为义理、考据、辞章之学。

（1）义理之学，即哲学。国学之主体，举凡思想政治、道德修养、宗教

① 曾国藩：《曾国藩全集·家书》，55页，长沙：岳麓书社，1985。

哲学，包括经学、子学、史学、玄学、佛学、理学、哲学、宗教等。

义理，旧指儒家讲求经义、探究名理的学问，指治经所求的精义。《汉书·刘歆传》："及歆治《左传》……由是章句义理备焉。"后凡指宇宙人生之至理。叶适《题姚令威西溪集》："欲折衷天下之义理，必尽考详天下之事物而后不谬。"宋以后，亦称宋"道学"、明"理学"为义理之学。北宋张载在《经学理窟》曰："义理之学，亦须深沉方有造，非浅易轻浮之可得也。"至清代义理之学的名称尤为流行。姚鼐在《复秦小岘书》中称"天下学问之事，有义理、文章、考证三者之分"，并主张以考证、词章为手段，来阐扬义理。

（2）考据之学，即史学。这是工具性的学问，也叫"考证"，是研究历史、语言等的一种方法，如训诂、校勘和资料整理，包括目录学、版本学、校勘学、辨伪学、辑佚学、文字学、声韵学、训诂学。

考据，也叫"考证"。研究历史、语言等的一种方法。根据事实的考核和例证的归纳，提供一定的材料，做出结论。考据的方法主要是训诂、校勘和资料整理。

（3）词章之学，即文学。诗文的总称，"好辞章、数术、天文"。这是文学艺术之学，包括诗学、词学、曲学、文章学、小说学、俗文学。

词章：诗文的总称。韩愈在《柳子厚墓志铭》曰："居闲益自刻苦，务记览，为词章。"亦作"辞章"。《后汉书·蔡邕传》有："好辞章、数术、天文。"

（4）经世之学，即政治经济学。曾国藩在以上三大部分基础上，又增添了经世之学，即经济之学。包括政治学、社会学、经济学、史学、地学、兵学、农学、工学、商学、医学、数学等。

经世，是指将学问、心思或者说理论、知识运用到社会生活实践中去，让它们发挥必要的作用。"经世致用"是明清之际的一种社会思潮，指学问须有益于国事。

1923 年，在北京大学创刊的《国学季刊发刊宣言》提出一个国学系统。该《宣言》说："我们理想中的国学研究，至少有这样一个系统，中国文化史：①民族史，②语言文学史，③经济史，④政治史，⑤国际交通史，⑥思想学术史，⑦宗教史，⑧文艺史，⑨风俗史，⑩制度史。"

中国学术博大精深、源远流长。她顺乎天时，合乎人性，适应自然，追求真善美，永远对人有益。国学蕴涵人生大智慧，可以穷天人之际，通古今之变。所谓天人之际，即求人与自然和谐发展；古今之变，历史规律，引以为鉴，可以使人们明条理、辨是非，那是宝贵的精神文化遗产。

第二章　儒　　家

儒家以孔子为宗师，是崇奉孔子学说的重要学派，在春秋得到广泛传播。韩非曰："世之显学，儒墨也。"儒原泛指术士，在春秋时成为一种职业，为贵族相礼事仪；是从古代卜筮巫祝中分化出来的，后指以礼、乐、射、御、书、数以教民的知识分子。孔子明礼，以儒为业，自称为儒，故后世把孔子学说称为儒学，先秦诸子百家传承儒家的一派称为儒家。儒是敦重典雅、温良仁爱的君子之风。儒家经典中充满积极关心现实社会的精神，要求人们为了人类和争议而勇于奋斗和献身。所以，在儒家典籍中最多见的是人性中对高尚品德的追求与阐释。

儒学的起源，说法很多。《汉书·艺文志》："儒家者流，盖出于司徒之官，助人君顺阴阳、明教化者也。游文于六经之中，留意于仁义之际，祖述尧舜，宪章文武，宗师仲尼，以重其言，于道最为高。"一曰"五官说"，认为儒学起源于"官学"。二曰"世变说"，认为是在世态变迁、人心不古的情况下，以救时世之弊而兴起。三曰"道统说"，认为儒家思想为正统，上承尧舜禹，是在周朝"礼乐分崩"、官方文化下移，有"天子失官，学在四夷"，出现楚国老聃（道家）、鲁国孔子（儒家）、宋国墨子（墨家）的情况下产生的。

据《周官·天官·太宰》载："三曰师，以贤得民；四曰儒，以道（即六艺）得民。"郑康成谓："师，诸侯师氏有德行以教民者；儒，诸侯保氏，有六艺以教民者。"故儒以六艺以教民者。儒家本以教化为主，其教材为六经，至于"师者"，乃是以贤德为尚。孔子本非儒所限面，因孔子之学养具德与艺（六艺），盖身兼师、儒二者而有之。故孔子为儒家之祖，乃后世儒者追尊所致。

从孔子伊始迄止于封建之末，儒学作为一家之言，以仁、义、礼、智等为主要内容，崇尚"礼乐"和"仁义"，提倡"忠恕"、"中庸"，在政治上主张"仁政"、"德治"，重视人的伦理道德教育。在漫长的阶段中，儒家经历了几次变化、调试和发展。从总体上把握，可以分为三个阶段：

第一阶段，先秦之儒，是为儒家，乃原教旨意义上的学说，是儒的本相。

先秦时代孔子的儒，尽管其本意不能不说有帝王以治天下的理想，但其周游列国并不得意的结果，说明或证明了他的学说中，“人”的成分更为浓厚。因此，这时候的儒，更有纯粹意义上的“学说”色彩，更有纯儒的感觉。这一点，从这一时期的三个重要人物：孔子、孟子、荀子，皆被后人无可争议地尊为“子”，而非像后代诸儒那般毁誉不一，“子”得不那么坚决，或许也可以透露出若干端倪。

第二阶段，汉代之儒，是为儒教，是神学化了的儒，当然是伪神学，是变相的儒。

儒家成为我国占统治地位的思想，是汉武帝“罢黜百家，独尊儒术”，使其成为中国传统文化的主体思想。汉代中央集权的建立，已不同于先秦的诸侯割据，也不同于孔子所向往的周朝。大一统的天下，确实需要大一统的思想。在专制主义制度里，王权高于一切，要限制王权，只能借助神权。所以，无论是中国或是西欧，在政治上有进步倾向的思想家，几乎无一不借助神权来表达自己的人权。这时的儒，之所以能在思想领域里“君临”百家，其神学色彩不能不起到重要作用。所以，在某种意义上说，汉代的儒，几乎成为教。

第三阶段，宋明之儒，是为儒学，是哲学化了的儒，当然也是伪哲学，也是儒的变相。

宋明时期，理学的强化，可能是儒作为一种学说、思想发育、发展的一个不能越过的阶段，即不能不有一个玄化的阶段或过程。在某种意义上，也是一个邃密、严格的过程。当然，这种过程究竟对儒之发育、发展有什么正面或反向的重要意义，则是另外的问题。

这样的勾勒，主要是为了便于把握脉络，却也不无偏颇。有待再做研究。

至于当代的“新儒学”是结合西方哲学的产物。

孔子

孔子（公元前551—前479），名丘，字仲尼，生于春秋末年鲁国陬邑昌平乡。祖父是宋国大贵族，因避内乱来到鲁国。到了父辈，家境已经衰落。据说孔子父亲娶他的母亲颜氏做第二妾时已经年过64岁。因有九女仅有一男且腿有残疾，盼子心切，于是到尼丘山祈祷，才生下孔子。孔子生后不久，父亲就死了。幼年丧父，孔子早年生活艰苦，但他少年就对礼仪之类的游戏有兴趣，很快就因为他好礼而很有名气。孔子身材高大，被称“长大”，因为“贫而贱”做过一些小差使，如管粮草的委吏、管畜牧的乘田，管工程的司空、大司寇等。后来，因政见不合，他被迫离开鲁国，到过齐、宋、陈、蔡等国，但遭遇不佳，又返回鲁国。在鲁国国君的派遣下，他去周朝学礼，周朝根深蒂固的礼乐传统对孔子思想的形成有很大影响。孔子除做官外，主要以“儒”为业。儒源自“巫”，儒与巫是同音假借。在周代，巫是从事占卜等宗教活动的高级知识分子。到春秋时代，由巫而儒的知识分子，是教授经典和礼乐、指导贵族的婚丧祭祀以及其他典礼仪式的专家。

孔子 30 岁时，齐景公与其臣子晏婴到访鲁国。孔子曾与齐景公交谈，受到齐景公赏识。后来孔子到齐国学“韶乐”，由于专心致志，“三月不知肉味”。他为齐景公提出著名的八字经：君君、臣臣、父父、子子。后孔子又回到鲁国。此后 10 年，孔子以见多识广、知识渊博著称。他设馆教学，私人办学，学业兴隆，许多学生不辞路途遥远而来求学。但孔子在政治上不甘寂寞，50 岁时开始周游列国，历时 13 年，宣传自己的政治主张，但没有人赏识他。他到处碰壁，落魄得“累累若丧家之狗”，曾被围困于陈、蔡之间，断炊无水。道终不行，乃自卫返鲁，聚徒讲学，删诗、定礼、赞易、作春秋之万世不朽之盛业。他有弟子 3 000 人，身通六艺者七十二贤。孔子的思想学说主要汇集在《论语》中，《左传》与《史记·孔子世家》记载了有关孔子的言论，都是研究孔子思想的主要依据与资料。

孔子对中国文化的最大贡献是创立儒学，建立儒家学派。“儒”的名称，早在商代就有了，是对一种宗教职业人员的称呼。这种人员主要职责是主持祭祀和接待宾客，需要掌管一些古代的天文知识和礼仪规则。在宗教与政治结合的时代，儒的宗教职责和政治职责是分不开的。他们出仕于朝廷，能够为公卿尽其忠顺；入居于家中，能够对父兄尽其孝悌。孔子不是普通的儒者，而是一个有政治思想，而且学问渊博的儒者。孔子的学问就在于，他总结学术，整理删定《诗》、《书》、《礼》、《易》、《乐》、《春秋》，所谓“六艺”。其学问中的诗，是举行仪礼咏唱的歌词；书是典籍文诰；礼是礼式规章；乐是举行礼仪时表演的音乐舞蹈；还有射指射箭，御指驾车。孔子对中国文化的贡献还在于他是中国历史上第一个创办私学的教育家，他主张“有教无类”（《论语·卫灵公》），以“学而知之者”（《论语·季子》）为教育对象。在教学方面，以历代文献、社会经验、对待别人的“忠”、与人交往的“信”作为教授内容。他提倡勤奋好学，不耻下问。在教学方法上，提倡虚心向别人学习，他说："三人行，必有我师焉。择其善者而从之，其不善者而改之。"（《论语·述而》）。在学习方法方面，他说："学而时习之"、"温故而知新"、"不愤不启，不悱不发"以及"举一反三"、"闻一知十"等。孔子从事教育近半个世纪，有弟子三千，兼通"六艺"者72人。不少弟子成为有政绩、有名望的显达之人。孔子的教育事业，对于打破贵族垄断文化教育和贵族世袭官职的局面起了重要作用。

一、人生哲学与理想人格

由人生之"道"至以"仁"为中心的生命哲学，凝聚为民族精神的主体内容，成为传统文化的主干之一。对我们民族的理想人格、思维方式、价值取向以及社会心理等，都产生了深远影响。

1. 以"道"为核心的生命哲学

在西周宗教思想体系中，天的观念是西周全部历史观念、伦理观念、政治观念以及自然观念的基础。人们尊天信道是活灵活现的人格神，在他们的观念中，天的命令是准确无误的。孔子没有完全摆脱传统的天命思想，继承传统的原始宗教的天命观，有时把天视为人世间的主宰和人格神。他自称"五十而知天命"，又称"生死有命，富贵在天"，君子"畏天命……小人不知天命而不畏也"（《论语·季子》）。孔子说："天生德于予，桓魋其如予何？"（《论语·述而》）孔子不仅认为他的生死由天决定，而且还认为他的"德"，他负担的复兴文化的使命，也是天赋予的。但孔子在相信天命的同时，否定通过卜筮探求上天意向的做法。惟其论学以现实人生为中心，故举凡涉及玄虚者，均在所不言。如《论语·先进》：

> 季路问事鬼神。子曰："未能事人，焉能事鬼？"曰："敢问死。"曰："未知生，焉知死？"

子路问怎样侍奉鬼神，孔子说：没能把人侍奉好，哪能谈侍奉鬼神呢？孔子没有明确否定鬼神，对于天，对于鬼神，他认为那是不可知的。鬼事不如人事。他说："敬鬼神而远之，可谓知矣。"（《论语·雍也》）。既曰"敬而远之"；曰"敬"者，以诚敬存心；则非嗤之以鼻；曰"远之"者，为免涉于迷信，自宜保持适度距离为宜。"子罕言利与命与仁。"《论语·子罕》罕言利者，计利而害义故；罕言命者，命理微妙故；罕言仁者，仁不易言故。由是之，故所以罕言之一均以生命现实为取向之依准。他说："天何言哉，四时行焉，百物生焉，天何言哉！"（《论语·阳货》）天何尝说话呢？

四季照样运行不止，各种动植物照样发育、生长，天何尝说话呢？“既知生，则知死”。朱熹注：“幽明始终，初无二理。”① 生死为一体之两面。能知生命的意义，也就没有什么遗憾；至于死后之事，可知否，已经无意义。孔子说“未能事人，焉能事鬼”；“未知生，焉知死”。对于人死后是否为鬼，他采取回避态度。他的“敬鬼神而远之”的态度，对后世无神论思想的发展产生积极影响。

“天命”是虚的，而礼乐则是现实的。孔子的学问是以人生为目的，包括人生的意义与价值在内的学术。孔子说：“朝闻道，夕死可矣。”（《论语·里仁》）其深意是：闻道为人生之重点与意义所在；否则，此生徒然虚度罢了。道，就是信念、志向、理想。所谓“志于道”者，固以“道”为一生职志所在。于“德”而曰“据”者，谓依据于“德”而执守之，则为有本之学。古之学者，其才德学问，均为自己立德修业，非徒为口耳之学，或妄冀功名爵位而为之。孔子提出以“仁”为核心的一套学说，就是一种品德。所谓：“志于道，据于德，依于仁，游于艺。”（《论语·述而》）即以道为志向，以德为根据，以仁为凭借，以六艺为活动范围。乃“依于仁”者，谓依“仁”而不失，则无终食之违。

孔子思想中一切以人生为中心，注重现实生活，不作虚玄之论。注重培养人的成熟、健全人格。内养人格，外学六艺，推己及人。“换言之，是从修己与安人，以至安百姓，所谓成己以致成物的功夫。故举凡其学之所锻炼、陶冶者，固无一不属于‘道’的范畴。”②

2. 以“仁”为中心的人生哲学

“仁”是一种伦理道德原则，是对各种善的品德的概括和社会生活的普遍要求。“仁”是孔子的中心思想，并以“仁”为其最高的指导准则。孔子说：“仁者，人也。”仁乃人心自然真纯之情感，“仁”在孔子首先意味着人之为人的内在精神本质。人生而有仁心，如子之孝父，弟之敬兄之类；必能持守此心情，畅遂流露于行为之中。有子曰：“君子务本，本立而道生。孝悌也者，其为仁之本欤！”《论语·述而》云：“仁远乎哉？我欲仁，斯仁至矣。”孔子认为，人的道德实现的基础植根于人的内心之中，“仁心”是每个人所固有的，每个人都能体现“仁”。“君子无终食之间违仁，造次必于是，颠沛必于是。”（《论语·里仁》）也就是说：君子连吃完一顿饭的工夫

① 朱熹集注：《四书集注》，长沙：岳麓书社，1985。

② 刘兆祐、江弘毅：《国学导读》，346页，北京：中国人民大学出版社，2006。

也不能违背仁德，即使在最紧迫的时刻也必须按仁德去做，在流离困顿时也必须按仁德去做。但孔子很少谈财利，故曰“子罕言利，与命与仁”（《论语·子罕》），赞同天命，赞许仁德。孔子如何论“仁”之内涵与特质，究竟“仁”的意义为何？

（1）“仁”是“人的发现”。孔子曰：“仁者，人也。”“子张问仁于孔子。孔子曰：‘能行五者为天下，为仁矣，’请问之。曰：‘恭、宽、信、敏、惠。’”（《论语·阳货》）“苟志于仁，无恶也。”（《论语·里仁》）“如人有志于此，必能力争上游，不会自甘堕落了。唯仁者，能好人，能恶人。”（《论语·里仁》）唯有能具仁德之修养者，才能喜怒中情，不致情绪用事。“巧言令色；鲜矣仁。”（《学而》）花言巧语，很少有仁德的。巧言令色者，偏离正规，本性已离，几乎不具有“仁”的资格了。

（2）孔子答弟子问“仁”，因人因事而不同有不同回答。“人而不仁，如礼何！人而不仁，如乐何！”（《论语·八佾》）孔子有个叫樊迟的学生问“仁是什么？”孔子说：“爱人。”又问：“知是什么？”孔子说：“知人。”（《论语·颜渊》）其答颜回问仁，曰：“克己复礼为仁。”（《论语·颜渊》）“仁者，其言讱。”（《论语·雍也》）因此，仁就是践仁，是人自我更新、自我完善和自我完成的过程。

（3）孔子认为要做到仁，不仅要爱人，而且要推己及人。“己所不欲，勿施于人”（《论语·卫灵公》），仁者“己欲立而立人，己欲达而达人。”（《论语·雍也》）这就是《论语》中所说的忠恕之道，即“仁者先难而后获”（《论语·雍也》）。孔子曰：“赤也，束带立于朝，可使与宾客言也，不知其仁也。”（《论语·公冶长》）或曰：“雍也仁而不佞。”孔子曰：“吾未见刚者。”对曰：“申枨。”子曰：“枨也欲，焉得刚？”（《论语·公冶长》）意思是说：我没见过刚强不屈的人，申枨的个人欲望太多，怎么能刚强。“君子而不仁者，有矣夫，未有小人而仁者也。”（《论语·宪问》）——以君子之贤，而或有未必“仁”者，可见仁之不易。

（4）孔子认为，仁与知是分不开的。孔子曰：“仁者乐山”，“知者乐水”（《论语·雍也》），有仁德的人爱山，聪明智慧的人爱水。“未知，安能仁？”孔子最早提出道德与文章的关系。因“仁”者，既是一切德目之总称，故必兼具所有德行始足以称之为“仁”；否则，其德即有缺憾，而不足以称之为“仁”了。“仁”是“本”，是“体”，是人的内在精神本质。孔子赞颜回曰：“回也，其心三月不违仁，其余则日月至焉而已矣。”（《论语·雍也》）是说：有仁德的人可以在长时间不违背仁德，其余的人只能在短时间内做到仁德而已。在孔门中以颜回最贤，尚且只能保持三月之仁，其余弟子不过或曰一至焉，能保持久者不多。由是以言之，究竟“仁”为何物？何以无定说之可言？孔子亦不敢以“仁”自许？弟子之能守持者，不能长久？实在令人不能无疑。所谓“仁”德之涵养，自不易具备与保持了。故孔子既不敢以“仁”自许，又不愿轻易以“仁”称许他人就是这个缘故。或许有人以为孔子所以不敢以“仁”自许，乃是自谦之故。

二、教育是生命的学问

孔子的教育即是所谓“生命的学问”，乃以“仁”为中心，是以“仁”为出发点，亦以“仁”为归宿点。《论语》开卷第一篇就是《学而篇》，曰：“学而时习之，不亦说乎？”做志士仁人、做君子，都要通过受教育，都要通过学习。“君子以学致其道”（《论语·子张》），君子要终身学习达到实现道的目的。在教育思想上，认为有“生而知之者”、“学而知之者”和“困而学之者”，推崇“敏而好学，不耻下问”、“知之为知之，不知为不知”。将德行、言语、政事、文学作为四种教育科目，下设礼、乐、射、御、书、数等课程。主张有教无类，因材施教，学思结合，以及“学而不厌”、“诲人不倦”。

1. 教学科目的内容和进学

（1）四科：德行、言语、政事、文学（《论语·先进》）。其教学内容则为“四教”：文、行、忠、信，即历史文献，行为规范，忠诚老实，讲求信用。其次序，以德行为先，以文学为末。四科中所谓“文学”与四教中所谓“文”，即指“五经”（经学），乃孔子用以教学的教材。言行是“君子讷于言而敏于行。”（《论语·里仁》）

（2）孔子施教原则：“博学于文，约之以礼”（《论语·雍也》）。所以博学的是五经之“文”（知），而折中以“礼”，由礼以行之。孔子说：“德之不修，学之不讲，闻义不能徙，不善不能改，是吾忧也。”（《论语·述而》）孔门以德行为本，强调说到做到，要言行一致。诚信做人“人而不信，不知其可也”（《论语·为政》）。“与朋友交，言而有信。”（《论语·述而》）

（3）孔子之学在博文、约礼，而贵于一贯、学贵立行。孔子一贯重视学习态度和学习方法，“博学而笃志，切问而近思”（《论语·子张》）。“君子博学于文。”（《论语·雍也》）“工欲善其事，必先利其器。”（《论语·卫灵公》）《论语》提倡君子和君子风度。“君子谋道不谋食”（《论语·卫灵公》)，忠者，尽己职位权责之分；而其恕道，则为“己所不欲，勿施于人”。由此恕道而推己及人，则无人而不自得。

(4) 谓立志于学，心有所向，目无贰的，念兹在兹。其学在道，所谓“志于道”者，终其身无改易。而立：立者，指卓然有所自立，所守已固，人格已然成熟。不惑：谓于事务当然之理，通达无碍，无所疑惑，能思考、判断事理，不为所惑。知命：于穷通、得失、成败、祸福之命，已能了然于心，故于命能安之若素，而能不怨天，不尤人。耳顺：人耳心通，无所凝滞。不假思索，而自能融通诸理，知其微旨。从心所欲，不逾矩。所谓“不勉而中，不思而得，从容中道，圣人也”(《论语·中庸》)。此时其心性、人格、情绪已臻于圆熟，所谓犹人圣域是也。

2. 论为学之君子风貌

孔子讲求君子风度。重道：“君子谋道不谋食”，“君子忧道不忧贫”(《论语·卫灵公》)是说谋求学道、行道，不谋求衣食。尚德：“君子怀德，小人怀土。”(《论语·里仁》)君子关心的是道德教化，小人关心的乡土田宅。尊仁：“君子去仁，恶乎成名？君子无终食之间违仁，造次必于是，颠沛必于是。”(《论语·里仁》)君子假如离开仁，如何能成名？明义：“君子喻于义，小人喻于利。”(《论语·里仁》)懂礼：“如其礼乐，以俟君子。”(《论语·先进》)讲信：“君子信而后劳其民，未信，则以为厉己也；信而后谏，未信，则以为谤己也。”(《论语·子张》)

孔子讲的君子外在风貌：“君子所贵乎道者三：动容貌，斯远暴慢矣；正颜色，斯近信矣；出辞气，斯远鄙倍矣。”(《论语·泰伯》)意思是说君子重视道德有三方面：容貌谦和严肃，可以避免粗暴急躁；颜色正派庄重，就接近诚实守信；注意言辞口气，就可以避免粗野和错误。君子的内在气质：“质胜文则野，文胜质则史。文质彬彬，然后君子。”(《论语·雍也》)君子的独立人格：“三军可夺帅也，匹夫不可夺志也。”(《论语·子罕》)志，就是理想即仁人君子终身为之奋斗的大目标。“岁寒，然后知松柏之后凋也。”(《论语·子罕》)天寒花木凋谢，唯有松柏常青。这是赞颂松柏，经风雪傲然挺立，象征一个人坚持真理、坚持理想、恪守志向、不为逆境屈服。人格修养非一朝一夕，孔子自述其为学进程：“吾十有五，而志于学。三十而立，四十而不惑，五十而知天命，六十而耳顺，七十而从心所欲，不逾矩。”(《论语·为政》)就是立于世，不迷惑，懂天命，以至于随心所欲，不超出规矩。

孔子在《论语》中提出许多品格，如做志士仁人、做君子，都要通过学习才能达到。

（1）孔子曰："学而时习之，不亦说乎？有朋自远方来，不亦乐乎？人不知而不愠，不亦君子乎？"（《论语·学而》）孔子所谓的"学"，主要是学文，即学习书本知识，学习古代典籍。学无止境，生命有限，求学的道路无限，也体现了孔子学习的快乐精神。由此可知，学的意义在于能身体力行之。此三者：第一，指为学而能躬行实践之乐；第二，指与朋友共学之乐；第三，指学贵在自得其乐，固不在求人知也。孔子的一生，是"学而不厌"、"诲人不倦"的一生。

（2）孔子曰："学而不思则罔，思而不学则殆。"（《论语·为政》）意思是学习了而不深入思考，就会迷惑；但只是去空想，而不去学习，那就危险了。这是要学思结合、言行结合。学习了而不深入思考，就会迷惑；但如果只是空想而不去学习，那就危险了。这既是人格修养的方法，也是知识学问获得的方法。"吾尝终日不食，终夜不寝，以思，无益，不如学也。"（《论语·卫灵公》）可知学与思不可分割，若徒思则不如学。又说："始吾于人也，听其言而信其行，今吾于人也，听其言而观其行。"（《论语·公冶长》）这是言行结合，孔门为学的精神，不在哲理之玄想，而在生活之践履。这既是人格修养的方法，也是知识学问获得的方法。

（3）孔子曰："不愤不启；不悱不发。举一隅不以三隅反，则不复也。"（《论语·述而》）不到他苦思冥想仍领会不到的时候，不去开导他；不到他想说又说不出来的时候，不去启发他；告诉他一个角，他不能以此推知另外三个角，就不要再重复去教他了。由是可知其教学注重启发性，而非灌输式教学。"无欲速，无见小利，欲速则不达，见小利则大事不成。"（《论语·子路》）就是说学习不能急功近利，要循序渐进，才能成功。孔子十分重视学习方法，而且强调学到就要做到，言行要一致。这就是学贵利行。

（4）孔子曰："古之学者为己，今之学者为人。"（《论语·宪问》）提出道德与文章，理想与知识的关系，知是仁的必要条件。"不患人之不己知，患其不能也。"（《论语·宪问》）"不患人之不己知，患不知人也。"（《论语·学而》）不怕别人不了解自己，怕的是自己不了解别人。孔门之学是为己之学，学者所以为涵养自己身心，不必求知于人；而非为人之学——若为追名逐利，务求见知于人，则是徇人忘己。成仁取义是中国古代最高道德。

（5）孔子曰："君子食无求饱，居无求安，敏于事而慎于言，就有道而正焉，可谓好学也矣。"体现了孔子的人格修养。此与士志于道，不耻恶衣恶食，而以敏事、慎言，就道者正之为尚。此乃可名之为好学。是其所谓好学，固不在读经书，而在做事之敏、言论之谨，及质正于有道者。“岁寒，然后知松柏之后凋也。”（《论语·子罕》）天寒花木凋谢，唯有松柏常青。象征一个人坚持真理、坚持理想、恪守志向，不为逆境屈服。

（6）孔子私人办学，打破了“官学”的限制，提出“有教无类”（《论语·卫灵公》）的教育思想，冲破了等级界限。不分地位高下，报酬厚薄，只要学生拿10条干肉的拜师礼品，便教导他。（《论语·述而》）夫子有教无类，固不分贫、富、贵、贱、智、愚、贤、不肖。总之，不论人之阶级、地位、材性如何，均一视同仁。许多贫民子弟接受教育，如：“子路，卞子野人；子贡，卫之贾人；颜涿聚，盗也；颛孙师，驵也（驵为市侩）。”（《群书·治要》36卷）经过孔子的教育，皆成为显达之人。在讲究阶级制度的时代，孔子可谓开风气之先，颇为难能可贵。孔子因材施教，因人而异，用启发式方法教学。

（7）“可与共学，未可与适道；可与适道，未可与立；可与立，未可与权。”（《论语·子罕》）能够一起学习的人未必能一起学到“道”；能够学到“道”的人，未必能够坚定地守“道”；能够监守“道”的人，未必能够灵活运用，随机应变。可看出，从“共学”：共同学习，而“适道”：志于道，而“立”：有所成就，而“权”：通权达变。孔子的教学实践是层层递进，求学的过程一层高一层；学思结合，举一反三，因材施教，因人制宜，使弟子各专其长，各学其道，各具所用。

三、政治哲学与历史演化

1. 仁政德治——以人为本

（1）由修己而安百姓。子曰：“为政以德，譬如北辰，居其所而众星共之。”（《论语·为政》）治理国家，用道德教化来推行政治，就像北极星一样，处于它的方位上，而群星都围绕在它的周围。孔子主张德政，反对霸权。对内主张爱民、裕民，对外和平友好，所谓“近者悦，远者来”（《论语·子路》）。使近处的人民感到喜悦，使远处的人民来投奔归附。“其身正，不令而行；其身不正，虽令不从。”（《论语·子路》）季康子问政于孔子，孔子对曰：“政者，正也；子率以正，孰敢不正？”（《论语·颜渊》）您带头走正道，谁敢不走正道？孔子首重在位者的政治涵养。凡身处政治权力高层、居于领导地位者，“一言偾事”、“一人定国”；“一人贪戾，一国作乱，其机如此”（《礼记·大学》）。孔子强调君主如果独断专行，而臣下又不敢实话实说，就会埋下亡国的祸根。

(2) 季康子问政于孔子曰："如杀无道，以就有道，何如?"孔子对曰："子为政，焉用杀？子欲善，而民善矣！君子之德，风。小人之德，草。草上之风，必偃。"(《论语·颜渊》) 为政不尚杀，而以以身作则为教化之本，由是可知。君主做好事，百姓也会做好事。君子的品德就像是风，小人的品德就像是草，草上有风，草必然随风倒下。孔子曰："道千乘之国，敬事而信，节用而爱人，使民以时。"(《论语·学而》) 这句话如果能做到，国家也就治理好了。

(3) 子路问君子，孔子曰："修己以敬"，修养自己要保持严肃恭敬的态度。曰："如斯而已乎?"曰："修己以安人。"曰："如斯而已乎?"曰："修己以安百姓，尧舜其犹病诸!"(《论语·宪问》) 修养自己，使百姓安乐，尧舜还担心做不到吗？此处的所谓"君子"是指士大夫以上的贵族，士大夫非高高在上、妄自尊大，而要先以敬于所业修养自己。修养自己，使全体百姓安乐，尧舜还担心做不到吗？进而令上下百官各安其职守，更进而使全国老百姓安居乐业。

2. 施政有序——礼治为本

礼起源于宗教仪式，用以表示对神灵和祖先的敬意。礼是维护宗法和国家秩序的，他首先是指政治制度，其次是指伦理道德规范。"夫礼者，所以定亲疏、决嫌疑、别同异、明是非也。"(《礼记·曲记》) 这里既有政治关系，又有人伦关系。

(1) 孔子主张先富而后教。"子适卫，冉有仆。子曰：'庶矣哉!'冉有曰：'既庶矣，又何加焉?'曰：'富之!'曰：'既富矣，又何加焉?'曰：'教之!'"(《论语·子路》) 让他们先富起来，富了，再教育他们。就是说，孔子对政治之主张，在人民众多、国家富足后，所谓"衣食足而知荣辱"之时，更当施以教化；否则，百姓逸居而无教，又何异于禽兽？由此，施政有其先后之序，在施教之前，应当以生活基本需求之满足为先决条件。

(2) 怎样治理国家，国家政权不能失去人民的信任。"子贡问政，子曰：'足食，足兵，民信之矣。'子贡曰：'必不得已而去，于斯三者，何先?'曰：'去兵。'子贡曰：'必不得已而去，于斯二者，何先?'曰：'去食。自古皆有死，民无信不立。'"(《论语·颜渊》) 从施政的重要性言，首先要使人民信任，其次是粮食充足，再次才是军备。人民对政府不信任，国家是立不起来的。

3. 名正言顺——礼法并重

（1）名正言顺的重要性。“名不正则言不顺，言不顺则事不成，事不成则礼乐不兴，礼乐不兴，则刑罚不中，刑罚不中，则民无所措手足。故君子名之必可言也，言之必可行也。君子于其言，无所苟而已矣。”（《论语·子路》）说明如果名分不正，语言就不顺，事情就办不成；事情办不成，国家的礼乐就不能建立起来，刑罚执行就不恰当，人民就手足失措。不论政治伦理、社会伦理、学校伦理、家庭伦理，均讲名正言顺；君子确定名分必须说得清楚，不能草率马虎。

（2）“道之以政，齐之以刑，民免而无耻；道之以德，齐之以礼，有耻且格。”（《论语·为政》）以行政命令来治理，用刑法来处罚，人民虽然能避免犯罪，但还不是从心理知道“犯罪”是可耻。用道德教化来治理，用礼来约束，人民就会有羞耻之心，而且会“自觉”地改过。为政以德为本，以礼为教。或以政为本，以刑为尚。礼教与法治有根本不同：前者治本，后者治标。行政命令和刑罚可以避免犯罪，但还是使百姓有耻辱感，用道德教化，有礼来约束，会使百姓有自觉意识。

（3）“子张问：‘十世可知也?’子曰：‘殷因于夏礼，所损益，可知也。周因于殷礼，所损益，可知也。其或继周者，虽百世可知也。’”（《论语·为政》）商朝继承夏朝的礼制，周朝继承商朝的礼制，增加或减少是知道的。基本内容增增减减，下传百代也是可以知道的。此中所谓“礼”者，包括一切礼法制度：典章、文物、制度、政令、仪式以及社会习俗等。礼法制度随着时代在不断的沿袭或废除，增或减，但基本内容不会变，即使传下一百代，也是可以知道的。“夏礼吾能言之，杞不足征也；殷礼吾能言之，宋不足征也。文献不足故也。足则吾能征之矣。”（《论语·八佾》）就是说夏朝的礼我能说出来，但夏的后代“杞国”实行的礼仪却不足以作为考证的说明；殷代的礼我能说出来，但殷后的“宋国”却不足以作为考证，因为文字资料不足，足则可用来考证。孔子注重征文考献，故言必称尧舜，可追溯及于先王。

“礼”是儒家伦理的基本概念，指中国奴隶制社会、封建社会等级制度的典章制度和道德规范。礼的本质，是以实现“仁”为目的，是“敬”，是“和”。“敬者，礼之常。”敬是礼之本质。“尊尊也，亲亲也，长长也，男女之别。”敬是人伦之常道，都属不可变的。孔子是“圣之时者”，正是他能深达礼的本质与原则，且能通权达变之。“礼之用，和为贵。先王之道斯为美，小大由之。有所不行，知和而和，不以礼节之，亦不可行也。”（《论语·学而》）礼的应用，以和谐为贵。古之先王治理国家，可贵之处在此。如果只知和谐而不用礼来调节和约束，那也是不可以的。孔子提出礼乐文明，这是一种和平精神，和谐精神，多元文化的互相学习和交流沟通的精神。我们要建立和谐家庭、和谐国家、和谐世界，都离不开这种精神。总之，儒家文化以礼为主，而礼是有其不可变的基本精神及与时俱进的时代意义的。

四、《大学》、《中庸》、《论语》

1.《大学》

《大学》是一篇论述儒家人生哲学的论文，是执政者如何治理天下的最根本的学问，是儒家最有系统的政治哲学经典。“大学”原是王公贵族子弟的学校，也就是培养统治者的学校，故解释为“大人之学”。

《大学》，向谓是曾子所作，而《中庸》则谓是孔子之孙子思所作。今异说颇多，莫衷一是，姑从旧说。《大学》本《小戴礼记》中的一篇，朱熹特别抽出，与《中庸》、《论语》、《孟子》并列而大加提倡，号称“四书”。程颐尝云：“《大学》，孔氏之遗书，而初学人德之门也。于今可见古人为学立次第者，独赖此篇之存，而论、孟次之。”四书在儒家经典中，最为首要，而《大学》又为四书之首。蒋伯潜先生在《大学新解》中以为：“这一篇（指《大学》）可以说是儒家最有系统的一篇文章，把道德论与政治论打成一撅，熔人生哲学与政治哲学于一炉，以发挥德治的主张，组织至为完整。”《大学》哲学中，可说政治与伦理相合，个人与社会不分，是内圣外王之学，《论语》所谓修己以安人，以至安百姓之道俱在。其中，包括了修养论、知识论，有关教育学、心理学、法律学、行为科学、政治学、社会学、经济学等。至于《中庸》者，朱子以为“乃孔门传授心法”。所谓中庸者，程颐以为：“不偏之谓中，不易之谓庸。”《中庸》云：“喜怒哀乐之未发，谓之中；发而皆中节，谓之和。中也者，天下之大本；和也者，天下之达道也。致中和，天地位焉，万物育焉。”《中庸》之内容，论及人性论、中庸之道、政治哲学、以诚之道通天人等。

《大学》一文不长，只有两千字，但此文极具生命力。它抓住了人生的关键，适应了社会的需要，又为后人阐释留下了解释、发挥的空间。

（1）致知在格物。大学之道有三纲“在明明德，在亲民，在止于至善”。此三纲构成了《大学》的基本思想和纲领。即修己、治人、安抚百姓。明德者，即发扬人自身内在的光辉美好的德行。人之所得乎天，而虚灵不昧，以具众理而应万事者也。亲民者，指教化人民，使人民日新其德，具有新的道德风尚。止于至善，处于最完善的境地。

八目有“格物、致知、诚意、正心、修身、齐家、治国、平天下”。即物穷理、慎独存诚、诚德立业。

格物：推究事物的原理。

致知：认识到万事万物的本来之理。

诚意：意指“意念”，“诚意”即真心实意。“所谓诚其意者，毋自欺也，如恶恶臭，如好好色，此之谓自慊，故君子慎其独也。”“小人闲居为不善，无所不至，见君子而后厌然（遮遮掩掩），掩其不善，而著其善。人之视己，如见其肺几肝然，则何益矣。”“此谓诚于中，形于外，故君子必慎其独也。”

正心：就是持有儒家的正道，不愤怒、不恐惧、不好乐、不忧患，对种种感情有克制力，防止个人感情和欲望的偏向。传文解释说：“心有所忿怒，则不得其正；有所恐惧，则不得其正；有所好乐，则不得其正；有所忧患，则不得其正。”曾子曰：“十目所视，十手所指，其严乎！”“富润屋，德润身，心广体胖，故君子必诚其意。”“所谓修身在正其心者，身有所忿怒，则不得其正；有所恐惧，则不得其正；有所好乐，则不得其正；有所忧患，则不得其正。心不在焉，视而不见，听而不闻，食而不知其味。此谓修身在正其心。”

修身：即修养身心，是八条的中心，是一个重要的枢纽，这里指修养的完成。“自天子以至庶人，壹是皆以修身为本。”

齐家：齐家的家指家族，就是教化家族，做到对父母要孝，对兄弟要悌，对子女要慈。家族是国家组织的细胞，国是放大的家，齐家就可以治国。“所谓齐其家在修其身者，人之其所亲爱而辟焉，之其所贱恶而辟焉，之其所畏敬而辟焉，之其所哀矜而辟焉，之其所敖惰而辟焉。故好而知其恶，恶而知其美者，天下鲜矣！”

治国：“一家仁，一国兴仁；一家让，一国兴让；一人贪戾，一国作乱。其机如此。此谓一言偾事，一人定国。尧舜帅天下以仁而民从之，桀帅天下以暴而民从之，其所令反其所好，而民不从。是故君子先有诸己而后求诸人，无诸己而后非诸人。所藏乎身不恕，而能喻诸人者，未之有也。”“唯仁者能好人，能恶人。”（《论语·里仁》）

平天下：“所谓平天下在治其国者，上老老而民兴孝，上长长而民兴弟，上恤孤而民不倍（背）。”“民之所好好之，民之所恶恶之，此之谓民之父母。”“道得众则得国，失众则失国。”“唯仁人为能爱人，能恶人。”

格物、致知、诚意、正心为内圣，内圣是就个人内心修养而言，可归入修己。修身、齐家、治国、平天下为外王，外王是指个人在社会中发挥的作用而言，可归入治人。

朱熹指出：所谓致知在格物者，言欲致吾之知，在即物而穷其理也。盖人心之灵，莫不有知；而天下之物，莫不有理。惟于理有未穷，故其知有不尽也。是以大学始教，必使学者，即凡天下之物，莫不因其已知之理，而益穷之、以求至乎其极；至于用力之久，一旦豁然贯通焉，则众物之表、里、精、粗无不到，而吾心之全体大用无不明矣。此谓物格，此谓知之至也。致，推极也。知，犹识也。格，正也。物，犹事也。

（2）心同理同。从格物致知到治国平天下，可以说是将儒家的人生哲学和修身处世的方法说得条理井然，综括无遗。

陆象山曰：“四方上下曰宇，往古来今曰宙。”“宇宙内事，乃己分内事；己分内事，乃宇宙内事。”“宇宙便是吾心，吾心即是宇宙。东海有圣人出，此心同也，此理同也；西海有圣人出，此心同也，此理同也；南海北海，有圣人出焉，同此心，同此理也。百世之上，至千百世之下，有圣人出焉，此心同，此理亦莫不同也。”①“人心至灵，此理至明，人皆有是心，心皆具是理。”

（3）王阳明释明德之独立人格。人性说之意义：“若某则不识一个字，亦须还我堂堂地做个人。”王阳明《大学问》云：“大人者，以天地万物为一体者也。其视天下犹一家，中国犹一人焉。若夫间形骸，而分尔我者，小人矣。大人之能以天地万物为一体也，非意之也。其心之仁本若是。其与天地万物而为一也，岂惟大人，虽小人之心亦莫不然。彼顾自小之耳。是故见孺子之人于井，而必有怵惕恻隐之心焉，是其仁之与孺子而为一体也。孺子犹同类也，见鸟兽之哀鸣觳觫，而必有不忍之心焉；是其仁之与鸟兽而为一体也。鸟兽犹有知觉者也。见草木之摧折而必有悯恤之心焉，是其仁之与草木而为一体也。草木犹有生意者也，见瓦石毁坏而必有顾惜之心焉，是其仁之与瓦石而为一体也。……是乃根于天命之性，而自然灵昭不昧者也，是故谓之‘明德’。……故夫为大人之学者，亦惟去其私欲之蔽，以自明其‘明德’，复其天地万物之本然而已耳！非能于本体之外，而明所增益之也。”②

---

① ［宋］陆九渊：《象山先生全集》，卷三十六，489页，上海：商务印书馆，1935。

② 王阳明：《王阳明全集》，462页，上海：上海古籍出版社，1992。

“德者本也，财者末也。外本内末，争民施夺。是故财散则民聚，财聚则民散。是故言悖而出者，亦悖而人；货悖而人者，亦悖而出。”只有让老百姓富起来，才能得到百姓的拥护。人民是立国之本。以上有关货财者，以德为本，以财为末。财当散之于百姓，而不聚敛于府库中。财货不以正当方式搜刮而来，必以不正当方式损失掉。

“是故君子有大道，必忠信以得之，骄泰以失之。生财有大道，生之者众，食之者寡，为之者疾，用之者舒，则财恒足矣。”“仁者以财发身（散财聚民），不仁者以身发财（搜刮民财）。”“与其有聚敛之臣，宁有盗臣。”“仁者以财发身，不仁者以身发财，国不以利为利，以义为利也。”

（4）天下为公与大同世界。孔子的思想是丰富的，就社会理想而言，他所追求的是“天下为公”的“大同世界”。

《礼记·礼运》：“大道之行也，天下为公。选贤与能，讲信修睦。故人不独亲其亲，不独子其子，使老有所终，壮有所用，幼有所长，矜寡孤独废疾者，皆有所养。男有分，女有归。货恶其弃于地也，不必藏于己。力恶其不出于身也，不必为己。是故谋闭而不兴，盗窃乱贼而不作。故外户而不闭，是谓大同。”

与“大同”相对的是“小康”。“大同”是追求的理想，它有小生产基础上的质朴特点。希望通过自己辛勤的劳动，诚实无欺，人人相爱，各有所安。要实现天下为公的大同理想，每个人就必须从自己做起，实行“三纲”、“八目”。所谓“以天下为一家，中国为一人”（《礼运》）就是此种情怀的充分表现。

孔子曰：“祖述尧舜，宪章文武”，尧舜讲大同，文武讲小康（《礼记·礼运》）。孔子与《礼记·礼运》描绘的社会理想是相通的，“小康”是比“大同”较低级的社会形式。

2.《中庸》

《中庸》相传是孔子之孙（孔伋），即子思所作。《汉书·艺文志》上说：子思著书23篇，但只剩下《中庸》，是谈人生哲学的，是《大学》的姊妹篇。《中庸》有曰：

天命之谓性，率性之谓道，修道之谓教。道也者，不可须几臾离也，可离，非道也。是故戒慎乎其所不睹，恐惧乎其所不闻。莫见乎隐，莫显乎微，故君子慎其独也。喜怒哀乐之未发，谓之中；发而皆中节，谓之和。中也者，天下之大本；和也者，天下之达道也。致中和，天地位焉，万物育焉。

孔子重人生之道，对自然和天道很少关注。子思补充了这一缺欠，加入了天人合一的思想。子思是战国时期儒家思想家，对后世影响很大。孟子授业于子思门下，融合发展了子思学说，后人称为思孟学派。

（1）“喜怒哀乐未发，谓之为中。”《中庸》说：“喜怒哀乐未发，谓之为中。发而皆中节，谓之和。中指体，和指用。体用相兼叫做中和。”孔子重视中庸，曰：“中庸之为德也，其甚矣乎！”（《庸也》）中庸又谓之“中行”、“中道”，这是孔子立身行事的最高标准。还说“过犹不及”（《论语·先进》），“和而不同”（《论语·子路》），“执其两端，用其中于民”（《中庸》）。在孔子看来，“过”与“不及”都不好，都偏离中道。孔子中庸思想成为宇宙人生之根本。

这是一种心理平衡的宁静状态。“怒则气上（伤肝），喜则气缓（伤心），悲则气消（伤肺），恐则气下（伤肾），劳则气耗，惊则气乱（伤脾），思则气结。”医书所言在养身，《中庸》喜怒哀乐发而皆中节，是养性。所谓修身与养性，二者固可相资为用。孔子“从心所欲，不逾矩”，则是圆熟人格的表现。

“或生而知之，或学而知之，或困而知之，及其知之一也。或安而行之，或利而行之，或勉强而行之，及其成功一也。”不论天资、才能高低，及其成功之后，岂有分别呢？

（2）五伦、三德、九经。《中庸》开头就说：“天命之为性，率性之谓道，修道之为教。”是说人的本性是由上天给的。顺应和发扬人的本性就是道，使人们推广和遵循天赋之道，就是教化。传文说：“天下之达道五，所以行之者三：曰君臣也，父子也，夫妇也，昆弟也，朋友之交也。五者之天下之达道也。知（智）、仁、勇，三者天下之达德也。所以行之者一也。”儒家的五伦说认为，这是天赋予人的本性。《中庸》认为，亲亲、忠君、夫妇有别、兄弟之间之友悌，朋友间之信义，都源出于本性，而实行和发扬这五伦道德规范，靠智、仁、勇三种道德情操，而要具备这三种情操，就靠修身。

“修身则道立，尊贤则不惑，亲亲则诸父昆弟不怨，敬大臣则不眩，体群臣则士之报礼重，子庶民则百工劝，来百工则财用足，柔远人则四方归之，怀诸侯则天下畏之。”儒家重贤人之治，行王道思想。现今欧美各国虽行民主政治，但仍不脱离强权与霸道的思想。此世界所以动乱不止，不是没有缘故的。而儒家思想对之正可作一个很好的针砭。

（3）诚之多种内涵。《中庸》义说：“诚者，天之道也；诚之者，人之道也。诚者不勉而中，不思而得，从容中道，圣人也。诚之者，择善而固执之者也。"孔子认为忠、信、笃敬、正直等品格都与诚有直接关联。孟子曰："诚者，天之道也；诚之者，人之道也。至诚而不动者，未之有也；不诚，未有能动者也。"（《离娄上》）可见，孔孟之道离不开诚。又说："诚者，物之终始，不诚无物。"诚，乃天人合一、物我一体的枢纽。天道的"诚"在人就表现为人性，这就是天、人、物合而为一。"思诚者，人之道"，提出普通的人生原则。作为人生哲学，真诚是做人的根本。子思十分重视人的道德修养，将孔子的"内省"发展为"慎独"。

《中庸》还阐释了一整套儒家的政治伦理思想："自诚明，谓之性；自明诚，谓之教。诚则明矣，明则诚矣。唯天下至诚，为能尽其性；能尽其性，则能尽人之性。能尽人之性，则能尽物之性；能尽物之性，则可以赞天地之化育；可以赞天地之化育，则可以与天地参矣。"其逻辑起点是"诚"，"诚"是世界本体，万物由此而生。

（4）尊德性而道问学。《中庸》将天命、人性、人道和政教联系在一起，提出君子"尊德性而道问学，致广大而尽精微，极高明而道中庸"的修养原则。"学问道"有曰：

博学之，审问之，慎思之，明辨之，笃行之。有弗学，学之弗能，弗措也；有弗问，问之弗知，弗措也；有弗思，思之弗得，弗措也；有弗辨，辨之弗明，弗措也；有弗行，行之弗笃，弗措也；人一能之，己百之，人十能之，己千之。果能此道矣，虽愚必明，虽柔必强。

博学、审问，是要学习获得各种知识，探求事物的原理，获取知识的手段。慎思、明辨，慎重地思考所学的东西，明确地辨别是非曲直，指自己内心的思辨获得知识的手段。笃行，就是坚定地实现自己的理想，即指将知识化为行动。学、问、思、辨、行五者，前四者重知，明白何者为善；后者重行，把选择的善紧紧抓住，一一实行。总以能知、能行为主，虽百千倍之力为之，不舍也。其注重实际的精神与后天的努力，于是可知。

《中庸》是孔门传授心法的书，是子思记下来传给孟子的。书中所述的人生哲理，意味深长。朱熹《四书集注》更领会《中庸》的心法。人有人心和道心；人心是私欲，道心是天理。人该修养道心，克制人心。

3.《论语》

《论语》是讨论圣人之遗言、记载孔子言行的典籍，也是儒家最有价值的名著。2 000 多年来，深受人的推崇，是一部安身立命、拯民救世的经典。所以《宋史全文·赵普传》说：

普尝谓太宗曰："臣有《论语》一部，以半部佐太祖定天下，以半部佐陛下致太平。"①

《说文》云："论，议也。"又云："议，一语也。""语，论也。"段玉裁注云："凡言语循其理得其宜谓之论。""如毛说，一人辩论是非谓之语；如郑说，与人相答问辩难谓之语。"《论语》被认为读书人启蒙时必读的书，无人不读，是读书做官的敲门砖。《论语》记载了孔子和他的弟子的言行，《汉书·艺文志》云：

《论语》者，孔子应答弟子、时人及弟子相与言而接闻于夫子之语也。当时弟子各有所记。夫子既卒，门人相与辑而论纂，故谓之《论语》。

《论语》一书系孔子弟子或再传弟子所追忆，但它是孔子一生言论、行为以及部分思想流传于口耳之中的真实记录。孔子周游列国，门徒甚多，因人施教，随问作答，不拘一格，力求允当。所以，《论语》成为启蒙的必读课本。

《论语》之编成年代，着笔于春秋末期，大约编成于战国初期。

《论语》之版本主要有三：①《鲁论》，20 篇。②《齐论》，22 篇，比《鲁论》多《问王》、《知道》二篇。其他各篇之章句，亦颇多于《鲁论》。③《古论》，汉武帝时，鲁恭王刘余于孔子旧宅壁中发现者。无《问王》、《知道》两篇。分"尧曰"下之"子张问"为一篇（有两《子张》篇），凡 21 篇。篇次亦不与《鲁论》、《齐论》同，文异者 400 多字。

今传《论语》，张禹为汉成帝师，封安昌侯，先学《鲁论》，复学《齐论》，乃删其繁惑，除去《问王》、《知道》二篇，择善而从，从《鲁论》20 篇而定，称《张侯论》，为儒生所宗。东汉末，郑玄据《张侯论》，参照《齐》、《古论》，为之作注，是世所重之今传《论语》。

后汉经学家赵岐突出书中某些精义，在《孟子题辞》上说：

七十子之畴，会集夫子之言，以为《论语》。《论语》者，五经之管辖、六艺之喉矜也。

《论语》体现了"圣人之至教，王者之大化"，的确是一部安身立命、拯民救世的经典。

《释名·释典艺》云："论，伦也；有伦理也。语，叙也；叙己所欲言

---

① ［元］佚名撰：《宋史全文·赵普传》，李之亮校点，哈尔滨：黑龙江人民出版社，2004。

也。”《经典释文》说《论语》之论字，以为：“纶也，轮也，理也，次也，撰也。”宋人邢昺更申论之：“以此书可以经纶世务，故曰纶也；圆转无穷，故曰轮也。”也就是说，《论语》由孔子弟子经过讨论，避免“妄谬”，纠正错误，然后写定的。当时《论语》尚属口传身授，因而能够免焚书之厄、门户之争。郑玄《周礼注》云：“答述曰语。以此书所载皆仲尼应答弟子及时人之辞故曰语。”按《汉书·艺文志》以论纂释论字，当得其实。论者，讨论也。因该书一系记载孔子与弟子、时人以及弟子相与讨论之语，故曰《论语》。论者，编者之讨论也；语者，圣人之遗言也。因该书系经编者讨论后编定之圣人遗言，故名《论语》。《论语》内涵丰富，虽未直接谈及“五经”，但《易》、《书》、《春秋》的纲领、提要，却在书中不断有所体现。

(1)《论语》的作者，说法不一。

①由孔子弟子纂录。孔子弟子远自千里之外而从游于圣王，对孔子的嘉言懿行，必然加以记载。书中凡冠“子”或“子曰”都是其弟子所记，理由是：“子”是对孔子的尊称，与现在的“先生”、“老师”相同。所记孔子的言语、行为一定是亲闻亲见。

②郑玄更指明编者。以为“《论语》乃仲弓、子夏等所撰定”。“孔子众弟子所撰定”。

③由众弟子编撰。称七十子为“子”的章节，如曾子、有子、冉子、闵子等，在姓下加“子”字，以表尊敬。称孔子的章节。称七十子的“字”而其言行章节。如子夏曰、子张曰、子路曰。

④曾子、有子之门人所编纂。如柳宗元说：“孔子弟子，曾参最少，少孔子四十六岁。曾子老而死；是书记曾子之死，则去孔子也远矣。曾子之死，孔子弟子略无存者已……吾意盖乐正子春、子思之徒为之。”程颐也有：“《论语》之书成于有子、曾子之门人，故其书独二子以子称。”(《论语辩》)

⑤认为孔子弟子所记，门人所编；杂文搀入，记录了一些与前文无关的内容，旨在“物尽其用”。可见，《论语》不外是孔子门人或其再传弟子所编纂的，所以其书非于一人，编次也非成一时，这是可以断言的。

(2)《论语》的成书。

①《论语》自《学而》至《乡党》前十篇，是早先编纂而成的，成书于子思时代，其特色是“义理精纯，章节简短，文字简约”。对孔子称“子”，所记大部分是孔子的言论。

②《论语》自《先进》至《尧曰》后十篇，是孔子弟子和再传弟子所

为，成书于子思弟子时代。义理较驳杂，其中不少篇章与史实有相违之处，章简与字“长而多”。

（3）《论语》之真伪。

①附记误入正文之说。古人书籍多用竹简，不容易传抄收藏，篇常别行，传之者往往为省事备忘，在篇末有空处缀记填入。而后人辗转传抄，遂混入正文。如崔述《洙泗考信录》载：《雍也》篇末“子见南子”章。《季氏》篇末“齐景公”“邦君之妻”章等。

②语句之删落。因书用竹简制成，力求文字简洁。《论语》记载圣人之言，有时但记其要语，其余则概加删节。如“君子不器”“有教无类”等皆如是也。

③宋宰相赵普云“半部《论语》治天下”，是指《论语》前半部而言。《论语》前十篇记君大夫之间，皆但言问，不言问于孔子，朱子所谓“尊君是也”，《论语》前十篇非孔子及门弟子之言则不录。后十篇皆称“问于孔子”，篇幅皆长。后十篇有杂记古人之言。《论语》前后论颇有异同。

（4）《论语》之内容。

①全书共20篇，共计508章，15 937字。包括《学而》、《为政》、《八佾》、《里仁》、《公冶长》、《雍也》、《述而》、《泰伯》、《子罕》、《乡党》为前十论；《先进》、《颜渊》、《子路》、《宪问》、《卫灵公》、《季氏》、《阳货》、《微子》、《子张》、《尧曰》为后十论。

②篇章最多的《宪问》，共47章，1 340字，篇章最少的《乡党》，仅一章，462字。

③《论语》的内容非常丰富，包括丰学、言政、言仁。主要是一为“仁”，二为“礼”，“仁”、“礼”两者几乎是《论语》的核心。人和仁，字形不同但内涵一致，《中庸》有曰：“仁者，人也。”孔子谈论“仁”时，既讲一般原理要义，又对不同对象而提出具体要求，这是他“仁者，人也”、“人者，仁也”的最大愿望和起码要求。孔子宣扬“礼”，谈论“礼”，因为“礼”是古代典章制度和一些不成文的法律规范，或约定俗成的道德要求。在《学而第一》提到：“礼之用，和为贵。先王之道，斯为美，小大由之。”“恭近于礼，远耻辱也。”孔子施教的重要课题：“不学诗，无以言”；“不学礼，无以立”。

《论语》全书一半在谈个人人格修养，对于社会伦理之论述。而另一半则是对于政治哲理之阐述；对于门人弟子及时人之施教问答；对于门人弟子及古人、时人之批评；孔子之出处及其日常行事；孔子之自述语；弟子对孔子之赞美及时人对孔子之批评；孔门弟子之言论行事。

(5)《论语》之价值。

《论语》名声极大，有人说他是“人民导师”①，鲁国称他为“国老”(《左传·哀公十一年》)，还有人称他为“圣者”(《论语·子罕》)。《论语》对中国文化有丰功伟绩，受人尊重。两汉时儿童最初读物，是先读识字课本，好比儿童读《千字文》、《三字经》、《百家姓》，其后改读“人、口、手、足、刀、尺”一样。在汉代识字完毕，便读《论语》、《孝经》。《论语》是读书人必读书，无人不读《论语》。宋元以后，科举考试题目必须在《四书》之内，而《论语》是《四书》第一部。八股命题少不了《论语》，读书人要做官，非读《论语》不可。即使废除科举以后，《论语》不再是敲门砖了，但仍然为广大读书人必读。这是因为，2 000 多年来人民都把它看成是必读书，更重要的是，《论语》本身有较为广泛的用途和价值，它是研究中国思想史、文化史、教育史的必读书。所以，直到今天，还是很重要的一部古籍。还有，古人喜欢引用《论语》，把《论语》读懂了，阅读和理解古书自然较为方便。

《论语》在群经中占有重要地位。首先，《论语》是十三经中的一部。赵岐说：“《论语》者，五经之管辖，六艺之喉衿也。”这可见《论语》一书在古时已占群经重要地位，而《论语》记载孔子所说的话，即是六经里的准绳；要通六经的要义；必先明白圣人的微言大义。《论语》又是孔子传七十二子的微言大义，全是六经的精蕴。所以，要明白圣人的微言大义，必读《论语》。其次，经学之要皆在《论语》之中。如：“然有恒，无大过，思不出其位。”乃《易经》之精义。“孝乎，惟孝友于兄弟，施于有政，是‘亦为政’”及《尚书》之精义。“晋文公谲而不正，齐桓公正而不谲……”乃《春秋》之载也。“小子何莫学乎《诗》?《诗》可以兴，可以观，可以群，可以怨……”孔门最重《诗》、《礼》之教，“不学《礼》无以立……”计言《礼》者有 40 多章。

《论语》是表见孔子人格之良书。没有《论语》，我们无法了解孔子为人之精神，孔子人格之伟大，其思想行事影响世人之久远。《论语》之价值，亦从中可见。所以，孔子人格之价值，则体现在《论语》一书之中。

《论语》采用语录体裁，使用大量语助词：在句首表示提示或转折；在句中表示连接或层次；在句末表示停顿或感叹。《论语》是文言文的文法基

① 杨伯峻：《论语译注·八佾》，北京：中华书局，1980。

础，为大家所公认，如能熟读，就能了解文言文常用助词的用法。

《论语》记事生动，刻画精细，如《先进》记孔子与子路等闲语时的神情，富有文学意味。《论语》文句简洁，更是后世议论文的初祖，词锋犀利，使人心悦诚服，如《季氏》讨论“伐颛臾”一章即是。《论语》善用排偶句，如“贫而无怨难，富而无骄易”，亦是骈文造句的规范。《论语》探讨的问题很多，涉及面很广：

①开辟价值根源。孔子之道，即为“仁”之系统。孔子之“仁”，乃继承尧、舜、禹、汤、文、武、周公之道统，而予以观念化。此观念化之“仁”，乃直指内在于生命之道德主体。故《里仁》云：“唯仁者能好人，能恶人。”此好、恶即是价值上之判断与实践，其根源乃在于此内在之“仁”。

②创造人格典范。孔子之言“仁”，乃于日常生活随机指点其实践，以成就其人格。孔子之生命，即是仁者人格之典范，其实践而成就之历程，乃如《为政》之所云：“子曰：‘吾十有五而志于学，三十而立，四十而不惑，五十而知天命，六十而耳顺，七十而从心所欲，不逾矩。’”

③重视人伦常道。孔子对于人伦常道，则特别重视，如《颜渊》答齐景公问政曰：“君君、臣臣、父父、子子。”《子路》答子路之问曰：“兄弟怡怡。”《学而》云：“有朋自远方来，不亦乐乎？”

④向往理想社会。人与人之相处，客观言之，即是社会。故建设社会，即是为人类谋福祉。建设社会，顺客观之途径，则包括政治、教化、经济、兵事诸问题。是以《为政》云：“为政以德，譬如北辰，居其所而众星共之。”《子路》云：“子适卫，冉有仆。子曰：‘庶矣哉！’冉有曰：‘既庶矣，又何加焉？’曰：‘富之。’曰：‘既富矣，又何加焉？’曰：‘教之。’”《颜渊》云：“子贡问政。子曰：‘足食，足兵，民信之矣。’”

⑤弥纶理性秩序。弥纶就是经纬、范围、统率，章太炎先生有“弥纶天地之道”，即将天地之道的经纬标注出来，达到理性秩序。人间生活，实在包括实然性与精神性两层次。实然性一面之生活，乃生命所必须。然亦每因此而导致堕落、迷失。《论语》中之论道、讲学，皆就日常生活而言，即于实然性生活中，指点其理则性，以引导其自我超升，此即精神性之生活。夫超升其实然性生活为精神性生活，则人间弥纶一理性秩序矣。此理性秩序既为人之道，且是天之道。

⑥贞定文化统绪。中华民族自立国以来，即以“德化”为指导原则。《书经·大禹谟》云：“正德、利用、厚生。”环绕于此“德化”指导原则，有关个人、家庭、社会、国家、天下之观念系统，于《论语》之论道、讲

学中，莫不一一贞定而建立，此即我中华民族继往开来之表现。

《论语》探讨的问题很多，涉及的方面也广，尤其是朱熹《四书集注》后，近一千年来，几乎成为家喻户晓、人人必读的启蒙教材，故其影响很大。《论语》探讨从政、处世、为人等方面给人不少的启示，也探讨不少人生 、政治等哲理问题。以“学习”为例，孔子提出：“学而时习之，不亦说乎！”从此，“学习”两字一直沿用下来。又举曾子“吾日三省吾身”为例。因为曾子每日反省三件事：一是为人谋事要忠，二是结交朋友守信，三是“传不习乎”即学习应有所得。孔子还告诫学生，应该争取做到“食无求饱，居无求安，敏于事，而慎于言，就有道而正焉”等。

孟子

孟子（约公元前372—前289），名轲，字子舆，邹人。汉赵岐《孟子题辞》云：“孟子。名轲，字则未闻也。”又云：“孟姓也。子者，男子之通称也。”《史记·孟子荀卿列传》云：“受业子思之门人”，继承孔子学说，卒成大儒，慨然有澄清天下之志。孟子自幼受良好家庭教育（孟母三迁），孟子之学其承藉与渊源，虽从曾子及子思而来，然从时代年岁及《孟子》本书中的称谓上来说，孟子之与曾子、子思殊难扯上亲近的师承关系。因此近代之学人，大都承认《史记》所云，孟子师承为子思门人。如：钱穆的《孟子要略》，胡适的《中国古代哲学史》等，皆以此说为准。

孔子弟子三千余人，身通六艺者，七十二贤。虽说四科，大抵可分为传经与传道二类。曾子、子思、孟子属传道一系，而子游、子夏、荀子属传经一系。孟子的仁政学说被认为是“迂远而阔于事情”，没有得到实行的机会，最后退居讲学，和他的学生一起“序《诗》、《书》，述仲尼之意，作《孟子》七篇”。孟子的学术精神是在子思学说的基础上发展的，他站在儒家的立场，继承和发展了孔子的思想，提出一整套完整的思想体系，对后世产生极大影响。

一、人性论：心灵的研讨

子思认为诚是天道，也是人道，而孟子则认为人的本性是善的。

1. 孟子主张人性善

他把道德规范概括为四端，即仁、义、礼、智，依这四种品德演绎出他的性善论。孟子借诗云与孔子称道之语以证明人性本善。孟子曰：

恻隐之心，人皆有之；羞恶之心，人皆有之；恭敬之心，人皆有之；是非之心，人皆有之。恻隐之心，仁也；羞恶之心，义也；恭敬之心，礼也；是非之心，智也。仁义礼智，非由外铄我也，我固有之也，弗思耳矣。故曰，“求则得之，舍则失之”。(《孟子·告子上》)

无什么恻隐、羞恶之心便不是人，是一种道义上的反证法。道德论中思辨逻辑大凡如此。

孟子称之为的“四端说”，是四种善的萌芽。“所以谓人皆有不忍人之心者，今人乍见孺子将人于井，皆有怵惕恻隐之心，非所以内交于孺子之父母也，非所以要誉于乡党朋友也，非恶其声而然也。由是观之，无恻隐之心，非人也；无羞恶之心，非人也；无辞让之心，非人也；无是非之心，非人也。恻隐之心，仁之端也；羞恶之心，义之端也；辞让之心，礼之端也；是非之心，智之端也。人之有是四端也，犹其有四体也。有是四端而自谓不能者，自贼者也，谓其君不能者，贼其君者也。”(《孟子·公孙丑上》) 此以恻隐之心举“今人乍见孺子将人于井”为例，其中最堪玩味者在“乍”之一字，此时纯属直觉的，而非所以……分析这时候人的心理，那人拯救儿童无非是自己的真心或自己的本性的发现。

在孟子看来，“口之于味也，有同嗜焉，耳之于声也，有同听焉。目之于色也，有同美焉。至于心，独无同然乎？心之所同然者何也？谓理也，义也。圣人先得我心之所同然耳。故理义之悦我心，犹刍豢之悦我口。”(《孟子·告子上》) 人类的五官都是一样的，五官如此，人心亦如此，人类的好恶也就不同。故曰“人性之善也，犹水之就下也”(《孟子·告子上》)。孟子继承了孔子的天命思想，认为天是人性固有的道德观念的本原。因此，只要人反求诸已、扩大自己的本心，就可以认识天。孟子之谓理义，如口之于味、耳之于声、目之于色，如同人之心，俱有所同然者。圣人不过先得我心之所同然者，但圣人能充养之以道，而吾人则不能善加扩充、培养之耳。

孟子又把人类关系分为5种：“父子有亲，君臣有义，夫妇有别，长幼有序，朋友有信。”提出君臣关系、君民关系应是“君之视臣如手足，则臣视君如腹心”。进而提出“民为贵，社稷次之，君为轻”的思想。这是孟子“兼善天下”思想的扩张。孟子认为，仁、义、礼、智四者之中，仁义最重要。仁义的基础是孝、悌，而孝、悌是处理父子和兄弟血缘关系的基本的道德规范。

2. 孟子主张良知、良能

孟子继承了孔子的“性相近，习相远”(《论语·阳货》) 的思想。认为人的本性都是相近的，即都有善端，“人皆可以为尧舜”。他主张先天良心论。人是生而就有先天的良知与良能的。孟子说“人之所不学而能者，其良能也。所不虑而知者，其良知也。孩提之童，无不知爱其亲也；及其长也，无不知敬其兄也。亲亲，仁也；敬长，义也。无他，达之天下也。”（《孟子·尽心上》）孟子从人性善出发，提倡仁、义、礼、智四德，特别注重仁、义。而仁爱之心不是来自血缘，而是来自良知，来自人的内心的自觉。

因为人有良心和本心，所以具有良知、良能。所谓良知、良能，乃先天的，不待后天学习、思虑、判断而来，故纯属先天本身具有的。良心包括恻隐、羞恶、辞让、是非四心。前之所谓四端，即是此良知、良能的发现。他认为长期的道德实践，能培养出坚定的无所畏惧的心理状态，这就是所谓的“至大至刚”的“浩然正气”。

3. 形而上学的方法论

孟子曰：“天之高也，星辰之远也，苟求其故，千岁之日至，可坐而致也。”（《孟子·离娄下》）天极高，星辰极远，只要知道它们的运行规律，今后一千年的冬至日，可以坐着计算出来，这是孟子的进步。但是，孟子一谈到“性善”、“行仁政”，便陷入唯心主义的泥沼。孟子曰：“天下之言性也，则故而已矣。故者以利（顺利）为本”。（《孟子·离娄下》）意思是说，天下的讨论人性，只要能推求所以然就可以了，人性对待自然基础在于顺其自然。不但天体运动如此，人的属性更是如此。“人性”不但有非自然因素，还有更多的自然因素。孟子将人性和水比附，说：“人性之善也，犹水之就下也。人无有不善，水无有不下。”（《孟子·告子上》）

孟子继承了孔子的天命思想，剔除了其中残留的人格神的含义。把天想象成为具有道德属性的精神实体。孔子不大相信鬼神，而孟子是真正的无神论者。孔子与孟子一样，“六合之外，圣人存而不论。”（《庄子·齐物论》）他们关注的是治国、平天下。他认为，只要扩展自己的本心，就可以认识天。孟子的这种“天人合一”的思想集中地体现了下面三个哲学命题：“尽其心者，知其性也。知其性，则知天矣”；“万物皆备于我矣。反身而诚，乐莫大焉”；“是故诚者，天之道也；寺诚者，人之道也”。

二、修养论：养浩然正气

孟子把伦理和政治紧密结合起来，强调道德修养是搞好政治的根本。孟子提出修养工夫大体分为四步：寡欲、存夜、扩充、养气。孟子讲大义凛然，提出“吾善养吾浩然之气”。养气要靠“营养”，即是养气的原则和方法，“气”始终与“义”和“道”联系在一起。孟子之浩然正气、大丈夫、“天欲降大任于斯人”的气派及其发扬激励的作风，鼓舞一代又一代的志士仁人。历史上许多英雄豪杰大义凛然，一身正气，就是得力于内心道德的支撑。

孟子把道德规范概括为四种：仁、义、礼、智，这就扩充了四端。孟子曰：

人皆有不忍人之心。先王有不忍人之心，斯不忍人之政矣。以不忍人之心，行不忍人之政，治天下可运之掌上。所以谓人皆有不忍人之心者……凡有四端于我者，知皆扩而充之矣，若火之始然，泉之始达。苟能充之，足以保四海；苟不充之，不足以事父母。(《孟子·公孙丑上》)

所谓“四端”，指恻隐、羞恶、辞让、是非四者，此四端为吾人心先天所有。“若夫为不善，非才之罪也。”（《孟子·告子上》）先王治天下无他缪巧，即在善用此四端：如以不忍人之心——借恻隐之心，扩而充之，以行不忍人之政，治天下自可运之于掌上。孟子曰：

虽存乎人者，岂无仁义之心哉？其所以放其良心者，亦犹斧斤之于木也，旦旦而伐之，可以为美乎？其日夜之所息，平旦之气，其好恶与人相近也者几希，则其旦昼之所为，有梏亡之矣。梏之反复，则其夜气不足以存，夜气不足以存，则其违禽兽不远矣。人见其禽兽也，而以为未尝有才焉者，是岂人之情也哉？故苟得其养，无物不长；苟失其养，无物不消。孔子曰：“操则存，舍则亡。出入无一时，莫知其乡。惟心之谓与？”（《孟子·告子上》）

比喻良心如未经斧斤砍伐之木，其生机无限；难道人没有仁义之心吗？孟子是先天良心论者和认识论者，主张人有向善的本心。他之所以失掉善良之本心的原因，就像刀斧砍伐树木天天砍伐它，树木还能够葱郁茂盛吗？尽管他日夜培养善心，接触清晨的清明之气。经后天之斫丧，旦旦之砍伐而梏亡之，失去原有之生机与清明之夜气，而成禽兽。人们看见他与禽兽无异，就以为他从来没有过好的资质，这难道是人的本性吗？所以，如果得到应有的教养，没有东西不生长；如果失去了应有的养分，也没有东西会不消亡。孔子说：掌握它就存在，舍弃它就消失，出与入没有定时，不知它的去向。孟子的所谓良心，是包含有恻隐、羞恶、辞让、是非四心的。对治之道，善加保持培养其自然之良，则物无不遂长而成丰硕之果实。否则，物无不枯萎消失。这就是“操存舍亡”的道理。

先立乎其大与收放心，是指能思想，具理性之官能。孟子曰：

> 耳目之官不思则蔽，于物物交，物则引之而已矣。心之官则思，思则得之，不思则不得也。此天之所与我者，先立乎其大者，则其小者弗能夺也。此为大人而已矣。(《孟子·告子上》)

此段分别论述耳目之官与心之官。人的感觉器官，若不用心思考就会被外物所蒙蔽。外物蒙蔽了感觉器官，就会引导感觉器官放纵自己。心的官能是思考，用心思考就能得到人的善心，不思考就不能得到。于此事知孟子亦重视理性之思考。孟子注重仁义，曰："仁，人心也；义，人路也。舍其路而弗由，放其心乱不知求，哀哉！人有鸡犬放，则知求之，有放心而不知求。学问之道无他，求其放心而已矣。"（《孟子·告子上》）仁、义，是人心、人路，乃顺理成章之事，今舍此不为。譬如：鸡犬放出，尚知求之，何至于自心之放反不知求。今夫学问之道，亦犹是耳。此段比喻浅显易懂，却深切著明。这是天赋予我的善行，先在人的善性上有所树立，生理的欲望就无法占据它的位子。这样就成了人格高尚的人。

养浩然正气，即一种体验，一种眼看不见、手摸不着但又绝对存在的东西。这种气大至大刚，但养气的过程却要先"不动心"——"志一则动气，气一则动志也。"孟子认为每个人都有"善端"，但并不是每个人都能扩充它。必须经过长期的道德实践，才可以培养出一种坚定的无所畏惧的心理状态，就是所谓"浩然正气"。"夫志，气之帅也；气，体之充也。夫志至焉，气次焉。故曰：持其志，无暴其气。"又养所谓浩然之气，孟子曰：

> 其为气也，至大至刚，以直养而无害，则塞于天地之间。其为气也，配义与道；无是，馁也。是集义所生者，非义袭而取之也。行有不谦于心，则馁矣……必有事焉而勿正，心勿忘，勿助长也。(《孟子·公孙丑上》)

作为一种气，它是既大又刚强，用正义培养而不危害它的话，就能充满天地之间。作为一种气，它可和义与道相并，要是没有义和道气也就瘪下去了。气是很多合于正义的行为积累的结果，并不是一次合于正义的事就能有浩然之气。张岱说：养气的主题就是"持志"（《四书过·养气》），谓吾人之心志，为气之主导者。故当以心志为主，而以气为辅。而如何培养浩然之气？所谓以直道而养者，乃是平日所行所为合于义，累积既久，自然培养出浩然正气。但绝非偶尔做出合乎义的事，袭取于外就可以得到的。尤其切要者：养气，重在勿助勿忘。切勿先有所预期，或时作时辍，勿揠苗助长。存顺自然，自有水到渠成之日。

养成大丈夫之气度，多阳刚雄健的风姿：

居天下之广居（行之），立天下之正位，行天下之大道。得志，与民，不得志，独行其道。富贵不能淫，贫贱不能移，威武不能屈。此之谓大丈夫。(《孟子・滕文公下》)

行为符合仁的要求，行事符合礼的规范，一切都符合义。仕途通达时，要想着老百姓都能受惠；仕途不顺时，不要违背自己的道德理想，富贵不会使我动心，贫贱不会使我改变操守，外界的强大压力也不会让我屈服。所以，欲养成大丈夫之气度必须不因富贵而令其心志迷惑而沉沦其中。只有这样才能“正人心，息邪说，距波行，放淫辞”（《孟子・滕文公下》)。亦不因贫贱改变其志节，也不会因外在之威势武力所屈挠。换言之，无论处顺境（如富贵）、逆境（如贫贱、威武）都不受影响。此非由信道笃而自知明者，何能坚守善道如是？孟子相信把人的良知、良能不受遮蔽、不被扭曲地直接发用出来，就是养心之术。

三、仁政说：民贵君轻论

孟子是接受国君馈赠却为民请命的士人。他的民本思想，尤其是“诛一独夫论”、“民贵君轻论”，使坐稳了主子地位的独裁者面赤心悸。

孟子是孔子学说的继承者，但由于外部环境和时代背景不尽相同，也有他的创新性贡献与发挥。孟子把孔子的德治思想发展为仁政学说，使其成为其政治思想的核心。仁政的核心思想是：“民为贵，社稷次之，君为轻。”(《孟子・尽心上》）这“民贵君轻”论，把儒家的“民本”思想发展到一个新的高度。所以孟子说：

得天下有道，得其民，斯得天下矣。得其民有道；得其心，斯得民矣。得其心有道，所欲与之聚之，所恶勿施尔也。(《孟子・离娄上》)

即当国君的要想老百姓之所想，思老百姓之所思，这就是“仁政”，“爱民之政”。

孟子的“仁政说”整个思想的根据，建立在“性善论”的基础上。

孟子由他的“性善论”导出他的仁政王道学说。认为人性善推广到行政措施中去，关心百姓的疾苦，那么天下即归顺你，这即是所谓的仁政。他答梁惠王说：“王何必曰利？亦有仁义而已矣。”（《孟子・梁惠王上》)，又说：“仁，人之安宅也。义，人之正路也。”（《孟子・离娄下》）孟子的政治学说自是从其“人性论”出发，亦即依据其人性论而发展出其“政治思想”。是盖以“义内”的“人性论”为人本之中心思想，以此为圆心画一个大圈，成为外延，统括其思想之范畴，由此建构出孟子的整个思想体系。孟子感觉自己肩负的历史使命，站在儒家立场，回应非儒学派的质疑和责难，以维护儒学的纯洁性。

孟子在儒家学说史上第一次提出道统的问题。儒家并不神秘，而是尧、舜、禹、汤、文武周公、孔子等历代先贤心心相传的王道主义和仁政学说。孟子的历史使命正是为了继承这一道统，并使其发扬光大。孟子建立的儒学道统，区别了统治者与被统治者的界限，认为“劳心者治人，劳力者治于人”，制定了一套天子和庶人的等级制度。同时他又认为，天子和庶人的关系，就像父母对子女一样亲近，关系人民的疾苦。他的思想是为了维护王道主义的仁政学说，他认为这是一种理想的政治。王道以保民：

齐宣王问曰：“齐桓、晋文之事可得闻乎?”孟子对曰：“仲尼之徒无道桓、文之事者，是以后世无传焉，臣未之闻也。无以，则王乎?”……王笑曰：“是诚何心哉？我非爱其财。而易之以羊也，宜乎百姓之谓我爱……故王之不王，不为也，非不能也。”“……老吾老，以及人之老；幼吾幼，以及人之幼；天下可运于掌。《诗》云：刑于寡妻，至于兄弟，以御于家邦。言举斯心加诸彼而已。故推恩足以保四海，不推恩无以保妻子。古之人所以大过人者无他焉，善推其所为而已矣。”（《孟子·梁惠王上》）

推行王道以“仁政”是为行保民，其根本依据仍在“以不忍人之心，行不忍人之政，治天下可运之掌上”。今见牛而能生不忍之心，若更能善推此恩及于百姓，王道自不足为了。问题只在为与不为，而非能与不能。从其修养论，如收放心、要“天爵”（仁义忠信），不要“人爵”（公卿大夫）。他说：

今之人，修其天爵以要人爵，既要人爵而弃其天爵，则惑之甚者也，终亦必忘而已矣。（《孟子·告子上》）

养气说（其为气也，配义与道，即是“义内”说）以至王道论（包括保民、养民与教民）、与民同乐、民贵君轻等，无不从尊重“人性”之观点出发。与民同忧乐，拥有了民便拥有了天下。若就其思考特征而言：齐宣王无意中见到牛无辜被戮而生的“恻隐之心”，全出于自发性的，是先天本具，非后天教育所有，亦非有所为而为，故属于超越性、直观性、心灵层面的。至孟子以“君子之于禽兽也，见其生，不忍见其死；闻其声，不忍食其肉”。孟子分析之，以为是“恻隐之心”的表现。其反诘齐宣王语：“今恩足以及禽兽，而功不至于百姓者，独何与?”故得出推恩以保四海之理，则又是以理性的思考方式推理。直观与理性的两种思考方式交替使用，是孟子所善用的语言手段。如果实行仁政，可以得到人民的衷心拥护。王道之始，在以民生为本。

不违农时，谷不可胜食也；数罟不入洿池，鱼鳖不可胜食也。斧斤以时入山林，材木不可胜用也；谷鱼鳖不可胜食，材木不可胜用，是使民养生丧死无憾也。养生丧死无憾，王道之始也。……五亩之宅，树之以桑，五十者可以衣帛矣；鸡豚狗彘之畜，无失其时，七十者可以食肉矣；百亩之田，勿夺其时，数口之家，可以无饥矣；谨庠序之教，申之以孝悌之义，颁白者不负戴于道路矣。老者衣帛食肉；黎民不饥不寒，然而不王者，未之有也。(《孟子·梁惠王上》)

仁政的具体内容很广泛，包括一系列的措施。在经济、政治、军事、教育等贯穿一切民本思想的问题。在经济上主张“薄其税收”和“制民之产”，即征收税赋要得当，让“民”有“恒产”，具体办法就是实行“井田制”。在政治上，重视人的价值，反对严刑峻法、滥杀无辜。军事上，反对以武力统一天下的“霸道”，主张以德服人。教育上，主张道德教育，以明人伦物理。

孟子一贯主张天下乃天下人之天下，所以他将民意推崇到天意的高度。“八家皆私百亩”就是把土地分给农民，农民在干好公田，再去干私田。(《孟子·滕文公上》）就是说，先令百姓能养生丧死无憾，衣食温饱无虞，至生计既裕后，是为“衣食足而知荣辱”之时。他多次重复地说“五亩之宅，树之以桑”，“百亩之田，勿夺其时”，就可以使“黎民不饥不寒”。如是而施仁政于民，省刑罚，薄税敛，进而谨之以教育，修其孝悌忠信。若此之仁者，自然无敌于天下了。孟子的政治思想对孔子学说作了重要的发挥，其“王道”、“仁政”以及“民贵君轻”等著名命题，他的仁政的各项具体措施就是以这个总的思想为指导制定出来的，成为中国官方意识形态的一部分的政治信念。

孟子主张与民同乐。孟子对齐宣王好乐之问，曰：

今王鼓乐于此，百姓闻王钟鼓之声，管籥之音，举疾首蹙额而相告……曰：“吾王庶几无疾病与？何以能鼓乐也?”今王田猎于此，百姓闻王车马之音，见羽旄之美，举欣欣然有喜色而相告曰：“吾王庶几无疾病与？何以能田猎也?”此无他，与民同乐也。今王与百姓同乐，则王矣。(《孟子·梁

惠王下》)

对好色之问，曰：

内无怨女，外无旷夫。王如好色，与百姓同之，于王何有？(《孟子·梁惠王下》)

推齐宣王之意盖以好乐、好勇、好色、好货四者，俱是行王道之障碍。他听说齐宣王喜欢音乐，他问道："独乐乐，与人乐乐，孰乐?"则莫如善加转化而升华之，即与民同其好恶，以化个人的私欲为百姓的公益。"乐民之乐，民亦乐其乐；忧民之忧，民亦忧其忧。乐以天下，忧以天下，然而不王者，未之有也。"(《孟子·梁惠王下》)故曰："今王与百姓同乐，则王矣。"孟子主张"亲亲而仁民"，"老吾老以及人之老，幼吾幼以及人之幼"，要求统治者推己及人，把这种血缘的感情运用到政治上来。历史在孟子心中，是一种对"天下为公"理想的追求。孟子的民本思想是以民为主，君主所作所为当事事为民着想。故曰："民贵君轻"，孟子无愧是先知先觉的先进思想。孟子告齐宣王曰：

君之视臣如手足，则臣之视君如腹心；君之视臣如犬马，则臣之视君如国人；君之视臣如土芥，则臣之视君如寇仇。(《孟子·离娄下》)

从这段话可以更明显地看出孟子认为君臣是对等关系，仍是以民为之本，君为之末。如果最高统治者不这样做，大臣应该去纠正他的思想，"格君心之非"。对于贵戚之卿，"君有大过则谏，反覆而不听，则易位"。

孔子曰："君子喻于义，小人喻于利"(《论语·里仁》)，孟子继承并发展了这一思想。认为"利"是引起社会混乱的总根源。他在见梁惠王时说："王何必曰利，亦有仁义而已矣。"(《孟子·梁惠王》)认为天下大乱是因为利己欲望造成的，要想天下大治，必须重义轻利。在"义"与"生"必须做出选择时，宁愿"舍生取义"。这种思想培育了历史上无数的志士仁人为民族事业杀身成仁、舍生取义，表现了民族的气节。

四、道德教育：明人伦物理

孟子以为："学问之道无他，求其放心而已矣。"(《孟子·告子上》)在孟子看来，人之初是有善心的，但往往被利益所掩盖，因而丧失。要寻找回本心，寻找回丢失的良心，必须进行教育，所谓"求其放心"就是"复性复初"，减轻自我修养。

1. 君子深造之以道

君子深造之以道，欲其自得之也。自得之，则居之安；居之安，则资之深；资之深，则取之左右逢其原，故君子欲其自得之也。（《孟子·离娄下》）

孟子说：君子凭借着道来提高自己的修养，要心安理得地达到一种境地，他所能依靠的就很深厚。依靠深厚，做事就能左右逢源。所以君子是想由他自己逐渐达到较高的道德修养。

这段话说明孟子教学思想有四点：深造于学且必以正道为鹄的，则有所持循。故曰："深造之以道。"学问必须有所自得于心，如是自具定见，不会见异思迁、浅尝辄止、画地自限。有深造之学自然能居之安固而不动摇。由于所资藉者深远，则如源泉滚滚而来，任其取用左右逢源而无不自如了。

2. 教育的多种方式

孟子有多种教育方式，如孟子曰：

博学而详说之，将以反说约也。(《孟子·离娄下》)

孟子的意思是广泛的学习而又详细解说，目的是用很少的话把道理表达出来。

君子之所以教者五：有如时雨化之者，有成德者，有达财者，有问答者，有私淑艾者。此五者，君子之所以教也。(《孟子·尽心上》)

孟子说：君子教育人的方法有五种：①如时让人不知不觉发生变化：依时随其浅深的程度，如及时雨般润化万物。②有的能够提高修养：因人固有之德性而成就遂长之。③有的让人发挥自己的才能：因其本质而使之通达，乃因材而教也。④有问答者：随其所问应理契机而开解疑难。⑤有私下喜欢而去学习研究者：其或未能及门直接受教，但因闻其道而慕其人，以自学其身者，属此类。这五种情况，就是君子教育人的方法。

教亦多术矣。予不屑之教诲也者，是亦教诲之而已矣。（《孟子·告子下》）

教育人的办法也是很多的。我不屑之教诲他，这也是在教育他了。这是另有一种特殊之教育方式，即虽不屑教之者，并非摒弃也，要令他知所悔悟而已，故也是教诲的一种方法。施教多元化，及施教者之苦心由此可知。总之，从孟子的人性观出发，先肯定人的价值具有超越性。它不受任何外在因素的影响，而能自我认定之。所谓良知、良能、四端、天爵，都是本自具足而不假于外的。它与受限于社会制约、依存于国家制度下，举凡由外在因素而决定存在的价值观，迥然不同，它不因身份地位、学识、知识而有所不同，人人天生就具有绝对独立自主的意义与价值。故国家的设立，为民，非为君。故以民为贵，而社稷次之，君为轻，即是此意。

五、《孟子》、《礼记·学记》、《礼记·乐记》

1.《孟子》

《孟子》是记述孟轲言行以及他和当时人或弟子互相问答的书。有书7篇，以人名书，多长篇之论述，文章宏肆，意气昂扬。汉人皆以为孟子手撰。

《孟子》篇数《汉书·艺文志》录11篇，今本《孟子》凡7篇，即《梁惠王》、《公孙丑》、《滕文公》、《离娄》、《万章》、《告子》、《尽心》。全书共14卷，261章，34 685字。《孟子》之著作，《史记·孟子列传》云："天下方务于合纵连横，以攻伐为贤，而孟轲乃述唐、虞、三代之德，是以所如者不合。退而与万章之徒，序《诗》、《书》，述仲尼之意，作《孟子》七篇。"宋晁公武《郡斋读书志》则以为是书乃孟子殁后，万章、公孙丑之徒所辑记。

《孟子》在宋代以前，地位虽非甚显，但已有为之作注解者；宋代后，《孟子》备受重视，家数遂多。如（汉）赵岐《孟子注》14卷。此书前有赵岐所撰《孟子题辞》。七篇各分上下，共为14卷。每章之末，括其大旨，间作韵语。汉代为《孟子》作注者，除赵岐外，尚有刘向、程曾、刘熙、高诱、郑玄，唯均已亡佚，故此书乃现存完整且最早之《孟子》注本。此书笺释文句极浅要简明，类似后世之口义，与汉儒注经之多明训诂名物者有别。此书训解每为后来注《孟子》者所采从，虽不如后来者之精密，然开辟荒芜，俾后人得以循其途而深造之，功不可没。此书现收入《十三经注疏》中。经，不似疏体，有如村塾讲章。朱熹曰乃邵武一士人所假作，是也。

宋代朱熹《孟子集注》14卷。此书系朱熹平生精力所萃之主要著作之一，经多次改订始定稿。征引自汉朝以后，总共34家之说，而以"二程"为主，并旁及二种之朋友门生。此书虽名为集注，并非仅会集各家之说而已，其中颇多朱熹个人之心得。其所征引各家，虽为朱熹平日所尊崇者，亦皆有去取，态度极为可取。此书之特点，论述四端：所集诸家，以宋人之说为主，故可视为集宋人说解《孟子》之大成者。此书特重义理之阐发，颇能掌握《孟子》内容之精微。此书之训诂，大抵采自赵岐之说，于名物制度之考论虽不如清儒之精密，但尚称平稳、妥切。

朱熹为理学大师，北宋理学集大成者，注解《孟子》时多用理学来解释。

（清）焦循《孟子正义》30 卷。此书系为赵岐注作疏，博采清儒自顾炎武以下六十余家之说，与其子焦延先，编为长编，然后加以荟萃折中，前后经 5 年始完成。此书之特点，盖有下列五端：

所集诸家皆为清人，是清儒读《孟子》之大成者，征引的资料极为丰富。清代音韵训诂之学昌盛，因此在名物制度考证极为精审。此书虽以考据见长，焦循本精通身心之学，以考据见长，故亦兼重义理，颇能适度掌握《孟子》之精义。此书虽系为赵岐注作疏，但对赵氏之说或有所疑，乃不惜驳破以相规正。以上之书，各有所长，皆有功于《孟子》。

《孟子》之价值：继承儒家之道统，建立心性之学，开拓工夫之义理途径，主张行仁政，确定价值判断标准，重教化，继承孔子教育理念。

《孟子》与《论语》有不同处。《孟子》本非经书，与诸经师弟传授争立学官之情况不同，没有今古文本争持不下之问题。第一，《论语》讲孔子容貌动作相当详细，尤其《乡党》一篇；而《孟子》全书仅记孟子言语和出处。第二，《论语》记到孔子再传弟子，如曾参死时召门弟子（《论语·泰伯》），又如“子夏之门人小子”（《论语·子张》）；《孟子》仅记孟子和他弟子相问答，不涉及学生的学生。第三，《论语》记孔门弟子仅仅几个人称“子”，如“曾子”、“有子”；而《孟子》则除万章、公孙丑少数人外，多称“子”，如“乐正子”、“公都子”、“孟仲子”等。可见，《孟子》是仿《论语》而作，但《论语》编撰于孔子再传弟子之手，《孟子》大概是万章、公孙丑二人所记。对同学辈称“子”，对自己不称“子”，全书文章风格一致，可能经过孟子亲自润色。故朱熹在论《孟子》时说：

孔子之言多且是泛说做工夫，如居处恭、执事敬……之类；……待学者自做得工夫透彻，却就其中见得体段是如此。至孟子则恐人不理会得，又趱进一著说，如恻隐之心、学问之道求放心之类，说的渐渐亲切。①

《孟子》之学说地位。唐、宋以来，孔孟之称谓渐渐取代了周孔，可见世人对孟子学说的重视。《汉书·艺文志》、《唐书·艺文志》皆列《孟子》

① 朱杰人、严佐人、刘永翔主编：《朱子全书》，卷十九，上海：上海古籍出版社；合肥：安徽教育出版社，2002。

于子部。孟子与孔子并称，成为中国传统思想学术之主流。赵岐《孟子题辞》云，西汉孝文帝欲广游言之路，故《论语》、《孝经》、《孟子》、《尔雅》皆置博士（后罢其他博士，独立五经）。此后，不言国学则已，欲言国学，必称孔孟之道。南宋孝宗时，朱熹将《孟子》与《论语》、《大学》、《中庸》并列为《四书》。遂升《孟子》于经部，列为十三经之一。

《孟子》之价值。继承儒家之道统。韩愈云："尧以是传之舜，舜以是传之禹，禹以是传之汤，汤以是传之文、武、周公，文、武、周公传之孔子，孔子传之孟轲。"（《原道》）建立心性之学，《滕文公》云："孟子道性善，言必称尧舜。"孟子继承孔子，以言仁为价值之源，建立心性之学，以证人性之本善。孟子之心性之学，其宗旨则在成就人格，开拓义理途径。《孟子·告子上》云："先立乎其大者，则其小者不能夺也。"主张行仁政，以内圣外王。《孟子·尽心》云："民为贵，社稷次之，君为轻。"《孟子》确定其价值判断之标准，在修己、治人等方面确定规范，云："王何必曰利？亦有仁义而已矣。"（《孟子·梁惠王上》）另外重视教化，继承儒家之学术，建立礼乐型之教化系统。

气势浩然是《孟子》散文的重要风格特征。这种风格，源于孟子人格修养的力量。孟子曾说："吾善养吾浩然之气。"（《孟子·公孙丑上》）"养气"是指按照人的天赋本心，对仁义道德经久不懈的自我修养，久而久之，这种修养升华出一种至大至刚、充塞于天地之间的"浩然之气"。具有这种"浩然之气"的人，"说大人，则藐之"（《孟子·尽心下》），在精神上首先压倒对方，能够做到藐视政治权势，鄙夷物质贪欲，气概非凡，刚正不阿，无私无畏。写起文章来，自然就情感激越，词锋犀利，气势磅礴。正如苏辙所说："今观其文章，宽厚弘博，充乎天地之间，称其气之小大。"（《上枢密韩太尉书》）气盛言宜，孟子内在精神修养上的浩然气概，是《孟子》气势充沛的根本原因。同时，《孟子》大量使用排偶句、叠句等修辞手法，来加强文章的气势，使文气磅礴，若决江河，沛然莫之能御。

《孟子》的语言明白晓畅，平实浅近，同时又精练准确。和古奥难懂的《尚书》及铜器铭文显然不同。它继承发展《论语》、《左传》、《国语》等开创的新的书面语言形式，形成了一种精练简约、深入浅出的语言风格。可以说，后来统治了我国两千多年的标准书面语，在《孟子》那里已经成熟了。

总之，儒家经典讲求经义、探究名理。主要在五经。儒家本有六经，《诗经》、《尚书》、《仪礼》、《乐经》、《周易》、《春秋》。秦始皇"焚书坑儒"，据说经秦火一炬，《乐经》从此失传，东汉在此基础上加上《论语》、

《孝经》，共七经；唐时加上《周礼》、《礼记》、《春秋公羊传》，《春秋谷梁传》、《尔雅》，共十二经；宋时加《孟子》，后有宋刻《十三经注疏》传世。《十三经》是儒家文化的基本著作，就传统观念而言，《易》、《诗》、《书》、《礼》、《春秋》谓之“经”，《左传》、《公羊传》、《谷梁传》属于《春秋经》之“传”，《礼记》、《孝经》、《论语》、《孟子》均为“记”，《尔雅》则是汉代经师的训诂之作。后来的五经是指：《周易》、《尚书》、《诗经》、《礼记》、《左传》。

2.《礼记·学记》

《礼记·学记》是我国和世界上第一部系统的教育理论著作。它开宗明义地提出：“君子如欲化民成俗，其必由学乎”和“建国君民，教学为先”的教学方针。把教育的作用提升到“化民成俗”、“建国君民”的高度。《学记》记载了大量教学原则和方法等，如“教学相长”、“学不躐等”、“官先事，士先志”、“师严道尊”、“善譬善喻”等。

《礼记·学记》认为“学然后知不足，教然后知困”。只有认识了自己的不足，才会知道学习的重要性。既教学生，又要提高自己。古之学校，家有塾，党有庠，术有序，国有学。所谓：

> 一年视离经辩志，三年视敬业乐群，五年视博习亲师，七年视论学取友，谓之小成。九年知类通达，强立而不反，谓之大成。(《礼记·学记》)

七年“小成”，学完九年全部课程，才达到“大成”阶段。“夫然后足以化民易俗，近者说服而远者怀之。此大学之道。”讲中国古代大学之精神，“大学之道”、“大学始教”、“大学之法”、“大学之礼”。

《礼记·学记》赋予教师崇高的地位，“凡学之道，严师为难。严师，然后道尊……大学之礼，虽诏于天子，无北面，所以尊师也。”教师的榜样极为重要，身教重于言教。对学生要求要严，提高素质规范他们的行动，捍卫“师道”尊严。这样才能使他们“安其学而亲其师，乐其友而信其道”。《礼记·学记》指出了教师对国家和社会有重要作用。

教师要明确自己职业活动的目的和意义，在教学中要因材施教，启发引导，就近取譬，深入浅出，才能收到“相悦以解”的教学效果。这种因人而教的精神，贯穿在《礼记·学记》等古代教学活动中。《礼记·学记》中还提出：

> 君子知至学之难易，而知其美恶，然后能博喻。能博喻，然后能为师。

《礼记·学记》提出学生要“善问”，教师要“善待问”。“善问者如攻坚木，先其易者，后其节目”才不至于“师勤而功半”。“善待问者如撞钟，叩之以小者则小鸣，叩之以大者则大鸣。待其从容，然后尽其声。”作为教师不应该问小而答大，也不应该问大而答小，这都无益于学。教师要循循善诱、长善救失，直到今天仍被传诵。这里体现了教师对学生的爱护和对教育工作的严肃认真的态度，所以也可以说是教师的职业道德。

《礼记·学记》云：“玉不琢，不成器；人不学，不知道。是故古之王者，建国君民，教学为先。”人而学道，犹玉之有琢磨也。“虽有嘉肴，弗食，不知其旨也；虽有至道，弗学，不知其善也。故学然后知不足，教然后知困。知不足，然后能自反也；知困，然后能自强也。故曰：教学相长。”至道必待学而知。“故君子之于学也，藏（于心）焉，修（习）焉，（休）息焉，游（玩）焉。夫然，故安其学而亲其师，乐其友而信其道。是以虽离师辅而不反。”学必在随时随地，日常生活中，休息游宴中，并寓教于乐。“今之教者，呻（吟读）其占毕（书册），口授而无心得，多其训言（碎言），言及于数进（速汲而言之），不顾其安，使人不由其诚（循序渐进），教人不尽其材。其施之也悖（背教学之序），其求之也佛（拂于学之序）。夫然，故隐其学而疾其师，苦其难而不知其益也。虽终其业，其去之必速。教之不刑（成），其此之由乎！”学必须有自己的心得，循序渐进，并因其材而施教。“大学之法，禁于未发之谓‘豫’（预防未然），当其可之谓‘时’（适时，机会教育，时节因缘），不陵节而施之谓‘孙’（逊）（不循序渐进），相观而善之谓‘摩’（切磋观摩）。此四者，教之所由兴也。发然后禁，则扞格（格格不入）而不胜（胜其情欲之私）；时过然后学，则勤苦而难成；杂施（杂乱施教）而不孙，则坏乱而不修（无法修学）。独学而无友，则孤陋而寡闻；燕朋（不正当之友）逆其师，燕辟（燕游邪辟——不正当之娱乐，群居终日，言不及义）废其学。此六者，教之所由废也。”

大学之法有四：预防法、及时法、观摩法、渐进法。“君子既知学之所由兴，又知教之所由废，然后可以为人师也。故君子之教喻也，道（引导）而弗牵（强牵之使从之或必进），强（鼓励）而弗抑（压抑其兴趣与性向所趋），开（启发）而弗达（无不通达，令学者无发挥之余地）。道而弗牵，则和（和乐于所学），强而弗抑则易（易于发展于其学），开而弗达则思（主动思考）。”知教学兴废所由，并善加鼓励、启发而诱掖之。

“学者有四失，教者必知之：人之于学也，或失则多（博而寡要，贪多务得——博而能约），或失则寡（孤陋寡闻，寡取易盈——当广学多闻，学以对治之），或失则易（略具小慧者，学之易而不深究，多浅尝辄止——当深入学习以治之)，或失则止（学无自信者，画地自限，无有进步——当使之建立自信，而鼓励之，所谓退则进之)。此四者，心之莫同也。知其心，然后能救其失也。教也者，长善而救其失者也。”学者四失：多（贪多务得)、寡（孤陋寡闻)、易（易学者浅尝辄止)、止（画地自限)。“善学者，师逸而功倍，又从而庸（颂其功）之；不善学者，师勤而功半，又从而怨之。善问者如攻坚木，先其易者，后其节目，及其久也，相说以解。不善问者反此。善待问者如撞钟，叩之以小者则小鸣，叩之以大者则大鸣，待其从容，然后尽其声；不善答问者反此。此皆进学之道也。”善学与不善学、善问与不善问，以及善待问者。“记问之学（只知记诵，而无心得之学)，不足以为人师。必也其听语乎（听学生之发语)！力不能问，然后语之，语之而不知，虽舍之可也。”记问之学不足取，必待听语而言。

3.《礼记·乐记》

《礼记》或称《戴记》原为汉朝初年河间献王从民间抄来献给朝廷的，后来刘向校阅政府收藏。全书原有 240 篇，后经删节成为 85 篇。《礼记》是“记”不是经。经学家把孔子及孔子以前的圣人所著书称“经”，把孔子以后诸儒直接释“经”的书称“传”，把孔子以后儒者之间发挥经义的论文称“记”。

《礼记·乐记》是古代儒家的音乐理论，阐述诗歌、音乐、舞蹈，具有很高的美学价值。它贯穿了对原始儒学的仁义学说和伦理道德的宣扬。在关于音乐的教化作用、尊崇雅颂之声的态度、提倡中和之音的主张、音乐和时代治乱的关系上，都有明确和具体的意见。诗、乐、舞都是“感于物而动”。人有喜、怒、哀、乐，发出的音也各不相同。《礼记·乐记》非一时之作，非一家之言，非一人之手，是先秦以来儒家音乐理论的汇编。《乐记》提出音乐与感情的关系：

> 凡音之起，由人心生也。人心之动，物使之然也。感于物而动，故形于声。声相应，故生变；变成方，谓之音，比音而乐之，及干戚羽旄，谓之乐。

凡是声音的发出，都是由人的内心产生的；音乐的变化，源于感情的变化。只有净化人的心灵，美化人的感情，才能唱出高雅的音乐。《礼记·乐记》：“心中斯须不和不乐，而鄙诈之心人之矣。外貌斯须不庄不敬，而易慢之心人之矣。”心中和乐庄敬不可须臾离也。

(1)“礼以倒其志，乐以合其声，政以一其行，刑以防其奸。”礼、乐、刑、政能为社会安定发挥作用。阐释礼、乐、刑、政之关系，“夫礼者，所以定亲疏，决嫌疑，别同异，明是非也。”正当的社交活动、乐调、情感，可以推行治国之措施，起到礼之作用。“是故审声以知音，审音以知乐，审乐以知政，而治道备矣。”（《礼记·乐记》）音乐可以考察政治的得失，风俗的美化，人心的向背。说明音乐的教化作用，音乐与时代的关系。

(2)“礼节民心，乐合民声”，“大乐与天地同乐，大礼与天地同节”，“乐者天地之和也，礼者天地之序也”（《礼记·乐记》)。社会的治乱，国家的兴亡必然反映在作品中。“乐者，音之所由生也，其本在人心之感于物也。”不仅讲音乐，也讲移风易俗，陶冶人心，讲和谐的家庭、和谐的社会。正如朱光潜说：

> 与其说自由，不如说和谐。因为自由会发生冲突，而和谐乃化解冲突后的自由。和谐又是个人修养的胜境。①

(3)“贤者押而敬之，畏而爱之，爱而知其恶，憎而知其善。”事贤者之道。“礼从宜，使从俗。”“礼，不妄说人，不辞费。”先王制礼作乐，仁近于乐，义近于礼。乐是情感的流露，意志的表现，使人表达情感，宣泄忧闷；礼是行为仪表的纪律，制度是人为的条理，可以调节人的行为。“非以极口腹耳目之欲也，将以教民平好恶，而反人道之正也。”“是故审声以知音，审音以知乐，审乐以知政，而治道备矣。”在音乐中，可以察知政治的得失，风俗的美恶，人心的向背。

(4)“鹦鹉能言，不离飞鸟；猩猩能言，不离禽兽。今人而无礼，虽能言，不亦禽兽之心乎?”人贵在知礼，要讲礼乐文明，讲移风易俗，陶冶人心。否则，不异于禽兽飞鸟。“乐”可以“通伦理”，可以“化民俗”，可以“节礼制”，可以“和民声”。内心和谐，身心才能健康，才是善人、幸福之人。

(5)“乐自中出，礼自外作。乐自中出故静，礼自外作故文。礼者殊事合静者也，乐者异文合爱者也。”讲仁近于义，义近于礼。乐是情感的流露，意志的表现，使人表达情感，宣泄忧闷。音乐已经不仅仅是抒发内心情感的产物，而且强调内心情感的产生是由外物激发的结果。乐是浪漫精神，礼是古典精神。乐在冲突中求和谐，礼在混乱中求秩序。可见，一个理想的

① 朱光潜：《乐的精神与礼的精神：儒家思想体系的基础》，引自《释中国》，第二卷，125页，上海：上海文艺出版社，1998。

人，乃至一个理想的社会，都应该具有乐的精神和礼的精神，才能完美。

荀子

荀子（约公元前325—前238），名况，战国末期赵国人。游学于齐国，在当时学术中心稷下学宫讲学。公元前279年，齐襄王重开稷下学宫，荀卿成为最有威信的老师，被称“最为老师”。曾三次担任齐国祭酒（大学校长）。后因齐败于燕，聚集在齐国的学士各自分散。齐人或谗荀卿，荀子乃离开齐国。而荀子晚年在楚国，两度受命春申君以为兰陵令，春申死后遭废黜。晚年在兰陵著书，最后终老于兰陵。他的著作是西汉时刘向编的，称为《荀卿新书》，其中，主要是荀卿写的，也有他的学生记载他的言行的作品。有《荀子》一书流传后世。

荀子不仅是儒学大师，而且是先秦哲学的总结性人物，在此基础上建立了自己的思想体系。他是战国末期思想家、教育家，著名的法家人物李斯和韩非都是他的学生。他根据时代的变化，把道、墨、法的观念注入儒学，使孔子的礼乐学说发生新变。

儒“有益于人国”，是因为儒有“术”。庄子在《天下篇》说诸家都各有其术，梁启超说儒家哲学从来是道不离术、术不离道。孔子讲“民德归厚”是道，用“慎终追远”的方法造成他便是术。孟子提过“仁术”，荀子的最大特点是大讲“术”，包括治国之术、处世之术、治气养心之术、心术。

一、人性观：性恶论

荀子发展孔子儒家伦理思想，在人性论上主张性恶说。他提出一种以性恶论为基础，以“礼”为核心，以“化性起伪”为手段的伦理学说。他在《性恶篇》说：

人之性恶，其善者伪也。今人之性，生而有好利焉，顺是，故争夺生而辞让亡焉；生而有疾恶焉，顺是，故残贼生而忠信亡焉；生而有耳目之欲，有好声色焉，顺是，故淫乱生而礼义文理亡焉。然则从人之性，顺人之情，必出于争夺，合于犯分乱理，而归于暴。故必将有师法之化，礼义之道，然后出于辞让，合于文理，而归于治……

凡人之欲为善者，为性恶也。夫薄愿厚，恶愿美，狭愿广，贫愿富，贱愿贵，苟无之中者，必求于外……若夫目好色，耳好声，口好味，心好利，骨体肤理好愉佚，是皆生于人之性情者……今人之性，固无礼义，故强学而求有之也。性不知，故思虑而求知之也。

1. 荀子的人性是先天而生

荀子性恶论认为，人性是先天而生，不学而不能，把人的性与情归结为生理现象，名之为“天情”《荀子·性恶篇》。首先断案曰：“人之性恶，其善者伪也。”其论证曰：“今人之性，生而有好利焉，生而有疾恶焉，生而有耳目之欲、有好声色焉。”以及“饥而欲饱，寒而欲暖，劳而欲休，此人之情性也”。此乃人性为恶之本质。如“目好色，耳好声”，如任其发展，必会造成人欲横流、相互残杀、仁义文理皆忘。人性就是恶，就是好利、嫉妒、喜欢声色，顺人性发展，就会出现暴乱。由此前提推论：若是“从人之性，顺人之情”，必至于争夺、残贼、淫乱等“犯分乱理”之事。

他说：“性也者，吾所不能为也，然而可化也；情也者，非吾所有也，然而可为也。”也就是说，人的自然本性可以改造变化。故必当借助于师法的教化与礼义的熏陶，必须借此反其道而行，始会做出辞让等善行，合于为治之道。因此，必须加强后天的教化，使由“恶”转“善”，即“化性而起伪”。荀子精于制度典章之学，隆《礼》、《乐》而杀《诗》、《书》，而由《礼》入，以《礼》立节制，故曰人性本恶。

2. 荀子与孟子思想的差异

荀子与孟子同属儒家，相同处很多。但两家的学问来源大不相同，分歧也格外明显。主要表现在人性论上的性善与性恶的对立。孟子主张人性本善，仁义礼智是人心所固有的，是人的良知、良能。主恻隐之心，故重感情。荀子言性恶，谓人性虽恶，但弃恶从善。孟子属于“先验论”。孟子则是自内在的心性，即形而上之“心性论”出发，认为人性本善，仁、义、礼、智是人固有的，如良知、良能；又如恻隐、辞让、是非、羞恶所谓“四端”，均非由外铄者是也。荀子乃是“以欲言性”①，如“饥而欲饱，寒而欲暖，劳而欲休”；“薄愿厚，恶愿美，狭愿广，贫愿富，贱愿贵”。以至好利、疾恶、耳目之欲，无不从“欲”——生理欲望之角度出发。② 荀子以

---

① 《荀子·礼论篇》：“礼起于何？人生而有欲。”固以礼之起源，即由于人生而有欲。《荀子·正名篇》：“性者，天之就（自然所就）也；情者，性之质（本质）也；欲者，情之应（感应）也。以所欲为可得而求之，情之所不能免也。”固知荀子以情为性之本质，而欲为情之所感，故性、情、欲三者本同一源。

② 荀子对欲，亦有节制之言。如《荀子·正名篇》：“欲虽不可尽，可以近尽也；欲虽不可去，求可节也。”《荀子·礼论篇》：“以养人之欲，以给人之求。”“礼者，养也。”则在满足人之欲望，甚至认为欲望不必节制。只要中理，欲虽多，亦无妨。《荀子·正名篇》：“心之所可中理，则欲虽多，奚伤于治。……心之所可失理，则欲虽寡，奚止于乱。”由此可以充分看出荀子以欲言性之特质。

"经验论"之立场，从外在的观察而得，如"苟无之中者，必求于外"。其与孟子相比，孟子说："人之所以异于禽兽者几希，庶民去之，君子存之。舜民于庶物，察于人论，由仁义行，非行仁义也。"故孟子教人"居仁由义"。

荀子主张人性恶，故注重后天的塑造，而不注重先天的开发。孟子论政，尚德教，尊先王，寄其理想于远古，言必称尧舜，向往太平大同之道；荀子论政，重刑赏，法后度，专讲乱世小康之道。孟子讲仁义，主张良知良能。荀子言礼，以礼为修束身心的标准。孟子认为天有意志，主张天人合一。荀子认为天无意志，主张天人相分。

因为，先天者未可恃，后天乃有可为。此乃与孟子有根本之不同。故荀子注重"伪"与"积"两字："伪"，即"化性起伪"，所以必须要"矫饰人之情性"、"扰化人之情性"；"积"，即"成积"，积善成德，积之而后高。孟子亦强调先天本具直观式的不学而能、不虑而知的"良知"与"良能"。此二者所以不同，是因为"人性论"，乃是荀孟学说根本立足点之差异，衍生而出的整个思想体系与思考方式的决然不同，以至修养论、教育思想、政治哲学等均有所不同。

总之，荀子之思考模式是从人性论出发，是以"苟无之中，必求于外"。故主外在规范与约制，借后天之教育以塑造其本无者——积、伪。若以荀子的说法套到孟子身上，其思考模式则是"苟有之中，必不求之于外"，故重内在之开发，以扩充其本有的光辉，故注重"充"和"养"。一开发先天，一塑造后天，但其目的都是以"善"为目标。荀、孟二人，性善、性恶说之主张不同，而其方法、手段，或重"充"、"养"，或重"积"、"伪"，亦有异。梁启超评荀、孟以为："为修养起见，读荀子最能唤起吾辈之自治力，常检束自己，不至松弛堕落。又资质驽下之人，读之得人定胜天的信仰，能增加其勇气……是故读孟子之益处在发扬志气，读荀子之益处在锻炼心能，二者不可偏废。"① 总之，就荀子重后天的思维言，自具坚苦卓绝与发扬刚毅的精神。孟子则在认知吾人先天的优点与价值，去发挥人性的光辉面，具有光明磊落的心胸与襟怀。故二人在教育上各具其意义。

孟子的"人皆可以为尧舜"，荀子的"涂之人可以为禹"，看上去似并无不同。若更深入探讨之，实有其迥异处。荀子以为"故涂之人可以为禹，则然；涂之人，能为禹，未必然也……可以为，未必能也；虽不能，无害可

① 梁启超：《国学研读法三种》，《梁启超全集》，北京：北京出版社，1999。

以为”①。盖因恶性并未断绝，犹然存在如故也。故只说“可以”，而不说“可能”。

二、礼是核心思想

真正成为国家象征的是宗庙和礼，荀子把“礼”看作是根本大法。电视剧《卧薪尝胆》中吴王未毁越国的宗庙，勾践才得以卷土重来。破吴之后，勾践嘲笑吴不毁越庙，以至于有今日，即毁了吴的宗庙，宣告战争的最后胜利。而新王必改制、易服色，也说明礼是一个王朝的表征。周礼说修身、德成可以治国平天下，由世子成为国君的过程是由人子成人父，由人臣成为人君的过程，尊君就是亲亲了，亲亲就是尊君了。儒家只是实践了它，信奉了它。

但荀子的礼不同于孔子的礼。孔子的礼，讲血缘的亲疏远近贵贱；不变革旧体制，是维护等级制的；荀子的礼，反血缘、世袭的社会结构，主张按人的贤愚划等级。

礼是荀子学说的核心概念，他认为礼是圣人制定的，可以“养人之欲，给人之求”，要按照礼的要求做人。荀子把礼法道德一体化，彻底贯彻了“施于礼义”的宗旨。他说：“礼者，人主之所以为群臣寸尺寻丈检式也，人伦尽矣。”（《荀子・儒效》）荀子认为社会规范、法制是礼的体现，礼已经具有法度、规范、秩序的含义，所谓“礼者，法之大分，类之纪纲也”。他提出了一个包括仁义在内的，以礼为核心的道德规范体系。荀子在《礼论篇》中云：“礼岂不至矣哉！立隆以为极，而天下莫之能损益也。”“……故绳墨诚陈矣，则不可欺以曲直；衡诚县（悬）矣，则不可欺以轻重；规矩诚设矣，则不可欺以方圆。君子审于礼，则不可欺以诈伪。故绳者直之至，衡者平之至，规矩者方圆之至，礼者人道之极也。”② 人总是有血气、意志和思想的，如果不能顺从礼，就会悖乱傲慢，失礼于人，引祸于己。“国无礼则不正。礼之所以正国也，譬之犹衡之于轻重也，犹绳墨之于曲直也，犹规矩之于方圆也；既错之而人莫之能诬也。”（《荀子・王霸篇》）如果符合礼的要求，就能让人处处畅通无阻，万事顺利。“人无法则伥伥然，有法而

---

① 《荀子・性恶篇》，《荀子简注》，章词同注，上海：上海人民出版社，1974。

② 《韩非子・有度》：“故审得失有法度之制者，加以群臣之上，则主不可欺以诈伪，审得失有权衡之称者，以听远事，则主不可欺以天下之轻重。”由是知荀子之礼，与韩非子之法，其间固无异趣。

无志其义则渠渠然。依乎法而又深其类，然后温温然。”（《荀子·修身篇》）礼是法律上政令的总则，一切条例、规则的准绳，所以，“礼”是道德的最高标准。

荀子曰：“凡性者，天之就也，不可学，不可事。礼义者，圣人之所生也，人之所学而能，所事而成者也。”（《荀子·劝学篇》）人之性是天生的，而礼义之道是圣人发明的，所以后天学习是补救的唯一途径。“不道礼宪，以诗书为之，譬之犹以指测河也，以戈舂黍也，以锥飡壶也，不可以得之矣。”“学不可以已”，“已”就是停止的意思。就是要求人在学习上，必须坚持不懈，不要半途而废。“青，取之于蓝，而青于蓝；冰，水为之，而寒于水。”即所谓“青出于蓝而胜于蓝”。青是一种颜色，而蓝则是一种草。染布的青色，出自于蓝草。但从蓝草中提炼出青色之后，它就比原来的蓝草更青。荀子用此比喻人性，“蓝”为人的先天本性，“青”则为学习修养后的符合礼义之善的人性。荀子追求的学，是改造人性的学，而改善人性的难度不可能有止期。蓝不为青，水不为冰，则决不罢休。

荀子提倡治气养心，要先把人的气与心（包括意志与知虑）调养好，才能谈到对礼的服从。荀子说：

治气养心之术，血气刚强，则务之以调和，知虑潜深，则一之以易谅。勇毅强果，则辅之以道术。（《荀子·修身篇》）

尽管每个人的血气、意志与知虑千差万别，各种各样的不同，但都要靠礼来控制。荀子说：“凡治气养心之术，莫径由礼，莫要得帅，莫神一好。”（《荀子·修身篇》）又：“礼者所以正身也，师者所以正礼也。”礼是治气养心的唯一路径，得到师友的指点与帮助，则是治气养心的关键。“故学也者，礼法也。”“故人无礼则不生，事无礼则不成，国无礼则不宁。”荀子说“墨子蔽于用而不知文……庄子蔽于天而不知人”，他的礼之范围甚广，可说涵盖其整个思想。上自思想言论之依准，广及政治、社会、法律、教育、军事，以至立身处世，如修身、治气以及人格之分类等。《礼论篇》：“礼者，谨于治生死者也。生，人之始也；死，人之终也；终始俱善，人道毕矣。故君子敬始而慎终，终始如一，是君子之道，礼义之文也。”从生至死，所谓礼之节文，乃至饮食、起居之细节，无不归于礼的范围。故广义的“礼”，可说包括所有典章文物制度，而礼则是统摄了一切规范、原理、原则的总称。这一切都是由于知“道”之一隅，而道是“体常而尽变”的，只知其一隅就不能得其全貌。孔子是“仁知且不蔽”，儒家向来以礼为本，然荀子礼之本质与孔孟截然不同。孔子以“克己复礼为仁”，孟子以仁义礼智为我固有之，均属“义内”说。至荀子则人之性恶，礼从外来，属“义外”说。荀子曰：“故古者圣人以人之性恶……故为之立君上之势以临之，明礼义以教化之，起法正以治之，重刑罚以禁之，使皆出于治，合于善也，是圣王之治而礼义之化也。”（《荀子·性恶篇》）礼必恃君上之威势以临之，是建立一个外在的标准，必须绝对服从之。其与诉诸良知、良能之礼，自不同科，而与法之权威性、制度性，相去无几了。

荀子适应新兴封建地主阶级要求，对孔、孟重“礼”思想进行批判改造，又吸收法家重“法”的思想，提出礼法并用的主张。只有这样才能“国有常”（《荀子·君道》），“百姓宁”（《荀子·成相》），荀子丰富了儒家的政治学说，同时反映了儒法合流的趋势。

三、天有自然法则

天人关系是先秦哲学研究的主要问题，荀子总结了春秋战国以来各派的合理因素，进行了适当的综合。道家主张天道自然无为，反对有人格、有意志的上帝，是进步的，但抹杀了人的主观能动性，而孔孟却夸大了人的能动作用。荀子继承了百家学说关于天道自然的合理思想，同时强调人的主观能动作用，提出人定胜天的“制天命而用之”的光辉思想。

荀子以“无意志之天”修改了儒家、墨家所主张的赏善罚恶的“有意志之天”，而同时又能免除老、庄道家重天道而生之种种安命、守旧之失。荀子在总结诸家时，弃其所“蔽”，扬其所“见”，凝练出“明于天人之分”的辩证观点。他在《天论篇》中云：

> 天行有常，不为尧存，不为桀亡。应之以治则吉，应之以乱则凶。强本而节用，则天不能贫；养备而动时，则天不能病；修循道而不贰则天不能祸。故水旱不能使之饥，寒暑不能使之疾，妖怪不能使之凶……夫是之谓不与天争职。天有其时，地有其财，人有其治，夫是之谓能参。舍其所以参，而愿其所参，则惑矣！

荀子把道家学派“自然”、“无为”的思想改造为“不与天争职”，主张不以主观意志代替客观智能，强调“天行有常”的规律性。不但主张人不与天争，抑且望人能与天地参，征服天行以为人用。荀子以为天本身是没有意志的，而任行予夺，由主观的判定而吉凶祸福之。只要人能尽其职，则天就不能予人祸福。所谓“天行有常”，就是说“天”本来就有一定不变的自然法则，与人事无涉，天无意志，天人应该分开。

在政治上："天行有常，不为尧存，不为桀亡。"合乎政道治理，则吉；反之，违背正道，则乱。治乱与天没有关系，把天和人截然分开，是以"明天人之分"者，才可以说得上是治人。他提出"制天命而用之"的人定胜天的思想。在经济上"强本（农桑）而节用"，则天不能使之贫。荀子大呼："大天而思之，孰与物畜而制之。从天而颂之，孰与制天命而用之！"就养生言：若养生之道周全，并适时运动，则天不能使之病。就修身言，循道不差，天不能为祸于人。"故非我而当者，吾师也；是我而当者，吾友也；谄谀我者，吾贼也。"（《荀子·修身篇》）就天而言，《天论篇》中：

大天而思之，孰与物畜而制之。从天而颂之，孰与制天命而用之!。望时而待之、孰与应时而使之。因物而多之，孰与骋能而化之。思物而物之，孰与理物而勿失之也。愿于物之所以生，孰与有物之所以成！故错人而思天，则失万物之情。

这是"制天命而用之"的人定胜天的思想。将人与天站在对立的立场：认为人与其歌颂、赞叹天，被动地听任天的宰制、盼望天能自动加惠于人，毋宁设法脱离天及受制于天，更当制天命而善加运用之，视天如物而畜养它、宰制它。就是强调"制天命而用之"的能动性，反对放弃人而思慕天的自然命令论。

其思想与《天演论》所谓"人定胜天"、"征服自然"（Conquer of Nature）的观念相类。其自然哲学之特色，是天人二元对立的观念与"明于天人之分"的思想；以人与天属于一元，二者本同体，故人当配合天，以返乎其性之本然。如《中庸》："天命之谓性，率性之谓道。""诚者，天之道也；诚之者，人之道也。"则是不违逆天，随顺天道、天理、天时、天命而行。把道家的"自然"、"无为"的思想改造为"不与天争职"，主张不以主观意志代替客观职能。与"永言配命，自求多福"的观念思维不同，荀子所谓顺应天、利用天、宰制天等，则是站在与天对立的立场上。使"天职"与"人治"，即自然无为与人道有为在较高的理论思维水平上得到统一，发展了唯物主义关于主观能动性的思想 。荀子之"自然"为性，"人为"为伪，其实"状变而实无别"，万物绝非"以不同形相禅"。故人类文化皆起于人为，然人为自然，其界线实并不能严格划分，让善全出人为，绝非自然。

四、知识论之解说

荀子对整个封建时代的知识，皆是关于传统文化的人文知识。它不研究自然科学方面的知识而以重道轻器的态度专门研究道德性学问。所以这个“知识”不是现代意义上的知识。中国人喜欢说“学问”，不喜欢说“知识”，是指对圣贤君臣道义的各种知识的日积月累式的学习与阐释。荀子曰：“君子博学而日参乎己，则知明而行无过矣。”他主张博学和内省，博学就是向外学习，内省则是向内学习，即是把掌握外在知识内化为人性的组成部分。

孔子最先提出正名原则，以达到名正言顺。荀子继承了这一思想，正名的作用可以使“其民悫”，“悫则易使”，“其民莫敢托为奇辞以乱正名，故壹于道法而谨于循令矣”（《荀子·正名篇》）。

人生而有知，知而有志，志也者，臧也，然而有所谓虚。不以己臧害所将受谓之虚。心生而有知，知而有异。异也者，同时兼知之，两也。然而有所谓一，不以夫一害此一谓之壹。心卧则梦，偷则自行，使之则谋，故心未尝不动也，然而有所谓静。不以梦剧乱知谓之静。（《荀子·正名篇》）

清末章太炎《国故论衡》诠释《荀子》是唯识之学。章氏以唯名诠解荀子的意义，在于通过荀子论“心”之解说，以分疏其“恶性”之所指。章太炎以心理学、知识论为荀子论性恶之所本。荀子之言“心”，实兼论“意识”，人惟有意识，能念念相续，亦念念相离。“心”是知道之根，荀子以心为道言性，乃指言人生烦恼之所以然。心涵八识，性居其一，心大性小，心无善恶，而性则有恶。

未得道而求道者，谓之虚壹而静。荀子曰：“名也者，所以期累实也。辞也者，兼异实之名以论一意也。辨说也者，心之象道也。心也者，道之工宰也，道也者，治之经理也。心合于道，说合于心，辞合于说，正名而期。”（《荀子·正名篇》）周王朝没落后，政治、社会一切名物制度漫无标准，从此各种怪说随之而起，名实相乱，是非之界限亦混淆不清，所以治理国家之君王，必须依循旧名，以创作新名。荀子之名学乃属于一种演绎之法：

今圣王没，名守慢，奇辞起，名实乱，是非之形不明……若有王者起，必将有循于旧名，有作于新名。然则所为有名，与所缘以同异，与制名之枢要，不可不察也。（《荀子·正名篇》）

1. 制名的必要与意义

“所为有名”。正名可以使人民认识一致，思想统一，遵守法纪，各安其位。庄子有“万物皆种也，以不同形相禅”（《荀子·寓言篇》），孔子有：“名不正，则言不顺，言不顺，则事不成”（《论语·子路》），荀子重在凡物个体本身之变化：

> 异形离心，交喻，异物，名实玄纽，贵贱不明，同异不别。如是则志必有不喻之患，而事必有困废之祸。故知者为之分别制名以指实，上以明贵贱，下以辨同异。贵贱明，同异别，如是则志无不喻之患，事无困废之祸，此所为有名也。(《荀子·正名篇》)

世界之所以混乱，归根到底就是名实舛错。正名就是要厘清标准，统一认识，端正思想。所以，荀子认为物“状变而实无别”（《正名篇》），凡不同之物，接触于人心，则必有不同的认知，不同之物名实必互相纠结不清，以至贵贱不明，同异也无分别。如是则心必有不能解之患，而事亦必有困扰之祸，所以智者欲避此弊，故为之详加分别以制定名分，以指明事物之实。上能明辨贵贱之别，下以明辨同异之分。

2. 制名的依据，所缘以同异

荀子的正名主要是将社会已经通行之“名”以国家法令制定，制定之后即不得更改。因而“圣王没，名守慢，奇辞起，是非之形不明”，故“若有王者起，必将有循于旧名，有作于新名”（《荀子·正名篇》）。而荀子所谓“制名”与墨子有一不同，墨子论“名”止在“别同异”，而荀子则在“别异同”之外，另添出“明贵贱”一种用途。

> 然则何缘而以同异？曰：缘天官。凡同类同情者，其天官之意物也同，故比方之疑似而通，是所以共其约名以相期也。形体色理以目异，声音清浊调竽奇声以耳异，甘苦咸淡辛酸奇味以口异，香臭芬郁腥臊洒酸奇臭以鼻异，疾养冷热滑铍轻重以形体异；说故喜怒哀乐爱恶欲以心异。（《荀子·正名篇》）

借五官之认知各有不同，有此认识的界定，乃是制名的基本依据。故荀子对于一般“同异”之名所依据之种种“天官”（耳、目、鼻、口、心、体之类）的感觉之外，又强调“名”有约定俗成之“社会性质”。而“正名”是以法令之权利维系凡约定俗成之“名”。这种思想实际上是继承了“春秋派”之正名主义，是儒家、法家的一种学说。

3. 制名之枢要，荀子的“词典”

荀子把孔子的正名学说推广到认识论的领域，讲述具有学理上的深度，充满逻辑技巧，形成了他的逻辑思想。如“以类行杂，以一行万”（《荀子·王制篇》），就是用一般（“类”、“一”）去把握、处理“个别”。还如：

知异实者之异名也，故使异实者莫不异名也，不可乱也，犹使异实者莫不同名也。故万物虽众，有时而欲偏举之，故谓之物。物也者，大共名也。推而共之，共则有共，至于无共然后止……名无固宜，约之以命，约定俗成谓之实名。名有固善，径易而不拂，谓之善名。物有同状而异所者，有异状而同所者，可别也。状同而为异所者，虽可合，谓之二实。状变而实无别而为异者，谓之化，有化而无别，谓之一实。此事之所以稽实定数也，此制名之枢要也，后王之成名，不可不察也。（《荀子·正名篇》）

此乃制名的规则：所谓“同则同之，异则异之”，即是名分之界定，乃是物以类聚。由外延之不同，自然内涵亦异。单名，如马；兼名，如白马；大共名：万物；共名：合鸟兽等而为动物，合花草等而为植物；别名：如鸟兽下又可分猫科类、灵长类等，植物下又可分乔木、灌木等。同状而异所：如同为马，而有蒙古马、阿拉伯马等；异状西同所：如鲲、鹏本为一身，毛虫、蝴蝶亦本一身。正是“万物皆种也，以不同形相产禅”（《庄子·寓言篇》）。

荀子对常用概念和名词的解释，用现代人的说法，可以称之“词典”，把自己所用的概念和词语的内涵解释清楚，本身也是一种正名。使大家有一个清楚的认识，消除分歧，可以把探讨的问题作出清晰的解释和澄清。荀子曰：

凡以知人之性也，可以知物之理也。以可以知人之性，求可以知物之理，而无所疑止之，则没世穷年不能遍也。其所以贯理焉，虽亿万已不足以浃万物之变，与愚者若一。学老身长子，而与愚者若一，独不知错，夫是之谓妄人。故学也者，固学止之也。恶乎止之？曰：止诸至足。曷谓至足？曰：圣也。圣也者，尽伦者也；王也者，尽制者也。两尽者，足以为天下极矣。故学者以圣王为师，案以圣王之制为法，法其法，以求其统类，以务象效其人。响是而务，士也；类是而几，君子也；知之，圣人也。（《荀子·解蔽篇》）

这是标准的知识论，亦即以圣、王为一切人伦、制度之最高标准。后人以此为学而获得正确之知识。荀子的知识论从理性出发：“凡以知人之性也”，属能认知；“可以知物之理也”，属所认知之物。而“以可以知人之性，求可以知物之理……”从能认知以求所认知，而无有止尽的话，则将有“没世穷年不能遍”之叹。故“其所以贯理焉，虽亿万已不足以浃万物之变”，虽能贯理至于亿万，也不足以应付事物的千变万化，亦有庄子“以有涯随无涯”之叹。故必将有所止（目标）之。依此说，人之求知于外物有一所“止”，即是圣、王之标准，人循是而学、而思，即是“至足”。荀子之名学乃属于演绎之法。辨析种类在“名”，议定是非亦在“名”，师法圣王，首在“正名”。

五、心理学与劝学

心在人的身中，道在人的身外。通过荀子论“心”的解释，以分析“性恶论”的所指。

心不可以不知道，心不知道，则不可道而可非道。……以其不可道之心取人，则必合于不道人而不知合于道人。以其不可道之心与不道人论道人，乱之本也。(《荀子·解蔽篇》)

让道支配人心，人才是一个完成了的人。心中无道，便把非道之道误认为道，心中有没有道，关系到国家的命运。

荀子的心理学思想主要见于《解蔽篇》。但其所解之蔽的内容，主要以思想、知识为中心，而旁及心理、情绪等。荀子说：“墨子蔽于用而不知文…… 庄子蔽于天而不知人”，都是由于不知“道”之一隅，而道是“体常而尽变”的。此论是针对庄子而发，只知其一隅就不能得其全貌。而孔子则“仁知且不蔽”。《解蔽篇》言“凡人之患蔽于一曲，而暗于大理”，但思想又受其心理、生理、物理等的影响。心知道然后可道。可道然后能守道以禁非道。故其所谓“蔽”之包括范围很广，有颇为丰富的内涵，而又自成体系，值得讨论一番。胡适在《哲学史大纲》诠释荀子之说，荀子以老子“无意志之天”，“惟圣人为不求知天”，重之智，离别于情。体现了荀子之心理学，以求知者一般之虚心、专一、精心为“虚静”。荀子的“道”不是空虚的概念，而是治国的根本。

1. 性恶是蔽之根源

荀子以“心”为知道之根，引申人的意识，念念相续；是治气之术，是思想修养的方法；指言人生烦恼之所以然，是荀子所言心涵八性，性居其一，心大性小，心无善恶，而性则有恶。他吸收老子“虚壹而静”的思路，还称“道经曰：人心之危，道心之微”。修养与处世，主要是料理自家心思；是“仁者之思也恭，圣人之思也乐”。“性”，为一切之根源。

凡人之患，蔽于一曲，而暗于大理。治则复经，两疑则惑矣。天下无二道，圣人无两心。今诸侯异政，百家异说，则必或是或非，或治或乱。乱国之君，乱家之人，此其诚心，莫不求正而以自为也，妒缪于道而人诱其所迨也。私其所积，唯恐闻其恶也。倚其所私以观异术，唯恐闻其美也。是以与治虽走，而是己不辍也。岂不蔽于一曲而失正求也哉！心不使焉，则白黑在前而目不见，雷鼓在侧而耳不闻，况于使者乎！德道之人，乱国之君非之上，乱家之人非之下，岂不哀哉！(《荀子·解蔽篇》)

狭隘褊小，一偏之见，庸人自扰，精神压力全由自己造成。“凡人之患，蔽于一曲，而暗于大理。”一般人常被一偏之见所障蔽，庸众懒散，而不能知天下之正理，则一事无成。然而“天下无二道，圣人无两心”。天下理只有一种，无有二道。即使是乱国之君、乱家之人，“其诚心，莫不求正而以自为也。”但往往为其私欲、私见所遮蔽。要守礼，恭而敬、明而哲，与圣君、中君、暴君该分别用不同的态度和方法对待。是故欲求其正，适以蔽己。没有这个宗旨，人生路上就会迈错路。

2. **心术之患，人生十蔽**

即广义的思想方法、逻辑能力，包括“师术”“谈说之术”等。散见《解蔽》、《劝学》、《正名》等篇，基本上属于学术之术和方法论。

人生有欲，欲而不得则不能不求，求而无度不能不争。须有一“度量分界”，放能不至于以过度之欲望侵害他人分内之欲望。荀子曰：

故为蔽：欲为蔽，恶为蔽，始为蔽，终为蔽，远为蔽，近为蔽，博为蔽，浅为蔽，古为蔽，今为蔽。凡万物异则莫不相为蔽，此心术之公患也。(《荀子·解蔽篇》)

所谓欲、恶为蔽，情感与情绪逐渐发生变化；始、终为蔽，以始终先后的感染作用；远、近为蔽，以空间距离影响人的行为；博、浅为蔽，不同程度的教化作用；古、今为蔽，人们会产生相应的心理反应。“入人也深，其化人也速，故先王谨为之文。”圣人把礼乐结合，就把人们的思想感情引导到礼义方面来。

3. **“心为道衡”，“虚壹而静”**

明道者为人之心，由说来表达之，又借辞来表达之。以名生出辞，以说替换心，认之为道。荀子此主张由人生之实际经验中求道，“心为道衡”。

何谓衡？曰：道。故心不可以不知道。心不知道，则不可道而可非道。人孰欲得恣而守其所不可，以禁其所可？以其不可道之心取人，则必合于不道人，而不合于道人。以其不可道之心与不道人论道人，乱之本也。夫何以知？曰：心知道，然后可道；可道然后守道以禁非道。以其可道之心取人，则合于道人，而不合于不道之人矣。以其可道之心，与道人论非道，治之要也。何患不知？故治之要在于知道。人何以知道？曰：心。心何以知？曰：虚壹而静。心未尝不臧也，然而有所谓虚；心未尝不两也，然而有所谓壹；心未尝不动也，然而有所谓静。(《荀子·正名篇》)

“衡”，原为重量的标准，以说明道亦有标准。道之“衡”的标准为何？就是心，“养人之欲，给人之求”，以礼为核心的道德规范体系。心何以知道？就是“虚壹而静”。人生而不知，知而有志。志藏为虚，异也谓之壹，心梦谓之静，颇有道家风味。荀子在《致仕》中专讲“衡听显幽重明退奸进良之术”。《解蔽篇》曰：

心者，形之君也，而神明之主也。出令而无所受令，自禁也，自使也，自夺也，自取也，自行也，自止也。故口可劫而使墨云，形可劫而使屈伸，心不可劫而使易意，是之则受，非之则辞。

这说明心具有绝对超越性：心与形体不同，有自由想象空间，不受任何约束。梁启雄训解《荀子简释·正名篇》曰：“心也者，道之工宰也。”①又曰：“心合于道。”荀子以“心”为道之工宰也，以唯识之名对荀子“心”的解说，是对“意识”是“知道”之根的说明。

其修养的方法在于“虚壹而静”，有点老子的味道，其结果为“大清明”。虚：心可以藏，亦可以记忆，亦可以虚。——储藏旧知，不拒新知。荀子对壹很有感觉，“壹德”、“壹民”、“壹天下”，而“不以夫一害此一谓之壹”(《荀子·解蔽篇》)。壹，心可以兼知，亦能专精。静，“不以梦剧乱知谓之静”，心可动、可静，不为烦虑所乱，始能静而察之。经此修养，而后可达“大清明”之境。若培养“大清明”之境界，必须具有之学养、器识。臻此境界，然后自可以“解蔽”。

从心理学角度看，荀子的“虚静”看重的是心知的判断和性情的陶冶。心不静时，如故人心譬如槃水，正措而勿动，则湛浊在下，而清明在上，则

① 梁启雄：《荀子简释·正名篇》，引用王懋竑曰：“工乃主字之讹。”北京：中华书局，1983。

足以见须眉而察理。此乃为其运用“心择”者作准备。微风过之，湛浊动乎下，清明乱于上，则不可以得大形之正也。心也是如此。“心也者，出令而无所受令，故有自禁、自使、自夺、自取、自行、自正。”荀子言心，兼意识。心受扰于外物：耳目之欲接，则无其思；蚊虻之声闻，则挫其精。是意识以避耳目之欲，而远蚊虻之声，闲居静思则通。荀子曰：

生之所以然者，谓之性，性之和所生，精合感应，不事而自然，……性之好恶喜怒哀乐谓之情，情然而心为之择谓之虑。心虑而能为之动谓之伪。虑积焉，能习焉而后成谓之伪。(《荀子·正名篇》)

从物理学的角度看：“观物有疑，中心不定，则外物不清。吾虑不清，未可定然否也。冥冥而行者，见寝石以为伏虎也，见植林以为后人也：冥冥蔽其明也。”“故从山上望牛者若羊，而求羊者不下牵也：远蔽其大也。从山下望木者，十仞之木若箸，而求箸者不上折也：高蔽其长也。”

从生理学的角度看：“醉者越百步之沟，以为蹞步之浍也；俯而出城门，以为小之闺也：酒乱其神也。厌目而视者，视一为两；掩耳而听者，听漠漠而以为哅哅：埶乱其官也。”

胡适在《哲学史大纲》上卷指出荀子所重在凡物个体本身之变化。荀子认为“古今异情，之所以治乱者异道”，从心理、物理、生理等角度，来分析有关人之蔽来源、有多种因素，就有待于解蔽了。荀子不像孟子那样盛气凌人，是一个心软、敏感、反应型的人。他在讨论任何问题时都保持客观、冷静的分析态度，突出的是理性本身而不是主观情感。看他说“有争气者勿与辩也”，“色从而后可与言道之致”之类的话，可以知道他是一个善于与人交流的人。他是一个命名专家，他能用平实的语言做出简明透辟的判断。如：

是是非非谓之知（智），非是是非谓之愚……伤良曰谗，害良曰贼……保利非义，谓只至贼……少见曰陋，难进曰偍，易忘曰漏，少而理曰治，多而乱说耗。(《荀子·修身篇》)

荀子既是士人思想家，又是士人的老师，所以对士这个角色，他体察入微。他说得最多的一个词是“士君子”，士君子介乎士与圣人之间的一个宽阔的集合。士要成为一个君子，是人文（礼，道统）的秉持者、人治（法，治统）的执行者，“无君子则天地不理，礼义无统，上无君师，下无父子，是之谓乱”（《荀子·王制篇》)。他讲的“君道”是如何使用君子，他讲的“臣道”是如何做个君子，他之“劝学”则是培养君子——为学之义，“始乎为士，终乎为圣人”（《荀子·劝学篇》）。

荀子从“社会学”的角度认为：人之所以与禽兽不同，乃在人之群性强过禽兽，可以团结和谐合作，知道如何尽其职分，以分工合作的方式，战胜其他动物，所谓“一则多力，多力则强，强则胜物”。荀子主张人性本恶，人与动物一样有自然情欲。他说：“人之所以为人者何已也？曰：以其有辨也……夫禽兽有父子而无父子之亲，有牝牡而无男女之别，故人道莫不有辨。辨莫大于分，分莫大于礼，礼莫大于圣王。”如是，则人之所以优于禽兽者，不在人之具有性灵，而在人能团结合作。此即是以今之社会学观点，以社会性、群性以说明人所以不同于禽兽之故，从人性角度作区别。

水火有气而无生，草木有生而无知，禽兽有知而无义，人有气、有生、有知，亦且有义，故最为天下贵也。力不若牛，走不若马，而牛马为用，何也？曰：人能群，彼不能群也。人何以能群？曰：分。分何以能行？曰：义。故义以分则和，和则一，一则多力，多力则强，强则胜物。古者未有君臣上下之别，未有夫妇妃匹之合，禽兽群居，以力相征。于是智者诈愚，强者凌弱，老幼孤弱，不得其所。故智者假众力以禁强虐，而暴人止。（《管子·君臣下》）

人之所以异于禽兽在于有礼义，在“人有气、有生、有知，亦且有义，故最为天下贵也”。是以非常理性的推理方式判断人与禽兽之不同。从社会学的表象以观察人与禽兽的不同。其解决人群之纷乱，只是防止强凌弱、众暴寡而已，并以发自内——如同情心、仁心、仁德等所谓人文关怀为基本出发点，与孟子思想比较之，则荀子此论之特色自现：荀子以人之胜于禽兽，在人能团结，而各尽职分；如此才能战胜禽兽。推察其理，其与弱肉强食之禽兽世界相差者几希？故知其说乃纯从政治学、社会学的角度来看。人之所以为人之可贵，在于人有政治性与社会性，故人只能算是“政治人”、“社会人”。在荀子思想中，礼义居于首位的地位，故中心主张是礼义说。因此，孟荀之间性善性恶的对立可归结为仁义说与礼义说的分歧。孟子所说的仁义，属于情，可谓主情主义；荀子所说的礼义，出于“智”，可谓主智主义。性善与性恶，仁义与礼义，主情与主智便是孟荀思想分歧的三个基本层次。孟子所谓“人之所以异于禽兽者几希”① 是从具四端、知仁义的人性崇

① 《孟子·离娄下》：“人之所以异于禽兽者几希！庶民去之，君子存之。舜明于庶物，察于人伦，由仁义行，非行仁义也。”盖谓人与禽兽之异，非寻常庶民所能知，唯有君子能知之而战兢惕励以保存之。

高处着眼，其中差异自迥然不同。孟子又以“今人乍见孺子将人于井，必有怵惕恻隐之心”。如《大学》所谓“明德之性”，《中庸》“天命之性”、“自明诚”者，《孟子》所谓“天爵”与“良知”、“良能”等，均是也。故知荀孟二人，同属儒家，但荀子思想言性恶，故重外范，而不重内在的自律。故言礼而近于法，此荀子所以接近以国家主义为主的法家之故。荀子的弟子韩非子继承荀子思想，吸收战国诸子学说，自成刑明法家。禁强虐而暴人止的思想，是荀子之礼与法家以法之起因。法家以“智者诈愚，强者凌弱”，故“禁强虐，而暴人止”。而荀子以“强胁弱也，知惧愚也”，至其“救患除祸”之道，则“莫若明分使群”，二者盖相差无几矣。

无君以制臣，无上以制下。天下害生纵欲，欲恶同物，欲多而物寡，寡则必争矣……群而无分则争，穷者患也，争者祸也。救患除祸，则莫若明分使群矣。强胁弱也，知俱愚也，民下违上，少陵长，不以德为政；如是，则老弱有失养乏忧，而壮者有分争之祸矣……职业无分，如是，则人有树事之患，而有争功之祸矣。男女之合，夫妇之分，婚姻娉内，送逆无礼；如是，则人有失合之忧，而有争色之祸矣。故知者为之分也。(《荀子·富国篇》)

礼是荀子的核心观念，“先王恶其乱也，故制礼义以分之”（《荀子·礼论篇》）荀子的礼具有法度、规范、秩序的含义。与管子“民众而奸邪生，故立法制、为度量以禁之”差不多，所谓“礼者，法之大分，类之纲纪也”。故荀子之所谓礼与法家之所谓法，其性质极相逼近。① 其与孟子诉诸人性之良知、良能以为人伦同为施教之本。②

总之，荀子的思想，均具有“理性”的特征，但都是外在的、表象的、对立的思考方式。如他提出的明道、征圣、宗经三位一体的理论，推崇圣人的言论是先知先觉，把儒家的几种教本推崇为“经”的典范。要求一切议论辩说都要阐明礼义，以圣人言行为楷模和是非标准，以五经为依据。

六、《荀子》

《荀子》一书共32篇，为战国末期赵人荀况及其弟子所著，代表了先秦论说文的新成就。荀况本为孙氏，故此书又称《孙卿对书》或《孙卿

---

① 梁启超：《先秦政治思想史》第七章“儒家思想”，96页，北京：中华书局，1962。

② 《孟子·滕文公上》：“后稷教民稼穑，树艺五谷，五谷熟而民人育。人之有道也，饱食、暖衣、逸居而无教，则近于禽兽。圣人有忧之，使契为司徒，教以人伦；父子有亲，夫妇有别，长幼有序，朋友有信。”

子》。《荀子》大致可分为三类，一类是荀子亲手所著的22篇，一类是荀子弟子所记录的荀子言行，共5篇，一类是荀子及弟子所引用的材料，共5篇；前两类是研究荀子思想的直接材料，是《荀子》一书的主体。

作者吸收了其他各家的学说，对儒学有所改造。其中最突出的，是反对法先王，主张文化制度随着历史的发展而改变；否认天有意志而能主宰人间的事务，提出“人定胜天”的观点，“人性恶”也是他的著名观点。《荀子》书中的文章，实践了他的观点。全书体系完整，涉及面很广。多为关于社会政治、伦理、教育等方面的长篇专题学术论文，论点明确，论断缜密，结构谨严，风格朴实、深厚；善于运用自然界和日常生活中的事例作为论据，巧譬博喻，反复论证；造语简练，多用铺陈手法和排比句式，整齐流畅，适于诵读。文章开宗明义，而后广取譬喻，文字浅显而含义深切，自然而然得出结论，确是善于说理。

《荀子》一书具有较强的系统性和思想性，是先秦哲学思想的总结和发展。其中《非十二子》是对先秦各学派的批判性总结；《解蔽》提出了全面客观地观察事物的认识方法与原则；《天论》提出“制天命而用之”的唯物主义思想；《正名》提出“制正以指实”的逻辑思想；《性恶》、《礼论》、《王霸》、《王制》等篇阐述了伦理政治思想；《成相》篇以民间文学的形式表述了为君、治国之道；《赋篇》开创一种散文的赋体，在文学史有一定地位。《荀子》的注本，主要有唐杨倞的《荀子注》、清王先谦的《荀子集解》等。

《荀子》的人性论是荀子思想的逻辑起点。荀子主张人性恶，他认为，人的本性是好利恶害，如果任人顺性发展，人与人之间就会互相争夺，使社会陷入混乱；必须由圣人制定礼义，进行教化，才能使人转而为善，使社会正常安定。所以他认为人性是恶的，而善则是后天人为教育的结果；善不是性，而是“伪”。他与孟子一样，也肯定人人都可以经过自己的努力而成善成圣，只是成善成圣的途径与孟子所说的不同。他不是强调尽心知性，而强调学习、积累和“注错习俗”，创造良好的社会风气来给人以潜移默化的影响。荀子认为“能群”是人类区别于禽兽并能胜过和役使禽兽的基本条件，而“分”则是人类组成社会的基本法则。为了消除人们由于欲利而引起的争夺，必须明确规定人们在经济上、政治上贫富贵贱的等级区分。这就是礼义的起源和实质。在此基础上他在政治上提出了隆礼重法说。在君民关系上，荀子一方面尊君、隆君，一方面重视民本，提出君民舟水说。在天人关系方面，荀子认为天是客观存在的自然界，有它固有的客观规律；人类社会的治乱兴废，在人而不在天；人应顺应自然规律，利用自然，制天命而用之。在认识论方面，荀子特别提出“解蔽”，认为认识的片面性是人们的通病。他提出“虚壹而静”的解蔽方法，主张认识事物要虚心、专心、静心，以达到主观上的大清明境界。荀子又构成了以正名为中心的逻辑体系，他揭示了名反映实的本质，制定了关于名的划分和推演的理论，阐述了制名的原则，又揭示了命题的本质，特别是在直言判断的定义上超越了前人。

《荀子》的文章论题鲜明，结构严谨，说理透彻，有很强的逻辑性。语言丰富多彩，善于比喻，排比偶句很多，有他特有的风格，对后世说理文章有一定影响。《荀子》中的 5 篇短赋，开创了以赋为名的文学体裁；他采用当时民歌形式写的《成相篇》，文字通俗易懂，运用说唱形式来表达自己的政治、学术思想，对后世也有一定影响。荀子不愧为我国古代一位伟大的思想家和杰出的文学家、教育家。

荀子以儒学为本，对诸子百家之说进行了激烈批评，其论虽不无偏颇，但足可称为先秦时期继孔子、孟子之后最有成就的儒学大师。《荀子》一书唐杨倞曾为之作注。较好的注本有王先谦的《荀子集释》，收入中华书局版的《诸子集成》。较为浅近的注本有梁启雄《荀子简释·正名篇》，还有《荀子新译》中华书局 1979 年版。其中《天论》、《性恶》、《解蔽》、《劝学》诸篇可细读。

第三章　道　　家

道家博大精深，源远流长，具有独特的思想魅力，在中国传统文化中独树一帜。道家在中国哲学史上有极重要的地位和影响，在国学研究中具有特殊的意义。老子哲学，就其思想的系统性和深刻性而言，不但超过儒家，而且影响先秦诸子各家各派。

《汉书·艺文志》："道家者流，盖出于史官，历记成败存亡祸福古今之道，然后知秉要执本，清虚以自守，卑弱以自持，此人君南面之术也。"道家的来源相传出于九流之一的史官。《老子》是"三玄"之一，是先秦重要文化典籍，道家以其为原典。因其时代久远，又加之文深意奥，故自问世之日起，不断有人考证、注释、阐发，不断积累，众说纷纭。这说明作为中华文化原典之一，《老子》具有永恒的生命力。

道家创始人是老子，而道家思想的文化渊源，可以追溯到远古时代。在那"民知其母，不知其父"的母系氏族社会中，妇女占主导地位，女性主宰世界。母系氏族社会中的原始平等意识和贵阴重柔、守雌谦下的思想影响了道家。女性崇拜和生殖崇拜，表达了对生命的热爱和肯定，对道家的影响也许是生命意识和重生主义。道家贵生，重视生命。

老子在很多地方讲到水，如"上善若水，水善利万物而不争"，"天下莫柔弱于水，而攻坚；强莫不能胜"。水和女性的柔弱有相同特点，所以道家讲"水德"。又由于人的生命的孕育离不开水，生命与水有密切关系，水与妇女也有着古老的文化关系。所以老子说"天下有始，以为天下母"。《周易》为古代宗教卜筮活动的记录，其中大量保留了母系氏族社会宗教的传统，而《周易》中许多思想与道家相合，说明《老子》源于《周易》。

老子

老子是我国先秦时期著名的思想家和哲学家，他的《道德经》（即《老子》）为道家学派奠定了基础，使他成为道家的开山鼻祖。

老子名耳，字聃，姓李。史书又称老聃。春秋时，楚国苦县（今河南鹿邑东）厉乡仁里人。老子的生平可见司马迁《史记·老子韩非子列传》。一说老子是“隐君子”；二说老子“修道养寿”活到200余岁；三说老子可能就是“与孔子同时”的老莱子；四说老子就是周太子儋。诸说都不确定。也有说老子修道德，其学以自隐无名为务。见周之衰，乃遂去。至关（函谷关）关令尹喜以其将隐，强之著书。于是老子乃著书，言道德之意五千言而去，莫知所终。

老子曾担任东周守藏室之史（掌收藏文书典籍之职），孔子曾问礼于老子。这种特殊的身份和经历，使他得以精通各项典章名物制度和历史、天文知识，熟悉世之兴衰和时代风云。老子以历史学家的深沉和敏锐，洞察世态的动静炎凉；以哲学家的缜密和抽象，将纷繁复杂的社会现象条理归纳上升到理论和规律去加以认识。老子生活在春秋时代。新旧制度交替，时局风云变幻，新老观念冲撞，不断刺激和感动着老子，令他沉思冥想。后来他又经历了周王室的内乱和亡国之痛，体验到世界变化之无情，认识到客观变化的超主观意志性。老子的思想集中体现在《老子》一书，主要观点如下。

一、天地之宗，道统万物

老子思想的核心是“道”，认为道为万物之宗，所以他所创立的学派被称为“道家”。老子说“有物混成，先天地生，寂兮寥兮，独立而不改，周行而不殆，可以为天下母。吾不知其名，字之曰道”（《老子·25章》）。道是浑然一体，不具形象的东西，“是谓无状之状，无物之象，是谓恍惚”。“道”就是“无”，“天下万物生于有，有生于无”。“有”为有形有像的具体事物，“无”为先于具体事物的无形无象的本原，即道。宇宙由无到有，万物皆由道产生。其产生万物的过程是：“道生一，一生二，二生三，三生万物。”在这里，道已经超出事物的具体形态，是对万物本质或本原的高度抽象，从而“道”成为老子哲学的最高范畴。

就“道”这个字的原意来说，是指向一定方向的道路，引申为人所必由之路。“道”体现了宇宙万物的根本规律，也有遵循规律之意。道“独立而不改变，周行而不殆”，永恒地运动变化着。老子说：“反者道之动”，“反”即为道运行的规律，事物总是向相反方向运动变化的。老子认为，一切事物都是对立统一的，“有无相生，难易相成，长短相形，高下相倾，音声相和，前后相随，恒也”。这相反相成的恒常的规律性的“道”，是推动事物变化发展的动力。可见，“道”作为规律具有普遍性的辩证性格。老子提出的“道”的观念，开启了中国思辨哲学的新思路。

二、道法自然，自然无为

“道法自然”是老子思想的核心命题，也是道家学派的主旨之一。老子认为宇宙生成是“道生一，一生二，二生三，三生万物。”（《老子·42章》）《说文解字》曰：“道，所有道也。”后引申为道术的意义。所谓道术，就是达到人生某种目的的必由之路。“一”指阴阳未分前宇宙混沌一体；“二”指宇宙剖分为阴阳；“三”即阴、阳、合，所谓“三生万物”。老子认为，阴阳未分的“一”，并不是事物的根本，它是由“道”产生的，“道”比“一”更根本。道不仅是世界的本源，也是普遍的法则。老子说：“道常无为而无不为”（《老子·37章》），“莫之命而常自然”（《老子·51章》）等，是对道的普遍法则的揭示。老子认为“道”的作用是自然而然的，对万物的成长，它不强制、不干预，顺其自然。他的理论根据是：

> 道大，天大，地大，人亦大。域中有四大，而人居其一焉。人法地，地法天，天法道，道法自然。（《老子·25章》）

这里的“自然”，是指自然而然，与“人为”相对。老子以天道作为天、地、人的共同法则，主张“道法自然”，是强调一切要合乎自然，顺从人与万物的自然本性。言道与天地人同为一体，并以“王”配天、地、道，以示人与天地道之重要作用，王为人中之大者，故以之代人。王能包裹臣民，亦道之包容万物，故能配天。这里强调人的作用，乃道与天地万物，皆因人而显。强调一切要合乎自然，顺从人与万物的自然本性。《说文解字》：“人，天地之性最贵者也。”老子列人为域中四大之一，绝非偶然。人法地之博厚，法天之高明，法道之周行不殆，法自然之生生不息。自然，指自然而然。道法自然，即道以自然而然为法则。

老子哲学的最高原则是“道”，是世界万物的本原、宇宙演变的法则。孔子讲人道，老子讲天道。他说：

> 有物混成，先天地生，寂兮寥兮，独立不改，周行而不殆，可以为天地母。吾不知其名，强字之曰道。（《老子·25章》）

这是描述道之化生万物之作用。言道之为物，混芒成体，生于天地之先。老子意谓“道”是先天地生，为天地母的混成之物。道无形体，变动不居，创生万物。“可以为天地母”，言道之循环，万物由之而生，此即道之用。言道本无名，其名无由得知，故强之为名。在老子之前，没有人在自然观上达到这样的高度，带有朴素唯物主义精神。

老子法自然，而文明的演化过程，在老子来看，乃是一种退化。盖文明越进步，人为的成分就越多，离开自然越远，故道、德、仁、义，乃每况愈下。

上德不德，是以有德；下德不失德，是以无德。上德无为而无以为，下德无为而有以为。上仁为之而无以为，上义为之而有以为。上礼为之而莫之应，则攘臂而扔之。故失道而后德，失德而后仁，失仁而后义，失义而后礼。夫礼者，忠信之薄，而乱之首。(《《老子·38 章》)

老子阐述道德仁义礼等行为规范各自的特点，老子言：乃以人为的“礼”，伤害天然的本性之“道”。因老子因任自然，不为形式所拘，故曰：“上德不德”，上德近乎道，惟其不以为德，所以不失其德，故以“有德”。此顺应自然而无心，故曰：“上德无为而无以为”。下德者，离道日远，以得德为得，是以无德。因有意于无为，而不觉流于有为，故曰：“下德无为而有以为”。等而下之，“上仁为之”，已是有心于作为了，但尚离自然不远，故曰“无以为”。若更等而下之，“上义为之”，人为成分更多，故曰“有以为”。至“上礼为之而莫之应，则攘臂而扔之”。因全是人为成分，涉于勉强，是强人之所难，故莫之应，必攘臂强使之就之而后可。故可知老子的历史观，认为人类文明越发展，即代表越人为化，离自然也就越远，反失去天真朴素之性了。在未失之前，本在道德之中，又何待于道德呢？故庄子曰：“道德不废，安用仁义？性情不离，安用礼乐？”(《肤锲》)

《易·系辞上》：“形而上者谓之道，形而下者谓之器。”“形而下”者，是有形体可见，具有形象之物，亦谓之“器”。器，是属于“存在”，如举目所见之“万物”即是。“形而上”者，谓无形之物，故不可以形见者，是抽象的，亦谓之“道”，可以说是万物存在背后的因素，它是超越形体的存在者。换言之，它是使存在之故，亦即是指在宇宙万象（器）背后有一个使之存在的原因。它是宇宙万象的规则、原理、原则。故“道”具有普遍性（全体性）、共通性（一致性）、基本性（根本性）等。“普遍性”（全体性），指其外延周遍全体，无一例外——此就全体言。“共通性”（一致性），指万事万物都合此原理。基本性（根本性），指一切存在的基础原理或因素。老子之形而上思想——道，就可从以上定义理解之。

道家奉行“自然无为”的行为法则，即不着人为、自然化生。老子说：“道常无为而无不为。侯王若能守之，万物能自化。”这里的“无为”不是指什么事情都不做，而是指不能以主观意志改变万物的自然本性，不要不可为而为之。顺乎自然，即“以辅万物之自然而不敢为”，让万物自由自在地成长，从而达到“无不为”的效果。“无为而治”是老子治国方略的核心意旨。

三、绝仁弃义，道体虚无

老子以虚、无为本质特征的“道”，痛恨社会动乱，追求原始质朴的生活。认为物质文明和精神文明都是腐蚀人心、败坏风气的。他看到当时社会的腐败，当权者的日益奢侈、日益堕落，贫富分化严重，他抨击道：

持而盈之，不知其已；揣而棁之，不可长保。金玉满堂，莫之能守。富贵而骄，自遗其咎。(《老子·9章》)

大道废，有仁义；智慧出，有大伪；六亲不和，有孝慈；国家混乱，有忠臣。(《老子·18章》)

老子在此突出“持盈”以示戒。持，执也；盈，满也。不能静退谦虚，恒欲执求盈满，必致倾危，不如止而勿行。大道告废，仁义斯倡。儒家崇尚礼治，认为仁义是立身行事的最高准则，而老子认为道废才产生仁义。“伪”与“礼仪”同出于圣人，故大伪出于智慧。大伪既作，父子、兄弟、夫妇间天伦之爱，遂即沦丧，六亲之不和。“孝”生于“不孝”，无“不孝”，则无“孝”。可见，老子是把仁义、智慧、孝慈等伦理纲常和人的才智看作“道”的对立物，看作社会理想的绊脚石。从这种消极颓废的理论前提出发，提出“绝仁弃利”，“绝圣弃智”，“绝巧弃利”的主张。

老子说：“五色令人目盲，五音令人耳聋，五味令人口爽，驰骋田猎，令人心发狂。”(《老子·12章》)：吾人之口耳目心，往往迷惑于外在之五色、五音、五味等，而攀缘贪求不已，故令人失去口耳目心之本能。警告执政者不要在声色犬马中玩物丧志，不要“富贵而骄”，人间富贵势力不能长久保持。此五官对境之易于失去正常之机能与作用也。把人的基本的物欲和娱乐看作对人的本性的违背。他提出“罪莫大于多欲，祸莫大于不知足”的论断。要求人们“见素抱朴，少私寡欲”。他认为只有这样才能按照人的自然本性正常地生活，人际关系才能协调，社会才能正常运转。

“天下皆知美之为美，斯恶已；皆知善之为善，斯不善已。有无相生，难易相成，长短相形，高下相倾，声音相和，前后相随。”(《老子·2章》)天下人都知道美之所以为美，那一定是因为有了丑；都认识到善之所以为善，那一定是因为有了恶。当选择其审美对象而自得其美感时，应意识到

“美”的对立面“恶”的存在。因为“有无相生”，说明一方面的存在是另一方面存在的条件。在自然和社会现象中，对立的双方又是相互转化的，而这种变化是无条件的。这里的“有”在“无”之前，表示它不是本体论中“有生于无”之“有”，而是“天下之物生于有”之“有”。

“知者不言，言者不知。”（《老子·56章》）不言之知，乃为真知。滔滔利口、巧言令色，固足胜人，但此恰为真知者所不为也。“吾言甚易知，甚易行。天下莫能知，莫能行。”（《老子·70章》）此论知、行关系，老子将知放在前面，强调知之重要。老子以自然为尚，人反以斗智为巧，故其所易者，人反以为难，而莫能知，莫能行。“知不知，上；不知知，病。圣人不病，以其病病。夫惟病病，是以不病。”（《老子·71章》）在知的领域中分上知与病知两类，知之而不以为知，则为上德之知；而不知自以为知者，则为知之病。自知自己有所不知者，是为最上者；不自知自己有所不知、才是人们易犯的通病。圣人不会犯这种错误，是因为他知道人常常不自知。而正因为他清醒地认识到了这一点，所以他才不会犯这种错误。老子从“齿以刚落，舌以柔存”的自然现象中得到启发，认为“柔弱胜刚强”乃是事物发展的规律。“天下莫弱于水，而攻坚；强莫之能先，以其无以易之。弱之胜强，柔之胜刚。天下莫不知，莫能行。”（《老子·78章》）借水以喻守柔之要。言水性至柔，无坚不摧。所谓“高岸为谷，深谷为陵”（《诗·小雅·十月之交》），皆水力之所致，虽大山乔岳，不仅莫不能先，且莫之能御。老子善以柔克刚，以弱胜强。如以金属之强，水尚能使之生锈，而腐蚀之，又滴水可以穿石。故曰：“攻强者莫之能胜。”

“信言不美，美言不信。善者不辩，辩者不善。知者不博，博者不知。”（《老子·81章》）信实之言，多非花言巧语；而巧言令色反鲜矣仁。故曰：“信言不美，美言不信。”善者之言，质朴无华，真诚无妄，不在多言，亦不必多作自我辩解。善辩者力与人较，以强词夺理，甚或栽赃诬蔑无所不用其极。故曰“善者不辩，辩者不善”。

道体是无形无象无声无质的。“天地开阖，其犹橐籥。虚而不屈，动而愈出。”（《老子·5章》）橐籥，冶铸所以吹风炽火之器也。橐籥，象征太虚，包含周遍之体。籥，像元气，运转流行之用。二者互相作用，生生不已，动而愈出。天地开合变化，犹如橐籥，以其中虚，故能用而不屈。总之，宇宙间是一种虚无空灵之状态，其作用是灵妙不测，而又无穷竭的，故化。所以虚而能动之理，就是宇宙根源之所在了。

“谷神不死，是谓玄牝。玄牝之门是谓天地根。绵绵若存，用之不勤。”

(《老子·6章》)“谷神”勾画出道的形象，并以“不死”称赞道的永恒。“玄牝”，既有生化万物之妙用，而万物之生，必出自其母体之门。此言道体常存；其体至虚，而又无穷无尽、可以化生万物，是天地的根源所在，至隐至微而又绵绵不绝。道体虽是“迎之不见其首，随之不见其后”、“视之不可见，听之不可闻”，但并不是不存在，而是一种“无状之状，无象之象”的存在。

三十辐共一毂，当其无，有车之用。埏埴以为器，当其无，有器之用。凿户牖以为室，当其无，有室之用。故有之以为利，无之以为用。(《老子·11章》)

这里的“辐”、“毂”、“车”，皆为实体之“有”，惟其“用”在“无”。车轮之所以能转动，是因为车轮辐条所集中的车轴圆木中心是空虚的。可以穿过车轴。房屋、陶器之所以有用，都是由于其中存在空虚。空虚比实体更根本，所以，道就是无。具体事物都是有与无的统一体。“有”指器物实体部分，“无”指事物的空虚部分。如庄子曰：“得其环中，以应无穷。”所谓“有之以为利”者，“有”指实物，物物皆有其利用之意义。“无之以为用”，因有“无”才能以之为用。陈鼓应曰：“本章所说的有、无，是就现象界而言的。第一章所说的有、无是就超现象界而言，这是两个不同层次。”① 辨析颇精。

“人法地，地法天，天法道，道法自然。”(《老子·25章》)老子以道出于自然，地之法天、法道、法人、法自然，在周行中互为主客运转，相互依存，密不可分。《易·系辞下》云：“古者包牺氏之王天下也，仰则观象于天，俯则观法于地，观鸟兽之文，与地之宜。近取诸身，远取诸物，于是始作八卦，以通神明之德，以类万物之情。”包牺氏仰观者，则所以法天也；俯察者，则所以法地也。而所以谓“人法地，地法天”。盖以地大于人，而天又大于地也。所谓天、地、人，谓之三才，此固天人合一之教，不可不察也。但必仰观、俯察、近取、远取，归纳出万物的原理、规则，乃能通神明之美德、万物的真情。

“反者道之动，弱者道之用。天下万物生于有，有生于无。”(《老子·40章》)言道之循环反复运动。对立面的相互“反”是自然而然的，它包含了否定辩证法中自我否定的涵义。反者，有二解：一者，相反；二者，复

① 陈鼓应：《老子今注今译》，76页，北京：商务印书馆，2003。

返。道之体常无，无之体常弱，故其用常以弱为事。老子法自然，固与人为者相反，而复返于原来天真朴实之本然者也。其义固兼二者而有之。道之由反而动、守弱而用、有无变异之理，循环反复之运，肯定矛盾的存在是普遍的，又是无条件的相互转化的。司马谈在《六家要旨》中概括曰：

道家无为，又曰无不为，其实易行，其辞难知。其术以虚无为本，以因循为用。无成势，无常形，故能究万物之情。不为物先，不为物后，故能为万物主。

老子的思维方式，可以概括为“以反求正”。如他说：“大道废，有仁义”（《老子·18章》），“绝圣弃智，民利百倍；绝仁弃义，民复孝慈”（《老子·19章》）。绝圣弃智，则民安自然之乐而享自然之利。他通过对仁、义、礼的否定，来肯定自己向往的得“道”的社会和人生境界。老子说“正言若反”。这是老子对自己思维模式和建立哲学体系的方法的总结式语言。他的思维模式就是从相反的方面、否定的方面、负的方面来表达他所要肯定的和建立的。

四、道家的人生哲学

道家的来源，相传出于九流之一的史官。史官在黄帝时已有设置，故道家托始于黄帝。

道家者流，盖出于史官，历记成败存亡祸福古今之道，然后知秉要执本，清虚以自守，卑弱以自持，此人君南面之术也。（《汉书·艺文志》）

老庄学说至汉司马谈方称道家：“因阴阳之大顺，采儒墨之善，摄名法之要。”它是诸子中比较混合的学派。

道家学说，玄之又玄，旨归难求，故又被称为“玄学”。人们把《周易》、《老子》、《庄子》叫做“三玄”，道家在我国一直都有深远影响。

道家的人生哲学首先表现在它的理想人格：隐士。从对原始质朴的人性的崇尚和追求出发，主张无为不争、少私寡欲、绝学弃智，以恢复人性和社会的原始、质朴的状态。老子的“道”流溢出天地万物，万物一经步出“玄牝之门”，则“大曰逝，逝曰远，远曰反”。老子从日常生活中，如“草木之生也柔脆，其死也枯槁”，“人之生也柔弱，其死也坚强”等，得出一套朴素的辩证法。在老子的辩证法思想中，论述最多的是对立面的统一。

在老子看来，自然现象和社会现象中，矛盾着的双方是相反相成、相互转化的。事物总是相互依存、祸福无常的。“祸兮，福之所倚；福兮，祸之所伏。”（《老子·58章》）明祸福倚伏之变，正奇善妖之迷。祸、福本是互相对立的。是福不是祸，是祸则不是福。祸隐伏着福，而福中亦隐伏着祸。祸、福固相倚伏也。任何一方的不存在，都会导致另一方的消亡。

自然现象和社会现象中，对立的双方又是相互转化的。“物或损之而益，或益之而损”（《老子·42章》）损益同源，损则必益，益则必损。物极必反，相反相成 。“大成若缺，其用不弊。天盈若冲，其用不穷、大直若曲，大巧若拙，大辩若讷。”（《老子·45章》）言相反而相为用。大成，随物而成，成者自成，缺者自缺，故曰缺，故若缺；大盈，注而不满，酌而不竭，随物而与，故若冲；大直，随物而直，直而恩能够屈，其屈不折，故曰屈；大巧，随物付巧，巧而能拙；大辩，因物而言，不强己意，辩而能讷，故曰讷。老子看到了对立面的转化绝对化，从而把转化看作是无条件的。就常理言，直非曲，巧非拙，辩者滔滔而不讷。然就物极必反之理，如颜回之有若无，实若虚，不正是此理！“反者道之动”，即对立面的相互“反”是自然而然的。

老子提出贵柔处弱为下的原则；主张为人处事应谦下谨慎，甘居柔弱。他用水作比喻：“水善利万物而不争”。老子认为，能够隐忍、不争，“知其雄，守其雌”、“知其白，守其黑”、“知其荣，守其辱”这是难得的工夫。老子认为：柔弱的事物往往更有生命力，而坚硬刚强的往往容易毁坏。老子曰：

人之生也柔弱，其死也坚强。草木之生也柔脆，其死也枯槁。故坚强者死之徒，柔弱者生之徒。（《老子·76章》）

因此，“兵强则灭，木强则折”。老子主张柔弱不争，其实质含义是以柔克刚，“弱之胜强，柔之胜刚”。他说：“天下之至柔，驰骋天下之至刚。”因此“守柔曰强”，以柔克刚，以弱胜强。在刚柔、强弱、上下诸对矛盾中，老子提出：

知者不言，言者不知。塞其兑，闭其门，挫其锐，解其纷，和其光，同其尘。是谓玄同。（《老子·56章》）

明“知”与“言”之理。老子认为，“道”的作用是自然而然的，任何事物它都不干预，通过“挫锐”，“解纷”，“和光”，“同尘”来消解矛盾，从而达到无矛盾的“玄同”境界。上下内外荣辱物我皆无，此乃玄同之境。事物经常向相反方向运动，以弱胜强，以静制动。老子提出的贵柔处弱为下的辩证法是“弱者道之用”的逻辑推演。老子主张柔弱不争其实质含义是以柔克刚，“弱之胜强，柔之胜刚”，以柔克刚，以弱胜强。老子还认为：“物壮则老”，事物强大壮盛后，则将走向衰老退化。所以，为了防止事物朝不利方向转化，只有效法“功遂身退”的“天之道”，才能保身保家，立于不败之地。《老子》中包括丰富的辩证思想。

老子不重外在经验知识，而重内在直观自省。“不出户，知天下；不窥牖，见天道。其出弥远，其知弥少。是以圣人不行而知，不见而名，不为而成。”（《老子·47章》）教人以暗室屋漏之修省功夫。关门闭户，杜绝人事之忧。如此潜修，一旦豁然贯通于大道，则心体与道体同明。我们的心智活动，如果向外驰求将会使思虑纷杂，精神散乱。一个轻浮躁动的心灵，自然无法明澈地透视外界事物。老子以虚、无为本质特征的“道”，要“致虚极，守静笃”。“致虚极，守静笃”，乃在求内在心灵的清明、宁静、祥和，由是乃能心无滞碍、无蔽塞。

天下难事多作于易，大事必始于小。“图难于易，为大于细，天下难事，必作于易，天下大事，必作于细……是以圣人终不为大，故能成其大。”（《老子·63章》）明无为而无不为之旨。处事从易处、细处着手，而大处、难处自然变得容易了。若轻其易而待其难，忽其细而待其大，劳心殚利且不足以济事，纵欲无为，亦不可得。憨山大师解云：“圣人虚心体道，退藏于密。迹愈隐而道愈光，泽流终古而与天地参。”① 老子哲学建立在人我一体的观念上，“既以为人己愈有，既以与人己愈多”（《老子·81章》）。只有“损有余以补不足”才能合于“天之道”为人与为己，并不能分而为二。所谓舍之与得，舍即是得。打破二分对立之基本原则，非消极地接受，而是积极地付出。

老子哲学以静为之根，亦以静为之主。“致虚极，守静笃。万物并作，吾以观其复。夫物芸芸，各归其根。归根曰静，静曰复命。复命曰常，知常曰明。不知常，妄作凶。知常容，容乃公，公乃全，全乃天，天乃道，道乃久，没身不殆。”（《老子·16章》）这种观念异于一般以知识为哲学者，只以认知外物为手段与目的，而非从认知本身予以净化升华。所谓“归根复命”，谓复性命的本真。既具其本，及其发露也，则能“知常曰明”，可以去除成见、心机。动不妄作，必任性情之真而行。遇事宽容、心量恢弘、大公无私。

举凡行事正反必相生，阴阳必相济。“曲则全，枉则直。不自见，故

① 崔仲平：《老子道德经译注》，哈尔滨：黑龙江人民出版社，2003。

明；不自是，故彰；不自伐，故有功；不自矜，故长。夫惟不争，故天下莫能与之争。古之所谓曲则全者，岂虚言哉！"（《老子·22章》）申言曲全之道。曲则全，是守曲而得全，若有意求全，难免"有求全之毁"（《孟子·离娄上》）。不仅人事有然，物理亦有然。如曲为伸的前奏，枉中含有直理。"所谓尺蠖之曲所以求伸"亦是此理。不自是者，所见自不会自我囿限；不自伐者，心胸开阔，而愈彰显其功之可贵与难得；不自骄矜，不致遭忌，自能长存。总之，虚心无为，与物无竞，本无争心，故天下莫能与之争。"以其不争，故天下莫能与之争。"（《老子·66章》）因既无争心，何有可争之对象？无锋可争，故莫能与之争锋了。

知人者智，自知者明。"自见者不明，自是者不彰，自伐者无功，自矜者不长。"（《老子·22章》）举凡主见强者、自以为是者、自矜伐者，反而与明智、功伐与长久之道不合。凡人多有主观与成见。故明于观人，暗于察己。盖对自我之观照，乃是死角所在，自觉困难。"知人者智，自知者明。胜人者有力，自胜者强。"（《老子·33章》）以智、力、明、强内外相形，使止于一，而得其真。故王阳明曰"去山中之贼易，除心中之贼难"。必超越主体，乃能有超越自我的眼光。故知人固可称智者，而自知属反躬内省的功夫，当更为明智。胜人者固为有力，而胜过自己，能自我超越与提升，才是真正的强者。

言善之功用，"善行无辙迹，善言无瑕谪"（《老子·27章》）。言五善之功用。善，在老学中是颇为重视的概念。善人之表象，行如浮云过眼，不见辙迹；如飘风过耳，不见瑕谪。此谓圣人虚己游世，与物相忘。故行不言之教，能不教而化，善行、善言无声无嗅，无有痕迹可循。

示人以微明之律，"将欲歙之，必固张之；将欲弱之，必固强之；将欲废之，必固兴之；将欲取之，必固与之。是谓微明。柔弱胜刚强"（《老子·36章》）。歙张、弱强、废兴、取与四对矛盾，盈虚消长，正负相辅。歙即是阖，张即是开。"天门开阖"欲歙必张，欲弱必强；欲废必兴，欲取必与，柔弱中含有坚强的韧性，足以克服刚强。既相对立，又相转化，此自然之理。

信守本与逐末之利弊，"塞其兑，闭其门，终身不勤。开其兑，济其事，身不救"（《老子·52章》）。言守本与逐末之利弊。"兑为口"（《易·说卦》），引申为窍穴。王弼注曰："兑者，事欲之所由生也；门者，事欲之所由从也。"即断绝耳目鼻口与外界接触，使事欲无从而入，无由而生，不受劳扰。老子认为人浑沌之窍一经开凿，则天真淳朴之性丧失，必致断丧无余。"和其光，同其尘，是谓玄同。"（《老子·56章》）"和光"，含敛光芒才华，和日月之光华。"同尘"，同山川之尘垢。遇事浑厚圆通，不露圭角，上下内外荣辱物我皆无，此即"玄同"之境界。"我有三宝"至"故能成器长"①。

"治人事天，莫若啬……是谓根深固柢，长生久视之道。"（《老子·59章》）"治人"、"事天"统之以"啬"，且以啬之为术。教人节其用而强其本，而后始能服道积德，举凡治国、养身、修性，都不外一吝字。以达到"根深固柢，长生久视之道"。韩非云："少费之谓啬。""啬之者，爱其精神，啬其智识。"以啬治人，可收"可以有国"之效；以啬事天，可收"深根固柢"之效；以啬养性，可收"长生久视"之效。

五、无为而治的政治哲学

老子把"玄之有玄"的"道"贯通到历史观上，构成了一幅复古倒退的"理想社会"的图景。即与"无为而治"、小国寡民的政治主张联系在一起：

> 小国寡民，使有什佰之器而不用，使民重死而不远徙。虽有舟舆，无所乘之，虽有甲兵，无所陈之，使民复结绳而用之。甘其食，美其服，安其居，乐其俗，邻国相望，鸡犬之声相闻，民至老死不相往来。（《老子·80章》）

既然万物皆根据"道"的法则，那么治理国家也应该顺其自然。

设想小国的物质建构与精神境界，疆域甚小，人民甚少，用器甚简，人重死而乐生，不乘舟舆，不陈甲兵，俗淳事简，结绳而治。老子说："道常无为，而无不为。侯王若能守之，万物将自化。"（《老子·37章》）老子的政治理想是如此安乐悟美的乌托邦社会，人民自能各安所居，而乐所业。什伯之器不用，舟舆之具不行，甲兵之利亦无所陈。是无有计较竞争之世，则民自朴实无文而无所不足了。统治者对老百姓越宽厚，民风就越淳朴。况且不出户，知天下，又何待于远求！老子一方面是针对"损不足以奉有余"的统治社会而发，另一方面老子设想的这样一个"太古"社会，是由"道"演绎出来的，人类社会需要复归，体现出道的特性。

圣人之治，常使民无知无欲，实际上是一种愚民政策。"古之善为道

---

① 《老子·67章》："我有三宝，持而宝之：一曰慈，二曰俭，三曰不敢为天下先。"

者，非以明民，将以愚之。民之难治，以其智多。故以智治国，国之贼；不以智治国，国之福。”（《老子·65 章》）言愚民之治为国之福。此“愚”乃“大智若愚”之“愚”。“圣人之治：虚其心，实其腹，弱其志，强其骨。常使民无知无欲，使知者不敢为，则无不治。”（《老子·3 章》）所谓“虚其心”，就是达到空虚纯白之境，则可尚、可贵、可欲之事虽乘于外而不能入。所谓“实其腹”，心既虚白，腹又充实，杂念自无由萌生。所谓“弱其志”，即“天下莫柔弱于水”，如水善利万物而无争竞之念。心安宁清静无有外慕，而民安饱自足，志虑减损而筋骨强健。使民无知识欲求，即使智者亦无所用智，自无所可为而无所不为了。老子主张的“愚民政策”，反映了他对社会进步的阴暗心理，压抑了民智的开发。

老子不是要肯定什么，只是否定一切要肯定的，并由此使一切存在的事物，有其自身的肯定方面的作用。“大道废，有仁义；智慧出，有大伪；六亲不合，有孝慈；国家昏乱，有忠臣。”（《老子·18 章》）失道而后德，失德而后仁，失仁而后义。正是先失而后可贵。老子对原始、质朴自然的向往，智巧之运用，则是人为之雕琢所致。六亲之不合，反显慈孝之弥足珍贵也。“道”因其功用的柔弱，它不求克服什么，战胜什么，故才能真正主宰一切、支配一切。绝圣去智，民利百倍。“绝圣弃智，民利百倍；绝仁弃义，民复慈孝；绝巧弃利，盗贼无有……见素抱朴，少思寡欲，绝学无忧。”（《老子·19 章》）言利民爱民及防患之本。抛弃智巧文饰，始能返乎纯真朴素之自然。见素抱朴，言如弃文崇实，则所见之外者为“素”，所怀于衷者为“朴”，即可“绝仁弃义”而复归于孝慈。“少思寡欲”，言少其思虑，寡其贪欲，则可“绝巧弃利”。“绝学无忧”，言绝弃世俗末学，则可“绝圣弃智”，大利于民，永无忧虑。老子厌恶人世间的勾心斗角和尔虞我诈，鄙视仁义礼智等纲常名教，幻想一个“小国寡民”的社会，享受单纯、情感、质朴、生活自足的恬淡乐趣。

法令滋彰，盗贼多有。“民多利器，国家滋昏……法令滋彰，盗贼多有。故圣人云：我无为，而民自化；我好静，而民自正；我无事，而民自富；我无欲，而民自朴。”（《老子·57 章》）以奇技淫巧以诱民，则国反纷扰不安。法令愈繁杂，盗贼愈益多。故惟有以清静无欲治国始为正途。只有回到“无知无欲”的原始社会，才能太平。赞美无为之治。上无为，则无忌讳之弊，故民自归化；上好静，则无法令盗贼之害，故民自趋正；上无事，则无利器之纷，故民自富足；上无欲，则无技巧之尚，故民自返朴。他建议统治者要“不尚贤，使民不争；不贵难得之货，使民不为盗；不见可欲，使民心不乱”（《老子·3章》）。老子思想充满着生命的智慧，但是这种智慧一旦被统治者所用又是具有政治权术的，所以常常被人称之为“君人南面之术”。

六、道教及《太平经》、《老子》

老子《道德经》的基本思想是“道”，是万事万物存在和变化的最终依据和普遍法则。而道教的基本信仰也是“道”，不过它是从宗教的角度看待“道”的，认为道“为一切之祖首，万物之父母”。道教把道说成是“神秘之物，灵而有信”。不仅如此，道教还从宗教神秘主义的角度将“道”人格化。把老子看作是“道”的化身，尊为“太上老君”，神化为众生信奉的天上神灵，信道即是信神。

1. 道教

道教，是以“道”为最高信仰，尊老子为教主，奉《道德经》、《太平经》为主要经典的中国本土传统宗教。它是在中国古代宗教信仰的基础上，沿袭方仙道、黄老道的某些观念逐渐形成的。道教提倡修炼，认为经过一定的修炼，可以长生不老，得道成仙。

（1）道教的思想渊源。

①道家思想。主要以老子的《道德经》、庄子的《南华真经》为主要经典。把“道”看作宇宙的本源，不可名状，也无法认知，充满神秘色彩。这就与宗教十分相近，道教认为道“为一切之祖首，万物之父母”。把道说成是“神秘之物，灵而有信”。道教把老子看作是“道”的化身，尊为“太上老君”，使其成为混沌之宗祖、天地之父母、阴阳之主宰、万神之帝君。老子被神化，是众生信仰的天上的神灵，信道就是信神，尊奉老子即为尊奉天神。

道家贵生，重视生命，注重养生，《道德经》中多有“长生久视之道”、“谷神不死”之类的言论。认为通过修道可以使人返老还童、延年益寿。修道、得道的境界可以成为具有神通的“真人”、“至人”、“神人”。

②儒家思想。道教吸收了儒家纲常伦理思想，成为道教内部的戒律，如三纲五常的基本原则。在道教早期的经典《太平经》中提出“人亦天地之子也。子不慎力养天地所为，名为不孝之子也”。“子不孝，则不能尽力养其亲；弟子不顺，则不能尽力修明其师道；臣不盅，则不能尽力共事其君。为此三行而不善，罪名不可除也。”

道教也吸收了《周易》的某些思想，以《周易》解道。以《周易》中至高无上的“天”为模型来塑造最高的“天神”，并认为道德天尊与太上老君是《周易》的创造者。道教还吸收了汉儒董仲舒的天人感应的宗天神学以及谶纬神学，成为道教的重要思想渊源。董仲舒提倡的调阴阳、顺四时、序五行、配月令等阴阳五行递变说也深深影响了早期的道教的产生。

③古代的神仙方术。我国古代有神鬼崇拜，有天神、地祇及人鬼的神灵系统。宗教教义上讲“神道”，就是要“尊天明鬼”。道教不仅承袭了鬼神观念，还将诸多神灵纳入道教的神灵系统。如先秦时期的巫术、方术、占卜、符咒等都为道教的传教手段和祭礼内容。

战国时期的神仙家，鼓吹长生成仙之术，即是所谓的方仙道。他们把黄帝作为长生成仙的楷模倍加推崇，并提出寻求仙人和不死之药。方仙道所有这些信仰、崇奉黄帝、主张服食丹药成仙的特征，以及祠灶、炼丹、行气、辟谷等方术，均为道教所吸收。

（2）道教的创始及源流。

道教创始于汉末，以张陵的五斗米道和张角的太平道称为早期道教。早期道教的经书是《太平经》（《太平清领书》）和《周易参同契》。

张陵创立五斗米道，道徒称之为张道陵或张天师。这是一个具有主神崇拜特征的多神教，张陵“自称太清玄元”，除了信奉老子之外，还造出了很多神。其道术主要是上章招神和符咒劾鬼，以长生成仙为最高目的。

太平道因以《太平经》得名，以“中黄太乙”为其奉祀的至尊天神。张角于东汉灵帝时创立，“自称大贤良师，奉事黄老道”，以符水咒说治病的方式传道。当时疾病流行，人们纷纷找他看病，治好了病，信徒增多。弟子传游四方，遍及八州。在太平道鼎盛时期，张角领导了著名的“黄巾起义”。虽被镇压下去，但东汉王朝随之灭亡。

《太平经》是以道家哲学、儒家伦理观念、阴阳五行学说、传统的宗教思想和巫术，吸收当时的天文学、医药学、养生学等庞杂的宗教神学理论体系。宣扬天人合一和善恶报应的思想及帝王统治术和封建道德观念。《太平经》以实现太平盛世为理性目标。而《周易参同契》则主要讲炼丹修仙的秘诀，是对已往炼丹术的总结和发展。魏晋时期，早期道教开始分化，一部分道教徒向社会上层发展，形成了适合魏晋门阀士族口味的神仙道教；另一部分隐遁山林，专事修炼；还有一部分继续活动于民间，传播通俗形式的道教。

葛洪（283—343）及其《抱朴子》。

葛洪出身贵族世家，其父葛玄是著名道学家。《抱朴子》是其思想的代表作。书中称民间道教是“妖道”，宣传不违纲常伦理的神仙道教。他对战国以来的神仙方术思想作了系统总结，为道教构造了种种修炼成仙的方法，并提出了以神仙养生为内容、儒术应世为外的主张。他将道教与儒家相结合，建立了长生成仙的系统理论。另一位在道教整顿改革上作出重要贡献的人物，是被誉为“山中宰相”的陶弘景（456—536），他吸收儒、佛两家思想，进一步改造和充实了道教的神仙学说和修炼理论，成为适合统治者需要的官方宗教，对道教的发展影响很大。

从葛洪到陶弘景，道士们承玄学余绪，摄佛经经文，托言神授，暗本老庄，编造打量道经。同时神化老子、发展教礼祭典、制定教戒律文等，成为中国传统文化的重要组成部分。

（3）道教的主要特点。

与外来宗教（佛教、天主教、基督教、伊斯兰教）相比，道教有自己鲜明的特色。

①中华本土的民族宗教。道教是唯一孕育、流传于中华大地上的宗教。道教的教义、教理，具有浓厚的中国传统文化观念和中华宗教色彩。它的外在教团组织机构和宗教制度、民间组织、官方教派，均与中国社会、民俗民情有紧密联系。中国社会相对稳定，从未有以道教作为扩张领域的精神工具，始终保持中华本土民族宗教的特点。

②道教宗教意识与传统文化关系密切。道教思想渊源与殷商时代的鬼神崇拜、战国时期的神仙信仰、汉代的黄老道之学都是相通的。从自发宗教到人为宗教，道教是我国古代社会敬天祀祖、重生贵术思想的延续和发展，道术是占卜、巫祝、方士的余绪。从道教义理上讲，古代天人合一、天人感应等，阴阳五行和诸子百家的玄秘思想都是道教神仙学的思想源泉。从道教的礼法看，基本来源于宗法宗教的礼法仪式，是我国传统文化的一部分。

③道家哲理与神仙信仰。道家是“上标老子，次述神仙，下袭张陵”①，道教是以神仙信仰为其中心，包括有神学思辨及养生修真的学术。其天神体系，包括自然神、宗祖神、职能神及有功有德于世人之神。“仙”是原来“神”的观念的一种更新，仙具有神性，但又有别于神。神与仙皆统一制辖于“道”，皆受“道”的支配。“太上老君”既是哲学的神，也是自然神；既是创始祖，也是至上神。道教的一切义理都是揭示“道”的玄奥，道和仙是新的宗教观念。修道可以成仙，这是它最显著的特点。

---

① ［梁］刘勰：《灭惑论》，载《四部精要·集部》，上海：上海古籍出版社，1993。

④道教贵生，重视生命价值。道教认为，人能生活在现世是一件乐事，死亡才是最痛苦的。这一点与佛教、基督教等把人世比喻为苦海，人在苦海中挣扎、企求灵魂得救是大不相同的。道教主张乐生、重生，为生存而斗争。鼓励人们不屈服于天命，要循道修炼性命，争取延年益寿，最高理想是长生久视。它跟儒家的“生死由命”的宿命论不同，具有积极的人生意义。

⑤养生、健生，重视古代科技。从“贵生”和重视生命价值的角度看，道教积极寻求使人长寿的方法和技术，这就是所谓道功道术。其炼养之术有外丹、内丹、服气、胎息、吐纳等。即“道寓于术”、“道无术不行”。道教将古代社会的养生、健生的科技融会起来，并以道教义理加以解释和发挥。

（4）道教的基本信仰。

道教理论十分丰富，基本信仰可以概括如下几点：

①尊“道”贵“德”。道教以“道”为名，把“道”作为其信仰的根本。道教的一切教理教义、修炼方术都源于此。

道教的“道”来源于先秦的道家。道家的“道”是指天地万物的本根、本原；也包含有“玄道”、“真常道”之意。道教的经书对道作了很多解释，认为“道”是“灵而有性”的“神异”之物，是一种神灵。“德”是对“道”的衍化，是“道”在人性、人伦、人情等方面的道德行为规范。道生万物，德育万物，生生不息。道教认为，“道”与“德”支配和制约着宇宙的一切，“道德者天地之祖，天地者万物之父”①，道家尊“道”贵“德”首要是修道积德，公德圆满，便会“与道同久”、得道成仙。

②尊奉“三清”教主。道教经典有“三元”之天，为“道”之至尊。“原始天尊”是混洞太无元玄之青气化生的天宝君，居清微天之玉清境，故称“玉清”；“灵宝天尊”是由赤混太无元玄之黄气化生灵宝君，居禹余天之上清境，故称“上清”；“太上老君”由冥寂玄通元玄之白气化生神宝君，又称道德天尊，居大赤天之太清境，故称“太清”。三者合称“三清”。此三君都是教主，为三洞之尊神，宇宙万物皆为其所创。道教宗元于三宝君，为道教之教徒所尊奉。

③追求益寿成仙。道教重生，重视生命价值，长生成仙是道教追求的终极目标。道教认为人之生命并非决定于天命，“我命在我，不属天地”。人的生死、寿命长短，决定于自己，而非外在力量。道教采用的养生道功道术，叫修炼方术。所以，人要善于修道养生，安神固守形，与生相守，这样

① ［唐］吴筠：《玄纲论》，载《宗玄集》，上海：上海古籍出版社，1992。

才可能长命，升入仙境。

④天道循环，因果报应。道教认为善恶有承负，前人有过失，后人受责难，祸福的根源，循环不已。为避免厄运就必须修行真道，行善事，积善成仁。只有广建阴德、济物救世，行种种方便，拯救天下人的心灵，才能使自己的生命发扬光大。

（5）道教的基本仪典。

宗教的仪典包括仪式、典礼等，是宗教的重要组成部分，是任何一种宗教文化的再现，是任何一种宗教道德的外在形式。道教在中国已经有1 000多年的历史，随着历史朝代的变迁，道教仪典有繁简贵俗之别。究其性质不外两类：阳事，为现世人民的。其目的是祛病延年、祈晴祷雨、祈福谢恩、广求子嗣、神像开光、师徒传戒等等。阴事，为死去的人们的亡灵摄招亡魂，阴府指路、破狱点灯、炼度施食、超度来生等等。每一种仪典有一套礼仪、咒语、上章白文及相配应的音乐舞蹈。这众多的仪典，都离不开最根本的斋醮祭礼。

斋醮，即供斋醮神，设坛祭祷，是道教特有的仪式，也是教门最重要的宗教活动。

斋，就是指祭祀前必须清洁身心，戒慎行为，表示对神灵的尊敬，取悦于鬼神，达到祭祀的目的。斋礼包括沐浴洁身、素食少吃、更衣换帽、耳不听乐、心不苟虑、手足不乱动、准备新鲜干净的花果等供品。

醮，指陈设果脯酒物祭祀天神星宿的礼仪。《隋书·经籍志》有曰：

> 夜中于星辰之下，陈设酒脯、饼饵、币物，历祀皇太一，祀五星列宿，为书如上章之仪以奏之，名之为醮。

由此可知，斋礼是告祭鬼神，醮礼是历祀星神。醮祭的目的，多是乞恩消灾、益寿延年。

道教的许多仪式乃至伦理，都来自巫术，来自巫术的鬼神观念。而道教的宗教崇拜有来源于巫文化的原始崇拜。社会发展变迁，道教也经历了兴衰，斋醮仪式也趋于简单、实用、普及的民众形式。

（6）道教的影响。

道教作为本土宗教，深深植根于中国传统文化土壤中，不断吸取民族文化的滋养并对中国文学、艺术、医学、科技等有相当大的影响。

①道教为古代文学的艺术想象提供了更为广泛的空间。作为中华古老宗教，道教文化保留了大量神话故事和民间传说。道教的神仙信仰和神仙系统

一直是古人创造性想象的推动力。研究者认为，离开道家和道教，将无法理解中国古代文学，特别是志怪、神魔及某些剑侠小说中的创造性想象。

②对中国美术的影响。道教直接继承中国古代青铜器艺术和汉代画像砖艺术以及古代人物画技法，因而具有独特风格。道教的神仙画像和雕塑曾受到佛教艺术的影响。道教绘画和雕塑为我们留下了丰富的遗产。

③道教音乐具有鲜明的民族和民间特色。它主要是在道教的宗教仪式上使用。

④道教在炼丹、药物、医学和内丹修炼等方面，发现了多种药物和化学现象，对中国古代医药事业作出了很大贡献。

2.《太平经》

《太平经》是流传至今最早的一部道教经典，一名《太平清领书》这部经的出现可以追溯到西汉成帝时期（公元前32—前7）。汉代曾流传三种《太平经》：西汉成帝作《天官历包元太平经》12卷，东汉顺帝时宫崇上其师于吉於曲阳泉上所得《太平清领书》170卷，张陵《太平洞极经》144卷。均已失。《正统道藏》所收《太平经》仅残存57卷，另收唐末闾丘方远《太平经钞》10卷及《太平经圣君秘旨》，收入《正统道藏》太平部。该书内容庞杂，非一人一时之作。专以奉天地顺五行为本，认为治国者有它，可以长生，其中多"巫觋杂语"，但也不乏反映贫苦民众疾苦与要求的思想，并对当时的社会政治问题发表了评论。张陵《太平洞极经》对张角传播其太平道，组织黄巾起义起了理论指导作用，张陵创五斗米道也利用了它，其对后世及道教思想的发展亦有重大影响。西汉成帝好神仙方术，幻想借天威以维护其统治。当时汉末混乱动荡的政治局面，给下层民众带来深重苦难，加上灾异频仍，社会危机加深，儒学已经不能维持正常的社会秩序，于是各种宗教神学与世俗迷信充斥社会生活，朝廷上下弥漫着神鬼崇拜的神秘气氛。在这样的社会背景之下，齐国方士甘忠可便将黄老道的学说与儒家文件谶纬神学的具体内容相结合，造作了《天官历包元太平经》12卷。今人王明有《太平经合校》（中华书局1960年版）。

3.《老子》

《老子》又称《道德经》。乃老子语录，以五千言阐明宇宙至理，言简意赅，博大精深，开千古道家思想之先河，对中华民族发展之影响，历久弥深。《老子》一书分上下两篇：一篇为"道经"，一篇为"德经"。在《老子》中，"德"是仅次于"道"的另一个哲学范畴。历来对"德"的理解各有不同。王弼认为："德者，得也。常得而无丧，利而无害，故以德为名焉。何以得德？由乎道也。何以尽德？以无为用，则莫不载也。”王弼以玄学的贵无来解释“德”，且把“得德”与“道”联系起来。

《老子》一书若从内容看，依现今之观点，可分为“政治思想”与“世界观”两个方面。先秦之法家与战国以来之所谓“黄老家言”多从“政治思想”一面发挥。而战国末期以迄秦汉之际之儒家，则多受其“世界观”之影响。

研究《老子》是对其书的思想阐发，亦即对文本自身的解读。最早训解《老子》的是韩非子的《解老》、《喻老》。他会通法家思想，以法家思想来诠释老子思想。他解释老子神秘的“道”，曰：

道者，万物之所然也，万物之所稽也。理者，成物之文也；道者，万物之所以成也。故曰：道、理之者也。物有理不可以相薄。物有理不可以相薄，故理之为物之制。万物各异其理，而道尽稽万物之理，故不得不化。(《解老》)

韩非子如此阐发了老子先天先地而生，为天地万物之本而又不主宰天地万物的“道”。

明清之际王夫之不满历代的《老子》注释，著《老子衍》“以衍其意”。

以后注释《老子》的著作不少，但毕竟是“我注六经”，以不失其本义，不能解出新义为上，但真正能在注释中阐发出新义的寥寥无几，因此，没有必要去解读历代注解《老子》的著作。仅举有代表性的介绍如下。《老子》第一个把“道”作为哲学的最高范畴，形成以“道”为核心的思想体系。高亨解释老子的“道”为：

在人类经验外，有一种自然力也。宇宙之原始，出于此力；宇宙之现象，出于此力。此力生育天地万物，而子母未曾相离；此力包孕天地万物，而表里本为一体。未有天地之先，既有此力存；既有天地之后，长有此力在。天地万物之体，即此力之体；天地万物之隙，亦此力之体；天地万物之性，即此力所予；天地万物之变，即此力所动。无物无此力，无处无此力。其体一而不可分析，其理玄而不可实验，大包天地之外，细入毫芒之内。总之，此力乃宇宙之母，老子名之曰道，而余释为宇宙之母力也。(《老子正诂·老子通说》)

道是这样一种“宇宙之母力”，它的特性有：

(1) 道者，万物之母，为天地万物生长之根源。道超越万物形体之表象，难以言说，它是达到人生某种目的的必由之路。“道（指形上之道）可道（指言说），非常道；名可名，非常名。无名，天地之始；有名，万物之母（《老子·1章》）。[①] 故常无，欲以观其妙；常有，欲以观其徼。此两者同出而异名，同谓之玄，玄之又玄，众妙之门。”天地间，本无所谓名，而语言、文字等的产生，乃为方便沟通计，故有产生名之必要。宇宙万物有其所以然的道理，就是老子所谓的“道”了。然而要诠释它并不容易，常人总从外形去了解，故仅得其常理而已。老子之所谓“道”，是“形而上”的一种思维，难以言说，即非可以一般常道来解之。而是透视到万物的内蕴，即万象背后所以然的道理。故曰：“道可道，非常道。”

（2）道本无形，至大无外，至小无内，是一种包孕万物的存在。它不可见，不可听。“视之不见名曰夷；听之不闻名曰希；搏之不得名曰微。此三者不可致诘，故混而为一……是谓无状之状，无物之象，是谓恍惚。迎之不见其首，随之不见其后。”（《老子·14章》）“大音希声，大象无形。”（《老子·41章》）大道是没有声音的、没有形象的。道既看不见，又听不到，且把握不住，它是无形象的状态，因无物之形象状态可言，故道是超越于人类感官之上的。

（3）道是一切存在的因素。道并非什么都没有。老子又说：“道之为物，惟恍惟惚。惚兮恍兮，其中有象。恍兮惚兮，其中有物；窈兮冥兮一，其中有精，其精甚真自古及今，其名不去。”（《老子·21章》）此谓“道”是“惚兮恍兮”，即似有若无，且是“窈兮冥兮”，深邃冥渺。其中确实“有物”、“有精”，且“其精甚真”。故“道”是确实存在的，它是一切存在、一切现象背后的原因、原理、推动力。然而却隐而不显，不为人所认知。例如：苹果从树上落下来的“现象”，背后有一个“万有引力定律”——“原因”。倘不明此理，则只见苹果向下落，而不知何以至此。

（4）道的特质。长存而不变，道是万古长存，不生不灭的。老子说：“有物混成，先天地生，寂兮寥兮，独立而不改，周行而不殆，可以为天下母，吾不知其名，强字之曰道，强为之名曰大。”（《老子·25章》）此处“有物”，即是指所谓的“道”。它有几个特质：它是一种浑然状态；它先乎天地而存在；它无声无息；它独立存在，而且永不改变（超越时空，具有

① 老子此段文，盖就前文“名可名，非常名”，而以“无名”、“有名”相承，文义自顺也。或标点为：“道，可道，非常道；名，可名，非常名。无，名天地之始；有，名万物之母。”其以“有”为万物之始，以“无”为万物之母。亦通。

绝对性与永恒性）；它周遍宇宙且循环不息；它是天地万物的根源，“可以为天下母”。是说道是循环不息的，即“周行而不殆”。无以名之，而勉强名之曰“道”及“大”，形容广大无边、无所不在。“上士闻道，勤而行之；中士闻道，若存若亡；下士闻道，大笑之，不笑不足以为道。”（《老子·41章》）道不穷竭，即“用之而不勤”，“用之不可既”。

（5）老子的“道法自然”的哲学命题是与其“无为而治”联系在一起的。道无为而无不为，亦即道本自然运行，是因其无为，而无为是为其无不为。老子说：“道常无为，而无不为，侯王若能守之，万物将自化。”（《老子·37章》）又说：“我无为而民自化；我好静而民自正；我无事而民自富；我无欲而民自朴。”（《老子·57章》）他劝导统治者要“处无为之事，行不言之教”（《老子·2章》）清静无为的政治主张和对原始、质朴状态的向往，自然就引导出“小国寡民”的思想。对现实的不满，厌恶人世间的勾心斗角和尔虞我诈；喜欢单纯、情感质朴、恬淡乐趣的一种自然的生活。

随着社会文明程度的进步，人们对《老子》思想的兴趣会越来越浓厚，对《老子》思想的研究会越来越深入。而西方学者对《老子》的关注，必将会进一步推动老子研究的发展。

庄子

庄子（公元前369—前286），即庄周。战国时宋之蒙人，曾为蒙漆园吏。他与梁惠王、齐宣王、楚威王同时。庄子生在战国中期时代，但他远远避开这个污浊的世界，不贪名利，不做官。他说：“我宁游戏污渎之中自快”，也不愿“为有国者所羁，终身不仕，以快吾志焉”。楚威王闻其贤，使厚币，欲引以为相，庄周不愿为郊祭之牺牛，宁曳尾于涂中。他“以天下为沉浊，不可与庄语”（《庄子·天下》）。他著书十余万言，大都是寓言，充满幻想。他的文章写得极好，汪洋恣肆、横肆无涯，人莫能窥其端际。他以形象生动的比喻和嬉笑怒骂的笔墨，揭露污秽沉浊的黑暗社会。如鲁迅说：“其文则汪洋辟阖，仪态万方，晚周诸子之作，莫能先也。”① 他的学问博雅宏大，在我国学术史和文学史上影响极为深远。

一、知也无涯的知识论

庄子对知识的认识、对人与自然的看法，与一般人颇为不同。在庄子看

① 鲁迅：《汉文学史纲要·老庄》，北京：人民出版社，1973。

来，人的是非不是天下万物的是非。以人观之，各有是非；以道观之，无所谓是非。他认为："吾生也有涯，而知也无涯。以有涯随无涯，殆已；已而为知者，殆而已矣。"（《庄子·养生主》）庄子生活在百家争鸣的时代。在他看来，是非是不能辨明的。但他的是非生于"成心"，包含着克服主观、片面的思想。庄子说："彼亦一是非，此亦一是非"，"是亦一无穷，非亦一无穷"（《庄子·齐物论》）。又说"因其所然而然之，则万物莫不然；因其所非而非之，则万物莫不非"（《庄子·秋水》）。还说："自其异者视之，肝胆，楚越也；自其同者视之，万物皆一也。"（《庄子·德充符》）人们有了"成心"，就像井底之蛙不可能知道海之大，夏日的昆虫不可能知道冰之寒。

1. **对待知识的态度**

知识总是用语言表达的，但言论并不都是知识，不过二者又很难分清。认识的正确与否。怎么做到言而无言呢？生有涯而知也无涯之叹，庄子说"得意忘言"。"意"是天意、天道，一切言说都应该是天音的自然流溢，我们也应该从中听取天意。"吾生也有涯，而知也无涯。以有涯随无涯，殆已！"（《庄子·养生主》）生命是有限的，而知识无限，以有限的生命追求无限的知识，是永远也不会有尽头的。故岂有不困穷之理呢？

知识有没有用？庄子说有用，但得看怎么用。对待知识的态度决定了对知识的使用效果。出自天道的态度，将使知识取得大用；如果执著于某种知识、学说（如仁义之道），那么非但无用，反而有大害。《庄子·秋水》言之：

> 秋水时至，百川灌河，泾流之大，两涘渚崖之间不辩牛马。于是焉河伯欣然自喜，以天下之美为尽在己。顺流而东行，至于北海。东面而视，不见水端。于是焉河伯始旋其面目，望洋向若而叹曰："野语有之曰：'闻道百，以为莫己若者'，我之谓也。且夫我尝闻少仲尼之闻而轻伯夷之义者，始吾弗信。今我睹子之难穷也，吾非至于子之门则殆矣。吾长见笑于大方之家。"
>
> 北海若曰："井蛙不可以语于海者，拘于虚也；夏虫不可语于冰者，笃于时也；曲士不可语于道者，束于教也。今尔出于崖涘，观于大海，乃知尔丑，尔将可与语大理矣。天下之水，莫大于海。万川归之，不知何时止而不盈；尾闾泄之，不知何时已而不虚，春秋不变，水旱不知。"

这段话中的河伯与若二人，河伯是一种俗人之见的思考。若是庄子超越相对的观念的一种见解。秋天，河伯见百川按照时令汹涌而至，水流相汇。

两岸和水中沙洲之间不能分辨牛马，河神欣然自喜。让天下所有美好的东西都聚集在自己这里，河神面朝东边一望，看不见大海的尽头。若大为嘉许，以为知自谦者，乃可以语于大道。海固然比河大得多，但与天地相比，则又显得渺小了。此时若如自以为大，而以河伯为小，则不免蹈于和河伯同样的思考陷阱中。听说孔丘懂的东西很少，伯夷的高义不值得看重。我亲眼看到你是这样的浩渺博大、无边无际，相对于前之“自以为大”做出一番议论，是进一层的思考法，从自以为大生由河伯见海自惭形秽。由此别开生面发出一番议论。

河伯曰：“若物之外，若物之内，恶至而倪贵贱？恶至而倪小大？”北海若曰：“以道观之，物无贵贱；以物观之，自贵而相贱；以俗观之，贵贱不在己。以差观之，因其所大而大之，则万物莫不大；因其所小而小之，则万物莫不小。知天地之为稊米也，知毫末之为丘山也，则差数睹矣。以功观之，因其所有而有之，则万物莫不有；因其所无而无之，则万物莫不无。知东西之相反而不可相无，则功分定矣。以趣观之，因其所然而然之，则万物莫不然；因其所非而非之，则万物莫不非。”（《庄子·秋水》）

如此事物的外表，如此事物的内在，如何区别它们的贵贱，又怎样来区分其大小和差异？用自然的常理来看，万物本没有贵贱之分；从万物自身来看，各自为贵而以他物为贱。用世俗的观点来看，贵贱不在事物自身，按照物与物的差别来看，物固无贵贱、大小、有用、无用之分别。盖善恶、是非等均随时移事异而有所不同，不可执为定见以自我限囿。故必须先打破固有之成见，才能超越相对之观念。从人们对事物的趋向来看，顺着各种事物肯定的一面去观察便会认为是对的，那么万物没有什么是不对的；顺着各种事物否定的一面去观察便会认为是不对的，那么万物没有什么不是错的。

河伯曰：“然则我何为乎？何不为乎？吾辞受趣舍，吾终奈何？”北海若曰：“以道观之，何贵何贱？是谓反衍。无拘而志，与道大蹇。何少何多？是谓谢施。……何为乎？何不为乎？夫固将自化。”河伯曰：“然则何贵于道邪？”北海若曰：“知道者必达于理，达于理必明于权，明于权者不以物害己。至德者，火弗能热，水弗能溺，寒暑弗能害，禽兽弗能贼。非谓其薄之也，言察乎安危，宁于祸福，谨于去就，莫之能害也。故曰：‘天在内，人在外，德在乎天。’知天人之行，本乎天，位乎得，蹢躅而屈伸，反要而语极。”（《庄子·秋水》）

应该做什么，或不应该做什么，怎样推辞或接纳、趋就或舍弃？为人处世该当如何去加以取舍？用道的观点来观察，什么是贵什么是贱，这可称之为循环往复，不必束缚自己的心志，而跟大道相违碍。在《秋水》中有一段话，概括了庄子的上述思想："以道观之，物无贵贱；以物观之，自贵而相贱。"这就是说，从"道"的观点看，物没有贵贱之分，取决于人从哪个角度去观察。事物之是非、有无、可与不可都是相对的而非绝对的。应该做些什么，又应该不做些什么？一切都将顺其自然地变化。在相对的世界中，为什么要那么看重大道呢？懂得大道的人必定通达事理，通达事理的人必定明白应变，明白应变的人定然不会因为外物而损伤自己，道德修养高尚的人烈焰不能烧灼他们，洪水不能沉溺他们，严寒酷暑不能侵扰他们，飞禽走兽不能伤害他们。顺乎天理之自然，不以人为害之。庄子虽以为知是有限的、相对的，但若能善加运用天理之必然，亦能在相对中找到不易的真理。所以天然蕴含于内里，人为显露于外在，高尚的修养则顺应自然。

2. 知识的多寡局限

知识的多寡局限有以知为聋盲之喻："瞽者无以与乎文章之观，聋者无以与乎钟鼓之声。岂惟形骸有聋盲哉？夫知亦有之！"（《庄子·逍遥游》）对于瞎子没法同他们欣赏文章的壮观，对于聋子没法同他们聆听钟鼓的乐声。难道只是形骸上有聋有瞎吗？思想上也有聋和瞎啊！庄子言"知"者，当广指知觉、知识、认知、智能、思想等，均有盲聋。成玄英疏曰："至言妙道，惟悬解者能知，愚惑之徒终身未悟，良由智障盲暗，不能照察。"① 知与不知之辨，庄子曰：

> 庸讵知吾所谓知之非一不知邪？庸讵知吾所谓不知之非知邪？……民湿寝则腰疾偏死，鳅然乎哉！木处则惴栗恂惧，猨猴然乎哉？三者孰知正处？民食刍豢，麋鹿食荐，蝍蛆甘带，鸦嗜鼠，四者孰知正味？猿猵狙以为雌，麋与鹿交，鳅与鱼游。毛嫱丽姬，人之所美也，鱼见之深入，鸟见之高飞，麋鹿见之决骤，四者孰知天下之正色哉？自我观之，仁义之端，是非之涂，樊然淆乱，吾恶能知其辨？（《庄子·齐物论》）

"庸讵知吾所谓知之非一不知邪？庸讵知吾所谓不知之非知邪？"你怎么知道我所说的知道不是不知道？你又怎么知道我所说的不知道不是知道？此颇令人震撼之语，包括知觉、认知、知识等吾人所谓"知"，竟然是一种"无知"；所谓"不知"，反倒是"知"。此岂非是非颠倒呢？以下列举数

① 郭庆藩：《庄子集释》，台北：世界书局，1955 年。

例：人们住在潮湿的地方就会腰部患病甚至酿成半身不遂，泥鳅也会这样吗？人们住在高高的树木上就会心惊胆战、惶恐不安，猿猴也会这样吗？人、泥鳅、猿猴究竟谁最懂得居处的标准呢？从我们所居处的客观环境，以至于味觉、视觉，均难有肯定的认知。毛嫱和丽姬，是人们称道的美女了，可是鱼儿见了她们深深潜入水底，鸟儿见了她们高高飞向天空，麋鹿见了她们撒开四蹄飞快地逃离。人、鱼、鸟和麋鹿四者究竟谁才懂得天下真正的美色？所谓"孰知正处?""孰知正味?""孰知正色?"是与非的途径都纷杂错乱，我们怎么能够知道它们之间的区别?

寡知所见片面狭隘，因其知只见其外观的表面，而不见其内含的精义。如河伯，故谓"不知"。多知所见广阔而深入，其所知反能不自我拘限，能突破原有固囿之见，此谓之"知"。人间既没有是非的区别，自然界的万物也没有统一的标准，因此，到底什么是认识，也令人疑惑了。所以要"圣人存而不论"了。难怪老子要说："下士闻道，大笑之，不笑不足以为道。"庄子说人生是一场大梦，只有头脑最清楚的人才知道这一点。而愚蠢的人，却自以为什么都知道。

3. 可与不可，各得其所

可乎可，不可乎不可。道行之而成，物谓之而然。恶乎然，然于然。恶乎不然，不然于不然。物固有所然，物固有所可。无物不然，无物不可。故为是举莛与楹，厉与西施，恢诡谲怪，道通为一……是以圣人和之以是非而休乎天钧，是之谓两行。(《庄子·齐物论》)

古代圣人把是与非混同起来，优游自得地生活在自然而有均衡的境界里。凡事均在可与不可，各得其所之间。自某种角度看，是可；换个角度看，又不可。一定有可以加以肯定的东西方才可以认可，一定有不可以加以肯定的东西方才不能认可。庄子认为，无论客观万物或者人的内心世界都受"道"的主宰，从"道"的角度看都是一样的。道路是行走而成的，事物是人们称谓而就的。那么怎样做才是正确的呢？如：当尧舜之时，以让则为帝；当汤武之际，反因争而王。故所谓可与不可，各得其所。再如可以列举细小的草茎和高大的庭柱，丑陋的癞头和美丽的西施，宽大、奇变、诡诈、怪异等千奇百怪的各种事态来说明这一点，从"道"的观点看它们都是相通的。

4. 物我的交合与变化

以庄周梦蝶为例，说明人生主客之辨，来看庄子对人生的认识。

昔者庄周梦为蝴蝶，栩栩然蝴蝶也。自喻适志与，不知周也。俄然也，则蘧蘧然周也。不知周之梦为蝴蝶与？蝴蝶之梦为周与？周与蝴蝶必有分矣。此之谓物化。（《庄子·齐物论》）

庄子梦见自己变成蝴蝶，感到愉快和惬意，不知道自己原本是庄周。突然醒来，惊惶不定间方知自己是庄周。不知是庄周梦中变成蝴蝶呢，还是蝴蝶梦见自己变成庄周，是以庄周为之主，蝴蝶为客？抑或以蝴蝶为之主，而庄周为客？主之与客，殆难以自明。郭象注："世有假寐而梦经百年者，则无以有今之百年非假寐之梦者也。"这就叫做物、我的交合与变化。庄子认为这个问题是无法解决的，只有齐是非、齐彼此、齐物我，取消一切差别，放弃一切对立，做到无知无觉，才能回到"道"。

5. 庄子辩于濠水桥上

庄子和惠子一道在濠水的桥上游玩，一段不寻常的对话，体现了其有名的认识论哲学。

庄子与惠子游于濠梁之上。庄子曰："鲦鱼出游从容，是鱼之乐也。"惠子曰："子非鱼，安知鱼之乐?"庄子曰："子非我，安知我不知鱼之乐?"惠子曰："我非子，固不知子矣；子固非鱼也，子之不知鱼，全矣。"庄子曰："请循其本。子曰：丑，'汝安知鱼乐'云者，既已知吾知之而问我，我知之壕上也。"（《庄子·秋水》）

庄子说："白鲦鱼游得多么悠闲自在，这就是鱼的快乐。"惠子说："你不是鱼，怎么知道鱼的快乐?"庄子说："你不是我，怎么知道我不知道鱼儿的快乐?"惠子说："我不是你，固然不知道你；你也不是鱼，你不知道鱼的快乐。"从语言逻辑论断之，我们立即理解了原意。庄子说："还是让我们顺着先前的话来说。你刚才所说的'你怎么知道鱼的快乐'的话，就是已经知道了我知道鱼儿的快乐而问我，而我则是在濠水的桥上知道鱼儿快乐的。"郭象注疏："今子非我也，而云：'汝安知鱼乐'者，是知我之非鱼也。苟知我之非鱼，则凡相知者，果可以此知彼，不待是鱼然后知鱼也。故循子安知之云，已知吾之所知矣。"（《庄子注》）庄子的逻辑推论是以惠子本身犯在认知上的错误，而使其陷于自我矛盾的。

二、至乐无乐的人生哲学

庄子最令人痛快的释然是对功名富贵的鄙薄，以及对人生的彻悟。他从相对主义过渡到虚无主义，认为人的生命有限，知识是无限的，以有限之身追求无限的知识，就十分疲惫。因此要全身养性，就要放弃人对自然与万物的认识，即放弃知识。

1. 超然物外的人生旨趣

庄子的人生哲学是关于人如何逍遥自在的哲学，主张顺从自然、顺从人的本性而生活。他所追求的精神境界："藐姑射之山，有神人居焉。肌肤若冰雪，绰约若处子；不食五谷，吸风饮露。乘云气，御飞龙，而游乎四海之外。"这是庄子对"真人"、"神人"的描写。庄子企图彻底超脱外物、超脱生死，像"神人"那样，使精神丝毫不受外物、生死所动。

天下有至乐无有哉？有可以活身者无有哉？今奚为奚据？奚避奚处？奚就奚去？奚乐奚恶？

夫富者，苦身疾作，多积财而不得尽用，其为形也亦外矣。夫贵者，夜以继日，思虑善否，其为形也亦疏矣。人之生也，与忧俱生，寿者惛惛，久犹不死，何苦也！其为形也亦远矣。烈士为天下见善矣，未足以活身。吾未知善之诚善邪？诚不善邪？若以为善矣，不足活身；以为不善矣，足以活人。故曰："忠谏不听，蹲循勿争。"故夫子胥争之，以残其形；不争，名亦不成。诚有善无有哉！（《庄子·至乐》）

人生最大的快乐是什么？是追求至乐及养活身体，还是选择名利为物欲所累？又依据何者加以选择？世上的人们所尊崇看重的是富有、高贵、长寿和名誉；所爱好喜欢的是身体的安适、丰盛的食品、漂亮的服饰、绚丽的色彩和动听的音乐；所认为低下的是贫穷、卑微、短命和恶名；所痛苦烦恼的是身体不能获得舒适安逸、口里不能获得美味佳肴、外形不能获得漂亮的服饰、眼睛不能看到绚丽的色彩、耳朵不能听到悦耳的乐声。倘若不得所愿，则忧愁和担心，如此只为形体而劳作一世，实在是太愚蠢了。

那些富有的人，要苦身力作，劳累身形勤勉操作，积攒了许多财物却不能全部享用。高贵的人，夜以继日，费尽心思，苦苦思索怎样才能保全权位和厚禄。人们生活于世间，忧愁也就跟着一道产生。长寿的人整日里糊糊涂涂，长久地处于毫无意义的忧患之中而不死去，有多痛苦？最为人所称道的烈士，为了天下表现出忘身殉国的行为，却不能自我存活，这是好呢，还是不算好？如伍子胥忠心劝谏以致身受摧残，争了一辈子却只是自残其身，又有何意义呢？在庄子看来，现实人生处处为物所欲，时时为物所累，因此他主张摆脱生死、祸福、名利、是非的牵制，从种种束缚中解放出来。他看重的是人的素朴本性，以"全生葆真"为人生旨趣，以超然物外的态度与世俗相处。鄙弃的是扭曲自己灵魂、去满足物欲的人生态度。庄子的这种人生态度，似乎是消极的，但它对于贪欲对人们思想的侵蚀的批评和鄙弃，有一定的价值。

2. 山木无用与处世之道

庄子行于山中，见大木，枝叶盛茂。伐木者止其旁而不取也。问其故，曰："无所可用。"庄子曰："此木以不材得终天年。"夫子出于山，舍于故人之家，故人喜，命竖子杀雁而烹之。竖子请曰："其一能鸣，其一不能鸣。请一奚杀？"主人曰："杀不能鸣者。"明日，弟子问于庄子曰："昨日山中之木，以不材得终其天年；今主人之雁，以不材死。先生将何处？"庄子笑曰："周将处乎材与不材之间。材与不材之间，似之而非也，故未免乎累。若夫乘道德而浮游则不然。无誉无訾，一龙一蛇，与时俱化，而无肯专为。一上一下，以和为量。浮游乎万物之祖，物物而不物于物，则胡可得而累邪。"(《庄子・山木》)

此段文字主要写山木无用却能保全和雁不能鸣因而被杀，比喻处世不易和时世多患的现实。说明难找到一条万全的路，最好的办法也只能是役使外物而不被外物所役使，浮游于"万物之祖"和"道德之乡"。有用与无用及有材与不材并非绝对的，庄子此处是强调无用之用。庄子曰："周将处乎材与不材之间。"我将处于成材与不成材之间，就好像合于大道却并非真正与大道相合，所以这样仍不能免于拘束与劳累。假如能顺应自然而自由自在地游乐也就是这样。没有赞誉没有诋毁，时而像龙一样腾飞，时而像蛇一样蛰伏，跟随时间的推移而变化，而不愿偏滞于某一方面；时而进取时而退缩，一切以顺和作为量度，优游自得地生活在万物的初始状态，役使外物，却不被外物所役使。那么，怎么会受到外物的拘束和劳累呢？这就是神农、皇帝的处世原则。

3. 任自然，顺应人情

骈拇枝指出乎性哉，而侈于德；附赘悬疣，出乎形哉，而侈于性；多方乎仁义而用之者，列于五藏哉，而非道德之正也。是故骈于足者，连无用之肉也；枝于手者，树无用之指也。……长者不为有余，短者不为不足。是故凫胫虽短，续之则忧；鹤胫虽长，断之则悲。故性长非所断，性短非所续，无所去忧也。(《庄子・骈拇》)

"骈拇"指并合的脚趾，跟旁出的歧指和附着的赘瘤一样，都是人体上多余的东西。多于常人之所得，所以超出了人天生而成的本体。什么才是事物所固有的呢？那就是合乎自然，顺应人情的东西。

长的不算是有余，短的不算是不足。因此，野鸭的小腿虽然很短，续长一截就有忧患；鹤的小腿虽然很长，截去一段就会痛苦。事情原本是很长是不可以随意截短的，事物原本就很短也是不可以随意续长的，这样各种事物也就没有必要去排除忧患了。

4. 自得其得，自适其适

自三代以下者，天下莫不以物易性矣。……故此数子者，事业不同，名声异号，其于伤性以身为殉，一也。臧与谷，二人相与牧羊而俱亡其羊。问臧奚事？则挟策读书；问谷奚事？则博塞以游。二人者，事业不同，其于亡羊均也。……天下尽殉也，彼其所殉仁义也，则俗谓之君子；其所殉货财也，则俗谓之小人。其殉一也，则有君子焉，有小人焉。若其残生损性，则盗跖亦伯夷已，又恶取君子小人于其间哉！(《庄子·骈拇》)

自夏、商、周三代以来，天下没有谁不借助于外物来改变自己的本性。平民百姓为了私利而牺牲，士人为了名声而牺牲，大夫为了家族而牺牲，圣人则为了天下而牺牲。他们所从事的事业不同，名声也有各自的称谓，而他们用生命作出牺牲以损害人的本性，却是相同的。天下人们都在为某种目的而献身，那些为仁义而牺牲的，世俗称他为君子；那些为财货而牺牲的，世俗称他为小人。倘若就残害生命、损伤本性而言，那么盗跖也就是伯夷了，又怎么在他们中间区分君子和小人呢?

总之，庄子人生哲学的最高追求是体“道”、得“道”。人得“道”，如同鱼儿得水，各适其性，各得其足，无拘无束，自在逍遥。

三、“全生葆真”的修养论

1. 养生之道重在顺应自然

庖丁为文惠君解牛。手之所触，肩之所倚，足之所履，膝之所倚，砉然响然。奏刀騞然，莫不中音，合于桑林之舞，乃中《经首》之会。

文惠君曰：“嘻！善哉！技盖至此乎?”庖丁释刀对曰：“臣之所好者，道也，进乎技矣。始臣之解牛之时，所见无非全牛者。三年之后，未尝见全牛也。方今之时，臣以神遇而不以目视，官知止而神欲行。依乎天理，批大谷，导大窾，因其固然。技经肯綮之未尝，而况大軱乎！良庖岁更刀，割也；族庖月更刀，折也；今臣之刀十九年矣，所解数千牛矣，而刀刃若新发于硎。彼节者有间，而刀刃者无厚，以无厚入有间，恢恢乎其于游刃必有余地矣。是以十九年而刀刃若新发于硎。虽然，每至于族，吾见其难为，怵然为戒，视为止，行为迟，动刀甚微，謋然已解，如土委地。提刀而立，为之四顾，为之踌躇满志，善刀而藏之。”

文惠君曰：“善哉！吾闻庖丁之言，得养生焉。”（《庄子·养生主》）

业精于勤，行成于思。没有刻苦的努力、生活的体验，是很难取得成功的。庖丁谈解牛说：“以神遇而不以目视”，“依乎天理”。批隙导窾，因其固然，其道在“目无全牛”是说他摸索事物的规律，比起一般的技术、技巧又进了一层。开始解牛的时候，所看到的是一头整牛。几年后，看到的就不是一头整牛了。只有用心神去接触而不必用眼睛去观察，眼睛的功能似乎停了下来而精神世界还在不停地运行。养生者，在不以人为伤其自然之理，宰牲千头，而刀刃锋利就像刚从磨刀石上磨过一样。其于刀也，不用则将腐蚀之，常用又将钝其器。故作为与不作为，其害均也，都是因人为害之。庖丁在看到难下刀的地方，就格外谨慎，不敢大意，目光专注，动作迟缓，动刀十分轻微。就庖丁解牛而言，其与养生固可谓风马牛不相及，而庄子却可借此寓言，说一番大道理。足见知道者当善于观察，洞悉习闻常见之事，其中固无处而非道也。养生者最重要的是要做到“为善无近名，为恶无近邢，缘督以为经”，即莫着善与恶，秉承事物中虚之道，顺应自然的变化与发展。

2. **“忘形”与“忘情”物我俱化**

惠子曰谓庄子曰：“人故无情乎?”庄子曰：“然。”惠子曰：“人而无情，何以谓之人?”庄子曰：“道与之貌，天与之形，恶得不谓之人?”惠子曰：“既谓之人，恶得无情?”庄子曰：“是非吾所谓情也。吾所谓无情情者，言人之不以好恶内伤其身，常因自然，而不益生也。”（《庄子·德充符》）

这段话探讨人的精神世界，人既谓之人，怎能没有人情？应该怎样反映宇宙万物的本原观念和一体性观念？“德”者，一种心态也。宇宙万物源于道，万事万物千差万别，归根到底浑然一体。所以人的观念形态应该是“忘形”物我俱化，生死同一；就是“忘情”，即不存在宠辱、贵贱、好恶、是非。不伤其身，不益其生，正是因任自然之道也，这就是庄子笔下的“德”，“充”是充实，“符”则是验证。在庄子眼里惠子恰是“德充符”的反证，还赶不上那些貌丑形残的人。

3. 知天之所为是认识的极点

知天之所为，知人之所为者，至矣！知天之所为，天而生也；知天之所为者，以其知之所知，以养其知之所不知。终其天年而不中道夭者，是知之盛也。(《庄子·大宗师》) 且有真人而后有真知。何谓真人？古之真人，不逆寡，不雄成……登高不栗，入水不濡，入火不热。是知之能登假于道者也若此。古之真人，其寝不梦，其觉无忧，其食不甘，其息深深。真人之息以踵，众人之息以喉。屈服者，其嗌言若哇。其嗜欲深者，其天机浅。古之真人，不知说生，不知恶死……利泽施乎万世，不为爱人……与其誉尧而非桀也，不如两忘而化其道。夫大块，载我以形，劳我以生，佚我以死；息我以死，故善吾生者，乃所以善吾死也。(《庄子·大宗师》)

知道自然的作为，并且了解人的作为，就能达到了认识的极点。知道自然的作为，是懂得事物出于自然；了解人的作为，是用他指挥所通晓的事实哺育、熏陶他智慧所未能通晓的知识，直到自然死亡而不中途夭折，这恐怕就是认识的最高境界了。“吾生也有涯，而知也无涯，以有涯随无涯，殆已！”（《庄子·养生主》）就理性与经验而言，人是无法得到真理的，必须修养自性，超感官、超理性，提升人性，使之与形而上之道相合，即达到所谓的“天人合一”的境界，才能得到真理与真知。这段文字虚拟一个理想的“真人”，“真人”能做到“天”、“人”不分；做到“无人”、“无我”，“真人”的精神境界就是“道”的形象化。

什么是“真人”呢？古时候的“真人”，不倚众凌寡，不自恃成功雄踞他人，也不图谋琐事。他所推崇的“真人”，是既不违逆多数人，也不违逆个别人，对一切人都随其意，任其为恶。真人的修养、器度可以说是智慧能通达大道的境界，有真人而后有真知。像这样的人，登上高处不战栗，下到水里不会沾湿，进入火中不觉灼热。庄子对生死的看法豁达逍遥，“不知说生，不知恶死”。死和生均非人为之力所能安排，犹如黑夜和白天交替那样永恒的变化，完全出于自然。那并非只是理想与观念，而是生命的哲学。

4. “坐忘”、“心斋”的修养方法

人生种种苦恼和不自由根本原因是人的“有待”和“有己”。人的愿望和要求太多，而人与自身的环境的对立，无法区分是非、苦乐、善恶、祸福。要做到“游无穷者”，必须做到无己（去我顺物）、无功（无所建树）、无名（不顾别人的毁誉）。具体做法就是“心斋”与“坐忘”。“心斋”是“乘万物以游心”，使心神不随万物变化而自由遨游。而“坐忘”就是遗忘

肢体，内心虚寂，涤除思虑，心神安静。

仲尼蹴然曰：何谓坐忘？颜回曰：“堕肢体、黜聪明，离形去知，同于大通，此谓坐忘。”仲尼曰：“同则无好也，化则无常也，而果其贤乎！丘也请从而后也。”（《庄子·大宗师》）

什么叫“坐忘”？“堕肢体，黜聪明”云云，就是毁废了强健的肢体，退除了灵敏的听觉和清晰的视力，脱离了身躯并抛弃了智慧，从而与大道浑然相通为一体，这就叫静坐心空、物我两忘的“坐忘”。这是坐忘的修养方法。

颜回曰：“吾无以进矣，敢问其方。”仲尼曰：“斋，吾将语若！有心而为之，其易邪？易之者，皞天不宜。”颜回曰：“回之家贫，唯不饮酒不茹荤者数月矣。如此，则可以为斋乎？”曰：“是祭祀之斋，非心斋也。”回曰：“敢问心斋？”仲尼曰：“若一志，无听之以耳而听之以心，无听之以心而听之以气。① 听止于耳，心止于符，气也者，虚而待物者也。惟道集虚。虚者，心斋也。”（《庄子·人间世》）

颜回求教孔子何为斋戒清心，不饮酒浆，不吃荤食，只是祭祀前的斋戒，而不是“心斋”所谓“心斋”，是心志专一，不用耳去听，而用心去听；不用心去听，而用气去听。心有知觉，属心理的情感作用，气无情感，能虚以应物，属形而上的心灵层次。正如孔子说，你必须摈弃杂念，专一心思，不用耳去听而用心去领悟，不用心去领悟而用凝寂虚无的心境去感应！凝寂虚无的心境才是虚弱柔顺而能应待宇宙万物的，只有大道才能汇集于凝寂虚无的心境。虚无空明的心境就叫“心斋”。惟修持真道，才能臻此虚灵的境界。

庄子曰：“至人之用心若镜，不将不迎，迎而不藏，故能胜物而不伤。”（《庄子·应帝王》）至人用心之道，在于“按时处顺，哀乐不能入也”。

5. 生死不足以忧愁与欢乐

且汝独不闻邪？昔者海鸟止于鲁郊，鲁侯御而觞之于庙，奏九韶以为乐，具太牢以为膳。鸟乃眩视忧悲，不敢食一脔，不敢饮一杯，三日而死。此以己养养鸟也，非以鸟养养鸟也。……以鸟养养鸟，宜栖之深林，游之坛陆，浮之江湖，食之鳅鲦，随行列而止，逶迤而处。彼唯人言之恶闻，奚以

① 成玄瑛：心有知觉，犹起攀缘；气无情虑，虚柔任物。故去彼知觉，取此虚柔。

夫譊譊为乎？咸池九韶之乐，张之洞庭之野，鸟闻之而飞，兽闻之而走，鱼闻之而下入，人卒闻之，相与还而观之。鱼处水而生，人处水而死，彼必相与异，其好恶故异也。(《庄子·至乐》)

人生在世什么是最大的快乐？人应该怎样对待生与死？庄子认为：生死不足以忧愁与欢乐，他借养鸟之道，以喻修道。鲁国国君让人把海鸟接到太庙里供养献酒，奏“九韶”之乐，用“太牢”为膳食。海鸟竟眼花缭乱忧心悲伤，不敢吃一块肉，不敢饮一杯酒，三天就死了。

按照自己的意识和生活习惯养鸟，而不是按照鸟的习性来养鸟，违反自然规律。庄子以“道”无形可形，为看不见、听不见，又非言语所能言，故曰：“不可言”、“不当名”。庄子以为“道”是真实存在的，但是无所作为，又无形体；可以心传，而不可以口授。而“所以论道而非道也”。由养鸟之道，引申出：鱼在水里才能生存，人处在水里就会死去，人和鱼彼此之间必定有不同之处，他们的好恶也必定不一样。

四、“死生如昼夜”的生死观

庄子提倡“相忘以生，无所终穷”（《庄子·大宗师》），对生死抱超然之态度。以为生不足为喜，死不足为忧。“死生如昼夜”，人只能顺应这一自然变化。如：庄子妻死，鼓盆而歌。及其至楚梦见髑髅之事，可以见出其此类思想：

庄子妻死，惠子吊之。庄子方箕踞鼓盆而歌，惠子曰：“与人居，长子老身；死不哭亦足矣。又鼓盆而歌，不亦甚乎？”庄子曰：“不然，是其始死也，我独何能无概然！察其始而本无生，非徒无生，而本无形；非徒无形，而本无气，杂乎芒芴之间，变而有气，气变而有形，形变而有生，今又变而之死。是相与为春秋冬夏四时行也。人且偃然寝于巨室，而我噭噭然随而哭之，自以为不通乎命，故止也。”(《庄子·至乐》)

庄子认为：要做到达生，就应该忘掉生死之别。“死生，命也。其有夜旦之常，天也。人之有所不得与，皆物之情也。”（《庄子·大宗师》）就是人的生死是命中注定的，就像黑夜和白天永远常在，属于天之道一样。庄子的妻子死了，惠子前往吊唁，见庄子分开双腿像簸箕一样坐着，一边敲打着瓦缸一边歌唱。惠子说：人死了你不悲伤，还敲缸唱歌，太过分了。庄子说：我怎么能不悲伤呢！但考察生死，她原本就不曾出生，不该具有形体，不曾形成元气。只是在恍惚的境域中，变化而有了元气，变化而有了形体，变化而有了生命。如今变化又回到了死亡，这跟春夏秋冬四季运行一样，本是自然之运。死去的那个人将安安稳稳地寝卧在天地之间。而我要围着她痛哭，这是不通晓天命。庄子对同甘共苦妻子的死的态度，说明他对生死的看法。

庄子到楚国，途中见一个骷髅，枯骨突露呈现原形。述说了一段生反不如死之为乐的寓言故事，颇耐寻味：

庄子之楚，见空髑髅，髐然有形，擞以马捶，因而问之，曰："夫子贪生失理，而为此乎？将子有亡国之事、斧钺之诛，而为此乎？将子有不善之行，愧遗父母妻子之丑，而为此乎？将子有冻馁之患，而为此乎？将子之春秋故及此乎？"于是语卒，援髑髅，枕而卧。夜半，髑髅见梦曰："子之谈者似辩士，视子所言，皆生人之累，死则无此矣，子欲闻死之说乎？"庄子曰："然。"髑髅曰："死，无君于上，无臣于下，亦无四时之事，从然以天地为春秋，虽南面王，乐不能过也。"庄子不信曰："吾使司命复生子形，为子骨肉肌肤，反子父母、妻子，闾里、知识，子欲之乎？"髑髅深颦蹙额曰："吾安能弃南面王乐而复为人间之劳乎？"（《庄子·至乐》）

庄子见到骷髅，有人就问："先生是贪求生命，失却真理？抑或遇上亡国之事、遭遇刀斧砍杀；抑或有了不好行为，担心给父母、妻儿留下耻辱？"庄子拿过骷髅做枕头而睡。骷髅显梦，说人死了就没有以上的忧患，并讲了人死后有关情况的道理。"人一旦死了，在上没有国君的统治，在下没有官吏的管辖；也没有四季的操劳，从容安逸地把天地的长久看作是时令的流逝，即使南面为王的快乐，也不可能超过。"庄子不相信，当让骷髅再回到人间的时候，骷髅皱眉蹙额，深感忧虑地说："我怎么能抛弃南面称王的快乐而再次经历人世的劳苦呢？"

庄子的忘我思想，表现在人生在世不应该炫耀，不应求仕求禄，不应追求智巧，不应贪功图报。到死了也不图厚葬，亦是对生死豁然之态度的心声。

庄子将死，弟子欲厚葬之。庄子曰："吾以天地为棺椁，以日月为连璧，星辰为珠玑，万物为赍送；吾葬具岂不备邪？何以加此！"弟子曰："吾恐乌鸢之食夫子也。"庄子特约曰："在上为乌鸢食，在下为蝼蚁食，夺彼与此，何其偏也。"（《庄子·列御寇》）

庄子快要死了，弟子们打算用很多的东西作为陪葬。庄子说："我把天地当作棺椁，把日月当作连璧，把星辰当作珠玑，万物都可以成为我的陪葬。”弟子说：“我们担忧乌鸦和老鹰啄食先生的遗体。”庄子说：“弃尸地面将会被乌鸦和老鹰吃掉，深埋地下将会被蚂蚁吃掉，夺过乌鸦老鹰的吃食再交给蚂蚁，怎么如此偏心！”虽然是谈论丧葬之事，却表达出庄子对生死的豁达态度，自然能坦然面对死亡。针对一般人好生恶死而说的“生而不悦，死而不祸”，谈生命的意义与价值。

庄子对宇宙的本源和本性的看法，是通过“道”的探讨。“北游”指向北方游，在传统的哲学体系中，北方被叫做“玄”，“玄”指昏暗、悠远、幽远。而“北方”是不可知的，“道”也是不可知的。通过对“道”的讨论，论述人对宇宙和外在事物应该取得的认识和态度。

东郭子问于庄子曰：“所谓道，恶乎在?”庄子曰：“无所不在。”东郭子曰：“期而后可。”庄子曰：“在蝼蚁。”曰：“何其下邪?”曰：“在稊稗。”曰：“何其愈下邪?”曰：“在瓦甓。”曰：“何其愈甚邪?”曰：“在屎溺。”东郭子不应。庄子曰：“夫子之问也，固不及质。正获之问于监市，履狶也，每下愈况，汝唯莫必，无乎逃物。至道若是，大言亦然。”（《庄子·知北游》）

东郭子请教庄子，问“道”存在于什么地方。庄子说：“大道无所不在。”东郭子说：“必定得指出具体存在的地方才行。”庄子说：“在蝼蚁之中。”“在稻田的稗草里。”“在瓦块砖头里。”“在大小便里。”庄子说，东郭子“本来就没有触及道的本质，不要只是在某一事物里寻找道，万物没有什么东西可以逃离它”。“至道”是这样，最伟大的言论也是这样。

小知不及大知，小年不及大年。奚以知其然也？朝菌不知晦朔，蟪蛄不知春秋，此小年也。楚之南有冥灵者，以五百岁为春，五百岁为秋；上古有大椿者，以八千岁为春，八千岁为秋。而彭祖乃今以久特闻，众人匹之，不亦悲乎。汤之问棘也是已：穷发之北，有冥海者，天池也。有鱼焉，其广数千里，未有知其修者，其名为鲲。有鸟焉，其名为鹏，背若太山，翼若垂天之云，抟扶摇羊角而上者九万里，绝云气，负青天，然后图南，且适南冥也。斥鴳笑之曰：“彼且奚适也？我腾跃而上，不过数仞而下，翱翔蓬蒿之间，此亦飞之至也。而彼且奚适也?”此小大之辩也。（《庄子·逍遥游》）

小聪明赶不上大智慧，寿命短比不上寿命长。宇宙之浩渺难穷，非常情所能测度。清晨的菌类不会懂得什么是晦朔，寒蝉也不懂得什么是春秋，这就是短寿。楚国南边有叫冥灵的大龟，它把五百年当作春，把五百年当作秋；上古有叫大椿的古树，它把八百年当作春，把八千年当作秋，这就是长寿。只活八百岁的彭祖却以长寿闻名于世，岂不可悲可叹？北极的海域有一大鱼，名为鲲。有一大鸟，其名为鹏，它的脊背像泰山，展开双翅就像遮蔽天空的浮云。它直上九万里，穿越云气背负青天，然后往南而飞，打算要飞到南方的大海。斥鷃讥笑它，我奋力飞腾上下、不过几十丈高就落下来，徘徊在蓬蒿丛中，已经是极限。你还能飞到哪去呢？这就是小智与大智的差别。

庄子认为“道”是万物的终极原因，不同于具体事物，但又无所不在地存在于具体事物之中。庄子还论述了“道”与“德”的关系。他认为，天地万物皆得“道”而生，所以，“道”存在于一切事物之中。道之总体曰“道”，万物得生者曰“德”。“德”就是“道”在具体事物上的具体体现，是寓于具体事物中的“道”。庄子所谓“德”是指事物的本然性、固然性、自然性。万物依其自然性而化，亦即任凭天地万物根据自身的特性自发地、自然而然地产生和发展，这就是庄子所说的“道”。“道”使天地万物自然而然，万物无不得“道”而后自然而然，这便是庄子的所谓“道”与“德”的关系。对于“道”，庄子所主要强调的是其规律性，把“道”作为自然界万事万物所依从的规律，而“德”，不过是这个规律在具体事物中的具体体现。

五、政治理想和哲学追求

庄子的哲学思想和消极处世的态度有落后和精神麻痹的一面，但他愤世嫉俗和对不合理社会的抨击，也支持了不满现实的知识分子对统治阶级的消极反抗。表现了他对封建礼教的蔑视，引起人们对理想社会的向往和追求。

吾意善治天下者不然。彼民有常性，织而衣，耕而食，是谓同德。一而不党，命曰天放。故至德之世，其行填填，其视颠颠。当是时也，山无蹊隧，泽无舟梁；万物群生，连属其乡；禽兽成群，草木遂长。是故禽兽可系羁而游，乌鸦之巢可攀援而窥。夫至德之世，同与禽兽居，族与万物并。恶乎知君子小人哉！同乎无知，其德不离；同乎无欲，是谓素朴。素朴而民性得矣。……道德不废，安取仁义？性情不离，安用礼乐？五色不乱，孰为文采！五声不乱，孰应六律！夫残朴以为器，工匠之罪也；毁道德以为仁义，圣人之过也。

夫赫胥氏之时，民居不知所为，行不知所之。含哺而熙，鼓腹而游。民能已此矣。及至圣人，屈折礼乐以匡天下之形，悬跂仁义以慰天下之心，而民乃始踶跂好知，争归于利，不可止也。此亦圣人之过也。（《庄子·马

蹄》)

庄子认为黎民百姓有他们固有的不变的本能和天性，织布而后穿衣，耕种而后吃饭，这就是人类共有的德性和本能。人们的思想和行为浑然一体没有一点儿偏私，这就叫做任其自然。在那人类天性保留最完善的时代，人类跟禽兽同样居住，跟各种物类相互聚合并存，哪里知道什么是君子、小人呢！人人都蠢笨而无智慧，人类的本能和天性也就会丧失；人人都愚昧而无私欲，这就叫做“素”和“朴”。能够像生绢和原木那样保持其自然的本色，人类的本能和天性就会完整地留下来。所以，上古人类天性保留最完善的时代，人们的行动总是那么持重自然，人们的目光又是那么专一而无所顾盼。

人类原始的自然本性不被废弃，哪里用得着仁义！人类固有的天性和真情不被背离，哪里用得着礼乐！五色不被错乱，谁能够调出文采！五声不被搭配，谁能够应和六律！分解原木做成各种器皿，这是木工的罪过，毁弃人的自然本性以推行所谓仁义，这就是圣人的罪过。

庄子认为自己处在“昏乱”之世，仁义之类的名教，是统治者蒙骗人民、将国家攫为己有的工具。圣人与道并生，仁义与窃国相通。他说：“圣人不死，大盗不止；虽重圣人而治天下，则是重利盗跖也。”（《庄子·胠箧》）庄子所谓“至德之世”，盖至治无为之世的生活，大家浑然一体，无所偏私。庄子把儒家高唱的仁义看作是万恶之源。他认为，仁、义、礼、智违背“人之常性”，即人的自然本性，应当全部抛弃。他分析了仁、义、礼、智给人类带来的祸害：一是违背人的本性。人的性情是多样的、自然的，圣人却要用礼教把它纳入一个固定僵死的规范里，是违反人的本性的。二是仁、义、礼、智造成虚伪和争夺。行仁义就能获得爱、利，这就会出现假仁假义的伪善现象，畸形的、病态的社会现象。三是仁、义、礼、智是窃国大盗统治国家的工具。仁、义、礼、智是窃国大盗的护身符，成为仁、义、礼、智的体现者。庄子对社会丑恶现象的深刻揭露，撕下了统治者的高贵、尊严的面具，还其强盗的本来面目。

庄子看破红尘，想遁于世外，遥想人与人、人与自然、人与宇宙万物皆一律平等，无分贵贱的社会政治理想，是一幅美好祥和的世间蓝图。

六、《易经》、《庄子》

1.《易经》

《易》又称《周易》或《易经》早期被认为是一部占筮之书，但《易》

实在是现存我国古代最早的一部哲学著作。反映中国最古老的世界观和方法论，以理解和掌握天人关系。《易·系辞》上说：“夫易广矣大矣。以言乎远则不御，以言乎迩则静而正，以言乎天地之间则备矣。”所以它能“弥纶天地之道，以通神明之德，以类万物之情”，是“运天地之大道”之学。

《周易》分“经”、“传”两部分。“经”是占筮的记录，分上经、下经两部分。“传”称“易传”、“易大传”，是对“经”的解释、阐发、评论。

《周易》的卦由“爻”组成。爻有两种：阴爻⚋与阳爻⚊。

由三爻组成的卦叫八卦，八卦是8种基本图形。

☰乾　　☷坤

☳震　　☴巽

☵坎　　☲离

☶艮　　☱兑

八卦每一卦分别代表自然界、社会界中的需索事物。

乾	坤	巽	震	坎	离	艮	兑
☰	☷	☴	☳	☵	☲	☶	☱
天	地	雷	风	水	火	山	泽
父	母	长子	长女	中男	中女	次男	次女

八卦象征8种自然现象和社会事物，推测自然和社会的变化。认为阴阳两种力量的相互作用是产生万物、引起变化的根源，具有丰富的朴素辩证法思想，对中国古代哲学发展影响很大。它是研究宇宙万物周期变化规律的学问，它从时空周期运动入手，来探索天地人（万物）盛衰沉浮、生长收藏规律。因此，成为世界上唯一具有普遍规律的基本理论。

《周易》有一条主线：是一阴一阳；四个体系。

（1）天衣无缝，精巧绝伦的符号体系。

（2）空前绝后，博大精深的哲学体系。

（3）渊源深厚，千古绝唱的天文历法数理体系。

（4）独一无二，神秘莫测的实证科学（预测系统）。

八卦两两相重，可得六十四卦。

六十四卦从八卦衍发，故八卦称经卦，六十四卦称别卦。

（1）卦：相传伏羲画八卦。

（2）爻：每卦有六爻，六十四卦有八十四爻。

（3）卦辞：以解释卦之意义。

（4）爻辞：以解释爻之意义。

（5）十翼。

六十四卦中的每一卦都有上下两个经卦，上卦——外卦；下卦——内卦。

阳爻（⚊）称作“九”，阴爻（⚋）称作“六”

六爻组成一卦，最下方的位置称作“初”，自下至上，顺次称作“二”、“三”、“四”、“五”、“六”。根据爻的性质（阳爻、阴爻），可称作初六、六二、六三、九四、六五、上六。

例如豫卦：

⚋上六	⚋六三
⚋六五	⚋六二
⚊九四	⚋初六

六十四卦每卦有卦辞，阐说全卦总义；有爻辞，阐说全卦总义，有爻辞阐说全爻含义。

《周易》的深奥意蕴包含在它独特的符号系统之中。熟悉这套符号系统是读《周易》的初步。

（1）《周易》的起源。

现在流行的测字、求签、看相、算命之类，是古代卜筮的余绪。而这种卜筮与《周易》关系密切。《左传·僖公四年》说：“龟，象也；筮，数也。物生而后有象，象而后有滋，滋而后有数。”这种方法叫“占”。《周易》用的就是这种方法。

卜筮是巫术，它建立在有神论的基础上，认为冥冥之中有支配人的神、鬼存在。所谓“命运”，按有神论的解释，就是由神鬼决定人的一生的吉凶祸福。有人认为“超自然力量”即为神，其实这种超自然力量是不存在的。所以，从本质上看，卜筮是一种迷信行为。

但是，尽管现代科学昌明，世界各地相信卜筮、相信命运的仍大有人在。有些人平时不相信，也不去烧香拜佛、求神问签，可是一到难于决策的关键时刻或是到了生死未卜、祸福难明的严重关头，就会占一卦。任何一种兆头都可能被格外重视。这不能表示人们不相信科学，只是将希望寄托在卜筮，寄托在神灵，同时又寄托在自己的智慧上。

原因之一：在心理上，人一方面作为万物之灵，有别于动物无法企及的思维能力，可以在一定程度上预测未来；然而另一方面，由于人的认识能力的局限，加之客观事物的发展往往具有某种偶然性，故又很难有把握地预见事物发展的未来。人有预知未来的愿望，因此，有一种固有的难免摆脱的悲剧性；迫切需要预知，又不能够完全做到预知，在这种情况下，人们才出此下策——卜筮。

在用卜筮的时候，人们苛求预知的心理是那么强大，以至于忽视了占卜迷信、不科学的一面。因为处于这种状态下的人们太希望有一种力量来帮助他们作出判断、拿定主意了。

原因之二：不容否认，占卜之类的预测，尽管是迷信的、不科学的，但在实际生活中的却也取得过不少的成功。这些成功的事例在人们中广为流传，也就进一步增强了人们对它的信任。比如说看手相，多是从人的生理上的外在表现去推测人的命运，不科学是显而易见的，但人的生理结构的确在一定程度上能影响人的气质、性格、智力。更何况眼睛这样的生理器官简直就是心灵的窗户，人的贤愚善恶，多少不一地能从眼睛见出端倪。

《周易》是一部哲学著作，它的占筮与一般巫术的预测有根本性的不同。它虽然不见得对具体问题有具体的明确的解答，但是它从哲理的高度给人以启发。像《周易》这样的占筮之书，被人誉为世界上“第一号成功预测”。

(2)《易经》的地位。

《易经》在中国文化史上的地位之高，是其他古籍无可企及的。

①经之首：《易经》、《书经》、《诗经》、《礼经》、《乐经》、《春秋经》。

三玄之首：《易经》、《老子》、《庄子》。

《十三经》之首：《易经》、《尚书》、《诗经》、《礼记》、《春秋》、《周礼》、《仪礼》、《公羊传》、《谷梁传》、《孝经》、《论语》、《尔雅》、《孟子》。

《易经》为卜筮之书，其理在下明人事，上通天理，其中哲理深宏奥衍，论断宇宙变化，可以推知存亡治乱兴衰之迹。孔子曰：“五十以学《易》，可以无大过矣。”于人生行事，启发良深，为知来知命之学。

②《易经》是中国文化之源。

从学派来讲，儒、道、墨、法、阴阳、农等诸子百家皆从《易经》这里发源，遂成一家。

从学科来讲：《易经》囊括一切天文、地理、乐律、兵法、韵学、算术……

《易经》常记载许多古代史实，如“既济九三爻辞”：高宗伐鬼方；“泰六五爻辞”：帝乙归妹；“明夷六五爻辞”：萁子之明夷；“晋卦辞”：康候用锡马蕃庶。多为其他史书所未见者。

③《易经》不是知识，而是智慧，特别是思维方式，是古代中国人的智慧之库。

《易经》对古代科学具启发性。

天文、历法、算术均深受《易经》影响。如《河图》、《洛书》、汉代六日七分之说、十二消息卦，及宋秦九韶“大衍求一术”，邵雍“先天图”，均与《易》相涉，其思想源头，正是《易经》思想。

在地理方面，中国之罗盘、方位、地理九州之说，亦与《易》相关联。

在医学方面，更是《易》、医同源，《易》为理，医为表，相互转相发明，《易》理实为中医之理论基础。

儒家思想归本于殷、周以来之传统思想，如中庸、天命、方位诸思想，均由《易》道而来，故研究古代传统儒家，非由《易经》理解不可。

(3)《易经》的含义。

①《易》有三种：

《连山》，夏之《易》，以艮卦为首；

《归藏》，商之《易》，以坤卦为首；

《周易》，周之《易》，以乾卦为首。

②《易》有三义：

简易：宇宙万物，其理则一，得其理而万物具备，物之始也。《易经》述天道人事之理，以六十四卦象征宇宙之万事万物，以简驭繁，就是简易。《系辞传》曰：

> 乾以易知，坤以简能，易则易知，简则易从，易知则有亲，易从则有功，有亲则可久，有功则可大，可久则贤人之德，可大则贤人之业。易简而天下道理得矣。

世界上的万事万物变化无穷，其基本的规律应该是简单的。“易道唯简”。道即是本体，即是规律。张湛注《易经》：“易亦希简之别称也。太易之意，如此而已，故能为万化之宗主，冥一而不变者也。”这“简”即“万化之宗主”，即“一”。

不易：不易者，永恒不变之道理也。宇宙万物变化之俗称，其所用之结果不同。天上地下，君南臣北，父坐子伏，物之体也。宇宙万物变化无穷终归循环无尽，就是不易（启示我们无谓吉凶如何变，只要守持正道，就可逢凶化吉，吉上加福了）。《系传辞》曰：

> 天尊地卑，乾坤定矣。卑高以陈，贵贱位矣。动静有常，刚柔断矣。

“变”与“不变”是一对矛盾。《易经》讲“变”，为何又讲“不变”呢？这正是它的高明之处。变是绝对的，不变是相对的。变中有不变，不变中有变。现象是千变万化的，本质（规律）是相对稳定的。老子讲“无为而无不为”，庄子讲“生生者不生”，就体现了变与不变的辩证法。

变易：五行迭终，四时更废，改换之殊称，物之用也。每卦六爻，变动不居，以得结果不同，就是变易。《系辞传》曰：

《易》之为书也，不可远；为道也屡迁，变动不居，周流六虚，上下无常，刚柔相易，不可为典要，唯变所适。

三“易”之中，变易是核心。《易经》的全部思想均立足于此。《易经》译成英文，便是 *The Book of Changes*（《变化之书》）。

在易经的作者看来，变是万物之源。天地、日月、山川、动植物乃至人无不是变来的，而且还在继续地变。今日太阳非昔日之太阳，今日之人也非昔日之人。

在变的过程中，不少旧事物淘汰了、消失了，不少新事物产生了、发展了。在人类产生之前，地球上曾出现过多少生物，有许多今天已经看不见了、绝种了，如恐龙。人产生之后也经历了数百万年之久，为何不仅没有淘汰，还发展了呢？重要原因之一是人作为万物之灵，深深地懂得人的生命与自然界的生命应该是一致的，人的生命应纳入自然界的大生命系统之中去，与自然的生命相契合，以动应动，以变应变。

肯定宇宙万物皆变是人类的卓越思想。古希腊的哲学家赫拉克利特也说过：“一切皆流，无物常往”。他把万物比作一道川流，断然人不可能两次走入同一条河流。赫拉克利特不愧为人类早期杰出的哲学家，他的关于变化的思想委实是很深刻的。但赫拉克利特比起《易经》的作者似乎略逊一筹。《易经》不仅肯定万物皆变，而且指出，这变化的原因是两种对立的力量：阴（柔）、阳（刚）相互斗争的结果。《系辞上传》说：“阴阳不测之谓神”，“刚柔相推，变在其中矣”。这变是客观规律，没有什么神秘性，而赫拉克利特则把变看作是神的意旨。

用变的观点观察世界，就能正确地认识客观世界的本来面貌及其规律。许多卓越的理论就是建立在这个基点之上的。海森伯 1943 年创立的“S 矩阵理论”。西方学者卡普拉认为，其基本精神与《易经》相似，就是因为“在这两个系统之中都是强调事件而不是物体，都主张通过变化来把握事物的本质”。法国哲学家德里达（Jacques Derrida）也提出“延异”

(La différance)理论，认为：差异的系统产物也即延异，体现了它的变易思想。

用变的观点观察生命，把生命看成是新陈代谢的动态过程，人就会更加珍惜生命、爱惜生命。不管处在生命的哪个阶段，都不应该骄傲，也不应该悲观。庄子的妻子死了，庄子鼓盆而歌，庄子的朋友惠子很气愤，说是不可理解，庄子说："人皆有情，妻子死了哪能不悲？只是悲过之后也想通了。人本是由无生命之物变来的，现在又变为无生命之物。这就好比春去有夏来，夏去有秋来，都是物之本性使然。既如此，又有什么可悲的呢？人回到了他的原初之物，回到了道，倒是应该高兴才是。"

天地万物之奥秘，概而言之，就是一个"易"字。以"变易"为基础，以"不易"、"简易"为两翼，构成一种复杂的或对立或平行的立体关系。把握住这个关系，许多模糊、混沌的问题就变得清晰起来了。

处世之道，说到底，不也就是"变易"、"不易"、"简易"的恰当的灵活的运用吗？会于心者当自明之。

(4)《易经》的作者。

相传为伏羲氏所画，最早也是最权威的说法来自易传中的《系辞下传》，曰：

古者包牺氏之王天下也，仰则观象于天，俯则观法于地，观鸟兽之文，与地之宜，近取诸身，远取诸物，于是始作八卦，以通神明之德，以类万物之情。

此说法认定八卦是伏羲（即包牺氏）所作。当然还有其他说法：神农所作；大禹所作；周文王所作；孔子所作……

(5) 易学的主要观念。

①《系辞上传》第十一章云："是故《易》有太极，是生两仪，两仪生四象，四象生八卦。"

② 以"元亨利贞吉凶悔吝厉孚无咎"十二字定休咎，刘师培曰："十二字之中，以'吉凶'二字为总纲。'元亨利'均吉，'贞'则吉凶相兼。'悔吝'可以由凶而人吉，未悔吝则凶，是曰厉；既悔吝曰吉，是为一'无咎'。"此卜筮之断占也。

③《乾卦象传》曰："大哉乾元，万物资始，乃统天。……乾道变化，各正性命。"

④《系辞上传》第一章云："乾知大始，坤作成物。乾以易知，坤以

简能。”

⑤《系辞上传》第五章云：“一阴一阳之谓道，继之者善也，成之者性也。”

⑥《乾卦象传》曰：“天行健，君子以自强不息。”

（6）治《易》之三派。

①术数派：魏管辂、宋之陈抟、邵雍属之。

②象数派：西汉之孟喜、焦延寿、京房，东汉之马融、郑玄、荀爽，魏之虞翻皆属之。唐李鼎祚博采汉魏以来三十五家易说作《周易集解》。至清，则有胡煦、焦循二大家。

③义理派：魏王弼（玄理）、宋程伊川、朱子（性理）属之。

2.《庄子》

《庄子》也称《华南经》，被历代道家尊为重要经典。现存晋郭象的注本。《汉书·艺文志》著录52篇，现存33篇。其中内篇7篇，一般认为是庄子自作，外篇15篇为其弟子所记录，杂篇11篇是庄子后学所作。从性质看可分5类：

（1）讲全生，即保全自己，免受危害，如《养生主》、《人间世》等。

（2）是对旧世界的批判，反对儒家的礼，如《马蹄》、《骈拇》、《胠箧》、《在宥》等。

（3）讲养生和修炼，如《刻意》、《缮生》、《达生》等。

（4）讲自然观，如《天地》、《天道》、《庚桑楚》等。

（5）讲相对主义，如《逍遥游》、《齐无论》、《秋水》等。

第四章 墨 家

墨家是战国时一个组织严密而带有宗教色彩的禁欲主义学派，创始人是墨翟。墨家主张“兼爱”、“非攻”、“尚贤”、“尚同”、“天志”等，反对战争。战国时儒墨并称显学，儒墨两个学派针锋相对，不仅在政治上、哲学思想上对立，文艺思想上也对立。墨家提出检验言论需靠“三表”法则的逻辑思想，认为“言必立仪”，立论要准确，即通过考察历史、结合社会实际情况，在实践中检验言论正确与否。墨家在认识论、逻辑学、自然科学、几何学、力学、光学等方面的研究，在中国文化史上占有重要地位。

墨子

墨子（公元前468—前376年），名翟，墨氏，鲁人，年寿逾八十。战国初期思想家，墨家学派的创始人。他出身贫苦，当过制造器具的工匠，自称贱人。说“今翟上无君上之事，下无耕农之难”（《墨子·贵义》）。“学儒者之业，受孔子之术。以为其礼烦扰而不说，厚葬糜财而贫民，服伤生而害事，故背周道而用夏政。”（《淮南子·要略》）生平行事多不可考：其学以自苦为极。历游齐、卫、宋、楚诸国实践其学说，如鲁人公输般将以楚攻宋，自行千日：十夜助宋抵御之，其饵乱止战若此者不可胜数。其躬自持守非攻之说者，大率类是。或以孔席不暇暖，墨突不暇黔。盖子曰：“墨子摩顶放踵利天下而为之。”墨者多以裘褐为衣，日夜不休，艰难困顿不倦。其苦身疾作，力行而无所瞻顾，是其所长。

一、爱心充溢的政治理想

墨子的政治理想体现在兼爱、非攻、尚贤、尚同、节用、节葬、非乐、非命、天志、明鬼等十个方面。人人爱人如同爱己，交互得利，反对战争，便可以实现“兴天下之利，除天下之害”。

兼爱，即不分等级、不分远近、不分亲疏地爱天下所有的人。

非攻，即反对侵略战争，维护人类和平。

尚贤，即不分贵贱地推荐、选拔、使用德才兼备的人。

尚同，即政令、思想、言语、行动等要与圣王的意志相统一。

节用，即反对奢侈浪费，主张勤俭节约。

节葬，即反对厚葬久丧，主张薄葬短丧。

非乐，即反对奢靡的音乐活动，提倡节约人财物力。

非命，即反对命运之说，主张强力从事。

天志，即天是有意志的最高主宰，天的意志是兴利除害。

明鬼，即辨明鬼神的存在，鬼神能扬善惩恶。

除天志和明鬼带有明显的封建色彩外，其余8个方面都闪耀着真理的光辉。墨子的政治主张涉及社会、经济、政治、文化、教育、科学、宗教等诸多领域，“兴天下之利，除天下之害”是其一贯的宗旨，这是我国历史上第一个治国平天下的救世方略。在政治上，主张“尚贤使能”，注重选拔使用人才；主张“不别贫富、贵贱、远迩、亲疏”，做到“官无常贵，而民无终贱”，只要是贤能的人，就要提拔重用，让他们当官。他针对统治阶级肆无忌惮的挥霍浪费和放纵私欲，提出节用、节葬、非乐的主张。他“非乐”反对的是颓废淫荡的靡靡之音，并不反对音乐本身。他主张节用节葬，是合情合理的，符合人民的愿望，也是很有胆识的，在今天依然有现实意义。他不赞成“命运”之说，是先秦思想家中第一个明确反对“命定论”的人。他把“天”和“命”区分开，相信“天”而不相信“命”。他把本来只是一片苍茫的天说得有意志、有感情，把一切自然发生的现象看成是上天爱人的表现，其目的是给“兼爱”思想确立至高无上的权威。梁启超说：“利之一字，实墨子学说全体之纲领也。破除此义，则墨学之中坚遂陷，而其说无一成立。”①（《子墨子学说》）其学说之要旨，在“兼相爱，交相利”。“仁人之所以为事者，必务求兴天下之利，除天下之害。”至其归宿，则一“利”字可以尽之矣。

1. 兼爱是墨子的根本思想

爱别人的，别人也必然爱他；利于别人的，别人也必然利于他；憎恶别人的，别人也必然憎恶他；残害别人的，别人也必然残害他。墨子认为天下之乱起于不相爱。他说：

圣人以治天下为事者也，必知乱之所自起，焉能治之。不知乱之所自

---

① 梁启超：《子墨子学说》第二章“墨子之实利主义”，18页，北京：商务印书馆，1956。

起，则不能治。譬之如医之攻人之疾者然，必知疾之所自起，焉能攻之；不知疾之所自起，则弗能攻。治乱者何独不然？必知乱之所自起，焉能治之；不知乱之所自起，则弗能治。

若使天下兼相爱，爱人若爱其身，犹有不孝者乎？视父、兄与其君若其身，恶施不孝？犹有不慈者乎？视弟、子与臣，若其身，恶施不慈？故不孝不慈亡有，犹有盗贼乎？故视人之室若其室，谁窃？视人身若其身，谁贼？故盗贼亡有。犹有大夫之相乱家，诸侯之相攻国者乎？视人家若其家，谁乱？视人国若其国，谁攻？故大夫之相乱家，诸侯之相攻国者亡有。若使天下兼相爱，国与国不相攻，家与家不相乱，盗贼无有，君臣父子皆能慈孝，若此则天下治。故圣人以治天下为事者，恶得不禁恶而劝爱？故天下兼相爱则治，交相恶则乱。故墨子曰："不可以不劝爱人"者，此也。(《墨子·兼爱上》)

兼相爱，就一种充满爱心的群体意识，与儒家舍生取义以维护整体利益的仁爱精神有一致之处。即都不是以一己之私利为人生追求，而以同一类的共同利益为重。墨子认为圣人以治天下为事者，正代表了先秦思想家共同的旨趣所在——为救时之弊。而圣人等语，则是指大智的人能深察时弊，而加以救治。故墨子主张如下：圣人乃是治理天下的人，必知天下治乱之所由起，即知天下乱之根源所在，始能对症下药，而救济之。如父子不慈孝，兄弟不友爱，君臣不惠忠，人与人相争夺等都是"不相爱"。

兼，是平等的，即"爱无差等"；相互的，"爱人不外己，己在所爱之中。""夫爱人者人必从而爱之，利人者人必从而利之"；无私性，从个体讲，爱是利他的，不期待回报，为整体而牺牲个人。所谓："子自爱不爱父，故亏父而自利……父自爱不爱子，故亏子而自利；兄自爱不爱弟，故亏弟而自利；君自爱也不爱臣，故亏臣而自利。是何也？皆起不相爱。"无论父与子、兄与弟、君与臣等，爱均是相互的。故其解决之道，在于"使天下兼相爱，爱人若爱其身"，则自会孝、慈，"若此则天下治"。故曰："天下兼相爱则治，交相恶则乱。"所谓："'不可以不劝爱人'者，此也。"故墨子兼爱，虽以天下为其目的，但其着眼在一"利"字。换言之，而以兼爱为天下之大利所在。因兼相爱则治，交相恶则乱。儒家思想亦以天下为目的，所谓治国、平天下是也。但儒家以情感和道德为基础，伦理的亲疏关系为依归，其伦理关系有等次之别，所谓"亲亲之杀，尊贤之等"，很少讲利。所谓"老吾老以及人之老，幼吾幼以及人之幼。"其亲爱推己而及人，并有移情的作用。如《孝经》云："不爱其亲而爱他人者，谓之悖德；不敬其亲而敬他人者，谓之悖礼。”讲究亲情之间的互爱。“资之事父以事母，而爱同；资之事父以事君，而敬同……故以孝事君则忠，以敬事长则顺。”讲究其于亲而爱①，其于君而敬等，均由内心天性所使然。无差别的爱、不分亲疏的爱。推而广之，由孝而忠，由敬而顺，孝悌盅信、父慈子孝、兄有弟恭，尊师爱生等。

2. 非攻即主张平均平等，倡导和平，反对战争

墨子所以提倡“非攻”，是为保护私有财产，保护小生产者，保护弱小国家。认为战争违反天下之大利——“亏人以自利”。仍不出以一“利”字为思考之依据。墨子主张非攻，是特指反对当时的“大则攻小也，强则侮弱也，众则贼寡也，诈则欺愚也，贵则傲贱也，富则骄贫也”的掠夺性战争。墨子以是否兼爱为准绳，把战争严格区分为“诛”（诛无道）和“攻”（攻无罪），即正义与非正义两类。“兼爱天下之百姓”的战争，如禹攻三苗、商汤伐桀、武王伐纣，是上中（符合）天之利、中中鬼之利、下中人之利的，因而有天命指示，有鬼神的帮助，是正义战争。反之，大攻下，强凌弱，众暴寡，“兼恶天下之百姓”的战争。是非正义的。他说：

今有一人，入人园圃，窃其桃李，众闻则非之，上为政者得则罚之。此何也？以亏人自利也。至攘人犬豕鸡豚者，其不义又甚入人园圃窃其桃李。是何故也？以亏人愈多，其不仁兹甚，罪益厚。至入人栏厩，取人马牛者，其不仁义又甚攘人犬豕鸡豚。此何故也？以其亏人愈多，苟亏人愈多，其不仁兹甚，罪益厚。至杀不辜人也……其不义又甚入人栏厩取人马牛。此其故何也？以其亏人愈多，苟亏人愈多，其不仁兹甚矣，罪益厚。当此天下之君子皆知而非之，谓之不义。今至大为不议，攻国，则弗知非，从而誉之，谓之义。此可谓知义与不义之别乎？

杀一人，谓之不义，必有一死罪矣。若以此说往，杀十人，十重不义，必有十死罪矣；杀百人，百重不义，必有百死罪矣。当此天下之君子皆知而非之，谓之不义。今至大为不义，攻国，则弗知非，从而誉之，谓之义。情不知其不义也……今有人于此，少见黑曰黑，多见黑曰白，则以此人不知白黑之辨矣；少尝苦日苦，多尝苦日甘，则必以此人为不知甘苦之辨矣。今小为非，则知而非之，大为非，攻国，则不知非，从而誉之，谓之义。此可谓知义与不义之辨乎？是以知天下之君子也，辨义与不义之乱也。（《墨子·

① 《礼记·祭义》：“孝子之有深爱者，必有和气；有和气者，必有愉色；有愉色者，必有婉容。”均出于内心之不能已也。

非攻上》)

墨子在这里说明战争之不仁不义：抢夺他人的桃李、犬豕鸡豚，而取人马牛、取人衣裘、戈剑应受到严厉惩处。非攻，是建立在防御性战争的基础上，在军事学讲的都是防守的战法。墨子在理论上主张非攻，而在实际行动上支持反侵略的防御战争。“今至大为不义，攻国，则弗知非，从而誉之，谓之义”，“今有人于此，少见黑曰黑，多见黑曰白，则以此人不知白黑之辨矣”。对侵略者应该严惩，并指出战争为被侵略国家带来的灾难，以及侵略者本身造成的损失。

墨子的“非攻”理论，亦仅从“利”字出发。墨子是第一个用理论形式系统地提出功利主义原则的学派。从禽兽以至于人，皆以其“亏人自利”之多寡为依准。至于人，则以杀一人乃至杀百人，其罪亦以次递增。而大至于攻国，其杀人多者反以为义，岂非大谬哉！总其所谓“仁”（仁德）与“义”（合理之事），一律以“利”为根柢所在，“若禽兽然”。其与孟子“善战者服上刑”① 乃以发自内在的恻隐之心为动机者，似同而实大有差异。在墨子看来，不侵犯别人的利益，不侵占别人的劳动果实，就是“义”；追求利，就会败坏人心，造成动乱。有余利不用以助人，有余财不用以分人，有好文化不用以教人，则“若禽兽然”。

3. 尚同，是说善于用刑则天下治，不善于用则天下乱的道理

墨子认为远古时代没有刑政、政长，每个人都是独立的个人，所以产生“交相非”的现象。在物质分配中，“厚者有斗，而薄者有争”，结果使天下乱成一团。后分成天下万国，立诸侯国君、乡里之长。墨子认为，从天子到乡里之长，都是为万民兴利除害而设，而并非为个人利益。墨子曰：

古者民始生，未有刑政之时。盖其语，人异义。是以一人则一义，二人则二义，十人则十义。其人兹众，其所谓义者亦兹众。是以人是其义，以非人之义，故交相非也。是以……天下之乱，若禽兽然。

上之所是，必皆是之；上之所非，必皆非之。上有过则规谏之，下有善则傍荐之。上同而不下比者，此上之所赏，而下之所誉也。(《墨子·尚贤上》)

墨子以“上之所是，必皆是之；上之所非，必皆非之”为原则、以

---

① 《孟子·离娄上》：“争地以战，杀人盈野；争城以战，杀人盈城。此所谓率土地而食人肉，罪不容于死！故善战者服上刑……”

“乡长之所是，必皆是之；乡长之所非，必皆非之”为天下言之状况，实际上是一种中央集权式的统治方式，故其政治组织可谓极为严密，纪律严明。墨子之徒，很有组织性、党派性，甚至帮会，都是墨子精神的影响。为了“行墨者之义”他们提倡舍己为人、自我牺牲的精神。天下不容有异议，不容有个人的自主意识。墨子死后，其弟子，门人推出众望所归的人，为党的领袖，头子称“巨子”。他们讲义气、讲忠孝，信守墨子的学说；为传播它、贯彻它，要贡献出自己的一切。但又恐在上者因专断而陷于错误，故又以“上有过则规谏之，下有善则傍荐之”作为补救方式。其说特点在于举国上下意志集中，力量集中，就全体效力言，自是非常之高。但是较偏向专制独裁的政治形态，至其虽有让属下补过救偏的规谏责任，至在上者若不听，则又如何？则未加详言了。

4. 尚贤的理想人格，墨家的理想人格是义侠

这个“侠”不是一般意义上的侠，特别是与所谓武侠小说中的侠客不同。墨家的狭义是有一套理论，有明确的政治主张，有强烈的团体意识的一个政治集团，或是一个党派。而小说中的侠客，主要是因为个人遭遇的不顺，对现实的不满，而劫富济贫，扶危济困，带有强烈的个人情感，缺乏理性意识。

尚贤节用诸说，其治国主脑，就是贤人之治。墨子认为尚贤是“为政之本”。“国有贤良之士，则国家之治厚”，所谓贤士，必须是“厚乎德行，辨乎言谈，博乎道术者”。所谓德行，主要指义，基本内容就是兼爱。墨子有云：

> 古者圣王之为政也，言曰：“不义不富，不义不贵，不义不亲，不义不近。”是以国之富贵人闻之，皆退而谋曰：“始我所恃者，富贵也，今上举义，不辟贫贱，然则我不可为不义。”
>
> 故古者圣王之为政，列德而尚贤，虽在农与工肆之人，有能则举之，高予之爵，重予之禄，任之以事，断予之令。(《墨子·尚贤上》)

其尚贤取德，并以惟才是用，以高爵重禄为尚，而“量功而分”，作为考察之方法。官无常贵，而民无终贱，有能则举之，无能则下之。这是对儒家“亲亲有术，尊贤有等”的一种针砭。墨子主张“不党父兄，不偏富贵”(《墨子·尚贤中》)，认为只要有才能，都可在备选之列。这种用人原则打破了世卿世禄的局限，并强调为义始有富贵可言。如是可知其为义也，不过是为富贵而为之耳，仍是一“利”字而已，全是出于外在之诱因——富贵，而使然也。墨子主张义利并重，认为义即是利，无利则不义。并非视义为吾性分内之事，固为吾人所当为，乃与出于吾心之当然者不同。墨子的平等文化心态、博爱精神和相爱互利的伦理原则，是对儒家宗法等级制度的一个有力的挑战和冲击。

二、“尚天”、“崇鬼”的宗教观念

1. 墨子的理论非但“尚天”，而且“崇鬼”——拜鬼神

墨子继承商周以来的天道观，认为天有意志，能赏善惩恶，主张尊天。他认为天志，就是按上天的意志办事，欲义而不欲恶，欲富而不欲贫，顺天意则应兼相爱，交相利。他说：

然则天亦何欲何恶？天欲义而恶不义。然则率天下，百姓以从事于义，则我乃为天之所欲也。我为天之所欲，天亦为我所欲。然则我何欲何恶？我欲福禄而恶祸祟。若我不为天之所欲，而为天之所不欲，然则我率天下之百姓，以从事于祸祟中也。然则，何以知天之欲义而恶不义？曰：天下有义则生，无义则死；有义则富，无义则贫；有义则治，无义则乱。然则，天欲其生而恶其死，欲其富而恶其贫，欲其治而恶其乱，此我所以知天欲义而恶不义也。……顺天意者，兼相爱，交相利，必有赏；反天意者，别相恶，交相贼，必得罚。

我有天志，譬若轮人有规，匠人之有矩，轮匠执规矩，以度天下之方圆。曰：“中者是也，不中者非也”……我得天下之明法度以度之。(《墨子·天志上》)

墨子以为天欲义，不欲不义。如果违背天志，将会“得天之罚”。人世间若行不义还会受到冥冥之中，无处不在的鬼神的惩罚。《名鬼下》述说了周宣燕简王、齐国臣子中里徼等人作恶，遭受鬼神惩罚之事。在墨子的笔下，鬼神的惩罚，非人力所能抵御：“鬼神只罚，不可为富贵众强，勇力强武，坚甲利兵，鬼神之罚必胜也。”如果我为天之所欲，天即亦为我所欲。人莫不欲福禄而恶祸祟。有义则富，无义则乱，则我们要合乎天之意志时，天亦必满足于我的意志。就天下言，天欲人“兼相爱，交相利”，如是则天下治；否则，则天下乱。是故吾人当顺从天意，勿违反天意。

而今若顺墨子的逻辑言，固借天以挟持人，以此为福、祸、治、乱攸关之所在，使人不得不从天意。如果违背天志，就会“得天之罪”。其招揽人才，在借富与贵，以引诱人。是否与墨子之尚俭说陷于自我矛盾之中，颇值

怀疑。其宗教思想与诉诸人类心灵内在自主性的动机不同。《诗经》云："永言配命，自求多福。"此固由人配合天命，莫或使之，若或使之者，亦自不同。墨子的政治理想是以天志的神格形式向社会和天子传播，希望天子能按照天的意志，为百姓办好事。

2. 观其言明鬼天志篇，可见出墨子的宗教观念和教育思想

墨子认为鬼神是真实存在的，山有山鬼，水有水鬼，人死后变成鬼。他从古书和民间传说中列举一些活见鬼的故事，说明鬼可以报仇、可以赐福，可以断案，可以因祭物不好而发脾气、打死人。全然是凭借宗教手段作为利诱的方法。《墨子·明鬼下》有云：

虽有深溪博林，幽涧毋人之所，施行不可以不谨，见有鬼神视之。

鬼神之明，不可为幽闲广泽，山林深谷，鬼神之明必知之。鬼神之罚，不可为富贵众强，勇力强武，坚甲利兵，鬼神之罚必胜之。

墨子明鬼是为了保护弱小者，认为鬼的权利很大，人做了坏事，鬼都来找的，好的鬼能保护人。有人说明鬼是迷信，其实是一种古老的宗教观念。墨子以为鬼神之明，无幽不烛照之；必无所逃其鉴察，而施可予赏罚之。令人不敢妄为而偷惰。此仍是以宗教思想作为控制手段，令鬼神监察人，而施予赏罚，令人不敢妄为偷惰。但仍不出实利之范畴。

3. 非命之说，其策人进取之心乎

墨子认为"命运"并非先天所能决定的，这种无神论的思想，与"天志"、"鬼神"篇的认识相悖论，但又有机地糅合在一起。墨子否定有命论，认为它是国家社会之大害。提出三表法来检验命之有无：第一，上本于古者圣王之事，历史上的治乱是君王为政所致，而非命中注定。第二，下原察百姓耳目之实，没有谁见过命是什么模样，所以命是不存在的。第三，发以为政刑，观其是否符合国家利益。《墨子·非命上》有云：

命富则富，命贫则贫，命众则众，命寡则寡，命治则治，命乱则乱，命寿则寿，命夭则夭。命虽强劲，何益哉？上以说王公大人，下以阻百姓之从事。故执有命者不仁，故当执有命者之言，不可不明辨。

《墨子·非命下》有云：

今也王公大人之所以早朝晏退，听狱治政，终朝均分，而不敢怠倦者，何也？曰：彼以为强必治、不强必乱，强必宁、不强必危；故不敢怠倦……今也农夫之所以早出暮入，强乎耕稼树艺，多聚菽粟而不敢怠倦者，何也？曰：彼以一为强必富，不强必贫；强必饱，不强必饥；故不敢倦怠也……

墨子以为，命定论的危害是：使人放纵自己，不再积极地去治理国家、从事生产，被动地等待命运的安排。墨子天命、明鬼两种思想，使百姓不敢妄为。如果上下都相信有命，社会就会混乱，什么事情都办不好。但又怕其因信命、畏鬼神而消极、怠惰，故又极力倡导做有益于国计民生之事。否则，凡执有命之说者，则会消极怠惰于其本业。如信有命，则“王公大人必怠于听狱治政矣”，以致“卿大夫必怠于治官府矣，农夫必怠乎耕稼树艺矣，妇人必怠乎纺绩织红矣”。由是而天下衣食之财，将必不足了。故非命的用意，正是救济天命之过失，使二者得到平衡，而无令其失之于偏颇。

非命论是一种经验论，具有认识意义。墨子在非命的同时，提倡强力论，即主张努力工作，充分强调人的主观能动作用。

三、勤俭实用与主张非乐

墨子提倡节俭，反对奢侈，执行苦行主义、禁欲主义。墨子认为，日常生活消费，只求经济实用，不求美观。明初宋濂说：“墨子甚俭者乎，菲饮食，恶衣服，谓大禹之薄以自奉也”（《宋学士全集》27卷《诸子辩》）。墨子曰：

其为衣裘何？以为冬以围寒，夏以围暑。凡为衣裳之道，冬加温，夏加清者芊阻，不加者去之。其为宫室何？以为冬以围风寒，夏以围暑雨。有盗贼加固者芊阻，不加者去之。其为甲盾五兵何？以为围寇乱盗贼。若有寇乱盗贼，有甲盾五兵者胜，无者不胜。是故圣人作为甲盾五兵，凡为甲盾五兵加轻以利，坚而难折者芊阻，不加者去之。(《墨子・节用上》)

墨子奉行“生不歌，死不服”的生活信条，提倡“粝粢之食，藜藿之羹”的苦行生活，以此与权贵的奢侈生活相比照。这种提倡勤俭的社会风气，是值得钦佩的。但人们所追求的是幸福、享乐，这种苦行主义，也许是墨子不发达的原因吧。墨子有云：

厚葬久丧，实不可以富贫众寡，定危理乱乎！此非仁、非义、非孝子之事也。为人谋者，不可以不沮也。仁者将求除之天下，相废而使人非之，终身勿为也。(《墨子・节葬下》)

墨子认为把大量物资葬于地下，不利于社会财富。王公大人之有丧者曰：棺椁必重，葬埋必厚，衣衾必多，文绣必繁，丘陇必巨。存乎匹夫贱人死者，殆竭家室……又相率强不食而为饥，薄衣而为寒，使面目陷陬，颜色黧黑，耳目不聪明，手足不强劲，不可用也。墨子认为厚葬久丧虚耗日力、人力、物力，所费不赀，天下财用因而不足也。墨子主张增加粮食，发展生产，增加人口，提倡早婚等都体现了他的节用思想。

孟子认为文化娱乐对人无益而有害，应当取消。他认为造乐器、演奏乐器都会浪费人力、物力；欣赏娱乐活动也会占去很多时间，影响劳作。所以，他认为“诗”、“乐”不符合圣王所做的事，也不符合老百姓的利益。墨子曰：

仁之事者，必务求兴天下之利，除天下之害；将以为法乎天下，利人乎即为，不利人乎即止。且夫仁者之为天下度也，非为其目之所美，耳之所乐，口之所甘，身体之所安，以此亏夺民衣食之财，仁者弗为也。

是故子墨子之所以非乐者，非以大钟、鸣鼓、琴、瑟、竽、笙之声以为不乐也，非以刻镂华文章之色以为不美也，非以犓豢煎炙之味以为不甘也，非以高台、厚榭邃野之居以为不安也。虽身知其安也，口知其甘也，目知其美也，耳知其乐也，然上考之不中圣王之事，下度之不中万民之利。是故墨子曰：为乐，非也。

使丈夫为之，废丈夫耕稼树艺之时；使妇人为之，废妇人纺绩织纴之事。今王公大人唯毋为乐，亏夺民衣食之财，以附乐如此多也。是故子墨子曰：为乐，非也。(《墨子·非乐上》)

墨子不是一般地反对和否定音乐，他也目知其美也，耳知其乐也，只是因为它们“不中万民之利”，才反对它们。可见墨子并非以乐之不为乐、但以为听乐荒废正事，所谓“以此亏夺民衣食之财，仁者弗为也”。“使丈夫为之，废丈夫耕稼树艺之时；使妇人为之，废妇人纺绩织纴之事。今王公大人唯毋为乐，亏夺民衣食之财，以附乐如此多也。”当时社会存在饥荒、战争等，搞娱乐活动无助于解决这些问题。墨子全以实利之眼光视乐，“虽身知其安也，口知其甘也，目知其美也，耳知其乐也”。否认艺术的美学效果和人民群众的审美要求，似乎有些不近人情，反映了小生产者的狭隘性，颇值得商榷。

四、道德教育的原则和美德

墨翟是一位博览群书、通古察今的大学者，他自己说：“吾曾见《百国春秋》。”《明鬼下》中引用周代的《春秋》、郑之《春秋》、燕之《春秋》、宋之《春秋》、齐之《春秋》。墨子引用的古书，今已经遗失，独其引之文尚在，由此可以窥见古代文献之一斑。

在战国时代儒墨并称显学，很多学术观点针锋相对。不仅在政治、哲学，在道德教育与文艺思想方面也是如此。儒家认为《诗》、《乐》是治国之至宝，肯定文艺的政治作用和教育作用；而墨家则认为它们是亡国之大患，对文艺持否定态度。

墨子说：仁人所做的事，务必要为天下人兴利，为天下人除害，做天下的模范。有利于人民的就做，不利于人民的就不做。仁人是为天下人设想的，不是为了他的眼看着美，耳听着美，口尝到美味，身体得到安适。如果为了这些而剥夺人民的衣食资料，仁人是不做的。因此墨子之所以反对音乐，并不是以为大钟、鸣鼓、琴瑟、竽笙的声音不好听；并不是以为雕刻图案花纹的色彩不美丽；并不是以为煎烤羊牛猪犬的肉味不鲜美；并不是以为高台大厦居住不安适。虽然身体知道居住安适，口知道肉味鲜美，眼知道颜色好看，耳知道音乐好听，然而往上考察不合圣王所做的事，往下衡量不合老百姓的利益，所以墨子说：搞音乐是不对的。

墨子不仅重视实践，而且重视理论。他好学深思，苦读博览。最初学习古代传统文化和当时有影响的儒学，曾跟周官史角的传人学习周礼，“修先圣之术，通六艺之伦”，遍读百国《春秋》。墨子平日言谈、讲学、辩论，经常引用《诗经》、《书经》和周、鲁、燕、宋、齐等国的《春秋》，对中国传统文化典籍非常精通。

五、墨者的认识论和逻辑

墨家学说之特色是关于认识论和逻辑的问题，即晋书《鲁胜传》所说的《墨辩》，包括《经上》、《经下》、《经说上》、《经说下》、《大取》、《小取》六篇。鲁性“墨辩叙”中所说的刑名和自然科学的问题。墨家的逻辑学，也是墨家的思想方法。墨子中的《经上》、《经下》、《经说上》、《经说下》是重要的逻辑学著作，是中国科学之瑰宝。其中讲的数学、光学、力学、生理学原理都有论述，尽管在今天看来可能有些肤浅，可是在2 000多年前便发现了，不能不说是中国科学技术的一个骄傲。

墨子在几十年的教学、游说活动中，很重视辩论和言辞交际。他对弟子说：“辩学的目的是搞清是非的界限、国家治乱的规律、同异的所在、名实的道理、利害的分别和疑难的问题，归结起来就是要反映世界的本来面目。”他创立了名、辩、类、故、法等逻辑范畴及主要论式，成为人类三大逻辑学中最早的一个。

墨子在机械工艺方面的成就，也是古代屈指可数的。墨子是一位能工巧匠，“惠子闻之曰：‘墨子大巧，巧为輗，拙为鸢。’”（《韩非子·外储说左上》）“墨子解带为城，以褋为械，公输般九设攻城之机变。墨子九距之。公输般之攻械尽，墨子之守圉有余。”（《墨子·公输》）鲁班与墨子同辈同时，同是能工巧匠，这两位伟人在后人的心目中留下了不同的形象，鲁班成为后代工匠共同尊奉的祖师爷，墨子是中国的科学圣人（任继愈语），也是一位伟大的思想家、教育家、科学家、军事家和社会活动家。

墨子注重实用，在思想上虽曰“兼爱”，乃是以利为取向，此乃其现实的实用原则。文字简古奥衍难于读诵，是墨家知识论的逻辑学。在先秦时代有如此完整精细的知识论颇为难得。或以有关墨辩乃墨者思想，非墨子所自著。若视《墨子》为某家之流派，则墨子即墨家之广称，亦未为不可。至有关知识论，亦重“智”，但亦以实利、实用为手段。这正是墨子的特色所在。

1. 墨子学术产生的起源，与儒家关系密切

一般认为墨子文化比儒家文化产生晚一些，主要活动年代在孔子死后和孟子生前的一段时间。墨子曾“学儒者之业，受孔子之术，以为其礼烦忧而不说，厚葬靡材而贫民，服伤生而害事，故背周道而用夏政”（《淮南子·要略》）。因此，墨子在文化精神和理想人格方面与儒家有很多相同之处。墨子说：

夫爱人、利人、顺天之意、得天之赏者，谁也。曰：若者三代圣王尧、舜、禹、汤、文、武者是也。（《墨子·天志中》）

墨子也讲儒家的忠、孝：“君臣相爱则惠忠；父子相爱则慈孝；兄弟相爱则和调。”（《墨子·兼爱中》）与“仁以爱之”（《礼记·乐记》）极为相似。墨子其理论的依据，承袭儒家重功利之思想，归结为一“利”字而已。从知识论言，知识之起源，在于认知之始。若不从认知本身着手，则知识如何产生？然则人何以能知？儒墨两家有着千丝万缕的联系，但也不能把他们混同。“孔子、墨子俱道尧、舜，而取舍不同。”（《吕氏春秋·不二篇》）墨子为宣传自己的政治主张，在各个方面否定儒家：“繁饰礼乐以淫人，久丧伪哀以谩亲立命缓贫而高浩居，倍本弃事而安怠傲。”（《墨子·非儒下》）儒家讲仁尚义，重亲疏伦理，故亲亲而仁民，仁民而爱物。庄子曰：

其生也勤，其死也薄，其道大觳。使人忧，使人悲，其行难为也，恐其不可以为圣人之道，反天下之心，天下不堪。墨子虽独能任，奈天下何！……虽然，墨子真天下之好也！将求之不得也，虽枯槁不舍也！才士也

夫。(《庄子·天下》)

墨子反对古代的礼乐制度，庄子说：他们主张人活在世上要勤劳，死的时候要淡薄，墨家的学术太刻薄了；使人忧虑，使人悲悯，而做起来也难以办到，恐怕不能够算是圣人之道，违反了天下人的心愿，天下之人也就不能忍受。墨子即使能够独自实行，又能拿天下人怎么样？背离了天下人的心愿，距离天下百姓一心归往的境界是很远的。即使这样，墨子还是真正热爱天下的人民，一心追求的目标不能实现，就是弄得形容枯槁面颜憔悴也不会放弃自己的主张，真可算是有才之士啊！墨子生前对为之奋斗终生的事业、自己的学说非常自信，曾经慨然而呼："天下无人，则墨子之言犹在。"历史发展到今天，充分证明了墨子的论断很有道理。就像夜明珠那样，墨学在近百年来获得新生、重放异彩。

2. 墨子知识论主要是指墨辩，颇有理论色彩

所谓"辩"，即明是非，辩同异。墨子曰：

夫辩也者，将以明是非之分，审治乱之纪，明同异之处，察名实之理，处利害，决嫌疑，焉摹略万物之然，论求群言之比。以名举实，以辞抒意，以说出故。以类取，以类予。(《墨子·小取》)

所谓是非、治乱、同异、名实、利害、嫌疑，均有待于辨析清楚，此即有待于辩了。墨子提出检验言论需要靠"三表"法则的逻辑思想：

有本之者，有原之者，有用之者。于何本之？上本之于古者圣王之事；于何原之？下原察百姓耳目之实；于何用之？废以为刑政，观其中国家百姓人民之利。(《墨子·非命》)

此所谓言有三表也。

这里的"本之者"是古代的文献；"原之者"是群众的见闻；"用之者"是实践的验证。墨子的论辩就是根据这"三表"原则进行的，具有很强的说服力。即通过考察历史、结合社会实际情况，在实践中检验言论正确与否。墨家以三表法推究禹、汤、文、武时"安危治乱"，宣扬天命论，无疑在古代思想认识史上，有着重大的意义。不过其三表法也证明了鬼神的存在，并相信鬼神可使天下大治，显然是其糟粕。

墨子曰："所以谓，名也；所以谓，实也。"(《墨子·经说下》) 物必有名，有名则必有以谓之，无名则无以谓之；而物必有实，有实则必有所谓，无实则必无所谓。孔子最先提出正名，荀子继承了这一思想。墨子把孔子、荀子的正名学推广到认识论领域，形成了他的逻辑思想，丰富了我国的逻辑理论。

墨子有“大故”和“小故”。《经说上》：“故。小故，有之不必然，无之必不然。体也，若有端。大故，有之必然，无之必不然。”“故”是原因、理由。小故，乃逻辑学上的“必要条件”乃理由成立的一部分。人若要成佛，不可缺少的条件是：必须先具有佛性，否则绝不可能成佛。但并非具有佛性，就必然会成佛。如：加热才能使水沸腾；否则，水绝不会沸腾。逻辑学尚有一个“充足条件”：即“有之必然，无之未必然。”如：若吃饭，则会饱。但若不吃饭，而吃面，也会饱。此与“必须条件”相同的是，它们都是原因的一部分而已。故是“必然命题”，而非“惟一命题”。

3. 墨子命题之若辩其辞，符合墨辩法则

墨子论辩有七项重要法则：或、假、效、譬、侔、援、推。

或。“域也者，不尽也。”墨子云：“尽，莫不然也。”《经上》或，既指不尽然，故此“或”，盖指部分言之。是逻辑学上所谓的“特称命题”，如：

利之中取大，害之中取小也。害之中取小也，非取害也，取利也。……利之中取大，非不得已也；害之中取小也，不得已也。所未有而取焉，是利之中取大也；於所既有而弃焉，是害之中取小也。(《墨子·大取》)

假。“假也者，今不然也。”假者，指“假言命题”，如韩非子在《外储说左上》说：“墨子之说，传先王之道，论圣人之言，以宣告人。若辩其辞，则恐人怀其文，忘其值，以文害用也。”

效。“效也者，为之法也。所效者，所以为法也。故中效则是，不中效则非。”效者，“为之法也”，是法则、公式，而为论证的命题。所效者，“所以为法也”，是此命题成立之所以然之故。如：凡人皆有死。是一个法则，亦是一个命题。因凡生，必有死，则是所有然之故。凡是人，如孔子、苏格拉底等，皆是人，皆有死。故中效则是，凡是人，必不能违背此法则。

譬。“譬也者，举物而以明之也。”《说苑·善说》中举惠施之故事，诚可谓之比喻巧妙。

客谓梁王曰：“惠子之言事也，善譬，王使无譬，则不能言矣。”王曰：“诺。”明日见，谓惠子曰：“愿先生言事则直言耳，无譬也。”惠子曰：“今有人于此而不知弹者；曰：‘弹之状何若?’应曰：‘弹之状若弹’。谕乎?”王曰：“未谕乎”“于是更应之曰：‘弹之状如弓而以竹为弦。’则知之乎?”

王曰："可知矣。"惠子曰："夫说者固以其所知，谕其所不知，而使人知之。今王曰无譬则不可矣。"王曰："善。"(《说苑·善说》)

侔。"侔也者，比辞而俱行也。""辞之侔也，有所至而止……其然也同，其所以言也不必同。"墨子曰：

龙闻楚王……而丧其弓。左右请求之。王曰："止，楚人遗弓，楚人得之，又何求乎?"仲尼闻之曰："楚王仁义，而未遂也。亦曰：人亡之，人得之而已，何必楚? 若此仲尼异楚人于所谓人。……而非龙异白马所谓马悖。"(《公孙龙子·迹府第一》)

楚人与白马，不具有人与马的普遍性。因此，不能将楚人与人混同，由此可类推出不能将白马与马混同。以少见黑曰"黑"，多见黑曰"白"，亦是"侔"的运用。(《墨子·非攻》) 至于辟与侔之别，梁启超以为："辟，是用那个概念说明这个概念；侔，是用那个判断说明这个判断。"①

援。"援也者，子曰然，我独不可以然也。"是一种模拟的推理：由此一事，类推彼事。如墨子认为天下大患有三："饥者不得食，寒者不得衣，劳者不得息。"(《墨子·非乐上》) 故而，除天下之害，还应包括节用、节葬和非乐。只有如此做，方可兴天下之利。

推。推，是归纳法；取，是举例；予，是断案。"推也者，以其所不取之，同于其所取者予之也。"所谓："以类取，以类予"(《墨子·小取》) 者也。归纳若干同类，得一原则或论证，而举凡同类，必亦如此。《墨子·公输》曰："墨子解带为城，以牒为械，公输般九设攻城之机变，墨子九距之。公输般之攻械尽，墨子守圉有余。"

墨家所用之论辩的方法，有利亦有蔽之处：

辞之侔也，有所至而正。其然也，有所以然也；其然也同，其所以然不必同。……是故辟、侔、援、推之辞，行而异，转而危（诡），远而失，流而离本，则不可不审也，不可常用也。(《墨子·小取》)

墨子死后，其学派一分为三。后又分为二，其一注重名辨研究，其二注重游侠助人。汉武帝罢黜百家时，墨家已经阒然无闻了。惟墨子的"天志"、"鬼神"思想，为董仲舒所吸收，形成体大物周的"天人合一"的思想体系，影响了以后的封建王朝。

---

① 梁启超：《墨子学案五论理的法则》，《梁启超全集》，北京：北京出版社，1999。

六、《墨子》

墨家的著作，集中在《墨子》一书中，《墨子》是战国显学墨家学派的论文集。《汉书·艺文志》著录《墨子》71篇，现存53篇。大部分不是墨翟自著，而是三、四传弟子缀集其言谈及后学著作而成，主要是墨子的思想，其中一部分是后期墨子思想。《墨子》军事思想是处于弱者地位的自卫学说，其主要内容有二：一是非攻，反对攻伐掠夺的不义之战；二是救守，支持防守诛讨的正义之战。

墨子认为，当时进行的战争均属掠夺性非正义战争，在《非攻》诸篇中，反复申诉非攻之大义，认为战争是凶事。他说，古者万国，绝大多数在攻战中消亡殆尽，只有极少数国家幸存。这就好比医生医了上万人，仅仅有几人痊愈，这个医生不配称之为良医亲友，战争同样不是治病良方。历史上好战而亡的统治者不可胜数。这无异于给那些企图通过攻战来开疆拓土吞并天下的人以当头棒喝。所以墨子主张，以德义服天下，以兼爱来消弭祸乱。在墨子眼里，兼爱可以止攻，可以去乱。兼爱是非攻的伦理道德基础，非攻是兼爱的必然结果。

墨子“惟非攻，是以讲求备御之法”，从“非攻”出发，《墨子》论述了作为弱小国家如何积极防御的问题。墨子深知，光讲道理，大国君主是不会放弃战争的，因而主张“深谋备御”，以积极防御制止以大攻小的侵略战争。这些研究防御作战的论述，集中在《备城门》以下十一篇，形成了一个以城池防守为核心的防御理论体系，概言之，包括三个方面内容。一是倡导积极准备，力争做到有备无患。二是“守城者以亟敌为上”的积极防御指导思想。三是在防御作战具体战法方面，提出了一整套防御作战战术原则。

墨子防御理论在中国兵学史上占有重要地位。后世有关防御原则和战术的记述，多祖述《墨子》，以至于一切牢固的防御也被笼统称为“墨守”。如果说范蠡是从战略高度提出了朴素的积极防御理论，墨子则更多从作战角度探讨防御，形成了较完备的防御作战理论体系，而这一体系恰好与孙子以进攻为主的作战理论形成互补关系，对传统兵学的发展作出了积极贡献。

魏晋时期，玄学盛行。玄学家尚清谈，善名理，后期墨家的名辨思想受到重视。西晋人鲁胜曾为《墨经》作注，是中国历史上第一位整理《墨经》的学者。唐代韩愈作《读墨子》，认为墨子尚同、兼爱、尚贤、明鬼与孔子相通，“孔子必用墨子，墨子必用孔子，不相用不足以为孔墨”。儒墨相争是双方不肖弟子挑起的。此说在后世引起强烈反响，从宋至清，不少人著文进行讨论。现代有不少学术著作发表，评述墨子义理，特别是以现代社会和自然科学来研究墨子成为风尚，为古代所无法比拟。

墨子创立的墨学，当时被世人称为显学。《墨子》71 篇，是他一生言行的忠实写照，内容丰富深邃，博大精深，其中有智德并修、兼爱救世的思想，创造发明、逻辑论辩的倡导，知行并用、利人牺牲的见解，刻苦实践强力而为、自苦为极的主张，尚贤尚同、民主政治的作风，生产节约、消费分配的理论，防御非攻、抵抗侵略的实践等，是一部百科全书式的不朽之作，因此被人称为人类文化的瑰宝。

第五章　法　　家

早在公元前536年，执政于郑的子产将刑法铸在金属鼎上，公布于众，“三月，郑人铸刑书”（《左传·昭公六年》）。《孟子·告子下》有：“入则无法家拂士，出则无敌国外患者，国恒亡”。之后，李悝在魏国提倡“尽地力之教”；吴起在楚国“明法审令”；申不害在韩国“内修政教，外应诸侯”，都相继公布刑法，以及战国早期，商鞅在秦国实施变法，这些政治家有几位便是后来的法家先驱者。“法家”名称，最早出现于《汉书·艺文志》：“法家者流，盖出于理官。信赏必罚，以辅礼治。”理官，是掌刑罚的官，相当于后世的刑部。至于春秋时代应时代所需，法治的观念乃应运而生。如子产断然铸刑书，并说：“惟有德者能以宽服民，其次莫如猛。”法治思想于是慢慢抬头，亦是自然而然的趋势。子产与其后的管仲同为法家的先驱。汉代司马谈的《论六家之要旨》第一次为法家流派命名，并将其与儒、墨、名、阴阳五家同日而语：“法家不别亲疏，不殊贵贱，一断于法，则亲亲尊尊之恩绝矣。”一般认为，法家起源于春秋时的管仲、子产，发展于战国时李悝、商鞅等，集大成于战国末期的韩非。① 在从春秋争霸到秦并六国的过程中，法家学说就政治层面而言，远较其他各家的影响大。直到西汉景帝时晁错仍然代表着法家在政治舞台上施展着影响。西汉武帝尊儒以后，法家的影响逐渐式微，作为严格意义上的法家就从政治舞台上消失了。

法家是先秦诸子中对法律最为重视的一派。他们以主张“以法治国”的“法治”而闻名，而且提出了一整套的理论和方法。这为后来建立的中央集权的秦朝提供了有效的理论依据，后来的汉朝继承了秦朝的集权体制以及法律体制，这就是我国古代封建社会的政治与法制主体。法家在法理学方面作出了贡献，对于法律的起源、本质、作用以及法律同社会经济、时代要求、国家政权、伦理道德、风俗习惯、自然环境以及人口、人性的关系等基本的问题都做了探讨，而且卓有成效。

---

① 《汉语大词典》五，1 043 页，上海：汉语大词典出版社，1990。

法家的思想简略介绍如下：反对礼制，法家重视法律，而反对儒家的“礼”。他们认为，当时的新兴地主阶级反对贵族垄断经济和政治利益的世袭特权，要求土地私有和按功劳与才干授予官职，这是很公平、正确的主张。而维护贵族特权的礼制则是落后的、不公平的。法律的作用，第一个作用就是“定分止争”，也就是明确物的所有权。

第二个作用是“兴功惧暴”，即鼓励人们立战功，而使那些不法之徒感到恐惧。兴功的最终目的还是为了富国强兵，取得兼并战争的胜利。“好利恶害”的人性论，法家认为人都有“好利恶害”或者“就利避害”的本性。像管子就说过，商人日夜兼程，赶千里路也不觉得远，是因为利益在前边吸引他。

“法”、“术”、“势”结合的治国方略。商鞅、慎到、申不害三人分别提倡重法、重势、重术，各有特点。到了法家思想的集大成者韩非时，韩非提出了将三者紧密结合的思想。法是指健全法制，势指的是君主的权势，要独掌军政大权，术是指的驾驭群臣、掌握政权、推行法令的策略和手段。主要是察觉、防止犯上作乱，维护君主地位。法家思想和我们现在所提倡的民主形式的法治有根本的区别，最大的区别就是法家极力主张君主集权，而且是绝对的。

一、劝之以赏赐，纠之以刑法

管子，名夷吾，字仲，齐之颍上人。其政尚法治，慎于权衡政治得失，著有《管子》一书。管仲于齐桓公时任齐相，曾“劝之以赏赐，纠之以刑法”（《国语・齐语》）。与俗同好恶，富国强兵。管子曰：

> 古者未有君臣上下之别，未有夫妇妃匹之合，兽处群居，以力相征。善于智者诈愚，强者凌弱，老幼孤弱不得其所，故智者假众力以禁强虐，而暴人止、为民兴利除害，正民之德，而民师之。（《管子・君臣下》）

章太炎有“著书定律为法家”① 之说，故管仲时为夏、商、西周以刑治国的历史延续。“圣人不法古，不修今。法古则后于时，修今则塞于势。”（《商君书・开塞》）商鞅认为古之道已经过时，故古之道不可行。

管子以为国家的产生，乃为防止智者欺骗愚者、强者凌弱者。故必须以刑罚来治理国家，要智者书建立法制，以禁止之，为民兴利除害。惟韩非子

---

① 章太炎：《检论・原法》，载《章太炎全集》三，437 页，上海：上海人民出版社，1984。

不讲礼治，不尚德治罢了。而管子①虽采取礼法二者，但法治之思想已经很鲜明。

如《管子》中提到“四维不张，国乃灭亡”，齐法家所说的“四维”（礼义廉耻）作为四大传统美德，到了今天也依然有它们的独特价值。通俗、简单来说，“礼”指文明礼貌；“义”指正义行为；“廉”指廉洁奉公精神；“耻”指的是要有羞耻感。

管子之教化之道，重在礼、义、廉、耻。礼不逾节，义不自进，廉不蔽恶，耻不从枉。“国有四维：一维绝则倾，二维绝则危，三维绝则覆，四维绝则灭。倾可正也，危可安也，覆可起也，灭不可复（错）也。”（《管子·牧民》）法家始纯然以尚法治为主，完全脱离了儒家以德为本、以礼为治的色彩。这些思想，到了如今，我们自应正确重申其价值，并加以弘扬！

商鞅（公元前390—前338），复姓公孙，名鞅，受封于商，因号商君。少好刑名之学，遇到信任专一的秦孝公，推行“法治”路线，反对儒家搞仁义礼乐的“德治”。在《商君书》中，商鞅把儒家的《诗》、《书》、《礼》、《乐》称为虱子，列入祸国殃民的“六虱”之列，把它视为破坏农战政策、造成国家贫弱、扰乱社会秩序的必须清除的害虫。提出弃绝《诗》《书》，否定文艺。商鞅的变法在秦国得到莫大的成功。孝公死后，有告商君谋反，秦惠王车裂商君以殉。《汉书·艺文志》有商君书29篇，今存24篇。自秦以后法家学者依托其言而成，中国的政治舞台由商鞅一派之学说开幕。商鞅有曰：

> 古者未有君臣上下之时，民乱而不治。是以圣人……立名号，以别君臣上下之义……民众而奸邪生，故立法制为度量以禁之……法制明则民畏刑。法制不明，则求民之行令也，不可得也……明王之治天下也，缘法而治，按功而赏。（《商君书·君臣》）

商鞅的最大贡献是将《法经》传至秦国，付诸实施：“商鞅传授，改法为律”（《商君书·定分》）。其要旨，重在以法用民，使民“勇于公战，怯于私斗”（《史记·商君列传》），并且强化君权。其说亦可说对古持全然否定的态度，毫无因袭之必要。这是法家的共识，故法家敢于采取断然的措施，无所顾虑。

制法是为政者的立场言说。“论至德者，不和于俗；成大功者，不谋于

① 管子之书号称博杂，未必是管子自著，但可看出管子所处时代的一类学派或思潮。

众。法者所以爱民也，礼者所以便事也。是以圣人苟可以强国，不法其故；苟可以利民，不循其礼。”（《商君书·更法》）法治是为强国、利民。商鞅说：“圣人苟可以强国，不法其故；苟可以利民，不循其礼。”由于“成大功者，不谋于众”，不必依循旧法古礼，图强变法而置百姓于不顾，因此采取重刑。“王者刑用于将过，则大邪不生；赏施于告奸，则细过不失……则国治。国治必强。”（《商君书·开塞》）

商鞅说：“三代不同礼而正，五伯不同法而霸。智者作法，愚者制焉；贤者更礼，吏习而民安。”三王五帝都是顺时变法，才成就大业的，只有愚者、不肖者才会墨守成规，不敢因势利导，进行改革。商鞅“恐民之不信”，为取信于民“立信于徙木，立威于弃灰”。“徙木”易为也，而予以重赏；“弃灰”细过也，而科以重罚。奖农战，以农业为“本业”，努力务农。推行重农政策“按兵而农，粟爵粟任，则国富”。“夫农者寡而游食者众，故其国贫危。人耕而百人食之……”（《商君书·外内》）法制的手段，一是重刑，一是奖励。重赏的对象是农战的有功者，重罚的对象是包庇和隐藏“奸人”的人。商鞅说：“所谓壹赏者，利禄官爵搏（专）出于兵，无有异施也。”（《商君书·刑罚》）他重奖立战功的人，把官爵只颁在农业或军事上作出贡献的人。

法家人物对这些各有侧重，商君任法，申子用术，慎到重势，而韩非则结合了法、术、势，所以说他是法家思想集大成者，韩非子也是最早提出君权至上以及“三纲”的法家。赵人慎到，齐宣王时游学稷下，学黄老道德之术，后人归为法家。他重势，《慎子》中有曰：“腾蛇游雾，飞龙乘云，云罢雾霁，与蚯蚓同，则失其所乘也。”（《慎子·威德》）喻王者有势如飞龙乘云，否则无异蚯蚓。法治是为天下、为国，而非为天子、为君也。“立天子以为天下，非立天下以为天子也；立国君以为国，非立国以为君也；立官长以为官，非立官以为长也。”（《慎子·威德》）

由是知韩非子有取于慎子者固不仅于势治，且兼及法治。而荀子言礼亦带有浓厚的法家色彩。“君臣之道，臣事事而君无事，君逸乐而臣任劳。臣尽智力以善其事，而君无与焉，仰成而已。”（《慎子·民杂》）慎子的有关君臣之道，颇为韩非子所采用。

申不害重术。术，为君主统御臣下的方法。申子曰：“上明见，人备之；其不明见，人惑之；其知见，人饰之；不知见，人匿之。其无欲见，人司之；其有欲见，人饵之。故曰：吾无从知之，惟无为可以规之。”此即申子论人君应持虚静无为之术。所谓法，“法者，见功而与赏、因能而授官。

今君设法度而左右之请，此所以难行也。昭侯曰：吾自今以来知行法矣，寡人奚听矣”（《韩非子·定法》），韩非子鼓励人民举发奸宄，积极立法。

二、明法者强，慢法者弱

法家重视法律，反对礼制，即反对儒家的“礼”。他们认为，当时的新兴地主阶级反对贵族垄断经济和政治利益的世袭特权，要求土地私有和按功劳与才干授予官职，这是很公平、正确的主张。而维护贵族特权的礼制则是落后的，不公平的。法律的作用，第一个作用是“定分止争”，也就是明确物的所有权。其中法家之一慎到就做了很浅显的比喻：“一兔走，百人追之。积兔于市，过而不顾。非不欲兔，分定不可争也。”意思是说，一个兔子跑，很多的人去追，但对于集市上的那么多的兔子，却看也不看。这不是不想要兔子，而是所有权已经确定，不能再争夺了，否则就是违背法律，要受到制裁。第二个作用是“兴功惧暴”，即鼓励人们立战功，而使那些不法之徒感到恐惧。兴功的最终目的还是为了富国强兵，取得兼并战争的胜利。

韩非子（公元前280—前233），出身韩国君主世家，喜欢刑名法术之学，是法家集大成者。拜荀子为师，与李斯同学，韩非口吃，不善于言辞，但文章却写得很好。他继承荀况的唯物论哲学思想和为新兴地主阶级服务的政治思想，又批判地吸收老子、墨子的思想，综合前期法家商鞅、申不害、慎到等学说，完成了地主阶级封建专制主义政治理论，成为后期法家最著名的代表人物。

他多次向韩王提出以法治国、以兵强国的政治主张。韩非子思想的核心是以势为基础，以法和术为手段，法、术、势三结合的帝王治国之术。他说：“故治民无常，惟法为治，法与时转则治，治与世宜则有功。”（《韩非子·心度》）故曰：“国富则兵强，而霸王之业成矣。霸主者，人主之大利也。”（《六反》）在政治上，他与老子一样，主张无为而治：“故去甚去泰，身乃无害。权不欲见，素无为也。事在四方，要在中央，圣人执要，四方来效，虚而待之，彼自以（用也）之……夫物者有所宜，材者有所施。各处其宜，故上下无为。”（《扬权》）司马迁说韩非子之学“其归本于黄老”，“皆原于道德之意”①。商鞅、慎到、申不害三人分别提倡重法、重势、重术，各有特点。到了法家思想的集大成者韩非时，韩非提出了将三者紧密结合的思想。法是指健全法制，势指的是君主的权势，要独掌军政大权，术是

① 司马迁：《史记·老子韩非列传》，郑州：中州古籍出版社，1996。

指的驾驭群臣、掌握政权、推行法令的策略和手段。主要是察觉、防止犯上作乱，维护君主地位。韩非的学说，在先秦曾经显赫一时。由于秦始皇的采纳，他提倡的是在意识形态领域实行地主阶级狭隘功利主义的极端专制政策，造成大批文化遗产资料毁灭，对学术文化的发展起了破坏作用。

法家认为历史是向前发展的，一切的法律和制度都要随历史的发展而发展，既不能复古倒退，也不能因循守旧。商鞅明确地提出了“不法古，不循今”的主张。韩非则更进一步发展了商鞅的主张，提出“时移而治不易者乱”，他把守旧的儒家讽刺为守株待兔的愚蠢之人。商鞅、慎到、申不害三人分别提倡重法、重势、重术，各有特点。

所谓“法”是由君主制定和颁布的命令，是自上而下发布的、公开的、成文的强制性规范，是规定对一定的行为施赏或罚的依据。从总体上看，法是君主治国的重要工具，是体现统治政策的命令和法律制度。韩非认为，社会秩序的维持主要靠赏罚两种手段，而赏罚又须依法实施，故法是维系社会秩序的首要工具。百姓均不敢为非，就是一国皆善。以法去私平乱，以法赏善易俗，必可富国强兵，最终可达至治世。

所谓“术”，是不外露的，是君主用来制御群臣的方法。韩非认为人都是好利恶害的，骨肉之亲尚以计算之心相待，更何况君臣之间呢！韩非看来，为臣下的，时时想篡夺君主的大权。因此，君主须用术，以防止官员徇私侵权。在韩非论术中，最重要的一种考核臣下的“形名术”。“形”是指各种客观事物的实际情况；“名”是指事物的名称。要求“形”和“名”两者相互符合的办法就是“形名术”。如果以职位为“名”，那么职权与实绩就是“形”，职位与实绩必须合乎职务。君主“循名责实”，就是用这些“名”来督责臣下以求功效，这实际上是法治精神在具体的行政中的一种体现。

所谓“势”是指统治权，包括用人之权、赏罚之权等等，有时又指权威。韩非认为君主为了保持自己尊贵的地位，为了治国安身，为了立功成名。因此，君主必须牢牢掌握权势。要做到这一点，必须要注意：君主不可以把权势借给臣下使用。有权有势才能做统治者，失去权势也就不能成为君主；君主不可以与臣下共同使用权势，正如一个琴两个人弹也是不可能的；君主要用法治赏罚来巩固君主的权势；君主要防止大臣篡权，最重要的一点，就是要保持君主的独尊地位，千万不要使臣下显贵。否则，必然会危及自身的统治权。

韩非子的法治精神和变法创制理论体现在他的著作里，如在《五蠹》

中曰：

今有构木钻燧于夏后氏之世者，必为鲧、禹笑矣；有决渎于殷、周之世者，必为汤、武笑矣。然则今有美尧、舜、禹、汤、武之道于当今之世者，必为新圣笑矣。是以圣人不期修古，不法常可，论世之事，因为之备。宋人有耕者，田中有株，兔走触株，折颈而死，因释其耒而守株，冀复得兔，兔不可复得，为身为宋国笑。今欲以先王之政，治当世之民，皆守株之类也。

《韩非子·五蠹》中提出他的历史观，强调历史是在不断的演进之中，因此不同的时代，宜有一套不同的制度来适应。他认为今胜于昔，世异则时变，古今异俗。因此现在的人们还要赞美尧、舜、禹、汤、武之道，将为当今圣人所嘲笑。所以说“圣人不期修古，不法常可，论世之事，因为之备”。当今圣人不巴望模仿古人，不遵循人们习惯的老一套，要世异事异，与时俱进。他说有圣人作，钻燧取火，以化腥臊，而民悦之，使王天下，号之曰燧人氏。中古之世，天下大水，而鲧禹决渎。近古之事，桀纣暴乱，而汤武征伐。韩非子认为，社会不是一成不变的。古今时代不同，生活方式与社会背景自然不同，所以要有与古时全然不同的方法与制度来应变。“圣人不期修古，不法常可，论世之事，因为之备”。批评“以先王之政，治当世之民”与“宋人守株待兔”一样的愚蠢可笑。

韩非子主张“明法者强，慢法者弱”，必经考察实证者，有征乃信，无征不信。强调凡事必经实证者，乃可信据；否则，即是愚人或诬妄事实。讲法也必讲术，“先君之令未收，而后君之令又下”且“主无术以知奸也”（《韩非子·定法》）。如果只讲法不讲术，则会“虽十使昭侯用术，而奸臣犹有所谲其辞也”（《韩非子·定法》）。因而韩非子认为，只有法术并重，方能长治久安。能者、贤者，不在空言，要在试之于相应官职，以其功效断为能与不能，而赏罚从之。法家者，无不以形名法术见称。所谓“名”就是法令；所谓“刑”就是根据法令进行赏罚。而所谓“法”，是国君统治百姓的工具；所谓“术”，则是指国君驾驭群臣的手腕。刑与名相配，法与术成对。至于势，则是国君所独具的优势，即最高权力和权威。“大道无形，称器有名。名也者，正形者也，形正由名……有形必有名，有名未必有形……故亦有名以检形，形以定名；名以定事，事以检名。察其所以然，则形名以与事物，无所隐其理矣。”（《尹文子·大道上》）形名之用很广，有功则赏，有过则罚，必称其功过之大小。韩非子认为：政治制度和法令是强国、利民的工具，主张君主的极权统治。而有“循名责实”之名是孔子正名思想的继承。“因任而授官，循名而责实。”《韩非子·定法》所谓：“循名实而定是非，因参验而审言辞。”（《奸劫弑臣》）这种正名学，是一种认识论，是逻辑学在法家学说上的表现。

三、极权主义的法治思想

法治之必然性是韩非子极权主义法治思想的根基。司马迁评价韩非子“引绳墨，切事情，明是非”，最终他却作法自毙。因为“民者固服于势，寡能怀于义……盖贵仁者寡，能义者难也”，故用爱则骄，用威则听。故曰：“民固骄于爱，听于威矣。”（《五蠹》）其实韩非子并非不明白这一点，他告诫人们，龙的喉下有逆鳞，谁如果逆拂它就会招来杀身之祸。这就是韩非子的悲剧所在。韩非子这套以尊主卑臣为特征的专制主义理论，本身就是对自己人格的否定，最终毁于极权主义的魔掌之下。

法治是要先建立一个绝对的权威性、强制性的条件。天下最可贵、最适当的莫过于法令。法是绝无两种标准的，举凡言行违反此标准者，在所必禁，此即是必然之道也。故“令者，言最贵者也；法者，事最适者也。言无二贵，法不两适。故言行而不轨于法令者，必禁。法不阿贵，绳不挠曲。法之所加，智者弗能辞，勇者弗敢争。刑过不辟大臣，赏善不遗匹夫。故矫上之失，诘下之邪，治乱决缪，绌羡齐非，一民之轨，莫如法”（《问辩》）。法家认为，君臣上下都应该以法为准绳。无论才智、地位的高下，在法律面前，人人平等。法家代表人物对于自己所倡扬的这种理论，是身体力行的。商鞅抓住太子犯法的事件，“刑之傅公子虔，黥其师公孙贾”（《史记·商君列传》）史称：“商君治秦，法令至行，公平无私。罚不讳强大，赏不私亲近。法及太子，黥劓师傅。期年之后，道不拾遗，民不妄取，兵革大强。”（《战国策·秦策》）慎到也认为，如果君主舍弃法令而凭个人情感办事，就会出差错。正确的做法是：“法之所加，各以其分，蒙其赏罚，而无望于君也。”（《慎子·君子》）所谓“人为君者，据法倚教……无劳之亲，不任于官。官不私亲，法不遗爱，上下无事，唯法所在。”（《慎子·君臣》）

韩非子主张严刑，“赏莫如厚，使民利之……诛莫如重，使民畏之”（《八经》）。但他强调必须依法，而不能凭国君的好恶滥加诛戮。“夫善赏罚者，百官不敢侵职，群臣不敢失礼。上设其法而下无奸诈之心，如此则可谓善赏罚矣。”（《二柄》）如果“释法制而妄怒，虽杀戮而奸人不恐”，“释法而心治，尧不能正一国”（《韩非子·用人》）。“凡治天下，必因人情。人情有好恶，故赏罚可用；赏罚可用，则禁令可立，而治具矣。”（《八经·因情》）其为政也，全系利用人好赏恶罚的心理，而加以运用。这些，都反映了法家关于法制面前人人平等的思想。韩非子厚赏重罚都不外以利害为取向，其原因有二：一是以利害言，重赏则奸之所利者小，故不敢为。轻刑，则奸之所利者大，故敢作奸犯科。二是以重罚加轻罪：以为重罪者，是人之所难触犯的；而小过者，是人之所容易去的。而重轻罪，则有“小过不生，大罪不至”的好处。

韩非子认为法治就是恃其不可乱之方法也，有其必然性、权威性与强制性。“故王术不待外之不乱也，恃其不可乱也。恃外不乱而立治者削，恃其不可乱而行法者兴。故人主之治国也，适于不可乱之术也。”（《心度》）“故明主使其群臣不游意于法之外，不为惠于法之内，动无非法。”（《有度》）为人君者不在法外开恩，也不在法内含糊游移，一举一动皆依法而行。有法度准则，则臣不可欺君而枉法。“故明主使法择人，不自举也；使法量功，不自度也。”（《有度》）即使是明主，也是以法来选择人才，以法来衡量功过，而不靠自己的主观判断，来举拔人及论断功过。法必须具有绝对的客观性与公正性，才能建立起制度化的法。

法家的处世态度是遵守法令和纪律。韩非子主张必须要有法治的教育，教育的责任在官吏。故曰：“以法为教，以吏为师。”（《五蠹》）在法治国度中，韩非子的法治政策是以兵农为主，特别尊重两种人：一是农人，他们务实业，增加生产；一是军人，作战卫国，使国强盛。其他俱属蠹民，包括儒者、纵横家、游侠、患御者、商工之民。法家认为人都有“好利恶害”或者“就利避害”的本性。像管子就说过，商人日夜兼程，赶千里路也不觉得远，是因为利益在前边吸引他。打鱼的人不怕危险，逆流而航行，百里之远也不在意，也是追求打鱼的利益。有了这种相同的思想，所以商鞅才得出结论：“人生有好恶，故民可治也。法家重视法制教育，但不重视伦理道德教育，也不重视文学艺术对人性情的熏陶作用，这可能是他的片面之处吧。”

韩非子认为人性恶只有以法治之；欲统治而整齐天下之民莫若用法治，譬如木匠之用工具。至于德治，则自善之民难得，故不可贵，那只是适然之善而已。法是针对绝大多数人，而非极少数人。韩非子说：

为治者用众而舍寡，故不务德而务法。夫必恃自直之箭，百世无矢；恃自圆之木，千世无轮矣。自直之箭，自圆之木，百世无有一，然而世皆乘车射禽者何也？隐栝之道用也。虽有不恃隐栝而有自直之箭、自圆之木，良工弗贵也。何则？乘者非一人，射者非一发也。不恃赏罚而恃自善之民，明主

弗贵也。何则？国法不可失，而所治非一人也。(《韩非子·显学》)

要保证政府官员公正廉洁，以道德力量改进国家难见实效，不能限制贪官酷吏的一颗黑心的无底欲望。只有用种种法律条款来防止他们心生邪念。韩非子说：“圣人之治国，不恃人之为吾善也，而用其不得为非也。恃人之为吾善也，境内不仕数，用人不得为非，一国可使齐。为治者用众而舍寡，故不务德而务法。”（《韩非子·显学》）韩非子不是把执政者当作仁人君子而期待他行仁义之道，而是防范他们作奸犯科以法律限制他们。

到了法家思想的集大成者韩非时，韩非提出了将三者紧密结合的思想。法是指健全法制，势指的是君主的权势，要独掌军政大权，术指的是驾驭群臣、掌握政权、推行法令的策略和手段，主要是察觉、防止犯上作乱，维护君主地位。法是由君主制定和颁布的命令，是自上而下发布的、公开的、成文的强制性规范，是规定对一定的行为施赏或罚的依据。从总体上看，法是君主治国的重要工具，是体现统治政策的命令和法律制度。韩非认为，社会秩序的维持主要靠赏罚两种手段，而赏罚又须依法实施，故法是维系社会秩序的首要工具。百姓均不敢为非，就是一国皆善。以法去私平乱，以法赏善易俗，必可富国强兵，最终可达至治世。

四、争于气力的人生哲学

法家的处世态度是积极入世、奋勇进取，靠自己的力量争得人生地位。由这种态度出发，法家的理想人格自然是英雄。他们从“用计算之心以相待”的人性论出发，以功利主义为原则，以刑罚和庆赏来刺激人的生存欲望。杀敌报国，立功受奖的勇武之士是他们欣赏的形象。法家的理想人格是建立在对己、对力的信心的基础上。它对血缘宗法制度是一种否定，是一种力量面前人人平等的思想。法家认为，人生在世，应该在法制范围内凭着自己的“气力”公平竞争，自立于世；应“食有劳而禄有功”（《说苑·政理》）。治理国家，他主张“不期修古，不法常可”研究当代形势，采取相应措施。君主应运用自己的“气力”——权势来治国，“抱法处世而治”（《韩非子·难势》），“赏莫如厚而信，使民利之；罚莫如重而必，使民畏之；法莫如一而固，使民知之”（《韩非子·五蠹》）。不仅个人与国家要靠“气力”立于世，治理国家、家庭都要如此。这种靠自身“气力”立于世的思想，是独立精神的体现，是一种积极进取的人生观，是历史的进步。

有关韩非子的人性论本质为何？在韩非子思想中占何地位？韩非子首先强调以法治天下，其主要依据是人性之特质，而人性之特质又是什么？

他说：

人主之患，在于信人，信人，则制于人。人臣之于其君，非有骨肉之亲也，缚于势而不得不事也。故人臣者，窥觇其君心也，无须臾之休；而人主怠傲处其上，此世所以有劫君弑主也。

夫妻者，非有骨肉之恩也，爱则亲，不爱则疏……丈夫年五十而好色未解也，妇人年三十而美色衰矣。以衰美之妇人事好色之丈夫，则身见疏贱。而子疑不为后，此后妃夫人之所以冀其君之死者也……此鸩毒扼昧（纹缢）之所以用也。(《韩非子·备内》)

人有好赏恶罚的心理，若能善加运用，而后可施行法令、法治乃得建立，若探讨其“因人情”的想法，韩非子乃在利用人性之弱点，而善加利用之。“凡治天下，必因人情。人情有好恶，故赏罚可用，赏罚可用，禁令可立，而治具矣。”(《韩非子·八经》)

在韩非子看来，君主操术执法于股掌之上，他大权在握，“君执柄以处势，故令行禁止。柄者，杀生之制也；势者，胜众之资也”（《韩非子·八经》)。君主权重位高，所以能够令行禁止。所谓权利，就是能够操纵生死；所谓高位，就是君主与众不同的根本。因此“万乘之主、千乘之主所以制天下而征诸侯者，以其威势也”(《韩非子·人主》)。君主无它，仅凭权势即可左右臣民。“人主虽不肖，臣不敢侵也”（《韩非子·忠孝》)，但臣与君的关系，乃是“故人臣者，窥觇其君心也，无须臾之休”。臣对君，本非有情义之可言，纯是属于利害关系。而对于社会上一般人而言也不过由于利之所在罢了，所谓“利在人之死也”。所谓“舆人成舆，则欲人之富贵；匠人成棺，则欲人之夭死也”。所以，韩非子认为人性自宫廷内，以至百姓，自君臣以至最密切最亲近的夫妇父母儿女，莫非是以“利”为取向而已。所有的人际关系、都不外是以“利”字为动机和目的。韩非子强调“权势不可以借人”(《韩非子·内储说也》)，因为这是君主独享之物，实际上君主没有了权势，狗屁不如。

五、融法、术、势为一体的法制

韩非子思想核心是以势为基础，以法和术为手段，法、术、势三结合的帝王治国之学术。人主行法，居其位必有其威势，然后其统治权始可以发挥。“势”者，谓人主之位与威与权必共存者也。司马迁云韩非子“喜刑名法术之学，而其本归于黄老”。所谓“名”就是法令；所谓“刑”就是根据法令进行赏罚；所谓“法”，是国君统治百姓的工具；所谓“术”则是指国君驾驭群臣的手腕。刑与名相配，法与术成对。至于势则是国君所独具的优势，即最高权力和权威。

法家认为，政治制度和法令，是强国利民的工具。“法者所以爱民也，礼者所以便事也。”（《商君书·更法》）申不害则重术，认为“独视者谓明，独听者谓聪，能独断者，故可以为天下主”（《韩非子·外储说右上》）。主张必须独断独行，运用权术，不为群臣所左右。慎到则从国君的势位着眼，指出：“贤智者未足以服众，而势位足以缶贤者也。”（《韩非子·难势》），对君主独特的势加以推崇，认为君主有权势，方能制服群臣。主张是势治，反对贤治。韩非子有曰：

> 夫有材而无势，虽贤不能制不肖。故立尺材于高山之上，则临千仞之溪，材非长也，位高也。桀为天子；能制天下，非贤也，势重也。尧为匹夫，不能正三家，非不肖也，位卑也。千钧得船则浮，锱铢失船则沉，非千钧轻而锱铢重也，有势之与无势也。（《韩非子·功名》）

韩非子总结商鞅、申不害、慎到三家思想，融法、术、势为一体，主张君主的极权法制。“人主之大物，非法则术也。法者编著只图籍，设之于官府，而布之于百姓者也。术者，藏之于胸中，以偶众端而潜御群臣者也。故法莫如显，而求不欲见。是以明主言法，则境内卑贱莫不闻之也，不独满于堂；用术，则亲爱近习莫之的闻也不得满堂。”（《韩非子·主道》）故韩非子主张所谓的“人设之势”则有待于中主。其势治主义与法治思想本相倚而成。否则，若徒有法治而无权势为之后盾，则一切措施亦必将不能推展了。因据有权势始可以发号施令，具有威信可言。韩非子还指出：“术者，因任而授官，循名责实，操杀生之柄，课群臣之能者也。此人主之所执也。法者宪令著于官府，刑罚必于民心，赏存乎慎法，而罚加乎奸令者也。此臣之所师也。君无术则蔽于上，臣无法则乱于下，此不可一无，皆帝王之具也。”（《韩非子·外储说右上》）循名责实，因材适任。以至于言大功小、言小功大都罚；典衣、典冠，一失职、一侵官，均在所必罚。如是施行法治，方能贯彻之。否则，纵有良法美意，亦不过是空谈而已。韩非子以为当以杀戮赏罚，为行威固势之手段。

> 术者……操杀生之柄，课群臣之能者也。此人主之所执也。法者……刑罚必于民心，赏存乎慎法，而罚加乎奸令者也。此臣之所师也。

此权势之不容假借下移于人臣，否则君反受制于臣矣。此韩非子“势治”之所以要特别强调立威固柄与法术并重！“法”者：具有公开性、普及性、标准性和统一性，见于文法。“术”者：具有隐秘性、无为性，以虚静为体，以形名为用。

作为帝王之师，韩非子教给君主很多诀窍，如主张严法重威，赏罚禁令必须有信用，以严刑峻法制服心怀恐惧的百姓等。“人主以一国目视，故视莫明焉；以一国之耳听，故听莫聪焉。”（《韩非子·定法》）

要之，韩非子思想无论法、术，都从人性观出发，以人之本性在好利，不论君臣、夫妻、父子等至亲，无有例外。如他所说：

> 明主之所导制其臣者，二柄而已矣。二柄者，刑、德也。何谓刑、德？曰：杀戮之谓刑，庆赏之谓德。为人臣者畏诛罚而利庆赏，故人主自用其刑德，则群臣畏其威而归其利矣。（《韩非子·二柄》）

故当善加利用人好利的心理，而以赏罚作为鼓励或挟持之手段，借此则法之运作可得以推行。

法家刑罚思想对治民的重要性：“信赏必罚，以辅礼制。《易》曰‘先王以明罚饬法’，此其所长也。及刻者为之，则无教化，去仁爱，专任刑法而欲以致治，至于残害至亲，伤恩薄厚。”（《汉书·艺文志》）六家要旨云：“法家严而少恩，然其正君臣上下之分，不可改矣。”“法家不别亲疏，不殊贵贱，一断于法，则亲亲尊尊之恩绝矣，可以行一时之计，而不可长用也，故日严而少恩。若尊主卑臣，明分职不得相逾越，虽百家弗能改也。”（《史记·太史公自序》）刑罚一定要牢牢根植于民众的心里，所谓“行反必于民心”（《韩非子·定法》），法家对中国文化的贡献及其在中国历史上的地位，它的优点和缺欠，我比较同意刘兆祐、江弘毅的看法：正君臣上下之分，以尊主卑臣，而政治伦理得以建立。所谓“信赏必罚，以辅礼制”，可知当以礼为本，而以赏罚为末。其赏其罚，乃在树立法治的制度与权威，而法的施行不过辅助礼制之不足，固不可本末倒置。法属激烈手段，其见效也速。如齐得管仲而能擅一世之雄，秦经商鞅变法后，一跃成为当时的强国。即其显例。礼之用较缓，所谓：“夫礼禁未然之前，法施已然之后。法之所用者易见，而礼之所为禁者难知。”①

法家思想于今，有很多可借鉴处。如“废私立公”的道德追求，在这点上，所有法家人物都达成了共识。“废私立公”是和我们现在所说的“大

① 刘兆祐、江弘毅：《国学导读》，438 页，北京：中国人民大学出版社，2006。

公无私”的公私观是一致的，是最高尚的公私观，它曾把我们民族的“利他”精神，推到了最高位置，对后世及现在都有着十分积极的意义。如《管子》中提到“四维不张，国乃灭亡”，齐法家所说的“四维”（礼、义、廉、耻）作为四大传统美德，到了今天也依然有它们的独特价值。通俗、简单来说，“礼”指文明礼貌；“义”指正义行为；“廉”指廉洁奉公精神；“耻”指的是要有羞耻感。这些思想，到了如今，我们自应正确重申其价值，并加以弘扬！

情、理、法。历史上的每一次变革无不具有悲壮色彩，因为法家所推行的法治与传统的中国人心目中的天理、人情是相互抵触的。无教化，去仁爱，专任刑法，而欲以致治，至于残害至亲，伤恩薄厚。从很早时候起，“法不外乎人情”几乎成了中国人的共识，意思是：法律与人情并无矛盾之处，或不应有矛盾之处。人们还常说“人情大于王法”，意思是：当法律与人情冲突时，则先照顾人情、满足人情的要求。法家不别亲疏，不殊贵贱，一断于法，则亲亲尊尊之恩绝矣，法家严而少恩。法家主必然，而儒家主当然。若专任法治之必然，而不顾及情理之当然，未有不伤恩薄厚者。国人心目中，天理、国法、人情三者不仅相通，甚至可以理解成“三位一体”的。因礼之教化也微，其止邪也于未形，使人日徙善远罪而不自知，故礼禁未然之前，法施已然之后。法之所用者易见，而礼之所为禁者难知。这样法家推行的法治首先遇到了保守派和传统思想的攻击。

立法合乎人情由来已久，法家先驱管仲也不得不在“合乎人之常情”面前顿足。他说，人主（即君主）之所以能令行禁止，肯定是法令趋民之所好而禁于民之所恶。他还说：“政之所兴，在顺民心；政之所废，在逆民心。民恶忧劳，我佚乐之；民恶贫贱，我富贵之；民恶危坠，我存安之；民恶灭绝，我生育之……令顺民心”。另一法家人物慎到也认为：“法，非从天下，非从地生。发于人间，合乎人心而已。”就连那位被斥为刻薄寡恩、杀人如麻的商鞅也认为：“圣人之为国也，观俗立法刚治”，“法不察民情而立之，则不成”。他所说的“俗”或“民情”就是一般人的道德水准，一般人所欲所能。

六、《韩非子》

《韩非子》，现存55篇，主要内容是他的政治和哲学思想，也涉及到一些文艺问题。此书是韩非法治精神和变法创治理论的体现。它是先秦诸子中更为成熟的政治论文，论点鲜明，论据充分，论证严密，逻辑性强，针对性强，更能反映和解决当时的现实问题。

《韩非子》一书，重点宣扬了韩非法、术、势相结合的法治理论。韩非“法”、“术”、“势”相结合的理论，达到了先秦法家理论的最高峰，为秦统一六国提供了理论武器，同时，也为以后的封建专制制度提供了理论根据。韩非的朴素辩证法思想也比较突出，他首先提出了矛盾学说，用矛和盾的寓言故事，说明“不可陷之盾与无不陷之矛不可同世而立”的道理。在《韩非子》中，《解老》、《喻老》两篇，都是用法家的观点来对《老子》进行解释，像道家的思想和言论。文中佐证了韩非早期的思想发展过程渗入了道家作品，体现了韩非的哲学思想。他继承了他的老师荀子的天道观、性恶论，在政治上也和老子一样，主张无为而治。司马迁说韩非之学“其基本于黄老”，“皆源于道德之意”（《史记·老子韩非子列传》），并将其与老子合传。

《五蠹》则将历史的发展分成上古、中古、近古三个阶段，他认为时代在不停地发展，所以社会和政治也会发生相应的变化，儒家的恢复周礼的复古思想已经不能适应时代要求了。他把“学者”（儒家）、“言谈者”（纵横家）、“带剑者”（游侠）、“患御者”（逃避兵役的人）以及“工商之民”叫国家的“五蠹”。认为“人主不除此五蠹之民，不养耿介之士”，就有亡国灭朝的危险。在《五蠹》中，韩非提出了他的历史进化观，强调世异事异，与时俱进。他认为社会不是一成不变的。他认为“圣人不期修古，不法常可，论世之事，因为之备”。批评“以先王之政，治当世之民”与“宋人守株待兔”一样的愚蠢可笑。

在《六反》中，韩非认为当时社会上有六种是非相反、毁誉相反的丑恶现象。如把“畏死远难，降北之民”尊称为“贵生之士”；“学道立方，离法之民”尊之为“文学之士”等。韩非认为国君如不把这种颠倒的现象颠倒过来，而“索国之富强，不可得也”（《韩非自·六反》）。在《八说》中，他认为“此八者匹夫之私誉，人主之大败也；反此八者，匹夫之私毁，人主之公利也。人主不察社稷之利害，而用匹夫之私誉，索国之无危乱，不可得矣”（《韩非自·八说》）。在《八奸》中指出奸臣的八术；《十过》说人主要犯下“十过”，就会身败名裂，为天下所笑；在《亡征》中，他分析了国家招致灭亡之道者有 47 条。在韩非的著作里，揭露了很多丑恶的社会现象。

在《八经》中，他说：“凡治天下，必因人情。人情者，有好恶，故赏罚可用，赏罚可用则禁令可立，而治道具矣。”此言是要依法而行，公而无私。韩非以为“循天顺人”、“明赏罚”是用人的要诀。他在《用人篇》上说：“闻古之人者，必循天顺人而明赏罚，循天则用力寡而功立，顺人则刑罚省而令行。”在《有度》中，韩非云：“国无常强，无常弱，奉法者强则国强，奉法者弱则国弱。”奉法即不曲法从私。

值得一提的是，《韩非子》书中记载了大量脍炙人口的寓言故事，最著名的有“自相矛盾”、“守株待兔”、“讳疾忌医”、“滥竽充数”、“老马识途”等等。这些生动的寓言故事，蕴含着深隽的哲理，凭着它们思想性和艺术性的完美结合，给人们以智慧的启迪，具有较高的文学价值。继承了老师荀子的人性恶学说，主张治理国家必须实行刑赏。

韩非的思想成就超过了所有的法家代表人物，他在总结商鞅、申不害和慎到三人代表性法家思想的基础上，提出了法、术、势相结合的成熟法治理论。他认为君主必须重视权力、威势和驾驭臣下的权谋之术，这样才能保证法令的贯彻执行，巩固君主的集权地位。后来，李斯和秦始皇就是充分发挥了他的思想，统一了中国，建立了中央集权的君主专制统治。

第六章　佛　　家

佛教是世界三大宗教之一，也是产生最早的世界宗教。佛教产生于公元前6世纪至前5世纪的古代印度。1世纪前后传入中国。当时，正是东汉魏晋时期流传提倡清净无为的黄老学说及神仙方术，后人们按照自己的思想模式理解佛教，并对佛教的般若性空学发生浓厚兴趣。经过与中国传统文化冲突、交流，佛教依附黄老道及玄学理论被接受下来并与中国固有的文化融合一体，演变成为中国的宗教。佛教对人们的思想观念发生广泛影响，并促进了中国哲学、宗教文学、艺术、语言等的对外交流和发展，具有顽强的生命力。

一、佛教的产生及其发展

佛教产生于公元前6世纪至前5世纪的古代印度。这一时期印度的社会经济空前发展。据佛典记载，当时从恒河流域的上游到下游，建立了以城市为中心的16个大国。其中最强大的是恒河流域南岸的摩揭陀国和西北边的侨萨罗国。佛教创始人释迦牟尼就出生在迦毗罗卫国东北一个小贵族政治共和国。早在公元前1200年左右，原居中亚地区的“雅利安人”向东进入印度，在恒河流域定居，逐渐与当地土族居民混合同化。以“吠陀”（吠陀的原意是知识，这里指印度最古的宗教、历史文献的汇集）为代表的雅利安文化，与印度的土族文化相结合，形成了一种新的文化形态——婆罗门教。

婆罗门教以“吠陀天启”、“祭祀万能”、“婆罗门至上”三大纲领为标志。所谓“吠陀天启”，是说婆罗门教的吠陀文献秉承天意，是人类知识的本原，社会生活的准则。“祭祀万能”强调向天神祭祀献供，祈求现世和来世的利益。献祭时要屠宰大量牲畜，耗费大量财物。“婆罗门至上”，说梵天用口造婆罗门，用手造刹帝利，用双腿造吠舍，用双脚造首陀罗，婆罗门最为高贵。印度以此分为四种姓，婆罗门、刹帝利是统治阶级，吠舍是手工业生产者，首陀罗是被称为旃陀罗，即所谓贱民，因此社会充满着各种错综复杂的矛盾。当时的社会思潮大致分为婆罗门和沙门两个系统，婆罗门是政治思想，沙门思潮是当时新出现的自由思想界的统称。“沙门”一语后来专门用来称呼佛教僧侣，实际上是古代印度出家人的通称。

在早期的佛教典籍中，并没有关于释迦牟尼生平的完整记录。释迦牟尼主要事迹散见佛教各部派后来编成的经、律之中。释迦牟尼，姓乔达摩，名悉达多。古印度释迦族人，“牟尼”，是明珠，喻为圣人。释迦牟尼是一种尊称，意思是释迦族的圣人。释迦牟尼出生在古印度迦毗罗卫国的劫比罗城。其母摩耶夫人在回娘家途中于蓝毗尼园（今尼泊尔南部）生下释迦牟尼。出身于刹帝利种姓，是迦毗罗卫国净饭王太子，其母摩耶夫人早亡，由姨母摩诃婆阇波提抚养成人。

释迦牟尼从小就具有悲天悯人的胸怀，喜欢思考人生的真理。19 岁的时候，释迦牟尼抛弃了王位，离开了王宫，出家修行。关于释迦牟尼出家的动机，佛教的传说不完全相同，有的说因为他看到了人体的丑陋；有的说因为他看到了生老病死的痛苦。据说有一次他出城外，在东、南、西门看到了老人、病人和送葬的人，在北门看到了沙门修道者，对比之下他感到人生的无常，这成了走上出家的契机。

释迦牟尼苦修，是要找出一个真理来。他来到恒河边，没有办法找到一个能够指导他的明师，便渡过恒河来到一棵菩提树下打坐，发誓非成“无上正等正觉”不可，否则便死在那里。释迦牟尼在菩提树下打坐七七四十九天，冥思苦想，终于悟出“四谛”的真理。这标志着他真正觉悟成佛了。“佛陀”简称“佛”，意思是“觉悟者”。第 49 天凌晨，他抬头望天，看到了天上的明星。这一望，神通与功能瞬间炸开，他的思维在刹那间被打开，一下子想起了自己以前修炼的东西，知道了自己的前世今生及种种开悟后应该知道的事情。释迦牟尼佛开悟，终于睹天上的明星而悟道。释迦牟尼佛便开始了传法生涯。释迦牟尼佛的法门的特点叫作“戒、定、慧”。戒就是戒去常人中的一切欲望和执著，定是指人入定修行，慧是指人开悟开慧。大藏经多少万卷，都不离这三个字。释迦牟尼从悟道成佛转向传教活动，历时 45 年。后来宗教之间的矛盾激化，出现了裸形外道杀害佛弟子的事情。释迦牟尼成为佛弟子中第一个殉教弟子。释迦牟尼佛涅槃以后，佛教在印度消失了。在东南亚，在中国等地，佛法广泛的传播开来，深刻地影响了这些国家的文化。

印度是佛教的故乡，佛教史分四个时期，一是公元前 6 世纪到前 4 世纪，为原始佛教时期；二是公元前 4 世纪到 1 世纪，为部派佛教时期；三是 1 世纪至 7 世纪，为大乘佛教时期；四是 7 世纪至 12 世纪，为密教时期。

乘是“乘载”或“道路”的意思。后期的宗教自称为大乘，即“大道”，把前期佛教贬成为小乘，标榜自己是佛教的正统。大小乘的分歧在于对释迦牟尼本人的看法上。小乘初期只把他看作一个现实的教祖和传教士，而大乘则把他看成是神通广大、无所不能、大慈大悲的最高人格神。其次在追求的理想上有不同，大乘以成佛为目的，以普度众生为己任；小乘则偏重于个人修行，求得自我解脱。再次在修持的方法上，小乘主张修“三学”（戒、定、慧）、“八正道”；大乘则兼修“六度”（布施、持戒、忍辱、精进、禅定、智慧）。从宗教理论来看，小乘讲“我空法有”，大乘讲“我法俱空”，大乘将佛教理论向更彻底的唯心主义方向发展了。

公元前半个世纪，摩揭陀国孔雀王朝的阿育王统一了全印度，并且以佛教为国教大弘佛法，成为世界性大宗教。佛教后来向东经过丝绸之路进入中国。阿育王之后，佛教在印度本土渐渐遭到冷遇，孔雀王朝被崇信婆罗门教者篡得王位，印度教分裂。到4—5世纪的笈多王朝时，大乘佛教得到进一步的发展，并且有了中观、瑜伽两大派。到了戒日王朝，佛教再度大盛。从7—11世纪，印度人信佛教并产生另一重要宗派——密宗。八九世纪，由于印度教的兴盛，佛教的内部派系纷争以及外族的入侵等原因，佛教在印度开始衰微，到13世纪消亡。虽然，19世纪也曾掀起“复兴运动”但再也没有昔日的盛况了。

二、般若涅槃的基本观念

佛是“佛陀”的简称，意识是“觉者”、“智者”。因他是“乘真如之道而来者”，又称“如来”，“如来”是“佛”的别称。

法包括“世间法”与“出世间法”，而以“出世间法”为究竟。“出世间法”包括“小乘”与“大乘”；而以“大乘”为究竟。

僧是僧伽的简称，意为“和合众”，即信奉佛法的出家僧人集团，4人以上就可以称僧伽。后僧伽制度逐渐完善，成了具有出家、在家等男女信徒的宗教。

1. 世间法

宇宙乃从业力而生，依业力而立。所谓“业”者，乃以造作为义，其目有三，即身、口、意。由业而生之力，称为“业力”，业力之连锁作用，是为“因果”。个人之寿夭、际遇，邦国之兴衰、强弱，莫不为因果律所支配。即由业因而感果报。六道轮回。天道、人道、修罗道、畜生道、饿鬼道、地狱道。报应。报应可分3种，一为“现报”，即今生作善作恶，今生受福受祸。二为"生报"，即今生作善作恶，来生始受福受祸。三为"后报"，即今生作善作恶，等到第三生、第四生或十、百、千、万生以后，始受福受祸。

八识：眼根，对色尘，生眼识；耳根，对声尘，生耳识；鼻根，对香尘，生鼻识前五识；舌根，对味尘，生舌识；身根，对触尘，生身识；意根，对法尘，生意识。[①] 前五识仅为"了知作用"，而第六识则能"分别计度"。意识如果与前五识之识同起作用，则称"五俱意识"。如果离开前五识，而独自发生各种思念，则称"独头意识"。末那识，即第七识，此为意识之根，其作用乃在执著主观之自我，为"我执"；执著客观之宇宙，为"法执"。因此，而有自私自利，起惑造业之行为。阿赖耶识，即第八识，又称"藏识"。为前七识之根本，盖一切善、恶之种子，皆藏于其中。"种子"者，"潜势力"之别名。众生所造身、口、意三业，或善或恶，其任势力，皆潜伏于阿赖耶识中（熏习），等待成熟，则发现于外，称为"现行"。"现行"复再熏习藏识，而成"种子"。如是辗转相生，循环不已。故为业力所寄托，而永堕轮回。

2. "出世间法"之小乘

声闻乘。即闻佛法音以人道，其主旨在于"四谛"。世间因果，即流转因果。夫"戒"有专律，"定"有专法，"慧"则以我空为依归。我空之理有四观："观身不净"。众生于怀胎之不净，身外之汗涕，死后之虫蛆……无一清净之处。"观受是苦"。受，包括身心之感受。观受是苦，一乐受亦苦，一舍受不见苦乐，但觉时间迁流代谢，亦不免厌烦之苦，是以三受皆不离苦。"观心无常"。心之起念，甲念才灭，乙念代起，乙念才灭，丙念又起，夫念起念灭，联络不已，莫非意识之六尘缘影。佛教的实质是讲世界是苦的，所谓"苦海无边"。说明苦难和解决苦难的方法是"四谛说"。四圣谛是苦、因、灭、道，四条"神圣"的"真理"：苦谛，是讲人世间的一切痛苦现象，生苦、死苦、怨憎会苦，老苦，病苦，总之人生因之有五阴炽盛苦。佛教的根本道理是"缘起性空"。所谓缘起指世上万事万物都是因缘和合而生，"空"也是因缘和合。佛教认为，人生在世，"一切皆苦"，甚至在娘胎里就开始受苦了，一直到死，死了又生，生生死死不断轮回受苦。人生的全过程，都是无量之苦。释迦牟尼在菩提树下彻底证悟了这个道理，最初在鹿野苑讲四圣谛、八正道、十二因缘，称为初转法轮，为佛教的基本

---

① 朱维焕：《国学入门》，110～111页，北京：中国人民大学出版社，2005。

教义。

苦谛（迷之果，即苦果）：众生的生命、生存就是苦。主要指情感上的痛苦，泛指精神上的逼迫性。“苦”以痛恼为义。由于众生有三种“身苦”，即老、病、死；三种“心苦”，即贪、瞋、痴；三种“后苦”，即地狱、饿鬼、畜生……而受尽折磨。是对于人生和自然所作的判断，认为众生生命的根本特征是苦，众生有无量之苦。佛教在“苦”字上大做文章，把苦区分为八类：生苦、老苦、病苦、死苦、爱别离苦（和亲爱的人分离）、怨憎会苦（和讨厌的人在一起）、求不得苦（想要的得不到满足）、五盛阴苦（五盛阴即构成人体的五种元素，五盛阴苦是人体经受的各种痛苦）。可见人生之苦，一是生老病死，是人生的自然过程；二是忧悲恼、怨憎会，愿望不能满足之苦。

集谛（迷之因，即苦因）：揭示人生痛苦的原因，认为一切苦恼的原因是贪求欲望。“集”以招集为义。盖苦不自生，乃由“业”而生。而身、口、意三业，又以意业为主。由意业所起之烦恼，成为各种妄见之“见惑”，及贪、瞋、痴各种妄情之“思惑”。是以苦者，非由一法而生，乃由烦恼、妄业、因缘和合而有，即由“见惑”、“思惑”所集起。是讲造成上述痛苦的原因，即“业”（由欲望而引起的行为）和“惑”（对佛教义理的愚昧无知）。渴爱是因，导致生死，与贪乐俱，遍处贪爱——即欲乐爱、生存爱、幸福爱。“十二因缘说”，把人生命的起源和过程分作 12 个彼此成为条件或因果联系的环节，人摆脱不了生死轮回。所谓轮回，轮是车轮的轮盘，回指车的转动，轮回是譬喻众生的生死流转，永无终期，犹如车轮旋转不停。

灭谛（悟之果，即乐果）：指灭除贪爱欲望，断灭产生苦恼的根源，获得精神绝对自由。“灭”以灭无为义。既然诸苦为烦恼、妄业集合而起，是以欲了生死，便须除去业因；除去业因在断“见惑”与“思惑”。是指断灭产生世俗之苦的一切原因，是讲造成痛苦的“业”和“惑”是可以消除的。苦息于爱灭——见于无有一切情欲的止息，于爱舍、于爱离、于爱灭。只要消除它，便可以超脱生死轮回，达到佛教所追求的最高解脱境界——涅槃。因为死与生是联系在一起的，死亡不过是众生从一个轮回阶位到另一个轮回阶位的转变，而涅槃的根本特点，就是超越生死轮回。

道谛（悟之因，即乐因）：讲达到灭除痛苦，进入涅槃境界的方法和途径。“道卜”以能通为义。道有两种，一是“见道”以断“见惑”，一是“修道”以断“思惑”。而其要义，则在修戒、定、慧三无漏学。是要人们相信有一条解脱痛苦的途径。“那导致苦灭的道”谛是甚为理论的，这叫做八正道，即寂静的理论说教和修习方法。

四圣谛中的道谛主要内容就是正八道，包括：①正见，对佛教义理的“正确”理解；②正思，“正确”思考“四圣谛”等佛教义理；③正语，不说违背佛教义理的话；④正业，使自己的行为符合佛教教义；⑤正命，按照佛教戒律的规定，过“正当合法”的生活；⑥正进，“正确”地努力学习佛法和修行；⑦正念，铭记佛法；⑧正定，按照佛教的规定进行禅定。总之，八正道是要人们在日常生活中，不管是想、是说、是做，都要按照佛教的教义去办，要人们的一切行动、想法都要受佛教教义的约束。为此，佛教在这里使用了一系列的“正”（“正确”）。实际上，它所说的“正确”恰恰是错误的，因为宗教的世界观是“颠倒了的世界观”，用一种颠倒了的世界观去指导生活，哪能是“正确”的呢？

在佛教的历史学者中，很多人陷身于佛教的玄学讨论，而佛陀着意强调的是牺牲、礼仪和祈祷的无益。诸天本身像人一样，都为业力所牵，轮回所苦，而无力给予人类任何帮助。四圣谛智，八正道修，是解脱的唯一途径。

十二因缘，又称为十二缘起，说明人们在生死痛苦中无休止地轮回，是“有漏皆苦”的。十二因缘是佛教“三世轮回”的基本理论，这是佛教对人生苦难原因所做的分析。佛教认为，人的生命起源及其发展是由 12 个相互联系的环节引起的。这 12 个环节是：①无明，对四圣谛等佛教“真理”迷惑不解，无知。②由无明而产生“行”，行即行为，包括身行、语行（说话）、意行（心理活动）三种，三行又称为三业。③由行而产生识，包括眼、耳、鼻、舌、身、意六识。④由识而产生名色，即构成众生身体的精神“名”和肉体“色”。⑤有了名色这种精神和肉体的复合体，便从而有了六处：眼、耳、鼻、舌、身、意。⑥由六处而生“触”，即有了六种感觉器官，便从而与外界发生了接触。“触”为六触身：眼触、耳触、鼻触、舌触、身触、意触。⑦由触而生“受”，即由接触产生了感受，“受”有三种：苦受、乐受、不苦不乐受。⑧由受而生“爱”，即通过感受引起了贪爱。“爱”有三种：欲爱、色爱、无色爱，与欲界、色界、无色界相对应。⑨由爱而生“取”，即有了贪爱，便发生对外界事物的追求取着。⑩由取生“有”，即由取着发生了生存的环境，包括欲有、色有、无色有，三有又称为三界。⑪由有而“生”，即有了这种生存的环境即可出生。⑫由生到老死。

由无明、行作为过去世的原因，识、名色、六处、触、受则成为现在世的结果，由爱、取、有作为现在世的原因，生、老死则成为未来世的结果，这就叫做“三世两重因果”：佛教认为，只要达不到涅槃，就要按照这十二因缘的链条，亦步亦趋地轮回受苦。

在十二因缘中，居首位的是“无明”。佛教认为，对佛教教义的无知，是使众生受苦的根本原因，要消灭痛苦，必须首先铲除无明，这就需要学习佛教，使自己“觉悟”起来，佛教的“佛”字就是觉悟的意思。佛教利用人们要求摆脱痛苦的善良愿望，向人们兜售宗教唯心主义。

佛陀所探讨的是“苦”的问题，而在基督，却将“苦”与道德联系在一起。然而在基督“罪恶”一词，认为道德问题是先于苦的问题的。佛陀与基督在对像苦与罪的态度上是一样的，他们不是要解脱而是救济，从这一点看，佛陀也比基督更现代。

有一次佛弟子们问：世界是常无常？世界有边无边？佛陀如此答复：

> 此诸问题都无裨益，是皆与法无关，无关于正行要道，无关于解脱，无关于净除尘秽，无关于寂静，无关于息心，无关于真知，无关于地上道法之内观，无关于涅槃。故我于此诸问题无有意见。
>
> 彼是苦，是苦因，是苦灭，是人用之以达苦灭之道。(《四圣谛讲记》)

佛陀虽言说是苦，但并非不关注道德。如上所示，“正当的行为”和“净除尘秽”是意志训练所必须，只有凭这种训练才可以解脱生死，因而可以“究竟灭苦”。

3.“出世间法”之大乘

大乘亦称菩萨乘，乃超脱世间，又适应世间，发菩提心。世亲菩萨云：“菩萨见诸众生，无明造业，长夜受苦，舍离正法，迷于出路。为是等故，发大慈悲，志求阿褥多罗三藐三菩提，如救头然。一切众生有苦恼者，我当拔济，令无有余。”即由于慈悯众生，而发菩提心，上求佛智，下化众生。

“菩萨行”——六度，具有广泛的社会内容。度以济度为义，即由生死此岸，超度至涅槃彼岸。第一，布施度。梵语为檀那波罗蜜，包括财施、法施、无畏施。第二，持戒度。梵语为尸罗波罗蜜，戒律固立为条文，持戒之本意则在止恶修善，令身心清净。即凡从圆明妙心所发之一切行为，皆能自然合于戒律。第三，忍辱度。梵语为羼提波罗蜜，忍受侮辱，然后能克胜烦恼。第四，精进度。梵语为毗离耶波罗蜜，盖发菩提心者，为上求佛智，下化众生，必须以纯一之心，勇往之行，然后能扫除积习，显此妙心，以自度度人。第五，禅定度。梵语为禅那波罗蜜，禅定即对治散乱，使身心寂静。

第六，智慧度。梵语为般若波罗蜜，夫真空、妙有，圆融无碍，是谓正智慧。如其正智慧，则对外道邪执、俗学妄见，无不洞见症结。“六度”中布施和忍辱是大乘佛教在传统修行方法之外加增的新内容，这可以说是大乘佛教悲天悯人观念的突出表现。

4. 三法印说

法印，即“法之印章”，亦即“佛法之特征”三法印。佛教把它的基本教义概括为三条，即三法印。所谓“法印”就是衡量一切事物是否合乎佛教义理的标准。三法印是：

（1）诸行无常。说世间的一切事物（法）都不是永恒的，都有生灭变化的，人也像十二因缘所揭示的那样，由生到死，由死到生，变化无常。

（2）诸法无我。认为一切存在都没有独立不变的实体或主宰者，都是因缘聚合而成的、相对的和暂时的。“我”即起主宰作用的灵魂。有我无我的问题是佛教和婆罗门教斗争的焦点，婆罗门教主张有我，佛教则主张无我。佛教的“无我”主张和它宣扬的轮回理论是矛盾的，既然“无我”，谁去轮回呢？轮回的主体是什么？对于这一系列的问题，佛教是无法回答的。因此，部派佛教中的犊子部直接提出“有我”主张，其他某些部派及以后的大乘有宗尽管反对，但又不得不提出变相的“我”。

（3）涅槃寂静，所谓寂静，就是涅槃的状态，远离苦恼，断绝相累，寂然常住，就称为涅槃寂静。佛教认为有生必有苦，要想消灭苦，就得消灭生，就要跳出轮回，渡过“苦海”，到达彼岸，佛教把这种解脱境界称之为涅槃寂静。这种说教显然是虚伪的、骗人的，恩格斯曾指出：“任何‘彼岸性’都是不存在的。”

四圣谛说和三法印说构成了佛教的理论基石。不管佛教教义随着历史的发展如何变化，其对基础教义的尊奉一直没有改变。

三、佛教传入的演变轨迹

佛教是世界三大宗教中最古老的宗教，佛陀释迦牟尼在古印度创立，后流传到中国等国家。反而在中国得到了发展。在漫长的流传过程中，佛教创造了光辉灿烂的文化，从一定程度上改变了我们这个世界的面貌。

据说在西汉末年，佛教开始从中国的边疆传入内地。东汉明帝永平七年（64）派遣蔡愔（或说张骞）等 18 人前往西域求佛访道。他们在大月氏国遇见了迦叶摩腾和竺法兰两位僧人，并得到佛像和经典，载以白马，于永平十年（67）一起返回洛阳，明帝为迦叶摩腾和竺法兰修建白马寺。他们在那里翻译出《四十二章经》，中国从此有了佛教。至西汉末，成、哀之间，刘向已经见到佛经，说明汉初佛教已经传入中国。安世高和支娄迦谶是当时最有影响的佛经翻译家，于东汉桓帝（148）、灵帝其间，从安息国来到洛阳，先后翻译出36部经典。主要是小乘佛教上座部经典。佛教一开始进入中国，就和中国传统文化充满着矛盾。不少文人排斥外来文化，还出现过北魏太武帝和北周武帝的两次大规模灭佛事件。但经过东汉魏晋200多年的磨合，佛教与中国的本土文化从对抗走向适应，并相互影响。

南北朝时期，佛教从南到北，从东到西，跨地区、跨国界的广泛传播开来。佛教由原来在统治者和高级知识分子阶层的译经、讲经，迅速变为民间的普及性的宗教信仰活动。由此而产生的，主要是汉化佛教所特有的菩萨信仰和对阿弥陀佛的信仰日益扩大。在菩萨信仰中，又有观音、文殊、普贤、地藏、弥勒等多名菩萨。在吸收中国传统文化的条件下，形成了独具特色的中国佛教。魏承东汉之遗，高贵乡公甘露四年（259）朱士行经常讲授《道行般若经》，他是我国历史上第一位西行求法的僧人。而吴地孙权初建寺，江左佛法遂兴。西晋竺法护（其大月氏国人，世居敦煌）于武帝泰始二年（266），携梵本，自敦煌经长安，入洛阳，往江左，沿路传译，未尝暂停。中国佛教和儒家、道家一样，成为中国传统文化的重要支撑，对中国社会各个方面都产生很深的影响。西晋，佛图澄（西域人）于怀帝永嘉四年（310）来洛阳，弘宣佛法。得道安，安之门有慧远，并鸿摩罗什［其先天竺人，于后秦弘始三年（401）入关，至长安，姚兴待以国师之礼，译出众经］4人，为当时佛学之泰斗。东晋安帝隆安三年（399）法显与同学发长安，经16年度险，历30余国，至天竺求佛法。南北朝，沙门慧琳，以才学为文帝所幸，与决政事，号“黑衣宰相”。又梁武帝普通年间，南天竺菩提达摩，泛海至广州，后至魏，入嵩山少林寺，面壁枯坐9年，为禅宗之初祖。

中国佛教发展到隋唐，进入鼎盛时期。佛教的发展尽管有波折，但总的看，多方面的成就蔚为大观。国家统一，经济繁荣。在国家的支持下，有著名译师26人，共译佛经372部。唐太宗贞观元年（627）秋八月，玄奘私发长安，求法西域，18年得归，得梵本657部，译经论75部。这时的佛教，已经渗透在中国政治、经济、文化和人们的生活中。佛教宗派也从天台、三论两宗的基础上，玄奘成立了慈恩宗，及华严宗、律宗、密宗、净土宗、禅宗等。其中影响最大的是禅宗，并分为被宗神秀、南宗慧能两支。倡言信徒只要随时念诵阿弥陀佛，临终便可被接引往生西方极乐净土。历代皇帝重视佛教，大量佛经传入中国，译成汉文，广为流传，开始出现了不同风格的佛教流派。

宋代之后，虽没有发生“三武一宗”那样的法难，但佛教也没有如南北朝、隋、唐那样炽热。辽、金、元时代少数民族入主中原，各代对佛教基本上都采取保护信奉的政策。明建国后，改正了元代崇奉藏传佛教的做法，恢复以汉化佛教为正统。清代佛教政策仍然延续明代的体制，很少建树。特别是道光后，佛教日益衰落。清初刻印过《西藏大藏经》和满、蒙文大藏经，但八国联军入侵时被焚毁。

四、宗派林立，创立三宗

南北朝时期为唐代佛教的繁荣奠定了基础。随着社会经济和文化的发展，佛学也进入一个巅峰期。而它的主要标志就是中国化的宗派佛学的出现。

1. 天台宗

天台宗是具中国佛教特色的一个宗派，因其创始人智者大师长住浙江天台山而得名。其教义主要依据《妙法莲华经》，故也称法华宗。

该宗的学统自称是龙树、慧文、慧思等，但创立天台宗的宗祖实际为智者大师。智者大师所传的宗旨，以教观总持，解行并进，一变当时北方偏重禅法，南方偏重义理的学风。著有天台三大部——《法华玄义》、《法华文句》和《摩诃止观》等。

天台的实际创始人是智顗。智顗是慧四的弟子，人称天台大师。天台宗乃依《妙法莲华经》、《大涅槃经》以立教。就建立理论言之，则智者大师（智顗）为真正开宗者。智者于陈宣帝太建七年（575）入天台山，归宗法华，说《法华经》玄义，遂开天台一宗。然依佛教习惯，每立宗派，必托始古人，故其学统如下：龙树、慧文、慧思、智顗、灌顶、智威、慧威、玄朗、湛然，九祖相承。

教义。天台宗之教义，其要者为“三谛圆融”、“一念三千”、“性具善恶”、“一心三观”、“六即”。其中《法华文句》、《法华玄义》、《摩诃止观》为天台三大部。

教判。智者以“五时八教”判释佛教之教义。五时八教是对佛教经典教义的分类判释，它把释迦一生的教法分为华严、阿含、方等、班若、法华五个时期。“三谛圆融”、“一念三千”、“一心三观”、“六即”的教义说明诸法实相是空、假、中的统一。一切事物都由因缘而生，没有真实的本体，但是还有虚假的现象。空、假、中三谛相互包含、相互分离，任何事物都同时体现这三种本性，这就叫三谛圆融。“一念三千”的教义说明一切事物是相互包含、贯通一致的关系，认为三千大千世界统一于一念之心。

灌顶（561—632）一生追随智𫖮，阐扬师说，为扩大天台宗的影响作出了重要贡献。他的《观心论疏》和《天台八教大意》是解释智𫖮学术的书籍。《国清百录》、《智者大师别传》等则是记述天台宗历史的重要资料。

2. 华严宗

华严的实际创始人是法藏。法藏是智俨的弟子，曾参加80卷《华严经》的翻译，一生讲解《华严经》30多遍。

中国佛教宗派。因以《华严经》为根本典籍，故名。又因实际创始人法藏号贤首，也称贤首宗。以发挥“法界缘起”的思想为宗旨，又称法界宗。

此宗传承为杜顺—智俨—法藏—澄观—宗密。该宗推戴杜顺为初祖，而实际创始人为法藏。杜顺原名法顺。雍州万年（今陕西临潼西北）人，尝从因圣寺僧道珍学习禅法，后住终南山宣扬《华严经》。著有《华严法界观门》、《华严五教止观》各一卷，为此宗在观行方面的无尽缘起说和判教方面的五阶次第说奠定了理论基础。智俨天水（今属甘肃）人。师事杜顺。受具足戒后，各方参学，对地论学派慧光经疏中的“别教一乘”说和“无尽缘起”说及《十地经论》中的六相义，别有心得。著有《华严经搜玄记》10卷，《华严一乘十玄门》1卷，《华严五十要问答》2卷，《华严经内章门等杂孔目章》四卷等。法藏依智俨学《华严经》，深通玄旨。28岁以后，开始广事讲说，参加实叉难陀、义净、菩提流支翻译《华严经》、《大乘入楞伽经》、《金光明最胜王经》、《大宝积经》等，并有著述100余卷，详尽发挥智俨的教规新说，正式创立华严宗。

华严宗乃依《大方广佛华严经》而立教。陈隋间，杜顺大师于终南山始提义纲，标立宗名，著《华严法界观门》、《五教止观》、《十玄章》等，为开宗初祖。二祖智俨，三祖法藏，称贤首国师，乃真正完成此宗理论者，亦称华严太祖。至四祖澄观（即清凉国师），五祖密宗，则教义益备。此宗法理，全由中国发明，非据印度学说而来。

主要教理为法界缘起说。宇宙万法、有为无为、色心缘起时，互相依持，相即相入，圆融无碍，如因陀罗网，重重无尽；并用四法界、六相、十玄等法门，来阐明无尽缘起的意义。

教义。华严宗之教义，主要包括五教十宗的判教说和法界缘起的理论。其要者为“法界缘起”、“四法界”、“十玄门”、“六相圆融”。华严教义是最圆满的宗教，法界缘起的教义是根据。

3. 禅宗

“禅”或“禅那”是梵文 Dhyana 的音译，鸠摩罗什意译为“思维修”，即运用思维活动的修持；玄奘意译为“静虑”或“默想”，即宁静安详地深思。原是印度的一种修行方法，作为佛教的一个宗派，是在中国形成的。佛教禅宗的起源，一般认为以“释迦拈花，迦叶微笑”作为禅宗始祖。按传统说法，谓佛法有“教外别传”，除佛教经典的教义外，还有“以心传心，不立文字”的教义，从释迦牟尼佛直接传下来，传到菩提达摩，据说已经是第 28 代。达摩于梁武帝时，约 520—526 年到中国，为中国禅宗的初祖。这时候的禅宗影响很小，真正使禅宗成为中国佛教的一个重要宗派的是六祖慧能。慧能对传统禅学的变革主要是提倡“即心即佛”、“顿悟见性”，强调“以无念为宗”、“即世间求解脱”。可以说发展了大乘佛教的绝对不离相对、涅槃不离生死、圣不离俗的教义，肯定现世甚至世俗生活的价值。在菩提达摩以后，南北朝时期达摩禅的传人主要有慧可和僧灿。他们综合了班若性空与如来藏自性清净的学说，认为清净空寂的本心就是觉悟成佛的根本，因而在修行实践上要求人们“安心”、“守心”，提倡静坐观心的禅法。后来禅宗盛行，被誉为中国特色的佛教的代名词。

禅宗以“教外别传，不立文字，直指本心，见性成佛”为教义。相传灵山会上，世尊拈花示众，默然无言，一时百万人天，悉皆罔措，惟迦叶尊者，破颜微笑。世尊曰：“吾有正法眼藏，涅槃妙心，实相无相，微妙法门，不立文字，教外别传，付嘱摩诃迦叶。”迦叶受法，为禅宗初祖，以衣钵授阿难，中经马鸣、龙树、世亲等 27 代，至达摩为印度 28 祖，于梁武帝普通年间泛海至中国，于嵩山少林寺面壁枯坐 9 年，始得慧可为传法之人，传已，遂入寂。故达摩为中国禅宗初祖，二祖慧可、三祖僧灿、四祖道信、五祖弘忍，号黄梅大师，始开山授徒，门下千五百人，神秀为首座，竟不能以法传，而慧能不识一字，得受衣钵为六祖。于是禅宗分南北二派，南能顿教，北秀渐教。六祖以后，传法不传衣钵，称师不称祖。时洛阳菏泽寺之神会和尚，渴六祖于曹溪，居数载，尽得其旨，著《显宗记》行世。尔后，南派又分青原行思、南岳怀让两派。青原再衍为云门、法眼、曹洞三宗。南岳再衍为伪仰、临济二宗，是为六祖之五宗。盖自唐以来，禅宗最盛焉。

六祖《坛经》是禅宗最主要的经书。慧能佛教思想的中心是他的佛性说，主张人人都有佛性，人人皆可成佛，佛性就是人们自己的本心。慧能说：“本性是佛，离性无别佛”，他把众生的本性和佛性等同起来。本心清净空寂而具足一切，所以成佛的根据就在自己心中，不应向外寻求成佛的力量；人心本来就有佛的智慧，只要把它发挥出来，就可以成为现实的佛。修行，不论多么长久，本身只是一种准备工作。慧能说：“佛向性中作，莫向身外求”，自性自佛，自性自度。为了成佛，这种修行必须达到高峰，就是顿悟，如在前一章描述的，好比飞跃。只有发生飞跃之后才能成佛。

禅宗之教义，不依经论，而重在参话头，在日常生活中磨炼，以期“明心见性”。所以在禅宗看来，圣人的生活无异于平常人的生活；圣人做的事，也就是平常人做的事。他自迷而悟，从凡入圣。入圣之后，又必须从圣再入凡。禅师们把这叫做“百尺竿头，更进一步”。百尺竿头，象征着悟的成就的顶点。更进一步，意谓既悟之后，圣人还有别的事要做。可是他所要做的，仍然不过是日用平常的事。就像南泉说的：“直向那边会了，却来这里行履。”（《古尊宿语录》卷十二）

慧能另一个重要的佛教思想是他的顿悟成佛说。所谓“顿悟”，是指无需长期修习，只要突然领悟自己的佛性，便是成佛之时。顿悟之所得，并不是得到什么东西。舒州禅师清远（1120 年卒）说：“如今明得了，向前明不得的，在什么处？所以道，向前迷的，便是即今悟的；即今悟的，便是向前迷的。”（《古尊宿语录》卷三十二）按僧肇和道生的说法，真实即现象。禅宗有一句常用的话：“山是山，水是水。”在你迷中，山是山，水是水。在你悟时，山还是山，水还是水。一念领悟，刹那之间。慧能现身说法，声称自己就是顿悟成佛，“我于忍和尚处，一闻言下大悟，顿见真如本性”。

禅师们还有一句常说的话：“骑驴觅驴。”意思是指，于现象之外觅真实，于生死轮回之外觅涅槃。舒州说：“只有二种病，一是骑驴觅驴，一是骑驴不肯下。你道骑却驴了，更觅驴，可杀，是大病。山僧向你道，不要觅。灵利人当下识得，除却觅驴病，狂心遂息。”

禅宗认为人的生活现状是由过去所造之业力（即命运）所决定的，过去的命运已成过去，已不可改变，但未来的命运却掌握在自己手中，所谓往者不可谏，来者犹可追。而要改变自己未来的命运，就必须靠现在的努力。在传统的佛教思想里，人要改变自己的命运或业力，除自己努力修持之外，还必须佛、菩萨的接引、加被。而慧能所创立的禅宗则完全强调人的主观能动性，认为命运完全掌握在自己手中。完全靠自己的觉悟，而觉不觉悟，则主要靠发挥自己的主观能动性。你不认识自己内心所潜在的清净佛性，你不觉悟，佛、菩萨也拿你没办法。在《坛经》里，慧能大讲特讲人的价值，极力强调人的主观能动作用。他向人们宣称：“菩提般若之智，世人本自有之。”“世人性本清净，万法尽在自性。”“三世诸佛，十二部经，亦在人性中本自具有”。人本来就具有这种只有佛才具有的最高智慧。而修行的目的就是要开发、发掘人自身所具有的这种智慧，而且这种智慧的开发完全靠自己，主动权完全掌握在自己手里。所谓“自见本性，自修，自行，自成佛道”。并反复告诫其座下徒众，“念念自净其心，自修其行，见自己法身，见自心佛，自度自戒”。

禅宗是一个典型的中国化的宗教，它既没有违背佛教的基本立场、观点和方法，同时适应了中国社会的需要。同时在解决中国社会问题时，吸收了中国传统的思想内容和思辨方法。有别于印度佛教的思想，就是中国化的思想。这不仅对中国佛教和中国文化产生深远影响，也传到了日本和朝鲜。

五、佛教与中国传统文化

佛教是世界三大宗教中最古老的宗教，在中国传播逾两千年的岁月中，已与中国传统文化互相影响、吸收，发展成为中国传统文化的重要组成部分，对中国古典哲学、文学和民俗等都产生深远影响。

1. 佛教与中国哲学

佛教与中国哲学有着错综复杂的关系，从魏晋、南北朝到隋唐，佛教依附中国传统文化，形成了各自独立又相互联系的佛教派别。中国传统哲学重经验认识，轻理论思维；注意对生活自身的探讨，轻视彼岸世界的思考。在这方面，佛教哲学补充了中国哲学。

首先，佛教为中国的人生哲学增添了新的内容。中国哲学认为人是天生的，或者说阴阳和合而生的，或者说人是有气有生有知有义的动物。佛教则认为人是由色、受、想、行、识等五蕴构成的。

其次，佛教关于人的认识能力的探讨丰富了中国的认识论。中国哲学从为学之方与道德修养的角度涉及认识论的内容比较多。佛教般若学如在一定程度上丰富了中国哲学的认识论。般若学的基本特征是否认人的认识能力，认识的本质是矛盾，矛盾就是荒谬和虚妄、幻化不实，这就是佛教上所说的“空”。

再次，有关世界的本体，般若学解释现实世界的根源是“忆想分别”。宣扬“三界唯心”、“万法唯识”的“唯识论”。即世界原本就是“心”，或曰“识”，现实世界一切存在的东西，都是精神的产物。中国所有宗教派别都受唯识学说的影响，章太炎、熊十力等都接受过唯识学说。

佛教得以在中国长期流传，是和它能够为中国哲学提供、补充新营养直接相关。

2. 佛教与中国文学

佛教给中国文学注入了新鲜血液。如给中国文学增添了新内容；赋予中国文学以新形式；从内容和形式两方面促进了中国文学的发展。

佛教经典的翻译，从文学欣赏的角度来说其本身就是一些瑰丽优美的文学作品，是中国古典文学的重要组成部分。

鸠摩罗什法师翻译的《维摩诘所说经》、《妙法莲花经》受到历代文人的喜爱。在佛教的本生故事和因缘故事里包含大量寓言，寓言是佛经故事里最短的一种，虽是为宣传教义，劝喻人们信佛，但这些寓言生动有趣，文笔朴实无华，对我国后世的寓言文学产生了积极的影响。所谓佛本生故事，巴利文叫做 Jātaka，是从动词根 jān（降生）变来的名词。本生就是佛陀前世或为人，或为动物时修行轮回的故事。一个动物，既然降生，必有所为，或善或恶，不出两途，有因必有果，这就决定了他们转生的好坏。释迦牟尼在成佛以前，也逃不出轮回，必须经过无数次的转生，才能成佛。在这无数次的轮回中，菩萨的前生转变成了各种各样的动物，他们或为鱼儿，或为巨象，飞禽走兽，种类繁多。菩萨借他们之口，或以行动，或以言语，讲经布道，积善聚德，以摆脱轮回之苦。佛教对于说唱文学和小说的影响也很巨大。佛教为吸引教徒，推行经文的“转读”、“梵呗”，即“唱经”、“咏经”，说唱结合，出现了变文的文学形式，接着又出现了弹词、鼓词等。我国古代的说唱文学都直接受佛教影响。

3. 佛教与中国民俗

佛教传入中国，给中国固有的民俗增添了许多与佛教有关的因素，对中国民俗产生很大影响。佛教宣扬因果报应、轮回转世、佛国净土、饿鬼地狱，因此派生出阴司、阎王、鬼判、超度、拜佛、烧香、打鬼、还愿等说法或活动，开拓和发展了我国的民间习俗。“家家观世音，户户弥陀佛”的说法，体现了佛教对民俗的影响相当深远、相当巨大。

佛教节日对民俗的影响。如腊八节本是我国古代信仰，一个重要的传统节日，俗称“过小年”，喝“腊八粥”。可是这样一个节日，到了宋代成为与佛教节日结合的节日了。佛教说腊月初八是释迦牟尼成道日。在这天，各寺院都要举行纪念仪式，并煮腊八粥供佛。僧人于腊八喝粥的习惯在中国流传，成为古代信仰与佛教文化共于其中的一个节日。还有“欲佛节”，傣族称为“泼水节”；“佛诞节”，又称“盂兰盆会”。盂兰盆会的主要内容是为了死去的得到救度以盆施鬼。民间更有放河灯之旧俗；以纸糊船，以纸糊鬼，放入纸船内，一起焚烧。盂兰盆会演化了鬼节，相沿1 000多年。

佛教的很多制度和重要佛事活动，都给民间习俗带来影响。如我国民间有饮茶习惯，佛教寺院也有种茶和饮茶习惯。我们很多名茶都产生在寺院，如碧螺春茶，是洞庭山水院山僧首先制作；乌龙茶，最初也是由僧人制作；明代的“大方茶”等都是由僧人所制作。素食的风气也和佛教的习俗有关。僧侣十戒中有不杀生，吃肉违反不杀生的规定，所以僧尼不吃肉。素食以豆制品为主要的美肴佳品，别有风味的多种素食，丰富了我国人民的食品结构。

六、《心经》、《金刚经》、《六祖坛经》

1.《心经》

《心经》，具称《般若波罗蜜多心经》，是佛经中文字最为简练，而内容又极为丰富的一部典籍。它和《金刚经》一样，在社会上广泛流传，影响极大。在佛教中属于般若系经典，可以说这部经是大般若经的心，能总持一切法门，所以叫做心经。《心经》在中国有众多译本，广泛流传家喻户晓的《心经》，是唐代高僧玄奘法师的译本。《心经》全文只200多字，字字珠玑，念诵就能宁静心灵。蕴含佛学精义，若通透了悟，明了缘起性空的道理，远离颠倒梦想，自然能开启智慧，证真断妄，离苦得乐，得大自在大自由。

《心经》在佛教中属于般若系经典。按天台宗对《般若经》的判摄，称为通教。所谓通者：具有通前与通后的意义。通前是说它与阿含教的关系，阿含经典对存在现象的透视：指出了苦、无常、无我；当然也讲到空，但不是很深刻，唯有到了般若经教，在阿含的基础上才把空的教义推向极致。通后是指《般若》与《华严》、《涅槃》、《维摩》等经的关系，般若经教所揭示的缘起性空，是大乘一切经教建立的理论基石。如实地把握般若中观正见，对于学习经教，指导修行，都具有重要意义。

般若波罗蜜多心经，梵文Prajnaparamitahrdayasutra。略称《般若心经》或《心经》。全经只有一卷260字，属于《大品般若经》中600卷中的一节。被认为是般若经类的提要。该经曾有过7种汉译本。较为有名的是后秦鸠摩罗什所译的《摩诃般若波罗蜜大明咒经》和唐朝玄奘所译的《般若波罗蜜多心经》。

此处的“般若”，为梵语Prajna音译，本义为“智慧”。但这智慧是指佛教的“妙智妙慧”。它是一切众生本心所具有的。有色能见，无色也能见；

有声能闻，无声也能闻。它能产生一切善法。至于凡夫的“智慧”，则由外物所引生，必须先有色与声，才会有能见和能闻。若无色与声，即不能见不能闻，它不能直接生出善法。因而我们说，凡夫的“智慧”，在佛家看来，也就成了愚痴，成了妄想。“般若”如灯，能照亮一切，能达一切，度化佛所指斥的那种有漏的“分别慧”。

“波罗蜜多”，梵文为 Pāramitā，意为“度”，“到彼岸”。亦即意在说明“度生死苦海，到涅槃彼岸”。所谓“彼岸”是对于“此岸”而言的。生死便喻“此岸”。它指三界内的众生由于妄念邪心而造业，因而不得不轮回于生生死死当中，永住于烦恼苦海中。只有修行才能摆脱轮回，永超生死地。

“三界”，指欲界、色界、无色界，共有 28 重天。下面 6 重为欲界。所谓“欲”，指的是男女、饮食、睡眠三者。中间的 18 重为色界，居于此界当中者已经离于三欲，但又保存了“质碍色身”，仍然离不开物质元素。是中众生，虽然有色欲等，但已经不必非有“物质基础”了。至于那上面的 4 层属于无色界。居于此界的众生则没有形色，他们已经修成了“空”与“定”。较之此一境界更高的则是所谓“涅槃”。就佛教说，可以认为涅槃境界是一种比喻的说法，它仅指超出生死轮回世间，摆脱人生有限性和相对性。以传统说法，指的是因修道而超出三界的圣人，他已经处于一种不生不灭的状态，获得了不受垢染，永远安乐的寂灭之体。

凡任何修习佛教的人，按照经往的讲法，只要依法受持，就可以度脱生死苦恼，到达涅槃彼岸。一般认为，修习般若波罗蜜多法门属于六种“到彼岸”的法门之一，又称为“六度”，具体说，这也就是大乘佛教修习的基本内容。它包括：①布施（檀那）；②持戒（尸罗）；③忍（羼提）；④精进（毗梨耶）；⑤定（禅那）；⑥智慧（般若）。《大品般若经》卷一说：“菩萨摩诃萨以不住法住般若波罗蜜中；以无所舍法应具足檀那波罗蜜，施者受者及财物不可得故；罪不罪不可得故，应具足尸波罗蜜；身心精进不懈怠故，应具足禅那波罗蜜；于一切法不著故，应具足般若波罗蜜。”法相宗将六波罗蜜的“智慧”扩展为“方便善巧”、“愿”、“力”、“智”等四波罗蜜，合称“十波罗蜜”，作为菩萨“胜行”，以配合菩萨十地，说明修行的次第。这是题外的话了。总之，这六法门又可以喻之为船筏，它们运载修善众生过渡到彼岸去。六度之中，又特别以般若波罗蜜多为最上法门。即是说，一旦深入般若甚深法门，便可以随机而有布施、持戒、忍辱、精进、禅定的诸度功德。

“心经”的“心”，意为“核心”、“纲要”、“精华”，言下之意是说，此经集合了600卷般若大经的“精要”而成。

2. 《金刚经》

《金刚经》在中国是影响非常大的一部佛经，在民间广为流传。通行的本子由鸠摩罗什翻译，经梁武帝的昭明太子分成32章，即32品，属中观般若学。武则天女皇也曾研读《金刚经》，还作偈子称赞。《金刚经》是一部超越了一切宗教性，但也包含了一切宗教性的佛学经典，念诵《金刚经》据说能产生无上的感应力，理解《金刚经》可以开悟自身的般若智慧。

《金刚经》是佛教重要经典，全名《金刚般若（bōrě）波罗蜜经》。金刚指最为坚硬的金属，喻指勇猛的突破各种关卡，让自己能够顺利地修行正道；般若为梵语智慧一词的音译；波罗意为完成（旧译：到达彼岸）；蜜意为无极。全名是指按照此经修持能成就金刚不坏之本质，修得悟透佛道精髓智慧，脱离欲界、色界、无色界三界而完成智慧（到达苦海彼岸），也就是所有十方法界的众生，如果想要修行成就佛菩萨，成就无上正等正觉，都要经过金刚经的真修实证，开悟而后成就。

《金刚经》传入中国后，自东晋到唐朝共有6个译本，以鸠摩罗什所译《金刚般若波罗蜜经》最为流行。“般若”是梵文音译，意为“通达世间法和出世间法，圆融无碍，恰到好处，绝对完全的大智慧”。“金刚”，喻指般若如金刚一样锋利无比，能破除世间一切烦恼与偏见。“波罗蜜”，意指超越生死而度达解脱的彼岸。经题的意义，指以金刚一样无坚不摧的大智慧，破除一切烦恼执著，超越生死而达到永恒安乐的归宿。

《金刚经》全文没有出现一个“空”字，但通篇讨论的是空的智慧。一般认为前半部说众生空，后半部说法空。经文开始，由号称佛陀十大弟子中“解空第一”的须菩提发问：当众生立定志向要达到无上圆满的佛陀觉智时，应该将发心的目标定在哪里？如果在实践过程中心不能安住，应该如何降伏？即如何使心灵平和地安住在终极关怀里，如何在走向终极目标的过程中，对各种错误认识和患得患失心理进行克服？《金刚经》就是围绕佛陀对此问题的解答而展开的。

《金刚经》有众多译本，在佛教界一向传诵的是鸠摩罗什的译本。鸠摩罗什是中观般若学的权威，中国般若思想的弘扬，到鸠摩罗什翻译出般若系经论，中国人对般若思想才有了正确的认识。我们学习《金刚经》，自然也是要依鸠摩罗什的译本。这个本子不但行文优美、流畅，内容也相对通俗易懂。至于其他译本，可作为参考之用。《金刚经》的注疏，有上百种之多，加上现代人的学术研究成果，众说纷纭，究竟是哪种说法呢？是啊！对于在佛法上，正见还没有树立起来的学者而言，面对这么多的注疏，难免无所适从。但如果佛法正见已经树立的人，他会发现各家说法虽然有一定的差异，但每一种注疏，都代表着某位大德对《金刚经》的理解，及修学佛法上的体会。

虽然《金刚经》可谓家喻户晓，但是每天诵经的人中，却没有几个人彻底了解《金刚经》的真实意思，这不是那么简单的事。比如，什么是般若？所有言说均非般若，因为般若无相，有所言说都是虚妄。那么般若是什么呢？般若就是我们本性的作用、妙用，就是智慧。

比如有人问：要如何明心见性？——起一念观照，就已经离本性十万八千里了。如有人打坐，总在想：本性是什么？用意识去思维本性，如是之人百千万劫终不能了解般若，因为般若不是意识思维，而是意识除掉执著后的东西。凡是落入意识，继续推论下去，一定会累积，产生数量，因为其内涵有了零的前提，之后便会进行种种的累积。而般若是讲当体、本性、会入空性，它没有零，也没有一、二、三，没有我，也没有对方。他在一天 24 小时的任何一个交汇点上都是空性（ 这也是我们的描述），都是无量无边的本性的妙有。

3. **《六祖坛经》**

六祖大师名慧能，亦称惠能（638—713），俗姓卢，原籍范阳（今北京涿县），父名卢行滔，母李氏。师生于唐贞观十二年（638）戊戌岁二月初八子时，生时毫光腾空，像佛顶放光，异香满室。在第二天黎明时分，有两位异僧来访卢府说："你昨晚生下的孩儿与佛法有缘，故特地来为他命名，以上惠下能作他的名字。"他的父亲问："为什么叫惠能呢?"僧答："惠是以佛法惠施众生，能是表示能弘扬佛法。"说罢就不知去向。惠能出生后，并不吃母乳，却能日日长大。据说有神人每晚灌以甘露。23 岁辞母赴湖北黄梅参拜五祖学佛，以"菩提本无树，明镜亦非台。本来无一物，何处惹尘埃"的示法偈被五祖赏识并密传衣钵，成为第六代祖师，其语录成为流传后世的《六祖坛经》。惠能是佛教中国化的真正奠基人。

《六祖坛经》是中国佛教惟一一部称为"经"的典籍。记载惠能一生得法传宗的事迹和启导门徒的言教，内容丰富，文字通俗，是研究禅宗思想渊源的重要依据。流传较广的金陵刻经处本，分为自序、般若、决疑、定慧、妙行、忏悔、机缘、顿渐、护法、付嘱等十品。其中心思想是"见性成佛"，即所谓"唯传见性法，出世破邪宗"。

《六祖坛经》展示的是中国化佛学的面貌，处处表现出禅的空灵，于平常之中彰显自性的澄明。研读《六祖坛经》，可以在躁竞中开悟智慧，在浮动中得到沉静，在迷茫中见性明心。

历史上，虽然《楞伽经》和《金刚经》都曾是禅门印证心法的重要经典，但真正称得上是禅宗宗经的则是《六祖坛经》。《六祖坛经》的问世也是南禅顿教形成的标志。它的出现是佛教史上的一次革命，它使“胡气”十足的佛教变成了中国风味浓郁的禅宗。禅宗一经问世就很快成为中国佛教的主流和代表，风靡朝野。它不仅使神秀北宗的后继者“普寂之门盈而后虚”，而且形成了“致使妇人孺子抵掌嬉笑，争谈禅悦”的昌盛局面。“会昌法难”之后，天台、慈恩、密等诸宗衰绝零落，唯独禅宗一花五叶，烂漫盛开于山野林下，繁衍不绝。直到今天，若问起汉地佛教寺院僧尼的法脉，十之八九，大多属禅宗。

六祖法宝“坛经”是此部经的名字，这部经叫《六祖法宝坛》，是经的别名。《经》，是经的通名。佛经立题以七种来分别，即是单人、单法、单喻、人法、人喻、法喻、人法喻。如佛说阿弥陀经是单人立题。因佛和阿弥陀是人，是人修行成佛的。人就是佛，佛就是人，故中国写“佛”字有个人字在旁边。单法立题如般若经、涅槃经。涅槃是法——涅者不生，槃者不灭。单喻立题如佛说梵网经，若能严持戒律就会生出光明，如大梵天网罗幢的宝珠。若犯戒、破戒、知法犯法，则有所漏，漏到地狱、饿鬼、畜生三恶道去，绝无人情可讲。法喻立题如《妙法莲华经》，妙法是法，莲华是喻。人喻立题像如来狮子吼即是，如来是人，狮子吼是喻，佛说法像狮子吼一样。人法立题如文殊问般若经。人法喻具足立题，如大方广佛华严经，大方广是法，佛是人，华严是个比喻。

第七章　阴　阳　家

阴阳，是中国古代一个哲学范畴。其最初的含义，是指日月的向背，向日者为阳，背日者为阴。《易传》中“一阴一阳之谓道”的观点，实际上是《周易》及《易传》讲变化之道的重要范畴。阴阳观念和五行观念都起源较早，至战国时期发展为阴阳学说和五行学说。《汉书·艺文志》：“阴阳家出于羲和之官”（掌管象授时）。阴阳家的代表人物是邹衍，据《史记·孟子荀卿列传》记载，邹衍后于孟子，是齐之稷下著名人物。孟子称他“齐东野人之语”，庄子说“齐谐志怪”。邹衍将阴阳学说和五行学说糅合为一，提出阴阳五行学说，其代表性理论是“五德终始”说。《史记》称其：“深观阴阳消息，而作迂怪之变。”他周游列国，游说诸侯，备受礼遇和尊重。阴阳五行，分作阴阳和五行。从起源上讲两者是相互独立的，两者的合流直到秦汉时期方才完成。他的基本思路：阴阳交感而生宇宙万物，宇宙万物是阴阳的对立统一。阴阳学说是在气说的基础上建立起来的，并在气说的基础上，进一步认为天地、日月、昼夜、晴明、水火、温凉等运动变化中一分为二的结果，这样就抽象出来“阴”和“阳”两个相对的概念。阴阳是抽象的概念而不是具体事物，所以“阴阳者，有名无形”（《灵枢·阴阳系日月》）。阴阳和五行各自表征着不同的文化观念，两者的合流标志着一种新的文化观念的产生。敬顺昊天，历象日月星辰，敬授民时，是其所长；其缺点则为舍人事而任鬼神。

本章主要讨论阴阳五行学说的产生发展和变化及其人们运用这一学说的大体情况。这种研究关注的是阴阳五行学说而不是阴阳家本身。换言之，是透过阴阳家提出的理论的发展状况来看阴阳家，而不是就阴阳家这一流派本身来看阴阳家。

一、阴阳五行观念的源起

阴阳五行说，是我国先民在接触各种事物与现象的实践中，通过观察与思考而建立的一种影响很大的哲学思想观念。它是一种自发的朴素的唯物论，并具有辩证法初步思想因素。“一阴一阳谓之道”是阴阳学说的精髓。阴阳五行，是我国人民所独创的一种学说，广泛渗透于中国古代科技文化的各个领域。中国风水学的各个方面均遵循这一原则。阴阳与五行是两个基本概念。阴阳学说，认为宇宙间任何事物都具有既对立又统一的阴阳两个方面，经常不断地运动和相互作用。这种运动和相互作用，是一切事物运动变化的根源。古人把这种不断运动变化，叫做“生化不息”。阴和阳之间，并不是孤立和静止不变的，而是存在着相互依存、消长、转化的关系。

五行学说同“阴阳学说”一样，它也是一种哲学概念，是一种认识和分析事物的思想方法。“五行”，就是自然界中“木、火、土、金、水”这五类物质的运动。“五行学说”是指这五类物质的运动变化，以及它们之间的相互关系，以相生、相克作为解释事物之间相互关联及运动变化规律的说理工具。

阴阳源于中国古代的哲学思想，认为万物都有阴阳两个对立面，以阴阳来解释自然界的各种现象，例如天是阳，地是阴；日是阳，月是阴。阴阳的对立和统一，是万物发展的根源。“五德终始”之说以五行为五种天然的势力，每种势力都有盛衰。五行，在中国传统的言语系统中，通常是指水、火、木、金、土五种构成事物的元素和促使事物发展变化的动力；又指仁、义、礼、智、信五常即五种伦理道德规范。天道人事受其支配，盛衰交替循环往复。“五行，一曰水，二曰火，三曰木，四曰金，五曰土。水曰润下，火曰炎上，木曰曲直，金曰从革，土爰稼穑。”① 木胜土，金胜木，火胜金，水胜火，土胜水。没有停止。关于五行的起源和最初的具体的所指，可谓众说纷纭。人们“寻本探源”的努力，无疑是要找出五行的根，析解先民们为什么要讲“五行”，讲五行的目的何在。但是这“根”事实上是一道迷障，是现代人谁都可以说说，但谁也不敢保证自己能说得清，能看得明的东西。因此，在这里没有必要对现代人的各种说法一一列举，更没有必要分辨谁对谁错、谁是谁非。但是，如果把五行学说视为一棵枝繁叶茂的参天之树，那么无疑还是要追寻这颗种子是什么时候播下的，为什么播下，它生长在何地，它的根在何处。

阴阳家在其产生之初就与术数有关联。阴阳五行理论在其历史的展开过程中也与术数、方技密切相关。中国古代社会中各种术数的主要理论依据就是阴阳五行，而天人一体，四时干支等都依附于阴阳五行。阴阳五行沟通

① 屈万里：《尚书·洪范》，台北：台湾联经出版事业有限公司，2003。

天、地、人，使得宇宙在人们心目中成为全息统一的宇宙。人们通过对某种已知信息的把握，加以精确的推算，就能预知某种未知的状况。如通过对某人的生辰年、月、日、时（已知）的推算，就能预知此人一生的命运（未知）。这其中的根基都是阴阳消长五行生克。由于阴阳、五行学说有悠久的历史文化基础，而“终始五德”之说，以五行五种天然的势力，每种势力都有盛衰。在解释王朝的兴废和历史的更迭方面具有极强的功能。在秦统一前夕的《吕氏春秋》直接受到邹衍学说的影响。① 并采纳这一学说而初步建构起融自然社会于一体的、以阴阳五行为骨架的世界图式。邹衍的阴阳家思想表现在将自古以来的术数思想与阴阳五行学说相结合，并试图进一步的发展，用来建构宇宙图式，解说自然现象的成因及其变化法则。

在五行相生之中，同时寓有相克；在相克之中，同时也寓有相生。这是自然界运动变化的一般规律。阴阳是古人对宇宙万物两种相反相成的性质的一种抽象，也是宇宙对立统一及思维法则的哲学范畴。至西汉，经《淮南子》和董仲舒的发展，这一图式遂成为人们的普遍信仰和表意符号系统。

五行，指的是木、火、土、金、水五者，基于此的五行学说是中国古代智慧和人民关于国家、家庭、社会、人生和自然界统一的最约化的表达方式。其基本性质，古人早已有所描述：“水润下，木曲直，火炎上，土稼穑，金从革。土载四行，为万物之母”，水能润物，木向前，火炎热，土生长，金为变革。五行的生克关系如下：

五行相生：木生火，火生土，土生金，金生水，水生木 。如图 7－1。

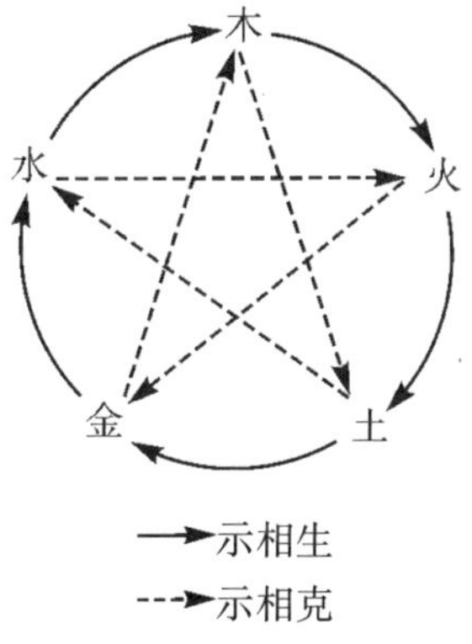

图 7－1　五行相生寓有相克图

① 吕不韦：《吕氏春秋》，徐子宏、金忠林译，长沙：岳麓书社，1993。

相生规律：生，含有资生、助长、促进的意义。五行之间，都具有互相资生、互相助长的关系。这种关系简称为“五行相生”。

五行相克：木克土，土克水，水克火，火克金，金克木 。见图7－2。

图7－2　五行相克寓有相生图

相克规律：克，含有制约、阻抑、克服的意义。五行之间，都具有相互制约、相互克服、相互阻抑的关系，简称“五行相克”。

虽然阴阳家以阴阳五行为理论的根基，但是阴阳五行并不是阴阳家的专利；阴阳五行观念的产生与阴阳家的诞生也没有必然的关联。阴阳五行学说是中国古代人民长期生活和生产实践中抽象出来的概念，为各派思想家所接受、阐发、改造，并纳入各自的思想体系中。因此，在追溯阴阳五行观念的源起及早期发展之后，还必须对阴阳家的诞生和对阴阳五行观念的运用与发展加以考察。

1. **方士和术数**

春秋战国时期，出现了各种各样的学说，形成了大大小小的一些学派。《汉书·艺文志》把方士的术数分为：天文、历谱、五行、蓍（占卜用的一种草）、龟、杂占、刑法（相术、风水等）。后来的史学家对此加以分类，而冠以各种名称，如道家、儒家、阴阳等等，以示各学派之不同。现在所知的对学派加以分类的第一人是司马迁的父亲司马谈。按照司马谈的说法，阴阳家是讲阴阳四时八位、十二度、廿四时等数度之学和五行之说。司马谈勾勒了各家之学的梗概，但是没有追溯各家的源起（仅就所能见到的文献而言）。司马谈之后的第二人是刘歆（公元前46？—23）。刘歆在司马谈所分阴阳、儒、道、名、法、墨六家之上又加了纵横、杂、农、小说四家，共称十家。刘歆认为小说家很不重要，“诸子十家，其可观者，九家而已”。刘歆也是第一次系统描述各家起源的人。刘歆的观点，就是诸子出于王官。

术数、方技都以阴阳五行为主要理论依据，因此不谈一谈术数就很难说清阴阳五行理论的合理性与荒谬性，也难以揭示阴阳家的全貌。中国传统社会中术数、方技众多，我们不可能一一论及，本篇选择几种具有代表性的术数如风水等，希图由一斑而窥全豹。之所以选择星占、风水、相术和算命四种，是因为星占代表着人们对天象的认识，而风水、相术和算命则代表人们对居住环境，即地象和人自身，即人象的认识。

秦始皇，这个阴阳家的实践派，在公元前221年扫灭六国，统一天下，虽然他希望秦能传至万世而不绝，可惜的是只有短短的15年，秦就灭亡了。但是，就在这短短的弹指一挥间，他统一了全国的法令、文字、货币、度量衡，车同轨，书同文，行同伦，把一个幅员广阔、风俗各异的国家置于皇帝一人的统治之下，确定了中央集权的君主专制制度。自此以后直到封建社会的解体，中国社会始终按照秦奠定的格局发展，所谓“百代皆沿秦制度”。因此，秦王朝的兴亡也成为历代热烈讨论的话题，而它的统治思想也为历代所关注。虽然《吕氏春秋》试图以阴阳五行框架融百家于一炉而为秦王朝提供统治思想和方略，但是或许是因为吕不韦个人的原因，或许是因为《吕览》的综合不成功，秦王朝并没有采纳或者说只是采纳了其中的某种思想观念。但是，《吕览》提出的思想框架却被秦汉思想家所遵从。当然这个框架被填充进许多新的内容，或者说是有了新的内涵。自汉建国起，在经过70年左右的探索之后，刘安向汉武帝献上了综罗百家的《淮南鸿烈》①，但是汉武帝采纳了董仲舒的“独尊儒术”。两者惊人的相似之处就是都采纳了阴阳五行的宇宙图式，而这一解释宇宙的架构也为2 000年间的封建时代的学者一致遵从。

2. 自然科学的实践

阴阳五行学说，是中国古代朴素的唯物论和自发的辩证法思想，它认为世界是物质的，物质世界是在阴阳二气作用的推动下孳生、发展和变化的；并认为木、火、土、金、水五种最基本的物质是构成世界不可缺少的元素。这五种物质相互资生、相互制约，处于不断的运动变化之中。这种学说对后来古代唯物主义哲学有着深远的影响，如古代的天文学、气象学、化学、算学、音乐和医学，都是在阴阳五行学说的协助下发展起来的。我国古代医学家，在长期医疗实践的基础上，将阴阳五行学说广泛地运用于医学领域，用

---

① 刘文典：《淮南鸿烈》，冯逸、乔华校，北京：中华书局，1989。

以说明人类生命起源、生理现象、病理变化，指导着临床的诊断和防治，成为中医理论的重要组成部分，对中医学理论体系的形成和发展，起着极为深刻的影响。

许多古代自然科学家，都精通阴阳五行学说。倡导浑天说和发明浑天仪的东汉科学家张衡（78—139），史称“善机巧，尤致思于天文、阴阳、历算”（《后汉书·张衡传》）。编修大衍历的唐代科学家一行（683—727），“博览经史，尤精历象、阴阳、五行之学”（《旧唐书·一行传》）。宋代卓越的科学家沈括，在他的《梦溪笔谈》中专门论述《易经》和阴阳五行。另外，如阴阳学说在地理学上的应用，在矿物学方面，在医学诊断上，解释化学现象等方面都有广泛的影响和特殊的意义。例如在生理方面，中医认为，人体的各个组成部分和生理活动都可以用阴阳来概括说明。认为阳代表一切机能活动，阴代表一切物质基础。它把人体分成几个部分：上部、外部、背部属于阳；六腑属阳，五脏属阴。在每一脏腑中也有阴阳之分，说明阴阳对立而又统一，是相互依存、相互渗透的。不仅如此，阴阳矛盾还可以在一定条件下彼此转化。“重寒则热，重热则寒”，“重阴必阳，重阳必阴”（《阴阳应象大论》）。这就是阴阳矛盾在一定条件下转化的例子。在中医学理论体系中，处处体现着阴阳学说的思想。阴阳学说被用以说明人体的组织结构、生理功能及病理变化，并用于指导疾病的诊断和治疗。

阴阳学说主要说明事物对立双方的互相依存、互相消长和互相转化的关系；五行学说是用事物属性的五行归类及生克规律，以说明事物的属性和事物之间的相互关系。在中医学里，二者皆以脏腑、经络、气血津液等为其物质基础；都是从宏观自然现象（包括人体的变化规律），用取象比类的方法，来分析、研究、解释人体的生理活动和病理变化及人体内外的各种关系，并指导临床辩证与治疗。阴阳五行学说广泛地影响了中国古代各门自然科学，对中国古代天文学、医学、化学等方面的影响尤为明显。中医学应用五行学说以解释人体的生理功能，说明机体病理变化，用于疾病的诊断和治疗。

3. 阴阳与谶纬神学

谶纬作为一种社会思潮，兴起于西汉哀、平之世，而盛行于东汉。谶是“诡为隐语，预决吉凶”的宗教预言。这是一种古老的预言迷信，在历史上早就产生了。在先秦的记载中，多有所见。纬对经而言，是用神学来解释经义并把这种解释托之于孔子。纬只有把儒家经典奉为神圣以后才能出现。

当谶纬结合，形成一种社会思潮，就难解难分，你中有我，我中有你了。这就是谶纬演变过程。正统的神学经学是适应和巩固封建统治秩序的需要而产生的，而谶纬则是社会危机的产物。谶纬从产生到形成都罩上了一层神秘色彩。它宣扬神学，想成为宗教，但它的最大兴趣又不在彼岸；它内容庞杂，而颇多歧异。我们从谶纬的文化现象探讨它与阴阳的关系，从中挖掘其阴阳思想的意蕴。

《易纬·乾凿度》说："昔者圣人因阴阳，定消息，立乾坤，以统天地也。"这里的"阴阳"是指阴阳二气。"圣人"懂得，只有阴阳二气才是万物之根本，离开了这个根本，就不能谈"定消息，立乾坤，以统天地"的大道。"阳动而进，阴动而退。故阳以七，阴以八，为彖。易一阴一阳，合而为十五，之谓道"（《易纬·乾凿度》）。这是阴阳在周易卦爻变化中数字上的反映和表现。易卦的"象"和"数"，是客观事物的反映，这和易纬关于气的理论联系起来似乎是矛盾的，从唯物主义倒向唯心主义。

阴阳与谶纬神学继承了《周易》的阴阳思想，涉及到自然科学知识和社会科学知识领域的各个方面，到处都可以看到或感到阴阳在有形无形地起作用。谶纬对《周易》的阴阳思想有所发挥，继承了《周易》并对其蕴藏着的哲理思想进行了阐释。谶纬促使《周易》的阴阳思想在某些方面向宗教神学推进，从而对汉代"天人感应"、"人神合一"思潮起了推波助澜的作用。总之，谶纬的阴阳思想，在自然科学、社会领域、宗教神学等方面，留下了深深的轨迹。

二、黄老道家与阴阳五行

黄老之学起于战国末期、兴盛于汉初。黄指黄帝，老指老子。黄帝是中国古代传说中"人神杂糅"的人物，被认为是上古圣帝明王，是华夏民族的始祖。黄老道家假托黄帝的名义而立言，实以老子的学说为宗主，兼取儒、法、阴阳各家的学说，是道家学说的一个发展阶段。黄老道家的经典是《黄帝书》和《老子》。黄老之学有广义、狭义之分，广义的黄老之学，泛指汉代初期90年间的以老庄学说为主干，兼采各家的道家思潮。狭义黄老之学是指正式托名黄帝老子的学说。尊崇黄帝、崇奉老子，黄老思想是道教的重要思想来源，这里讲的是广义的黄老之学。黄老之学在汉初盛行一时，但流传下来的著作不多。现在研究汉初黄老之学，最主要的依据是司马谈的《论六家要旨》和1973年长沙马王堆汉墓出土的四篇古佚书即《黄老帛书》或《黄帝内经》。

黄老道家是以自然哲学为根柢的政治哲学和经世之学，其核心是"君人南面之术”，“术”或政治权谋在老子的思想中已有相当的流露，而在黄老道家得到进一步的发展。先秦道家对自然与社会的态度是“不累于俗，不饰与物”，与老子“见素抱朴，少知寡欲”一脉相承。再有就是道家思想与法家思想相结合。到了汉代黄老之学强调“无为而无不为”，无为也就是有为，糅合了道家和儒家思想，讲“无为”也讲“仁义”。

以阴阳家的阴阳五行为骨架搭建起的宇宙图式，融自然、社会、人生于一体，在汉代取得了在社会意识和学术思想中的支配地位。自此以来，便成为中国传统社会中十分普遍的信仰；人们对自然、社会和人生的解释与把握总是在这一图式中进行，这一图式成为中国人最基本的表意符号系统。这一图式与远古先民原初的经验、阴阳家的提炼、汉代道家的融摄和儒家的运用、推广都有密切的关系。同时，易学家的努力和医学家的运用也都功不可没。在本章中，我们就考察一下汉代易学家是如何运用阴阳五行解说《周易》，将阴阳五行与八卦、六十四卦熔铸为一而建立起以阴阳五行为骨架的宇宙图式，并依此来推测自然的变化和推断人事的吉凶。同时，也说一说医学家是如何运用阴阳五行来把握、说明和治疗人这个生命有机体。凡是旺盛、萌动、强壮、外向、功能性的，均属阳；相反，凡是宁静、寒冷、抑制、内在、物质性的，均属阴。阴阳学说在中医学中的应用，在中医学理论体系中，处处体现着阴阳学说的思想。阴阳学说被用来阐释人体的组织结构、生理功能及病理变化，并用于指导疾病的诊断和治疗。

三、易学与星占术

《周易》这部书是讲阴阳变化的，阴阳就是它的内容实质。现在流行的测字、求签、看相、算命，是古代卜筮的余绪。“卜”重在象，“筮”重在数，巫法是根据“数”来查卦的。“龟，象也；筮，数也。物生而后有象，象而后有滋，滋而后有数。”（《左传·僖公四年》）这种方法又叫“占”，《周易》用的就是这种方法。《周易》是以占筮为形式的哲学著作。它认为，宇宙万千物类，人群物繁，五光十色，毫无例外地都是秉受天地的阴阳二气所生成。因之，阴阳二气自然而然成为万物之“母”，构成客观世界的普遍规律。《周易》把这种普遍规律称为“道”，即“一阴一阳之谓道”。说明一阴一阳是人们遵循的基本规律，也是哲学上的一个重要范畴。“道”作为阴阳交通互感的规律，已经原则而抽象化，是无形的东西。

阴阳的关系首先是对立的，同时又是统一的，双方处于一个对立统一的矛盾体中。天上地下是对立的，但其气相通而万物生息繁衍之事是相同的。

男女性别不同，体质各异，一旦成为夫妻，双方结合，生儿育女，感情却是一致的。天地万物，飞潜动植，都有两性之差别，阴阳之各异。

自汉至清，解《易》之人甚多，解《易》之书也可谓汗牛充栋。易学之派别，极言之，则义理与象数两派而已。《易传》解《易经》，义理与象数并重，逮及汉儒，始专重象数，由阴阳五行而言卦气，由卦气而言阴阳灾异，所谓“人事吉凶见乎象”；此为象数一派。时至曹魏，王弼排除汉代象数之学，对卦爻辞的解说主取义之说，注重义理创建义理一派。要言之，象数一派，虽专重象数，未尝废义理。义理一派虽重无形之义理，但也未尽废象数。但因两者宗主不同，遂为冰炭水火之势，易学本一而分为二。对立面的斗争常常处于一正一反，一胜一负，一正一偏，一来一往的状态。于是，吉与凶、祸与福、生与死、治与乱、兴与衰、新与旧、正与反、左与右、上与下、前与后、成与败等等，一切对立的两个方面无不在一定的条件下互相移位，不断转换，相互取代，彼此共存。

现有比较完整的易纬是《乾凿度》，“昔者圣人因阴阳，定消息，立乾坤，以统天地也”。它是以气为万物的根本，这里的“阴阳”，实际是指阴阳二气。“圣人”懂得，只有阴阳二气，才是万物之根本：

阳动而进，阴动而退。故阳以七，阴以八为象。易一阴一阳，合而为十五之谓道。阳变七之九，阴变八之六，亦合于十五，则象变之数若之一也。(《乾凿度》)

这些都说明阴阳在周易卦爻变化中数字上的反映和表现。《周易》的卦由爻组成，爻分为阴爻和阳爻，两两相重成八卦，八卦又可得六十四卦，代表更多的自然事物和社会事物。

人类最古老的学问是天文学。人类自具有自我意识之时起，就试图认识自然、把握自然。阴阳学在天文学上的应用，与人类生存有最密切的自然关系。头上的太阳，反映原始民族对太阳的崇拜。在天上伴随着太阳的，还有月亮和星辰。日月星辰的分布、运行和变化对心智刚刚开化的原始人来说，既显得崇高和神秘，又对判断时间、季节方向十分重要，所以天象观察就成为了最早的有意识的观察自然的方式，这是天文学的起源：

上古之世，太素之时，元气窈冥，未有形兆。万精合并，混而为一，莫制莫御。若斯久之，翻然自化，清浊分别，变成阴阳。阴阳有体，实生两仪，天地壹郁，万物化醇。和气生人，以统理之。是故天本诸阳，地本诸阴，人本中和。(《潜夫论·本训》)

用阴阳矛盾斗争的观点来解释天地的形成过程，是一种朴素的、直观的天地生成说。

在我国，新石器时代的岩画和彩陶上，已经有了天象观察的图案。历史传说在四五千年前的帝尧时期已经出现了专门掌握天象观测的官，统称之为“羲和”。殷墟甲骨的卜辞中有世界最早的日食记录和新星记录，说明我们的祖先在天象观测方面积累了丰富的经验，已能准确地分辨正常天象和异常天象。至于《尚书》、《诗经》、《春秋》、《左传》、《国语》等先秦史籍中，有关的天象记录就更多了。

明末清初著名学者顾炎武在《日知录》中说，“三代以上，人人皆知天文。‘七月流火’，农夫之辞也；‘三星在天’，妇人之语也；‘月离于毕’，戍卒之作也；‘龙尾伏辰’，儿童之谣也。”顾炎武的话不仅说明在诗经的时代——周代，天文学知识已相当普及，也说明当时的天文学已相当成熟了。古代的有些自然现象，或偶然突发如地震、陨石、日月的升降，古人都试图用阴阳学说来解释。最古老的天文学与阴阳观念的产生和发展，说明天文学从而与阴阳家有极密切的关系。《汉书·艺文志》说：“阴阳家者流，盖出于羲和之官。敬顺昊天，历象日月星辰，敬授民时，此其所长也。”

尽管“诸子出于王官说”遭到国内许多学者的反对，但阴阳家与天文学的关系是不容否认的。这是因为：第一，天象观测与阴阳观念有密切关系。天地一阴阳也，日月一阴阳也，阴阳观念本身就是从观察太阳的向背产生的。第二，天地阴阳的运行——时间之流的量度之学即历法，而历法是古天文学的一部分，是天象观测的目的之一，又是天文观测的工具之一。与阴阳五行观念不可分的天干、地支符号，最早也是用于历法的纪年、纪月、纪日中。第三，也是最重要的，在世界的各民族中，尤其在我国，天文和星占是一回事。星占家即天文学家可视为最早的实践的阴阳家。

“天文”一词，最早见于《周易》贲卦的彖词：“观乎天文，以察时变”，天文即天象，这是说，仰观天象，根据日月星辰运行的次序，以察四时寒暑的变化。这是天文学的基本任务之一。但是，天文学还有一更重要的任务，那是《汉书·艺文志》归纳的：“天文者，序二十八宿，步五星日月，以纪吉凶之象，圣王所以参政也。”根据天象的变化来判断和预测人间政事的成败、吉凶，这是天文学另一重大的基本任务。

天命论的观念、天人感应的观念在中国古人的心中根深蒂固；天象的异常变化，彗星、流星雨、日食、月食等，给人带来神秘和恐惧，自然会使人把天象的变化与人间的吉凶祸福联系起来。天，是有人格、有意志的天，既然有意志、有人格，当然就有“天意”，天下的君王是秉承天命来治理国家、管理百姓的。天要传达天意，君王要上知天意，天上人间的沟通交流的媒介就是天象。

《周易·系辞》中说“天垂象，见吉凶”即是古代人中国传统文化中的重要信念。而通过观察星象来上知天意，预测国家军政大事及人事变化以趋吉避凶的学问和技术，就是星占学。懂得这门技术，并进行实际操作的人，就是星占学家，或星占术士。星占学就是天文学，星占学家就是天文学家。天文学或星占学是一身二任的：“察时变”，“敬授农时”，为生产和经济服务；“纪吉凶之象”，为政治和君王服务。

从自然科学的眼光看，天文观象和社会的政治历史并没有多少关联，但天文学却对朝代的兴衰、帝王将相的存亡产生过重大影响，这是人类文明的奇特现象。

四、风水、卜居、相术

风水是中国古代占验居舍和葬地吉凶的术数，是一种技艺或方法，古代又称之为堪舆术、图宅术、相宅术、戈青鸟术、青囊术、相家术、地理术等。

古代风水理论有其合理的部分。它注重协调人类生存与生态环境的关系，选择适宜人类休养生息的生态环境。如选择阳宅和修建房屋的理论，格外着重地殆、地势、地理、地貌，看重山、水、土质、丘陵、林木等自然环境的和谐统一，追求建筑物与周围环境的浑然一体、自然天成，就有很高的审美和科学价值。但是，传统的风水术和风水理论主要是把地理环境的差异同人们的吉凶祸福、家族的兴衰对应起来，再加民间风水先生的渲染，使得风水术比其他的术数更带有神秘性。

风水术有很强的直观性和实用性；风水先生勘察地理环境、地理形势，指导人们何处适宜建房，何处可以安坟，何处营造不利，何处结穴不利。风水先生甚至可以告诉你床铺改变位置就可医好痼疾，门楼建高一点可以免去厄运等，可供人们作出实际的选择。风水术在预测吉凶的同时，总是与人们最基本的日常实践活动结合在一起。这是它不同于其他术数的特点。

相术应该说有广义和狭义两种。广义的相术也称形法，指根据各地的地形地貌特征来确定各种建筑物的建设；同时也包括根据人和六畜的形象外观，来判断他们的贵贱和吉凶。狭义的相术是指通过观察人的头、面、手、足、骨、神等外貌特征，来推测人的贵贱、贫富、吉凶等，也有的书中称之为

“相学”、“相人”、“看相”等。我们所讲的相术，就是这种狭义上的相术。

1. 先秦相术

相术在我国最早出现于何时，已难以准确地考证了。有一种看法认为相术起源于巫术和医学，即医相同源。史籍里最早明确记载相术的，是《春秋》、《左传》。公元前627年，鲁僖公到齐国访问，回国途中，因病身亡。第二年其子文公即位，决定举行葬礼，周襄王先期派了内史出席葬礼，其名叫叔服。人们都知道内史是周王室中掌管天文、历算、档案的，被人们看成知悉天地鬼神、通晓人的吉凶祸福，理所当然会看相。鲁国重臣公孙敖认为机会难得，带两个儿子让叔服看相。叔服看相后说：“你的两个儿子都是好相，大儿子会供养你，小儿子会料理你的后事。大儿子下颏丰满，其后代在鲁国必然昌盛。”后来，果然为叔服言中。

命运是一个人一生社会地位、经济状况、寿命等方面的固定格局。命运也可以单独称为“命”，因为“运”是命的一部分，是一个人一生中各个不同时期的境遇。算命用人出生的星宿位置、运行情况，或按照人的生辰八字来推算命运。所以算命术又称推命术，即按照天星运数推算人的寿禄，古代认为人禀星气而生、随星位尊卑而成贵贱之命。人的出生年月日时反映了天星运数，人的出生年月日时的不同也反映了人的尊卑贵贱的命运不同。

从总的来看，在古代算命术的发展过程中，形成了两大类型：一类是星占推命术，按人出生时星宿在黄道十二宫的位置来算禄命；另一类是四柱推命术，按照阴阳五行学说和四柱推算禄命。

2. 卜筮与算命术

一般的算命术著作，经常将战国时的鬼谷子说成是算命术的祖师爷。最著名的要算李虚中的说法。李虚中在《鬼谷子命书》[①] 序中称司马季主居壶山之阳，在一夜大雨后，风清月明；有一老头子敲门，自称是鬼谷子。季主与之谈论天地起源、河洛之书、箕子九畴、文王八卦，探讨幽微造化，直到初晓。季主因而得到鬼谷子遗文九篇。每言人之祸福、时数、吉凶，有如神察。李虚中称自己得到这些遗文，收集各家注释成集。显然，在李虚中的笔下，算命术的祖师非鬼谷子莫属。

民间关于鬼谷子的传说十分多。不同的传说不仅连出生地、甚至连时代也不同。一些史料中将鬼谷子说成古之真仙。如《寻异记》中记载，鬼谷子是上古时代的一位真正的仙人。人们都说他从轩辕时代就来到人世；经历

---

① 谷子：《李虚中命书》，唐李虚中注，济南：山东画报出版社，2004。

了殷商和周朝。曾经和老子西出流沙，到西土修炼。到周代后期才回到中国，住在汉水之流滨的鬼谷山上，传授弟子，其中得其真说的有100多人。

还有的说鬼谷子是晋平公时候的人。隐居在鬼谷，因此，以鬼谷为号。鬼谷先生姓王名诩。有时候到青溪山小住，苏秦和张仪跟他学习纵横之术。苏张两人倾心于智谋、诈术，鬼谷子十分痛心，几次流泪。苏秦、张仪学成下山时，鬼谷子送他们一只鞋，变成了一只狗，引导他们向北到了秦国。鬼谷子在人间活了几百年，以后不知到什么地方去了。

李虚中把鬼谷子说成算命术的祖师，实在是无据可考，可能是先人有着好古的习惯，一切都喜欢假托古人，并且越古越好。《四库全书总目》认为，《鬼谷子命书》所讲的多为宋代的内容和算命，因此，《鬼后子命书》既不是鬼谷子所作，也不是李虚中的作品，是宋以后的人托名李虚中所作的。

3. 阴阳本原论

汉代探讨宇宙本原成为一种气，《黄帝内经》① 比较有代表性，阴阳本原论十分突出。它说："阴阳者，天地之道也，万物之纲纪，变化之父母，生杀之本始，神明之府也。"（《素问·阴阳应象大论》）说明了"阴阳"与"天地"、"万物"、"生杀"等的关系。"积阳成天，积阴成地。""清阳为天，浊阴为地。"天地是由阴阳构成的。天有天气，地有地气。"地气上为云，天气下为雨。雨出地气，云出天气。"不仅如此，"天有精，地有形，天有八纪，地有五里，故能为万物之父母"（《素问·阴阳应象大论》）。

由此可以看出，《黄帝内经》的宇宙演化过程是：阴阳—天地—天地之气—万物。那么阴阳到底是什么？

> 水为阴，火为阳，阳为气，阴为味……阴味出下窍，阳气出上窍。味厚者为阴，薄为阴之阳。气厚者为阳，薄为阳之阴……气味，辛甘发散为阳，酸苦涌泄为阴。阴性则阳病，阳性则阴病。阳性则热，阴性则寒……故重阴必阳，重阳必阴。（《素问·阴阳应象大论》）

从中我们可以认识到《黄帝内经》中"阴阳"是物质性的实体。

阴阳学说认为，世界是物质性的整体，自然界的任何事物都包括着阴和阳相互对立的两个方面，而对立的双方又是相互统一的。正如《素问·阴阳应象大论》说"阴阳者，天地之道也，万物之纲纪，变化之父母，生杀

① 《黄帝内经》，北京：科学技术出版社，1996。

之本始”。任何事物均可以阴阳的属性来划分，但必须是针对相互关联的一对事物，或是一个事物的两个方面，这种划分才有实际意义。

阴阳的对立统一运动，是自然界一切事物发生、发展、变化及消亡的根本原因。所以说，阴阳的矛盾对立统一运动规律是自然界一切事物运动变化固有的规律，世界本身就是阴阳二气对立统一运动的结果。阴和阳，既可以表示相互对立的事物，又可用来分析一个事物内部所存在着的相互对立的两个方面。一般来说，凡是剧烈运动着的、外向的、上升的、温热的、明亮的，都属于阳；相对静止着的、内守的、下降的、寒冷的、晦暗的，都属于阴。以天地而言，天气轻清为阳，地气重浊为阴；以水火而言，水性寒而润下属阴，火性热而炎上属阳。而对立的阴阳双方又是互相依存的，任何一方都不能脱离另一方而单独存在。如上为阳，下为阴，而没有上也就无所谓下；热为阳，冷为阴，而没有冷同样就无所谓热。

五、《邹子》

据《汉书·艺文志》，邹衍著了《邹子》49 篇和《邹子终始》56 篇。《史记·孟子荀卿列传》则说他著作“《终始》、《大圣》之篇十余万言”。

邹衍是战国时期阴阳家学派创始人，主要学说是“五德终始说”和“大九州说”，又是稷下学宫著名学者，因他“尽言天事”，当时人们称他“谈天衍”，又称邹子。司马迁《史记》中列他为稷下诸子之首，说“驺衍之术，迂大而宏辨”。

邹衍把春秋战国时期流行的五行说应用到历史观点上，提出“五德终始说”的历史观，即整个物质世界是由金、木、水、火、土构成的，事物发展变化是通过五行相生相克来实现的；而人类社会历史的发展是一种客观必然，像自然一样。从开天辟地开始，社会按照五德转移的次序进行循环，一个朝代以一德为主，每一德都盛衰有时。德盛，朝代兴旺；德衰，朝代灭亡。所以，人类社会的历史是按照五行相生相克的规律循环向前的。邹衍“五德终始说”的思想渊源大致包括两个相互关联的思想，即“五德转移”、“治各有宜”和“符应”的思想。这两个思想分别来自流传已久的阴阳变化与五行生克的观念，古老的人文历法学、物候学、时禁惯例及相应的顺时布政观念，以及自然灾异与政治举措互通互渗的天人感应观念。春秋后期到邹衍学说形成前的战国中期，阴阳观念被纳入以“道”为核心的宇宙生成学说体系，阴阳二气被视为世界本原“道”或“太极”的分化和推动世界力不断衍生、发展的两种根本力量。

第八章　纵　横　家

纵横家是中国传统“九流十家”之一家。刘歆《七略·诸子略》：“纵横家者流，盖出于行人之官，遭变用权，受命而不受辞。”班固曰：“纵横家者流，盖出于行人之官。孔子曰：‘诵诗三百，使于四方，不能专对，虽多亦奚为？’又曰：‘使乎！使乎！’言其当权事制宜，受命而不受辞，此其所长也。及邪人为之，则上诈谖而弃其信。”“纵横家出于行人之官”（掌使节来往）（《汉书·艺文志》），这是讲纵横家起源于古代“王官之学”。

纵横思想与纵横活动源远流长。上自轩辕童土，中至辅佐周朝文、武二王的姜太公，下迄孔门贤弟子子贡，皆为中国纵横家的先驱。纵横家出现于战国至秦汉之际，多为策辩之士，可称为中国五千年中最早也最特殊的外交政治家。他们的出现主要是因为当时割据纷争，王权不能稳固统一，需要在国力富足的基础上利用联合、排斥、危逼、利诱或辅之以兵之法不战而胜，或以较少的损失获得最大的收益。他们的智谋、思想、手段、策略基本上是当时处理国与国之间问题的最好办法，是世界史上独一无二的历史阶段，其在历史条件下所创造的智慧是后世任何一个朝代都无法超越的。纵横家人物多出身贫贱，在最艰苦的投机倒把下是一种人类智慧的超常解放、创造和发挥，他们以布衣之身游说诸侯，可以以三寸之舌退百万雄师，也可以以纵横之术解不测之危。相传清溪鬼谷，有一隐士，人称鬼谷子，又称鬼谷先生，苏秦、张仪均从学于此公门下。此乃中国纵横家的正式创始，有《鬼谷子》传世，为纵横家的理论经典；有鬼谷子为理论派的纵横家或纵横学派的理论家。苏秦佩六国相印，连六国逼秦废弃帝位；张仪宏才大略，以片言得楚六百里；唐雎机智勇敢，直斥秦王存孟尝封地；相如虽非武将，但浩然正气直逼秦王，不仅完璧归赵，而且未曾使赵受辱。纵横之士智能双全，有不乏仁义之辈，其人其事若鉴于当代，亦必可使受益者非唯浅耳。

在先秦时，纵横家又常被称作“游士”、“说士”、“辩士”、“智士”、“权变之士”，其职业不单是出使列国，更重要的是制定和实施合纵连横的国际战略和联盟外交，其学术为“短长术”、“长短术”、“纵横术”，特点是权变和善辩。纵横家是乱世枭雄，出于乱世，驰骋于乱世，并且只能乱世而不能治世。纵横学为乱世之学术，转祸为福，转败为功，匡济乱世，救倾扶危。秦国强盛首先受到威胁的是三晋。《史记》有《苏秦列传》、《张仪列传》，记述了二人思想活跃、游说合纵，以“六国纵合而并力”，“秦（苏秦）为纵约长，并相六国”。司马迁以为“其术长于权变”，“苏秦起自闾巷，连六国纵亲，此其智有过人者”。

战国末期，秦人连横破纵，远交近攻，各个击破，一统天下。秦朝建立，严刑酷法，暴政肆虐。对旧文化的甄别发展致“焚书坑儒”，破坏了包括纵横家在内的传统文化，但纵横家并没有灭绝，等待着重新崛起的时机。秦汉之际，陈胜、吴广揭竿而起，高举义旗，天下云集影从，纷纷响应，诸侯逐鹿中原，天下再次大乱，中经楚、汉之争，才最终由沛县的刘邦夺得天下，建立了汉朝。这期间，又涌现出蒯通、郦食其、张良、陈平、陆贾等一批新的纵横家人物，演出了一幕纵横天下、波澜壮阔的历史剧。汉朝初立，分封功臣与同姓子弟，重蹈周代分封制的弊病，地方诸侯割据势力与中央政府进行了长期的权力斗争。地方合纵，对抗中央；汉室连横，实行削藩。多元化权力实体的存在，又为纵横家提供了历史舞台。伍被、邹阳、枚乘等一批人物，怀长短术，奔走流说，形成纵横家文化的一个新高潮。

汉武帝时，儒生董仲舒进贤良对策，挥发《春秋》大一统之大义，献“罢黜百家，独尊儒术”之策，被汉武帝接纳。自此之后，儒术大兴。西汉最后一位纵横家主父偃，已经明显受到儒生的排挤。待其主持完成连横削藩、维护中央的政策之后，遭人陷害，身陷囹圄，儒者公孙弘在朝廷上的最后一击，使主父偃身首异处。至此，作为一个有学术渊源的纵横家流派正式终结。纵横家终结了，但纵横家文化并未断绝，它渗透到中国传统文化母体之中。虽然纵横家背负着不道德的恶名，但并不妨碍包括儒家道德卫士在内的各类人物偷取和运用纵横家的技巧和手段。“天下大势，分久必合，合久必分”，有纷争分裂就有类似纵横家式的人物。古代很多有识之士都研究纵横家，汲取纵横家的智慧，用来治国平天下。

降及晚近，否认或鄙视纵横家之声鹊起。或曰：“纵横之术出于行人之官，不知行人自是行人，纵横自是纵横，一是官守，一是为政术，二者岂相为渊源耶?”或曰：“九流十家”出于王官“皆属汉、儒附会之辞，其言全无凭据，先秦显学，本只有儒、墨、道三家”，或曰：“刘（向）、班（固）在《六家要旨》以外，又添上纵横、农家、秦家、小说家等四派，实在等于画蛇添足”，或曰：“纵横家只有人才，而无学术”，或曰：“战国只有纵横之士，并无纵横之学，不能与六家并列。”由此，纵横一家，在诸子研究中，鲜有涉及者，备受漠视与冷落。

纵横家的具体思想，首先要对现实有最明确的认识，确定连横的对象，然后知其诸侯为人而定说辞，及游说之法，或抑或扬，或抑扬相合，或先抑后扬，或先扬后抑，诸法只要对症必事事有其妙。其次在游说过程中，当先观其反应，见机行事，察其对己之关系，是同是非，若同则继续，若非则当补遗误，而后以飞箝之术或以利诱，或以害说，探其实情，此为游说最主要方法之一，而后再以揣摩之术深察其内心，看其同异，而后快速正确以权谋之术决断。

纵横家文化是中国传统文化中颇具特色的一个方面。从纵横家文化中，我们可以更全面地审视诸子百家的相互关系及在中国文化中的地位，可以细致地观察中国谋略文化、诡辩艺术、中国文化地理和中国古代知识分子的本来面貌及其历史变迁。

一、纵横鼻祖鬼谷子

鬼谷子，姓王名诩，春秋时人，籍贯不详，以隐于鬼谷而得名。常入云梦山采药修道。因隐居清溪之鬼谷，故自称鬼谷先生。曾授苏、张、孙、庞四大弟子，皆战国时风云人物。其后习鬼谷纵横术者甚多，著名者十余人，如苏秦、张仪、甘茂、司马错、乐毅、范雎、蔡泽、邹忌、毛遂、丽食其、蒯通等，事皆详于《战国策》。鬼谷子的主要著作有《鬼谷子》及《本经阴符七》。《鬼谷子》侧重于权谋策略及言谈辩论技巧，而《本经阴符七》则集中于养神蓄锐之道。鬼谷子为纵横家之鼻祖，苏秦与张仪为其最杰出的两个弟子。另有孙膑与庞涓亦为其弟子之说。

相传，鬼谷子从其师父手中得竹简一卷，此乃师父仙逝时特意留给他的真传。简上书“天书”二字，打开看却无一字。在松明火把的映照下，竹简上竟闪出道道金光，一行行蝌蚪文闪闪发光。鬼谷子一口气读了下去，从头至尾背之成诵。原来书中记录的是一部纵横家书，尽讲些捭阖、反应、内揵之术，共十三篇。

青溪千万仞，中有一道士。
云生梁栋间，风出窗户里。
借问此何谁，云是鬼谷子。

这是晋人郭璞《游仙诗》的一部分。李善注云：“庚仲雍荆州记曰：

‘临沮县有清溪山，山东有泉，泉侧有道士精舍，郭景纯尝作临沮县故游仙诗，嗟青溪之美。”又云：“鬼谷子序曰周时有豪士隐于鬼谷者，自号鬼谷子，言其自远也。”然鬼谷子之后，隐者通名。“鬼谷子”成了隐者的代名词。那么，鬼谷子，姓甚？名谁？何许人也？有何事迹？这一切都是个谜！历史上有许多人许多次试图破解这个谜，但众说纷纭。汉代应劭说：“鬼谷先生，六国时纵横家。”（《风俗演义》）宋代李昉：“鬼谷先生，晋年公时人。隐居鬼谷，因为其号。先生姓王名诩，亦居清溪山中。苏秦、张仪从文学纵横之术。”（《太平广记》卷四记载）

有人说：“鬼谷先生者，古之真仙也。云女失弄氏。自轩辕之代，历于商周，随老君两化流沙，洎周未复还中国。居汉滨鬼谷山。”① “神州之上有不死草，似菰苗，人已死，此草覆之即活，秦始皇时，太苑中多枉死者，有鸟状衔此草坠地以覆，死人即起坐。始皇遣间北郭鬼谷先生，云东海瀛洲上不死之草，生琼田中。”②

二、乱世枭雄苏秦、张仪

战国之世，诸侯异政，列国纷争，分裂动荡的政治形势营造了纵横家崛起与显盛的广阔舞台，一时多少豪杰并起，著名者有张仪、公孙衍、苏秦、惠施等。其中苏秦、张仪在后世影响最巨，成为“箭垛式”人物，许多与史不合的故事都附会到他们身上。《史记》有《苏秦列传》、《张仪列传》。此二人思想非常活跃。依照各自所持的战略方针，纵横家们可分为“纵人”和“横人”两类。苏秦善于游说合纵；张仪主张连横，游说六国使事秦。纵人与横人既有国际联盟上的敌对，也有国内两种对立外交路线的斗争。比智谋，斗心计，竞雄辩，思想、语言与智慧的力量发挥得淋漓尽致。纵横家的合纵连横活动在当时影响巨大。孟子弟子景春赞曰：“公孙衍、张仪岂不诚大丈夫哉？一怒而诸侯惧，安居而天下息。”《战国策》说苏秦“约纵散横，以抑强秦”：

天下之大，万民之众，王侯之威，谋臣之权，皆欲决苏秦之策。不费斗粮，未烦一兵，未战一士，未绝一弦，未折一矢，诸侯相亲，贤于兄弟。夫贤人在而天下服，一人用而天下从。

① ［后蜀］杜光庭：《录异记》，卷一，济南：齐鲁书社，1995。
② ［南唐·梁］萧绎：《金楼子·箴戒篇》，北京：中华书局，2004。

苏秦游说合纵，最后，“六国纵合而并力”，“秦为纵约长，并相六国”。司马迁以为“其术长于权变”，“苏秦起自闾巷，连六国纵亲，此其智有过人者”。

此外，有战国四君：去秦有孟尝、赵有王原、魏有信陵、楚有春申，或出身王室贵胄，或手握卿相之权，喜养宾客，招贤纳士，多者数千人，少者千余人，扶危济困，维和解纷。四君是合纵连横活动的积极参加者，四君门下是纵横家的摇篮和荟萃之地，故亦可列为纵横家。

苏秦为东周洛阳人，张仪为魏人。苏秦自以为不及张仪。苏秦游说关东六国，首倡六国联合抗秦，是为合众。公元前333年，关东六国响应合众，推赵国为首，苏秦为纵约长，“佩六国相印”，使秦兵不敢窥犯函谷关达15年。张仪在苏秦以后入秦，说秦惠王用连横之计。即秦与关东某一国联合，破坏抗秦阵线。此后张仪奔走六国之间，凭三寸不烂之舌，破坏合纵，最后大功告成。纵横家是玩弄政治者，忙于勾心斗角，无暇学术。关于苏秦、张仪事迹，见《战国策》、《史记·苏秦列传》、《史记·张仪列传》等。

张仪、苏秦都是战国时期著名的纵横家，他们不仅对合纵、连横的长短术博采通晓，而且都立志运用此术治于天下。然而，他们的道路并非一帆风顺，欲治天下必先治己。张仪初时主观事楚合纵，遭到楚国“掠笞数百”之辱后，谓其妻曰：“视吾舌尚在不?”其妻笑曰：“舌在也。”仪曰：“足矣!”留得舌头在，便是日后为事秦连横游说的武器在。《史记·苏秦列传》说到苏秦时说：“出游数岁，大困而归。”因为诸侯各国认为他才能有限，哗众取宠。秦惠王更是直截了当地说他：“毛羽未成，不可高蜚；文理未明，不可以并兼。”

宋洪迈《容斋随笔：苏、张说六国》① 云：“苏秦、张仪同学于鬼谷，而纵横之辩如冰炭水火之不同，盖所以设心者异耳！苏欲六国合纵以摈秦，故言其强。谓燕地方二千余里，带甲数十万，车六百乘，骑六千匹；谓赵地方二千余里……谓纬地方九百里……谓魏地方千余里……齐地方二千余里……楚地方五千里……至于张仪则欲六国为横，以事秦，故言其弱、谓梁地方不过千里，卒不过三十万；纬地方险恶，卒不过二十万，临淄 、即墨，非齐之有，断赵右肩。黔巫非楚有，易水长城非燕有，然而六王皆耸听敬从，举国而付之，未尝有一语相折难者，彼曾长君持国之日久，逮其临事，

---

① ［宋］洪迈：《苏、张说六国》，见程民生、李旭主编：《容斋随笔》，郑州：中州古籍出版社，1992。

乃顾如吉槔，随人俯仰，得不危亡，幸矣哉!”

在中国传统文化大系统中，法家治世，纵横家治乱，儒家文世，佛、道补世。法家推行法治，富国强兵，重本轻末，讲求秩序，国家由乱为治；纵横家出于乱世，合纵连横，逞于一时，国安则伏；儒家无道则隐，有道则现，迂远阔于事情，却能文饰治世，粉饰太平，把统治秩序内化于人们的心灵；佛、道两家不能作为长期的治国理念，只是“外儒内法”政治模式外的一种补充，有补于世。

三、长短纵横术主父偃

中国纵横家起于轩辕，成于鬼谷子，兴于张、苏，而终于主父偃。主父偃，齐国临淄人，曾经钻研过长短纵横术。家境贫穷，游学于齐、燕、赵、中山等处，终无所获，艰难日甚，兄弟、朋友皆避而远之。后被汉武帝重用，并且每计必准。朝臣都很惧怕主父偃那张嘴巴，惟恐他在皇帝面前说自己的坏话。有人劝诫他说：“你太横行无忌了啊!”主父偃回答说：“我自成年后就外出游学，长达四十余年，到处碰壁，父亲不把我当儿子，兄弟不收留我，朋友抛弃我，我过的苦日子太久了。男子汉大丈夫，活着的时候不能像诸侯那样五鼎食，那就在死的时候被人用五鼎烹吧！我也年老了，活在世上的日子也不多了，所以我才不择手段，办事不遵循常理，倒行而逆施。”

论及纵横家的典籍，当首推《战国策》。[①]《战国策》原是战国时期各国史官记载的有关策士们游说各国诸侯的言论资料，是一部分国别、按时间顺序记事的资料汇编。从内容上看，它是一部记录“纵横”之士政论游说的纵横家代表性实录。故有《国策》、《短长》、《长书》等别称。《战国策》记载了张仪、苏秦等一大批纵横家为了推行各自的政治主张和纵横策略而纷纷奔走于诸侯权贵之间的活动，他们引古证今、互相攻讦、激烈论辩，生动地反映了纵横家的谋略和思想。总之，《战国策》是研究战国时期纵横家思想的重要著作。

纵横家的学术，人称“长短纵横术”（《汉书·主父偃传》）或“短长”（《汉书·张汤传》）。何谓“长短”或“短长”，《汉书·张汤传》应劭注曰：“短长术兴于六国时，长短其语，隐谬用相激怒也。”张晏注曰：“苏秦、张仪之谋，趣彼为短，归此为长，《战国策》名长短术也。”《汉书·主父偃传》服虔注曰：“苏秦法百家书说也。”各家注解稍有不同，但相同的

---

① 宋梅选编：《战国策》，深圳：海天出版社，1996。

一点是把长短术或短长术作为纵横家所本的学术。那么，言短长之术的著作也就是纵横家的典籍或经典。

这里“长短”一词历来有两种解释，一是应劭和张晏的解释，从纵横家的学术特点上加以诠释，如上所述；一是西汉扬雄的解释，从词源本义上加以诠解。扬雄谓“南北为经，东西为纬；故南北为纵，东西为横。盖南北长，东西短，南北直，东西横，错综其间也”。从词源上看，《诗经·齐风·南山》有“麻如之何？衡从其亩”之句。“衡从”就是“横纵”。《类篇》云：“东西曰横，南北曰纵。”就此来看，“长短”也就是“纵横”，也可以说是从纵横家的行为特点上来称谓的。

细心研究，就会发现，纵横家有其学术，即长短纵横之术。纵横家也有自己的形上哲学，虽然除争议颇大的《鬼谷子》以外的纵横家理论著作未能传世，但先秦至西汉的文献中留下了纵横家的不少言论。纵横家有其作为“九流十家”之一的独到的思想观念，这就是纵横家的纵横之道。我们可以此通其言以达其意，揭示纵横家的世界。纵横家的哲学是实利主义的哲学，它有由实利主义的名利观和进取主义的道德论构成的实利主义的价值观；纵横家的哲学是行动主义的实践哲学，它有顺应时势、知几应时、知权善变构成的权变知几的方法论。纵横家的哲学是中国哲学的一支，纵横家的思想也存在于过去到现在中国人的观念世界之中。

四、纵横家的学术价值

纵横家的思想理论是以《鬼谷子》一书为经典的。《鬼谷子》给予纵横家的智慧不仅仅是纵横捭阖之术，真正启迪人的东西，还是它的哲理思想。有人赞誉它是“智慧禁果，旷世奇书”，可见其学术价值是不可低估的。

《鬼谷子》一开头就运用“或阴或阳，或柔或刚，或开或闭，或弛或张”的变化规律的阐述，不至于偏颇地引导人，使人辩证而唯物地看待一切，给读者以唯物认识论的启迪。

《易传·系辞上传》曰：“形而上者谓之道，形而下者谓之器”，所谓的“形而上”之“道”，是指无形的、抽象的规律、道理，所谓的“形而下”之“器”，是指宇宙间具体的存在物。在现代语言中，“形而上”往往用于指超越于具体事物之外的基本原则或原理，也就是指其哲学而言。是否有一个一而贯之的形上哲学是衡量一个学术流派是否独立存在的基本标准。

纵横家被列为传统文化之一家，是古代史书中运用分类学的结果。司马谈《论六家要旨》中，只列出了“阴阳、儒、墨、名、法、道”六家。刘向《别录佚文·诸子略·辑略》① 增“纵横、杂、农”三家，共计有九家。刘歆的《七略·诸子略》承袭了刘向的说法，班固的《汉书·艺文志》又增“小说”一家，认为“诸子十家，其可观者九家而已”。这就是为后世所沿袭的“九流十家”之说。

时至近世，一批大胆疑古的学者对“九流十家”之说提出了疑问，特别是对纵横家是否有自己独立自主的学术，从而能够独立成为一家而表示否定。例如，学术方法上遵循“大胆假设，小心求证”的实用主义的著名学者胡适认为，“九流十家”出于王官之说“皆属汉儒附会之辞，其言全无凭据，先秦显学，本只有儒、墨、道三家”。著名中国哲学家和哲学史家冯友兰指出：“纵横家只有人才，而无学术。”中国哲学史专家赵纪彬说：“九流十家的最大毛病，就是划分学派的标准问题。”②

作为中国古代九流一家的纵横家，学术界似乎对其研究有所漠视与冷落。人民忽略了它的重要意义和学术价值。从20世纪初以来，有关纵横家的专著只有屈指可数的一两本，论文也仅寥寥几篇。进而想到我们目前的学术研究，喧嚣的鼓噪声下，许多基本的、基础性的工作却没人去做，研究中国传统文化，只集中在儒、释、道三家，研究这三家文化的，又集中在少数几个人物上。研究西方文化也是如此。西学东渐以来，讲述西方哲学的论文成千上万，但是，就连我们最重视的德国古典哲学，也没译出一部全集来。学术的表面繁荣下，掩盖着无数的空白和盲点。这种状况不能不令关心文化发展的人倍感痛心。悲痛之余又有一丝窃喜。喜的是我们这一代学子赶上一个好时代，有机会来填补这些学术空白，在前辈学者的指导下为振兴民族文化做些事情。

传统文化是我们民族走向现代化的丰富资源。可我们对于自己的历史和文化往往稀里糊涂，要么脑中一片空白，要么一肚子糊涂账。中国传统文化在我们民族走向现代化的过程中饱经风霜，历尽磨难。现在终于有了一个研究和弘扬传统文化的祥和气氛，绝对不能由于我们的过失而把继承和弘扬传统文化的大好势头断送掉，因此我们倍感责任重大。

传统既是过去的，又是活着的；传统就在我们身上，并且指向未来。要审视我们自己，认识我们自己，就要审视传统、认识传统。传统的画卷应当是完整的，而不是残缺破败的。中国纵横家，希望能够给这个传统的画卷补

① 刘向：《别录佚文·诸子略·辑略》，王天海译注，贵阳：贵州人民出版社，1992。
② 冯友兰：《先秦诸子之起源》，载《三松堂学术文集》，北京：北京大学出版社，1984。

上其应有的一笔。

五、《鬼谷子》、《战国策》

1.《鬼谷子》①

《鬼谷子》全书分上（4篇）、中（10篇）、下（3篇）三卷，共有17篇，其中前14篇理论体系完备，后3篇杂有佛、道思想，是后人增补的。《鬼谷子》的版本现有电子文本为道藏本，萧登福注释之《鬼谷子研究》。

鬼谷，是一个神秘的外号，其人姓名已不可考。宋代类书记载其姓王名诩，春秋时人，是太上老君的学生。他常入云梦山采药修道，因隐居清溪之鬼谷，故自称鬼谷先生。鬼谷智慧高超，游说奥秘，是个神秘莫测的传奇人物。鬼谷子为纵横家之鼻祖，苏秦与张仪为其最杰出的两个弟子（《战国策》）。另有孙膑与庞涓亦为其弟子之说（《孙庞演义》）。

《鬼谷子》阐述了一套游说技巧的理论，推测、琢磨对方的思想内涵，学说理论的实践者是苏秦、张仪，将纵横捭阖技巧发挥到淋漓尽致的程度。纵横家所崇尚的是权谋策略及言谈辩论之技巧，其指导思想与儒家所推崇之仁义道德大相径庭。因此，历来学者对《鬼谷子》一书推崇者甚少，而讥诋者极多。其实外交战术之得益与否，关系国家之安危兴衰；而生意谈判与竞争之策略是否得当，则关系到经济上之成败得失。即使在日常生活中，言谈技巧也关系到一人之处世为人之得体与否。当年苏秦凭其三寸不烂之舌，合纵六国，配六国相印，统领六国共同抗秦，显赫一时。而张仪又凭其谋略与游说技巧，将六国合纵土崩瓦解，为秦国立下不朽功劳。所谓"智用于众人之所不能知，而能用于众人之所不能"。潜谋于无形，常胜于不争不费，此为《鬼谷子》之精髓所在。《孙子兵法》侧重于总体战略，而《鬼谷子》则专于具体技巧，两者可说是相辅相成。

2.《战国策》

《战国策》汉人刘向根据战国时期纵横家著作编辑而成的一部独特的国别名著作，记载了战国初年到秦统一240年间，12大诸侯国缤纷多姿的历史面貌。

《战国策》是汇编而成的历史著作，其资料主要出于战国时代，包括策士的著作和史臣的记载，汇集成书，当在秦统一以后。原来的书名不确定，西汉刘向考订整理后，定名为《战国策》。《战国策》33篇，记载了继《春

---

① 陈蒲清主编：《鬼谷子》，海口：三环出版社，1991。

秋》以后，讫楚、汉之起，共245年间的历史。因此书思想活跃，有许多纵横阴谋之术，不合于儒家的思想，故被儒家所排斥，未得在世广泛传播，后来便逐渐残缺不全。如刘向所编订的《战国策》有《蒯通说韩信自立》一篇，曾被司马贞的《史记索隐·淮阴侯列传注》所引，但后来《战国策》中此篇佚失。据《崇文总目》称，共散失11篇。北宋著名文学家曾巩从士大夫的私人藏书中访求书籍，并加以校订，正其谬误，又重新凑足了33篇。然而，由于历史的原因，曾巩所校订的《战国策》与刘向所编订的《战国策》在篇目上已有出入。所以，历史上就存有两种文本的《战国策》，刘向所编为古本，曾巩所校补的为新本。

《战国策》有很高的史学价值，尤其是刘向编校成书的古本，在中国古代史上曾占有很重要的史料地位。《战国策》是继《春秋》之后，自楚汉之起，共245年的历史记载。如果从楚汉起事之年算起，即从秦二世元年（公元前209年）上推245年，正好是东周贞定王十六年（公元前453年），韩、赵、魏三家分晋为其始。在《左传》、《国语》之后，《楚汉春秋》、《秦楚之际》之前，这中间245年的史料空白，主要靠《战国策》来填补。《战国策》保存了许多珍贵史料，如西周君、东周君二国的情况，楚幽王为春申君之后，郭开谗李牧，吕不韦立子楚，嫪毐乱秦宫等，都是独家占有之史料，是司马迁修《史记》取材的唯一史料来源。

《战国策》很多篇是战国时人或稍后时人所著，其底本又是各国史策，故其中史实比较可信，真实性亦高。故司马迁修《史记》，采用《战国策》的史料计有八九十处。在战国诸子所著书中，也屡被征引。例如《楚策四·客说春申君》，见于《韩非子·奸劫弑臣》篇；《魏策一·文侯与虞人期猎》，见于《韩非子·说林》篇；《秦策一·张仪说秦》，见于《韩非子·初见秦》篇；《中山策·主父欲伐中山》，见于《韩非子·外储说左上》篇；《齐策一·靖郭君善齐貌辨》，见于《吕氏春秋·知士》篇；《齐策三·孟尝君在薛》，见于《吕氏春秋·报更》篇；《魏策一·魏公叔痤病》，见于《吕氏春秋·长见》篇；《魏策二·魏惠王死》，见于《吕氏春秋·开春》篇。

《战国策》原作者不可考，书名也不确定。书名或曰《国策》，或曰《国事》，或曰《短长》，或曰《事语》，或曰《长书》。西汉刘向考订整理后，定名为《战国策》。全书共33篇，按国别记述，计有东周一、西周一、秦五、齐六、楚四、赵四、魏四、韩三、燕三、宋和卫合为一、中山一。记事年代大致上接《春秋》，下迄秦统一。以策士的游说活动为中心，反映出这一时期各国政治、外交的情状。全书没有系统完整的体例，都是相互独立的单篇。此书内容大抵为战国游士为人君谋策之言，包括策士的著作和史臣的记载汇集成书。南宋鲍彪校《战国策》作序云：

国策，史家流也。其文辩博，有焕而明，有婉而微，有约而深，太史公之所考本也。自汉称为战国策，杂以短长之号，而有苏、张纵横之说。学者讳之，置不论，非也。夫卜史氏之法，具记一时事辞，善恶必书……矧此书，若张孟谈、鲁仲连发策之慷慨；谅毅、触龙纳说之从容；养叔之息射，保功莫大焉；越人之投石，谋贤莫尚焉；王斗之爱谷，忧国莫重焉。诸如此类不一，皆有合先王正道，孔、孟之所不能违也。

认为此书对研究战国时期的历史，具有很高的史料价值，且合于先王之正道。然刘向《叙录》亦评之说：

战国之时，君德浅薄，为之谋策者，不得不因势而为资，据时而为画。故其谋，扶急持倾，为一切之权，虽不可以临国教化，兵革救急之势也。皆高才秀士，度时君之所能行，出奇策异智，转危为安，运亡为存，亦可喜，皆可观。

《战国策》的基本内容是战国时代谋臣策士纵横捭阖的斗争及其有关的谋议或辞说。它保存不少的纵横家的著作和言论。所谓“横成则秦帝，从成则楚王”，这时候，春秋时代所讲的礼法信义，不得不变为权谋谲诈；从容辞令的行人，不得不变为善谈雄辩的说士。所以《战国策》中所载一切攻守和战之计，勾心斗角之事，正是这一时代政治斗争的反映。而其时许多谋臣策士的游说和议论，也是春秋时代行人辞令的进一步发展。《战国策》中的权变故事，大体可分作两类。一类是早期作品，写作时离事件发生的时代不远，说辞大体符合历史事实，史料价值较高，《战国策》中许多中短篇说辞都属于这一类。不过由于传闻不同，同记一事有时也不免互有出入。另一类是晚出的拟作，拟作者对史事已颇茫然，其中许多都是托喻之言，虚构之事，谈形势则扞格难通，言地理则东西不辨，《战国策》中的许多长篇说辞大都属于这一类。司马迁说：“世言苏秦事多异，异时事有类之者皆附之苏秦。”其他人的事迹也有类似情形。

从文学上看，《战国策》的特色表现在以下几个方面：

第一，富于文采。《左传》也是以文采著称的，但两者相比照，可以看到《战国策》的语言更为明快流畅，纵恣多变，委曲尽情。无论叙事还是说理，《战国策》都常常使用铺排和夸张的手法，绚丽多姿的辞藻，呈现酣畅淋漓的气势。《战国策》语言流畅犀利，笔调辛辣，善于将寓言故事巧妙地穿插于文中，用以说明抽象的道理，阐述自己的论点，是论辩文的典范。其中很多寓言和比喻后来成了著名的典故，如画蛇添足、狐假虎威、惊弓之鸟、南辕北辙、鹬蚌相争等。

第二，《战国策》描写人物的性格和活动，更加具体细致，也就更显得生动活泼。《左传》描写人物，大抵是简笔的勾勒。《战国策》文笔优美，叙事生动形象，刻画人物栩栩如生，对后世文学产生了深远的影响。汉初著名散文家贾谊、晁错、司马迁，宋代的苏洵、苏辙、苏轼的散文都受到《战国策》的影响。《战国策》中运用的工整的对偶和排比句法及主客对答、抑客申主的写法，亦为汉赋所继承。

第三，《战国策》所记的策士说辞，常常引用生动的寓言故事，这也是以文学手段帮助说理。这些寓言，形象鲜明，寓意深刻，又浅显易懂，独立地看，也是中国文学宝库中璀璨的明珠。

《战国策》一书，到宋时，已有缺佚，现通行本尚有点校本，乃以黄丕烈本为底本，

1973 年 12 月，在长沙马王堆三号汉墓出土了西汉帛书残本，其中有一部和《战国策》类似的书，由整理者命名为《战国纵横家书》。这部帛书共 27 章，有 11 篇见收于《战国策》和《史记》，其余 16 章是佚书。由于秦始皇焚书的重点是各国的史书，故《战国策》为后世治史者提供了不可缺少的资料，司马迁就曾采取其中的 90 多人和事载入《史记》中。而且《战国策》所收多是优秀散文，对后代文学有深远的影响。

第九章　名　　家

《汉书・艺文志》曰："名家处于礼官"。在周代，名位不同，则享受的礼仪级别各异，孔子要恢复周礼，因此要正名。此后，墨子讨论名、辩，开中国逻辑学先河。而惠施、公孙龙则专注名实之辩，作为名家代表显名于世。名家在战国时也是显学，很有知名度，但我们今天一般没怎么注意传统文化的人却恐不知名家是什么。名家代表惠施和公孙龙，这两位无疑都是了不起的哲学家。他们在论证中，揭露了事物的矛盾统一现象，具有深刻的辩证法思想，对古代的逻辑思想的发展有很大贡献。

所谓名家，就是以研究名实关系为己任，对名词的概念的探讨十分着迷，甚至在辩论中各执一词，走向极端。名家善辩，其辩，"持之有故，言之有理"，所以，在先秦的著作中最早被称之为"辩者"。西汉学家司马谈在其《六家要旨》中，把这些辩者第一次称为名家。而一般人常常是莫名其妙，无法理解，所以名家又被认为是诡辩家。庄子记公孙龙的自画像是："合同异，离坚白；然不然，可不可。困白家之知，穷众口之辩。"（《庄子・秋水》）庄子评价名家曰："饰人之心，易人之意，能胜人之口，不能服人之心，辩者之囿也。"（《庄子・天下》）名家以能言善辩著称，很像古希腊的诡辩家。

一、名家及其核心理念

名家的出现是百家争鸣的需要。学派的争论需要规则，而名家正是研究辩论规则应运而生。《汉书・艺文志》上说："古者名位不同，礼亦异数。"孔子主张正名，名家在这方面可以说是专家。《战国策》引苏秦的话说："夫刑名之家，皆曰白马非马也。"名家著作，现在流传的有《邓析子》、《尹文子》、《公孙子》。

关于名家，可以追溯到春秋时郑人邓析（生不详，公元前 501 年卒），是郑大夫，与子产同时。邓析是名家学派的第一人。西汉著名学者刘向在《邓析子校叙》中说："邓析子，郑人也。好刑名。"就是说，邓析是以喜好

“刑名”理论而著称的。据说他当时是著名的讼师，有名的辩才。子产治理郑国时，邓析经常出难题为难子产，最终被子产所杀。“以非为是，以是为非，是非无度，而可与不可日变。”（《吕氏春秋·审应览》）以是为非，以非为是。因“操两可之说，设无穷之辞”。郑国大乱，子产以其说适足以乱政，故执而戮之。其说有“山渊平，天地比”。自物情见之：山高而渊低。然就道观之：从整个宇宙言，远而视之，则山与渊平；如从地球望月亮，不分山与渊，一平如镜。又就近而视之，天高而地卑；从远望之，日、月、星、辰高挂天际，天地并比成列。故曰“天地比”。《荀子·非十二子》评邓析为：“好治怪说，玩琦辞。”

邓析生活的时代群雄并起，战火频繁，名实关系成为一个十分突出的社会现实问题。与邓析同时的孔子提出“正名”说，老子提出“无名”论，而尤其重视名实关系的邓析则提出循名责实。所谓“循名责实”，按《邓析子·转辞》的解释，主要包括两方面的内容：一是“循名责实，实之极也”。意思是说，要以名来正实，以名来规范实，这是实的标准。二是“按实定名，名之极也”。意思是说，人们按照客观事物和客观实际来制定名词和概念。若客观事物和客观实际发生变化，名词和概念也相应发生改变。[①]

名家思想在先秦诸子中颇为特殊，盖其时思想都尚实际，以关心社会民生、济世安民为职责。而名家却注重知识论，以正名论理、逻辑思辨、形而上思考为对象。以近乎玄理之思维，其甚者流为希腊所谓诡辩派哲学。故迄非主流思想，亦未予重视之。虽然如此，但“名”的观念在先秦思想中，尤其在知识论上及伦理思想上，都有着密切的关系。如孔子有正名之说，荀子有《正名篇》，法家以刑与名并举，墨子有“墨辩”，老子有“名可名，非常名”之语。可见“名”的重要，不可全予忽略。名家的代表人物有：邓析、惠施、公孙龙等。

古代学者读书也罢，做学问也罢，绝对倾向于“经世致用”，讲究的是“经世致用”。“白马非马”论，在逻辑学和认识论上具有重大意义，发现了“一般”和“个别”的差异，但又过分地夸大了这种差异。因而名家的名实之辩，古人是不屑讨论的。名家在战国时被人视为“诡辩”，汉后成了绝学。“经世致用”的思想是很对的，但斥名家为无用之学，显然是偏颇的。

西学东渐后，中国学者才发现名家所讨论的问题，实际上就是西方形式的逻辑内容。名家的理论没能继承，更没有发扬，以至于在古代中国人的

---

① 邓析：《邓析子》，上海：上海古籍出版社，1990。

“白马非马”论提出2 200多年之后，我们今天中国人还要回头来学习西方人在2 300年前提出的“亚里士多德逻辑学”，这难道不是对我们不了解传统文化宝贵财富的讽刺吗？

二、惠施的“合同异”

惠子（公元前370—前310），名施，战国时宋人，与庄子同时，梁惠王时曾为相。“惠施多方，其书五车。”（《庄子·天下》）庄子称其以善辩为名。他曾做过梁惠王的相，是一位有名的政治家。他又是庄子的朋友，二人经常讨论思想、学术方面的问题。“惠子之口谈自以为贤。”另据《汉书·艺文志》所载，惠施著有《惠子》一篇，但早已亡佚不可考。其言及其思想散见于《庄子》、《荀子》、《韩非子》等先秦诸子的著作中。其中尤以《庄子》记述最完备。庄子与惠施交情深远，记录其与惠施的数次争辩以及惠施的主要名辨思想“历物十事”。尤以《庄子·天下》篇所收最丰富。

惠施是名家的著名代表人物之一。惠施处在战国中期稍前的时期，正好处在诸侯国变法的高潮中。惠施自己也想在魏国推进封建法治。正由于这些政治变革的要求，惠施着重研究概念之间（即名与名之间）的转化关系，揭示了它们之间的相对性原理，反对那种形而上学的不变论①，但是在对事物及其概念的分析、考察中，过分夸大名的相对性与可变性。

“至大无外，谓之大一；至小无内，谓之小一。”“大一”是指无限宇宙；“小一”，小到极点的东西已无所包容。至大必无外，始称为大。有外就不能称为大。至小必无内，始称为小。若还有内，则不能称之为小。故天地不能称之为至大，毫末不能称为至小。大小虽异名，但都不能以形论，不能以形论，则大小竟有何别？大一、小一是和几何学相联系的。章太炎说：“点为无内，故曰至小。体可无外，故曰至大。”② 章太炎认为，惠施意在说明“在数量上是不可测量的，因此所有的测度都是虚幻的”。而如果一切测度都是虚幻的，那么“至大”和“至小”就没有真正的区别了，即“大一”就是“小一”。

“无厚，不可积也，其大千里。”无厚者，即无形体，无形又何有积可言，既无可积，没有厚度的平面，不可能累计而成体积，但可以无限扩展以

① 许抗生：《先秦名家研究》，长沙：湖南人民出版社，1986。
② 章太炎：《国学略论》，194页，上海：上海文艺出版社2001。

至很远。譬如，虚空虽无可积，但虚空无所不在，即无所不含，故曰“其大千里”。这里包含集合学的知识。平面几何上的面积，没有厚度，没有体积，故不可积。然可以有面积，故可大千里也。

“天与地卑，山与泽平。”从整个宇宙看天与地都是低的，山峰与湖泽都是平的。其说与邓析子“山渊平，天地比”意同。以上就空间言。讲了“其大千里，无厚”之后，就引出惠施重要观点“天与地卑，山与泽平”。如《易·系辞》曰：“天尊地卑，乾坤定矣。卑高低陈，贵贱位矣。”这个命题讲高低的相对性，这里包含着惠施的平等思想。

“日方中方睨，物方生方死。”日方中时，正视之为正，侧视之为侧。说明时间的相对性，时间是长流不息、变动不息的。太阳刚刚正中就同时开始偏斜，各种物类刚刚产生就同时意味着走向死亡。此方生，彼方死；此方死，彼方生。譬如虫变为蝶，虫死时，正是蝶生之时。物理学所谓物质不灭、能量不灭亦庶几近之。“物方生方死”不能解作生命的生死问题，应理解为万物的生灭，物体的任何改变都可看作生，这种生必然是由其他的灭转化生成的。这里讲宇宙万物生生不已的思想。

“大同而与小同异，此之谓小同异，万物毕同毕异，此之谓大同异。”万物有类别的共同点和种属的共同点差别，这叫做“小同异”；万物有相同的共性和个别事物不同的特点的差异，这叫做“大同异”。万物的差异是绝对的，在时间上和空间上，都是在变化之中。在天地中，同为万物，而动物与植物各自为类（是小同），但万物与动、植物皆不同，（因外延不同）故曰“大同而与小同异”。但万物同属于物，同在一个天地中，都由微观粒子所构成，故曰“毕同”。而物与物的关系，纵使极类似的二物，终是二物，天下除同一物外，无绝对相同的物，故曰“毕异”。小同异则是指人的经验认识，对事物妄起分别而产生的同异观。

“南方无穷而有穷。”这里讲的是空间方位的无限和有限。按理说，南方应是无穷尽的，因空间可无限延伸。但就地是方的而言，南方是有限的。今日以地是圆的，南极即是南方的极限，亦可通。“今日适越而昔来。”后之视今，犹今之视昔，如环之相互循环。经度不同的地方时间不同。故以今之往，历若干年，则以为昔矣。自此曰往，自彼则曰来。时间之与空间，来之与往，皆相待而生也。

“连环可解也。”连环本不可解，但又可说是无时无刻不在消解。连环相合必有其合处，则其合处，是其可解处。一若不可解，当初又如何合？章太炎引《国策》解连环法，认为解连环是用铁锤敲碎。这种解释毫无深意。

所以，胡适认为“关于连环可能是最没有意义的”①，更有甚者，有人认为这种解连环的只是一种“辩解”②。

“我知天下之中央，燕之北，越之南是也。”燕之北，是极北；越之南，是极南的地方。南、北之中界自是中央了。天下中心的部位，可以说是在燕国的北边也可以说是在越国的南方。“泛爱万物，天地一体。”广泛地爱护各种物类，因为天地间本来就是没有区别的整体。天地之间既然毕同，自属一体，当泛爱万物矣。这句话包括对“连环可解也”的解释，更坚定这个观点的正确。那是对万物的总结，也是惠施思想最深刻、最超人格之处。

《庄子·天下》另载有辩者 21 条，大体是惠施、公孙龙一派之说，例如：

“卵有毛”。卵里面可以说是存在着毛。

“鸡三足”。鸡本只二足，但可以数出三足。

“犬可以为羊”。狗也可以命名为羊。

“龟长于蛇”。乌龟可能比蛇还长。但以寿命言，龟又长于蛇。盖以道观之，万物本无所谓长短，自其长者观之，无物不长；反之，无物不短。故以龟长于蛇，又有何不可？

“矩不方，规不可以为圆。”角尺不能画出方形，圆规也不能用来画圆。矩乃为方之具，而非方；规乃为圆之具，而非圆。

“飞鸟之影未尝动也”。飞鸟的身影也可以说不曾有过移动。飞鸟之影，乃不同时间在不同点上。

“白狗黑”，白在命名之初，未尝不可以命名为黑；在白天视之为白，在晚上则视之为黑，全看光线的差别而定。

综观以上诸条，惠子之言，虽涉诡辩，而且就当时言，无关治国之宏旨。这些论题只是结论，没有前提和推论过程，常常令人费解。荀子言其“蔽于辞而不知实”。庄子言其“能胜人之口，不能服人之心”。但就哲学上的省思言，亦多有与现代的思想相合者，惜未能充分发挥而中断，不可不谓一憾事也。名家的这些命题和悖论，尽管不符合常识，貌似荒唐，有的流于诡辩。但对启发思维，促进思辨，还是颇有意义的。

---

① 姜义华主编：《胡适学术文集·中国哲学史下册》，863 页，北京：中华书局，1991。

② 杨俊光：《惠施公孙龙评传》，南京：南京大学出版社，1992。

三、公孙龙的“离坚白”

公孙龙（公元前325—前250），战国时赵人，曾做平原君的门客。主张偃兵、兼爱，和墨子同。他少有辩才，好诡异之言，是战国中期名家代表人物，留有《公孙龙子》六篇。他这一派不重个体而重根本，他说概念有独立分离的存在，他的主张是“白马非马”和“离坚白”。“离坚白”是战国时期名家的一派观点，为坚白同异之论，辞穷口，知困百家，集名家之大成。壮尝游魏，并客平原君家，又往说燕昭王，行遍天下，号为辩者丁。其说以“白马非马”与“坚白论”最为有名。

《白马论》，公孙龙是怎样论证“白马非马”呢？他说：“马者所以命形也，白者所以命色。命色者非所以命形也，故曰：白马非马。”他论证，马是形状，白是颜色。说颜色不同于说形状，所以白马非马。全属一种诡辩方式。就知识论言，不论白马、黑马、黄马，乃特称命题，而马乃全称命题。特称属于全称中的一部分并不代表全部，故无碍。马没有颜色要求，白马有颜色规定，所以白马非马。公孙龙有曰：

> 坚白石三，可乎？曰：不可。曰：可乎？曰：可。曰：何哉？曰：无坚得白，其举也二；无白得坚，其举也二。视不得其坚，而得其白者，无坚也；抚之不得其所白而得其坚者，无白也……天下无白，不可以视石；天下无坚，不可以谓石。坚白石不相外……得其白，得其坚，见与不见离。不见离，一二不相盈，故离。离也者，藏也。（《公孙龙子·坚白论》）

“坚白石”者，依公孙龙的意思，马是一般，白马是个别。只可分而为二：白石和坚石，而不可合之为坚白石三者。公孙龙指出了个别和一般相互排斥的一面。因目属视觉，故只得石之白，而不得其坚。手属触觉，故只得石之坚，而不得其白。坚与白二者，互不相含。公孙龙的论证不是在逻辑的种属关系上论证，而是把具体事物分成不同属性加以论证。故就目言，只能知白石，而不知其坚；就手言，只能知坚石，而不知其白。故二者，可以离（分而言之）。因二者是可离的属性，其属性都藏在其物质中，不经细辨，是不会为人所察觉的。他对一块石头也采取这种分离的办法，将石头分离为坚硬、白色、石头，所以有“离坚白”之说。如一块坚而白的石头，看的时候，只见白，没有坚；摸的时候只觉坚，不见白。所以白性与坚性两者是分离的。天下白的东西很多，坚的东西也很多，有白而不坚的，也有坚而不白的。可见，白性与坚性是分离的，这就叫做“离坚白”。公孙龙“坚白石”之说，看似单纯的名辞之论，却隐藏着为人所忽略的问题（此正是我们思想上盲点、死角之所在）：若从不同角度出发，即有不同的认知概念。其说毁之者或以为怪说、琦辞；誉之者以为思辨明晰，颇具哲思。

公孙龙又说：“且犹白以目见，目以火见，而火不见，则火与目不见，而神见。神不见，而见离。坚以手而手以捶。是捶与手知，而不知，而神与不知，神乎？是之谓离焉。”（《公孙龙子·坚白论》）这是说，眼不能直接看见白的颜色，必须靠光（“火”），手也不能直接感到坚硬，必须靠抚摸（“捶”）。可是光和抚摸都不是人的感觉，都不能感觉东西，最后只有依靠精神作用了。但如果没有眼和光，没有手和抚摸，精神也无法感觉坚和白。这说明，人的认识作用的各部分也是彼此相分离的。这样推论下去，可以达到不可知论的结论。

公孙龙的“白马非马”这个命题，以及他的关于这个命题的辩论，也反映辩证法中的一个重要问题——同一性与差别性的关系的问题。公孙龙的论证，不是在逻辑的种属关系上加以论证，而是把具体事物分成不同属性加以论证。他从另一个出发点讨论了上面说的“同一性在自身中包含着差别性”这个问题，得出了与惠施相反的结论。惠施是从具体的事物出发来看这个问题。公孙龙是从命题出发，他看出了，在每个命题中，如“莲花是一种植物，玫瑰是红的”等，其主语和述语的内涵和外延都不完全相同。

个别与一般这两个对立面有矛盾又有统一，所以“白马非马”这个命题不是表示简单的等号而是表示一种辩证的统一。公孙龙一派发现了这个辩证统一中的对立面。公孙龙的确看到了一个命题中主语和述语的矛盾对立的方面，看到了一般和个别的差别。他用“白马非马”这个命题表示个别与一般这两个对立面的矛盾。这是他对于客观辩证法的某一方面的认识。就逻辑学的意义说，公孙龙发现了名词的外延和内涵的关系。

公孙龙的《指物论》认为凡名都有所指，“名，实谓也”（《公孙龙子·名实论》）；名所谓实，实是个别。例如马这个名，可指此马彼马等个别，亦可以指马这个一般；白这个名可指此一白物，彼一白物，也可指白这个一般。一般亦称共相或要素。从认识论方面说，就是概念。唯物主义认为，抽象的一般与具体的个别是对立的。抽象的一般，只能在个别之中，通过个别而存在。离开个别的一般是抽象的概念，只是人的思想的产物，没有客观的存在。公孙龙的《指物论》的主张，正是与此相反。可以见出公孙龙的客观唯心主义。公孙龙在《通变论》中有关于“变”的辩论：

曰，二有一乎？曰，二无一。曰，二有右乎？曰，二无右。曰，二有左

乎？曰，二无左。曰，右可谓二乎？曰，不可。曰，左可谓二乎？曰，不可。曰，左与右可谓二乎？曰可。(《公孙龙子·通变论》)

这是说，二的共相只是二，不是两个一的共相，所以“二无一”，它不仅不是“一”，也不是“左”或“右”。但“左”加“右”却是两个共相，所以说，“左与右可谓二”。就认识的过程说，共相或概念的不变，只有相对的意义。当客观具体事物发生了变化，或当人对具体事物的知识进一步深入以后，事物的共相或概念的内容是要随之改变、丰富和发展的。

公孙龙在《名实论》一开头就对“实”下了定义：“天地与其所产者，物也。物以物其所物，而不过焉，实也。”①（《公孙龙子·名实论》）这就是说，凡是天地以及天地所产的一切东西，都是物。一个物确实是它那个物而没有一点过失，这就叫做“实”。《名实论》认为名就是对实的称谓：“名，实谓也”。它说：“知此之非此也，知此之不在此也，则不谓也；知彼之非彼也，知彼之不在彼也，则不谓也。”因此，名与实的关系应该是应名“当”实。也就是说，名必须与实相符合，只有这样的用名才是正确的。另一方面，公孙龙也强调“以名正实”的思想。他在《名实论》中指出：围绕名实关系的“名实之辩”从一开始就成为百家争鸣中一个非常重要方面。

公孙龙关于“名”、“实”的辩论，表现出他的唯心主义体系及其与政治的联系。公孙龙认为一个命题中的主语和述语的关系就是名和实的关系。公孙龙是主张名实相符的。名实不符，就是不当，他说“以其所正，正其所不正，不以其所不正，疑其所正，其正者，正其所实也，正其所实者，正其名也。”(《名实论》) 这就是说，要校正名实关系，就要校正那个我们所要称谓的实际事物；而要校正我们所要称谓的实际事物，就要校正它的名称、概念，使其名符合其实。将上述两方面结合起来，恰恰就是邓析“控名责实”之论的发挥而已。但是，他由于不能正确地解决同一性与差异性之间的辩证关系，因而过分强调差异性而否定了同一性，从而使自己又陷入唯心主义和形而上学诡辩论的泥坑。因此，公孙龙特别强调对于词和概念的分析，推崇一般，而轻视个别，从而达到维护旧制度和旧秩序的目的。②

在这场争鸣论辩中，名家起了不可估量的推动作用。名家邓析的“形名”论以及“循名以责实”的学说是法家思想的直接理论来源。荀子的“正名”说吸取了名家“控名责实”的合理内核。可见，名家的名实观对于

---

① 屈志清：《公孙龙子新注》，武汉：湖北人民出版社，1981。

② 杜文静：《试论先秦名家的名实观》，载《中山大学学报论丛》，2006（1）。

研究我国古代哲学的理论思维和逻辑思想是非常重要和必要的。

四、《公孙龙子》

《公孙龙子》是中国先秦时期名家的主要代表公孙龙的重要著作。据《汉书·艺文志》记载，《公孙龙子》原有 14 篇，后来多数散失。《隋书·经籍志》只在“道家”下列《守白论》。现存的《公孙龙子》一书只有 6 篇，保存在明代的《道藏》中，其中除《迹府篇》是由公孙龙的弟子后来补录的外，其他 5 篇，即《白马论》、《指物论》、《通变论》、《坚白论》、《名实论》，经多数学者考证后，确认为公孙龙本人所著。

《公孙龙子》一书是研究公孙龙哲学观点和逻辑思想的重要史料，首篇《迹府篇》是后人编辑的有关公孙龙的简介，其余 5 篇是公孙龙的作品 。其中有关“白马非马”等命题的辩论，指出白马非马即是言“异白马与所谓马”。《白马论》从内涵和外延上，着重论证了“白马”与“马”在所指内容和范围上的同一和差别，同时还揭示了种名和属名不能等同或混淆的正名思想。《白马论》所提出的“白马非马”的命题，以及《坚白论》所提出的“离坚白”的命题，说事物的个性与共性是不同的，是非常容易理解的。这是公孙龙名辨思想的中心。该书着重探讨了概念的内涵和外延以及事物的共性和个性、存在和思维的关系，构成了一个完整的学说体系。

第十章 兵 家

《汉书·艺文志》上说兵家出于古之武官，而《史记·齐世家》称言兵者皆以姜太公为宗。看来兵家从源头上就呈现出文人、武将、智者三位一体的形象。“先秦兵家是诸子之一家，它与儒、道、墨、法、名、阴阳、纵横诸家一道，参与了战国时期的百家争鸣，对其他各家的思想既有吸收，也有影响，是先秦诸子百花园中独具特色的一枝奇葩。”① 是一种尽管人们心怀偏见，但只要正视战争的客观现实就不得不躬身致礼的奇迹。

我们将兵家的源头定在商周之际。虽然许多人述祖兵家，往往归到姜太公，但是我们却宁愿放弃这个声名显赫的祖先，而将功劳记在那些默默无闻的巫师、卜祝身上。不过像姜太公这样的人无疑也可算作萌芽期兵家的一分子。

兵家著述是中国传统典籍文化中除去儒家著述外，数量最多的一类。人们常用浩若烟海、汗牛充栋之类的词来形容，一点都不过分。据《中国兵书知见录》统计，目前尚知其名的兵书共计 3 380 部，23 503 卷。《中国兵书通览》的作者许保林曾绘制过历代兵书发展变化曲线，从中我们可以一窥兵家著述的发展概貌。虽然大多数兵书均为注释，释先秦兵籍之作，几同于后世儒者之注经。但是，兵家在漫长的历史发展中确也走向细部化、技术操作的具体化，从先秦那种宏观的战略思想、作战原则的论述走向具体军事学门类的探讨。兵家著述有专门讲军事训练和阵法布列的，如《练兵实纪》、《车营扣答合编》，以及《握奇经》等。还有专讲战争战例的，如《间外春秋》、《二十一史战例考》、《读史兵略》等等。有谈论将帅标准品格的，如《将范》、《将将记》等。有专讲使用间课的，如《间书》。有通过名将传记讨论用兵的，如《十七史百将传》、《广百将传》等。有探讨军事制度和军事法规的，如《历代兵制》、《补汉兵志》、《太平军目》等。

有关于兵器军械的，冷兵器有《耕余剩技》、火器有《火攻挈要》等。

① 李桂生：《先秦兵家人文主义精神特征探析》，《中华文化论坛》，2006。

还有关于军事地理的，最著名的是《读史方与纪要》。还有一些综合的百科全书式的著作，如《武备志》、《武经总要》等等，内容几乎无所不包，既有上面提到的诸项，又有天文、占侯、马政、军医、后勤等一般人想不到的内容。兵家著述就像一座庞大的智慧与知识的宝库，而历代兵家就是那些知道“芝麻开门”咒语，却只往里添宝的人。

有人在讨论唐代诗歌时，常有“诗圣”、“诗仙”、“诗佛”、“诗鬼”的说法，来比喻各大家的诗风。其实，我们谈论中国兵家也同样可以照此办理。孙武与吴起双峰并峙，堪称“兵圣”；孙膑用兵鬼神莫测、飘逸潇洒，堪称“兵仙”；司马穰苴古朴忠厚，可称“兵佛”；韩信用兵古怪刁钻，可称“兵鬼”。用他们来对应杜甫、李白、王维、李贺，委实一点也不辱没诗人的清誉。中国诗歌是中国人独擅的审美式思维的产物，其登峰造极、完美无瑕，令人击节三叹；而中国兵学则是中国独擅的慧观式思维的产物，同样登峰造极，为天下人赞叹不已。用兵只有在中国人手里才可以称之为“艺术”，而兵家就是创造这独特艺术的大师与巨匠。

中国兵学是中国四大实学之首，是中国文化贡献给世界文明的智慧的礼物。千百年来，它以它那慧观的哲理与平易的技术，为人类智慧增添了无尽的养料。正如一位日本学者所说的那样，只要人类还存在，中国兵学的价值就不会消失，战争被消灭了，它的智慧却仍可帮助和平的人类更好地生活。古人称人生有三不朽：立德、立言、立功，中国兵家之功，中国兵家之言，将永远活着，为后世垂范！

一、孙武与《孙子兵法》

孙武（约公元前551—？），春秋时期吴国名将和伟大的军事理论家，字长抑，齐国乐安人。其曾祖父、祖父都是齐国名将，在对内对外战争中立过赫赫战功。受家学熏陶使孙武从小就喜爱兵法，探求战争制胜之道，以备将来登坛拜将，沙场点兵，在战争舞台上干出一番惊天动地的事业。可惜当时齐国内乱不已，大家族争权夺利、纷争不休。孙武无意卷入到无谓的家族斗争之中，举家迁到了南方的吴国，躬耕隐居，潜心著兵书，寻求新的发展机会。

孙武，亦称孙子，春秋时代人。孙膑，战国时代人，是孙武的后世孙。两人都是杰出的军事家。孙武的《孙子兵法》、孙膑的《孙膑兵法》和吴起的《吴子兵法》，都是我国古代军事学的重要著作。

公元前506年，吴国伐楚战争准备已经完成，吴王遂拜孙武为主将，率

3 万精兵，溯淮水浩荡西进。进抵淮油（今河南潢州西北）时，孙武突然舍舟登陆，以 3 500 精锐士卒为前锋，迅速地通过楚国北部大随、直旅、冥厄三关险隘（今河南信阳南），直插楚国纵深。楚军措手不及，被迫在柏举（今湖北麻城）仓促应战。楚军大败，吴军乘胜追击，先后用“半渡而击”等战法，11 天行军 700 里，五战五捷，一举攻陷楚都郢都。楚昭王弃城仓皇南逃。柏举之战成了中国战争史上以 3 万人胜 20 万人的快速取胜的光辉战例。战国时期军事家尉缭子赞道：“有提三万之众，而天下莫当者谁？曰武子也。”

公元前 484 年，孙武再次显露出其杰出的军事才能，辅佐吴王夫差在艾陵之战中战胜齐国，从而使吴国国威大振，在两年后的黄池会盟中取代晋国成为霸主。司马迁在《史记·孙子吴起列传》里指出：“（吴国）西破强楚，入郢；北威齐、晋，显名诸侯，孙子与有力焉！”

孙武后来的命运如何，至今还是个谜。一种说法是：孙式辅佐吴王夫差建立霸业后，深知“飞鸟尽，良弓藏；狡兔死，走狗烹”的道理，遂退隐林泉，从事著述以余终年。另一种说法是，他重返齐国，在家乡隐居授徒。

孙武被后人尊崇为“兵圣”、“兵家之祖”和“兵家之师”，除了他战功显赫外，更主要的是他留给后世一部不朽的军事名著——《孙子兵法》。该书有 13 篇，共 5 000 余字，但这短短的几千字里却包含着一个博大精深的理论体系和十分丰富的思想内容，对中国军事学术的发展产生了巨大而深远的影响。从战争哲学的意义上讲，孙武及其学说已经登上了前无古人、后无来者的顶峰之境。中国兵家饮誉于世界，孙武子居功当首。

《孙子兵法》是中国古典军事文化遗产中的璀璨瑰宝，是中国优秀文化传统的重要组成部分。其内容博大精深，思想精邃富赡，逻辑缜密严谨。《孙子兵法》大约成书于春秋末年，自问世以来，对中国古代军事学术的发展产生了巨大而深远的影响，被人们尊奉为“兵经”、“百世谈兵之祖”。历代兵学家、军事家无不从中汲取养料，用于指导战争实践和发展军事理论。三国时著名的政治家、军事家曹操第一个为《孙子兵法》作了系统的注解，为后人研究运用《孙子兵法》打开了方便之门。

春秋战国真是中国历史上一个无比奇妙的时期。生产力在战车的呼啸中进步，文化也在刀光剑影的间歇中繁荣。历史在这里为各色奇人、异人、怪人乃至圣人提供了一个空间和一段时间。中国兵家也就是在这里正式诞生，以它傲视群伦、时空的姿态，发出夺目的光彩。西周自武王立国，经 400 余年传至幽王，一场不经意的玩笑烽火戏诸侯，遂致国破身亡。他的儿子周平王不得不迁都洛邑，从此开始了姬姓王国另一个400年屈辱的生涯：王室衰微，不复有号令诸侯、统驭天下的能力与权威。平王之孙恒王好不容易下决心讨伐郑国，却落得个损兵折将，自己也中了一箭。从此以后周王室就变成了诸侯争战的尊贵看客，只有在争斗者春风得意，需要借王室的招牌压人耀己时，他才会被人想起。稀稀落落的朝贡，受贡者反倒感到受宠若惊。100多个诸侯开始捉对厮杀，相互吞并。争战中，有的大国反倒破败乃至国灭，比如郑、卫、许、纪诸国。不仅国之间争战不已，诸侯国内部的纷争也是好戏连台，国君的脑袋忽然之间就变得轻贱起来，孔子作《春秋》从未能让乱臣贼子惧，春秋弑君如割鸡。这期间，有五位诸侯有过令人炫目的表现，这就是齐桓公、宋襄公、晋文公、秦穆公和楚庄王。历史上称他们为“五霸”。其实，他们之中的宋襄公不过是贻笑后世的小丑，倒是吴王夫差和越王勾践有过短时期的风光。

老子的《道德经》中蕴含着深湛的军事哲理。他通过对自然界和人类社会大量的对抗现象及其结局的细心观察，运用神妙的直觉思维分析推断，认为：“坚强者死之徒，柔弱者生之徒”，“故坚强处下，柔弱处上”，“柔克刚，弱胜强”。滴水可以穿石，四两拨千斤，钝兵亦可锐进。我们把以少胜多、以弱击强的战役称为巧战。因为只有“巧”才能在敌我力量悬殊的情况下，以四两拨千斤，最充分地利用天时、地利、人和，把用兵艺术发挥到极致。战争是力量的撞击，也是智慧的较量，能用智胜力者是为“巧”。

在中国战争史上，存在过许多这样的战例，诸多智士良将凭借有限的兵力和局促的舞台，演出了一幕又一幕激动人心的话剧。巧战才是兵法的魅力所在，也是兵家最吸引人的画面。如巧战例“退避三舍——晋楚城濮之战”。

春秋时期，称之五霸之首的齐桓公去世，齐国在中原的地位遂渐渐让位于晋国。在外漂泊近20年的晋公子重耳入主晋国之后，晋国愈发强大，中原诸侯开始将依齐之心转向附晋。不过这样一来，晋国就要面对南面强大楚国的威胁，不制止住楚国的向北扩张，晋国的霸主地位就无从确保。

公元前633年冬，楚国联合郑、许、陈、蔡等国向与晋联盟的宋国发起进攻，公然向晋国挑战，意在斩断刚刚起飞的晋国的羽翼。宋军当然不是楚军的对手，接连损师丧地，都城被围得水泄不通。宋国赶紧向晋国求救。

一直在关注着楚国动向的晋国接到宋国的求援告急后，十分焦虑，有进退两难的感觉。因为如果不救宋，那么意味着霸主的事业付诸东流，而救宋，晋国的实力与兵力又远远不能与气势方盛的楚国相比。正在踌躇间，足智多谋的大臣狐偃出了个主意，狐偃建议说：“楚国刚刚得到曹国的归附，又新近与卫国结为儿女亲家。我们既然不便马上与楚国兵戈相向，不如先兴兵伐曹、卫，这样楚必派兵救援，如是不是可解宋国之围了吗?”一语拉开了晋楚之争的序幕。

在风景如画的雁荡山流传着山蛙聚歼“五步蛇”的动物战的故事：一只山蛙发现了“五步蛇”，大叫一声，随即跃身入水，从水底潜至对面又钻出头来呱呱大叫。此时，四周的大山蛙听到信号，立即直扑“五步蛇”，将它团团围住，纷纷向蛇的头部撒尿，刺激得“五步蛇”难以忍受。群蛙乘机蜂拥而上，乱咬乱抓。只要有一只咬住了蛇头，其他的蛙就抓咬其尾，咬住不放。经过长时间的鏖战，“五步蛇”疲惫不堪，终于死于山蛙大军的围歼之中。

战争，在更多的时候是实力的较量，力量的撞击。历史上也存在着大量这样的战例，胜负往往出于力量的碰撞，而较少权谋机诈的作用。其中士兵的素质、武技，将校的勇略，战争的准备，武器装备的完善程度等，两者相较，优者战胜。

秦以后的几百年，是大一统的中国膨胀的年代，也是帝王霸业的膨胀年代。华夏一统帝国的文治武功撼动了周边，也撼动了世界。但是，或许是先秦的风雨已经消尽了风流俊士，或者是独尊儒术的政治钳制窒息了人们的灵魂，总之，相对于春秋战国而言，中国人的文化创造力大不如前了。阮籍登上楚汉争霸的古战场，曾感慨道：世无英雄，遂使竖子成名。对此，我们也有同感，两汉兵学与兵家一直相对沉寂，到了三国，情况方有所好转，比起先秦新论迭出、群星璀璨的局面来，我们不免有点惋惜。然而，一代人有一代之事，历史就是这样安排的。

二、《素书》与文韬武略

《史记·留侯世家》载：张良在圯桥得到黄石公的一本《素书》。这本《素书》共1 336字，上面书有秘戒：此书不许传给不道、不神、不圣、不贤之人……也许是张良未遇到可传之人，只好将这本书陪葬墓中。500多年后，此书由盗墓者从他的玉枕下取出，从此，这本《素书》才流传于人间。然而，西汉时的兵家自张良、韩信起，至三国时的曹操、诸葛亮止，著述不多。

秦末楚汉相争，项羽兵败自投乌江。汉高祖刘邦论功行赏，众将都说自己如何曾攻城夺地，破敌斩将，唯独张良默不出声。但是刘邦却大声为他争功："运筹于帷幄之内，决胜于千里之外，这就是张良的功劳！请你自己挑选三万户的封邑。"张良，这个手无缚鸡之力的贵胄子弟，就是这样在历史上留下痕迹的。

兵家在秦汉经过一个相对的沉寂期。大约先秦兵家的思想创造力在这个相邻阶段仍旧发出逼人的光焰，兵家在此阶段只限于应用其原理，整理注释其典籍，较少创新之制。三国时期兵家出现一段短暂的活跃，不过在兵家宏观架构上仍无多大起色，兵艺权谋却相对发达，可惜人称"乱世奸雄"的曹操兵法新制失传，只遗下他注释的《孙子兵法》，可以星点地看出他的睿智闪光。

曹操是少数几个既有出色的文采、又有杰出武功的统治者，隋炀帝杨广、南唐李后主李煜以及宋徽宗赵佶，都是有文采的昏君，而那些雄才大略者比唐宗宋祖却又"稍逊风骚"。就是后来号称有"十全武功"的清朝乾隆皇帝，虽然一生写诗词上万，到头来让人不忍卒读。三国是一个英雄辈出的时代，但只有曹操父子才是中国文化新时期的开拓者。虽然被后世的小说家写成了"奸雄"，但曹操在历史上的地位和作用是不可抹没的。这里，我们只介绍他的军事理论和军事实践方面的贡献。

曹操出身于官宦人家，但父亲曹嵩却是东汉末大宦官曹腾的养子。宦官也就是太监，虽然在中国政坛上总是起作用，但名声不佳。后来袁绍的文士陈琳据此骂他"阉竖遗丑"。曹操青少年时期就显示出不拘礼法、胆识过人的性格。几次出任为官，都有惊世骇俗之举，20 岁任洛阳北部尉，一上任即挂大棒十余根于府门，有豪强犯法者，即着乱棒打死，连当时的红宦官蹇硕的叔父也未能幸免。任济南相，上任就罢免了大部分贪官污吏，又将境内遍布的淫祠庙宇统统拆掉，一时风气大转。后来，在镇压黄巾起义和讨伐董卓的战争中，曹操形成了自己的军事集团，以兖州为根据地，在群雄割据的混战中逐渐脱颖而出，成为一支不可忽视的军事力量。这时，他采取了一个非常高明的政治策略，借口西京残破把汉献帝接到自己的地盘许昌，从而形成挟天子以令诸侯的局面，极大地争取了政治主动。接着他吞并了称帝的袁术，收降张绣，擒杀吕布，逐去刘备，成为割据兖、徐、淮地区最大的军阀之一。

三、奔袭的骑兵李世民

唐宋是兵家的中兴期，具有开拓气质的盛唐兵家炮制出一些有别于先秦的新论。李世民、李靖的长途奔袭的骑兵战略，以及初唐行之有效的府兵制也的确让人耳目一新。一开始就受制于异族军事压力的宋朝士大夫特别忧国忧民，文人竞相言兵，虽不乏真知灼见，但却无助于北宋的兵事，直到金兵南下，掳走钦徽二帝，宋室南迁，这才出了几个能够活用兵法的将帅，撑住了小朝廷的半壁江山。宋代另一值得一提的事是开科武举，列兵家典籍为“经”，兵学从此成了科举考试的内容。

故经之以五事，校之以计，而索其情：一曰道，二曰天，三曰地，四曰将，五曰法。道者，令民于上同意，可与之死，可与之生，而不危也；天者，阴阳、寒暑、时制也；地者，远近、险易、广狭、死生也；将者，智、信、仁、勇、严也；法者，曲制、官道、主用也。凡此五者，将莫不闻，知之者胜，不知之者不胜。故校之以计，而索其情，曰：主孰有道？将孰有能？天地孰得？法令孰行？兵众孰强？士卒孰练？赏罚孰明？吾以此知胜负矣。将听吾计，用之必胜，留之；将不听吾计，用之必败，去之。

四、神机妙算的刘伯温

刘基，字伯温，民间以字闻名。在老百姓眼里，刘伯温是诸葛孔明一类人物，上知天文，下晓地理，不惟足智多谋而且法术精深、阴阳有准。《三国演义》中诸葛亮像个半仙的老道，在民间传说中刘伯温也类似之。不过历史上的刘基的确以善于谋划出名，是一位出色的军事谋略家。《明史》上说他“佐定天下，料事如神”，应该说是道出了他的特色。

明代，随着资本主义萌芽的出现，科学技术的进步，战争也发生了变化。如西方新式武器的传入，沿海海战频繁等。此时，揭示新的历史条件下战争运动的规律，大有文章可做。明代的兵书《草庐经略》在这方面已略显端倪，特别是在战术学上颇多新意。如《草庐经略》中写了 152 个军事问题，其中有许多军事术语与今天的军语非常契合，这说明战术学在明代已有了新的发展，其内涵愈来愈丰富，战术愈来愈细密。

清代，中国人的文化创造力已开始衰竭，在高度发达的文化专制主义的淫威下，知识分子的精力都耗在科举考试和朴学考据之上，写兵书的人虽多，但有分量的却少见，明代还有戚继光、茅元仪这样的兵家余绪，可清代连戚继光那种练兵实录也没有。清末曾胡等人的努力，成了整个封建时代兵家的最后一抹余晖，从此中国兵家的发展被西方资本主义全面入侵打断，西方体系的兵学理论取代了传统兵学占据了中国军界。此后，诚然中国近代军事学家也对西方军事学与传统兵学的结合进行了尝试，不过这已经超出了本书讨论的内容，不再赘述。

历史走到明清，从整个世界鸟瞰，中国文明已经开始走下坡路了。郑和率庞大的舰队下西洋，虽然比哥伦布早了很多年，但目的之一却在于捕捉建文帝的消息，好让永乐皇帝这个篡位者安心，这在气魄志向上却输了一筹。作为火药的诞生地，此时却要进口“佛郎机”红衣大炮。以精巧敏思著称的国人，一方面对“西儒”利玛窦的地球仪不以为然，另一方面却对他手中不值钱的三棱镜叹为观止，视为至宝。从整体上讲，我们民族的文化创造力已经开始有些萎缩了，文明变得繁复、纤巧，缺乏宏大的气象。中国兵家已经走过了2 000多年的路程，发现自己来到了一个巨大的十字路口，整个世界正在由冷兵器总体性地向热兵器过渡，相应的战略战术、兵制兵规都要过渡。但是，这时的中国兵家，基本上还缺乏过渡的自觉，他们的思维以及论理还是沿着传统的理路。创造力虽然萎缩了，但文人言兵的习惯却仍旧发扬着，“兵”成为社会的斗筲，而“言兵”却仍然是时髦；一时间鱼龙混杂，泥沙俱下，既有出色者如戚继光，也有芸芸窜改抄袭之徒。整个历史的惯性使得兵学的历史性过渡，滞后到19世纪40年代，历史也在这里留下了自己的遗憾。

五、《孙子兵法》

《孙子兵法》原称“兵法十三篇”（《史记·孙子吴起列传》），《孙子兵法》一名乃东汉以后的称谓。记载曰：孙武“以兵法见于吴王阖庐。阖庐曰：‘子之三十篇，吾尽观之’”（《史记·孙子吴起列传》）。《孙子兵法》的军事思想有着完整的体系，可以概括为国家指导原则、政治战指导原则、经济战指导原则、外交战指导原则、精神战指导原则、间谍战指导原则等30多个方面。《孙子兵法》十三篇的目录是：①《始计》，②《作战》，③《谋攻》，④《军形》，⑤《兵势》，⑥《虚实》，⑦《军争》，⑧《九变》，⑨《行军》，⑩《地形》，⑪《九地》，⑫《火攻》，⑬《用间》。全书不到6 000字。

《孙子兵法》在世界上久负盛名，8世纪传入日本，18世纪传入欧洲，现今已翻译成29种文字，在世界上广为流传。英国著名军事理论家利格尔哈特向人透露，他的军事著作中阐释的军事观点，其实在2 500多年前《孙子兵法》中就可以找到。

现存重要的版本为南宋宁宗时所刻《十一家注孙子》，宋刻与宋抄《武经七书》本，其中宋本《十一家注孙子》经清代孙星衍校定考辩后，成了近世流传最广、影响最大、最富实用的读本。

第十一章 农 家

农家是我国春秋战国时代的一个思想流派，它以重农思想为理论核心，参与了百家争鸣。许行为他们的主要代表，由于他主张“平等劳动说”等进步观念，遭到了显学人物的反对。经过稷下学派和吕氏门客两种形式后，农家又在社会上以农学家的面貌出现。重农思想、民本主义、农业管理和生态农学是农家思想的四个基本构成部分。这些思想都有助于我们培养和造就科学的生态意识，因为生态意识是贯穿于这些思想中的灵魂，这些思想产生了超越时间和空间的巨大价值。

首先，农家要求人们要将农业作为整个国民经济的基础部门，将发展农业摆在首要的位置。这就是农家重农思想的基本含义。农家的这一重农思想，还远涉重洋，对政治经济学中的重农学派产生了重要影响。重农学派的鼻祖魁奈专门撰写了一部名为《中华帝国的专制制度》的著作，表达了他对中国重农思想的向往和崇敬。

其次，农家要求统治者尊重劳动人民（主要是农民）的物质利益，顺应国心，忠爱民，尽民力，运用生态农学的办法来调动民力。这就是中国农家民本主义思想的基本含义。“民贵君轻”成为一种至少是口头上为大家认同的价值观念。在由魁奈指导而撰写的《农业哲学》一书中，赫然印有中国皇帝“耕帝籍田”的形象，而“耕帝籍田”是农家的重要主张。

再次，农家要求将农业管理作为国家行政体制的一个重要部门，要重视农业，要抓农业生产，要运用生态学方法来管理农业。农家要求在农业生产中要充分利用天时、地利、人和三个因素，注重运用事物之间相生相克的生态关联来发展农业生产，这就是中国农家生态农学思想的基本含义。

一、以农为本假托神农氏

“农本商末”是中国传统社会的一项基本国策，而农家是力主“农本商末”的，将之作为自己的基本主张，推动统治者确立了这项基本国策，并促进社会认同了这一价值观念。

“本末”是我国传统哲学中广泛使用的一对概念，可以用来表示任何事物的根本与支末的对立状态。在中国传统文化中，将“本末”这对概念与农商结合，是战国时期或之前出现的特殊语言形式。用“本”来指“农”，无非是要强调农业在社会经济中的基础地位和根本意义；而用“末”来指“商”（包括工在内，按照中国传统的观点，工商在实质上是一致的，工是出卖自己产品的，而商是出卖他人产品的），不外乎是要强调商业在社会经济中的从属地位和附属意义。这就体现了中国传统文化重农轻商的价值取向，而农家力使这一观念系统化，并由此构筑起一套社会历史理论。那么，农家为什么要将“农”看作是“本”，而将“商”看作是“末”呢？

农家之所以以农为本，就在于他们看到，农业不仅是维持全社会基本生计的源泉，而且更是国家得以长治久安的根本的物质基础。因此，他们建议统治者应该重视农业。如：农业是一切财富的来源和基础；农业是保障百姓生存的基本手段；农业是国家稳定的根本保障；农业是道德教化的前提和保证。《农书·农桑通诀》有：“盖二十八宿周天之度，十二辰日月之会，二十四节气之推移，七十二候之变迁，如环之循，如轮之转。农桑之节以此占之，四时各有其务，十二月各有其宜。先时而种，则失之太早而不生；后时而艺，则失之太晚而不成。故曰：虽有智者，不能冬种而春收。”

“天时”是农业生产得以进行的一个重要的生态条件，如何认识“天时”的结构和功能，进而在此基础上来指导农业生产以获得农业丰收，就成为摆在农家面前的一项重要任务。这就是我们所说的中国农家的时间意识。

有关农家的来源，上古时代人们认为：“神农作种五谷于淇山之阳，九州之人乃知谷食……神农教耕生谷以致民利。”（《管子·轻重篇》）“易曰：‘炮栖氏（即伏羲氏）没，种农氏作。’以火承木，故为炎帝。教民耕农，故天下号曰神农氏。”（《汉书·律历志》）农家是假托传说中的神农氏来表达自己的重农主张的，因而，人们又惯于将农家这个中国的重农学派称为“神农学派”，那么，这个“神农学派”的基本主张是什么呢？班固在撰《汉书·艺文志》时，为农家作的界定是：

> 农家者流，盖出于农稷之官。播百谷，劝耕桑，以足衣食。故《八政》一曰食、二曰货。孔子曰：“所重民食。”此其所长也。及鄙者为之，以为无所事圣王，欲使君臣并耕，悖上下之序。

可见，先秦农家有以下值得注意的问题：一是出于农官，或继承了农官的档案资料。农家是从中国最早的农官（农稷之官）中发展、演化出来的。而“农稷”即后稷，他既是神话传说中的与神农氏一样的开创农业的人物，又是我国历史上的第一个农官。这就是将农家称为神农学派的缘由。二是出于“鄙者”，即与农民有较多联系的平民知识分子。《神农》一书可能属于此派。农家是站在“重民”的立场上来看问题的，具有一种平民意识，直至后来提出了“君臣并耕”的理想，这就发展为民本主义。这就是农家不为显学人物和统治者喜欢的根本缘由。三是农家将“农”摆在了一切政事之首（八政一曰食，二曰货），将“重农”作为自己的基本理论主张。他们将满足人民群众的日常生活需要作为他们活动的基本目的（以足衣食），而这必然使他们给“农”以高度的重视，这成为他们衡量一切问题的准绳。而这就是把他们称为重农学派的基本原因。四是农家重农并没有停止在空疏的议论上，而是有一定的措施的（播百谷，劝耕桑），而这一“播”一“劝”既包括政策和价值上的导向，也包括技术上的指导和帮助。离开一定的农业技术的支持，恐怕农家也就不成其为农家了。而这就是班固之所以将《氾胜之书》列入农家、《百子全书》将《齐民要术》收入在其中的根本原因。上述四个方面可以基本反映出农家这个学派的基本理论特征。

春秋战国时代，是一个思想解放、学术自由、百家争鸣的时代。因而，中国农家作为一个特定的“音部”也加入到百家争鸣的大合唱中来。孟子提出：“有为神农之言者许行”（《孟子·滕文公上》），主张：“贤者与民并耕而食，饔飧而治”。正像任何思想文化学说的出现是一定社会经济发展的必然产物一样，春秋战国时代的经济、政治和文化的发展为农家的出现提供了良好的条件。

中国古代农业生产已有一万年左右的历史，农业科学技术在春秋战国时代已有相当的水平。农业生产是人类文明史上的一个重要里程碑，我国神话传说中的“农稷”、“神农”、“媒祖”，开创了“农”、“桑”，说明我国农业有着悠久的历史。

神话并非荒诞虚妄之说，它对于我们研究人类文明发生史具有重大的价值，因为“神话既非‘古人的智慧’，亦非荒唐无稽的谰言，而是原始人生活思想的反映。我们要研究原始的文化，要知道人类生活史的第一页，便不得不从古代神话中搜讨采集”①。对中国远古农业神话与中国农家的关系，亦应作如是观。神农氏神话、后稷神话便是我国的两个重要的农业神话。

① 茅盾：《神话研究》，14页，北京：百花文艺出版社，1981。

二、传统农家思想的形成

战国时许多思想家谈论天时、地利、人和，即天、地、人，或天道、地道、人道，也涉及农业生产中的“三才”。《吕氏春秋·审时》有：

夫稼，为之者人也，生之者地也，养之者天也。

“稼”指农作物，或农业生物，是生产的对象。“天”和“地”，并非是有意识的人格神，而是指自然界的气候和土壤、地形等，属于农业生产的环境因素，而人则是农业生产的主体。农业作为农作物、畜禽等的生长、发育、成熟、繁衍过程，是自然的再生产，离不开人的劳动干预，也离不开周围的自然环境。可见，人，农作物，自然环境是相互依存、相互制约的一个生态系统，这是农业的本质。所以《吕氏春秋·审时》中提出的“三才”理论，是农家思想的核心，概括了这一本质。

人作为自然的主宰者，如何保护自然资源，如何协调人与自然的关系，也成为“三才”理论关注的问题。在春秋战国的古籍中，有很多关于人与自然不是对抗，天人合一的理论。如荀子就说：

修火宪（不使非时焚山泽），养山林薮泽草木鱼鳖百索（百索即百蔬），以时禁发，使国家足用而财物不屈，虞师之事也。（《荀子·王制》）

反映了我国古代劳动人民在长期农业实践中意识到，对自然资源的利用不应该是无节制的、掠夺式的，而应是有节制的、合理的，只有这样才能达到永续利用的目的。

传统农家思想中，还有如何集约经营、提高土地利用率的问题。古代从夏商到西周垦辟农田的活动一直在进行，春秋战国农家开始使用铁器，更加扩大了土地的开垦，提高了单位面积的产量。战国初年的李悝魏相，颁行“尽地力”的教令，就是要提高土地生产率。荀子说如好好种地，可以亩产“数盆”，等于一年收获两次。庄子曰：

昔予为禾，耕而卤莽之，则其实亦卤莽而报予；芸而灭裂之，其实亦灭裂而报予。予来年变齐，深其耕而熟耰之，其禾繁以滋，予终年厌飧。（《庄子·则阳》）

说明古代中国人民已经认识到，通过精耕细作提高土地生产率，是发展农业生产的有效途径。精耕细作也是技术体系的基础。

三、四象、人力与天时

在我们的祖先看来，事物本身都是有一定的时间节律的。而“天时”是由28宿在天空的位置、24节气的相互推移、72种物候的变迁构成的一个整体，这些就构成了农业生产时间节律的根据。所谓“二十八宿周天之度”是指28个星座在天体的位置变化，我们就是通过观测“二十八宿周天之度”来确定天时的。

古人测定“天时”，进行天文观测，确定日月恒星的运行轨迹，标识各种天象发生的方位，是以恒星的分布作为参考系的，因为恒星在天球上相对位置比较固定。古代天文学家为了辨认方便，根据恒星排列的图形，把天空划分为许多区域，称为星座。我国古代天文学家把黄道（太阳和月亮所经天区）的恒星分成28个星座，称为“二十八宿”。28宿又按东南西北四个方向分成四组，分别用苍龙、朱雀、白虎、玄武四种形象来命名它们，称为“四象”。而这“四象”更替就形成了一年中的四季。

从根本上来看，处于“天，地，人”这个三维结构中的农业生产依赖于两个条件，一是依赖于自然系统提供的“天时”和“地利”生态条件，二是依赖于人的努力和对农作物的照顾。时宜、地宜主要是从农作物怎样适合一定的生态条件说的，这只是农作物和生态环境关系的一个方面，在农业生产中还存在着另外两方面的问题，即如何使自然生态条件变为最适宜于农作物的生长和收获，而这就需要加强人的主观努力。农业生产和农业管理中的主体性问题就是这样被提出来的，主体性问题的核心就是如何突出和加强人的主观能动性的问题。

《淮南子·主术训》有：“食者民之本也，民者国之本也，国者君之本也。是故人君者，上因天时，下尽地财，中用人力，是以群生遂长，五谷蕃殖。”中华民族是一个主体意识很强的民族，我们的祖先很早就发现了人自身的力量和价值，这种情况不仅反映在人们的理论思维和审美意识之中，同时也表现在对农业生产活动的认识之中。早在神农和后稷神话中，在大禹治水的神话中，我们的祖先就赞叹人的力量和价值，强调人对大自然的改造和征服，小小的精卫敢于填海，孤立的夸父敢于追日，那么，农业生产就更不在话下了。农家的主体意识就是在这样的思想文化环境中发育、成长起来的，并从人和自然的关系中（生态关系）揭示出了人在农业生产中的主体性。

四、农家思想中的主体意识

主体意识是农家思想的一个重要组成部分。在小农经济占主导地位的社会历史条件下，能够确定人在农业生产中的主体地位，进而将“存乎其人”作为农业管理和生态农业的原则，并在此基础上提出“力足以胜天”的口号，这无论在科学上还是在理论思维水平上，都是了不起的进步。

1. “存乎其人”的科学价值和理论思维意义①

作为农家主体意识的“存乎其人”，从人的生态主体性，提出了农业管理和农业生产原则，将三者看成了一个整体，因此，它既有科学价值，又有理论思维意义。

从科学上来看，农家肯定人的生态主体性，就是要求人要充分发挥自己在农业生产中的主观能动性，深入到农业生产的内部矛盾中去，以此来促进农业生产，要求人们要巧用天时、地利和物宜等生态条件，要求人们要充分发挥自己的聪明才智，在套种、垦田、施肥、农具、资源利用等诸多问题上下功夫，形成一系列富有创见的技术措施。这些农业技术不仅体现了人的聪明才智和主观能动性，而且具有农业栽培学、农业土壤学、肥料科学、农业机械学、生态农学等诸多方面的价值，将生态学的原理贯穿到了每一个农业生产技术部门中去，用生态学将他们统一了起来，使中国的农学呈现出了发达的生态学水平，从而为中国现代农业达到科学的生态农业水平提供了历史准备和良好的条件。

从理论思维上来看，“存乎其人”的思想将人的主体性突现了出来，但农家并没有盲目地看待人的主体性，而是将人的主体性的发挥看成是受一定条件的约束、要凭借一定的中介、要考虑多方面的后果的一个系统过程。具体来讲：

（1）中国农家所理解的“存乎其人”具有条件性的特点。农家强调“力足以胜天”的价值和意义，和唯物主义哲学家荀子一样，将人的主体性突出了出来；但农家强调的主体性不是主观盲动性，他看到人的主观能动性的发挥是要受一系列条件制约的，在农业生产中，也就是要考虑到“天时”、“地利”、“物宜”等诸多条件，切不可盲目行动。他们看到人的主体性的发挥可能带来一些不良的社会和生态后果，要求用生态意识和系统意识来约束主体意识，要求人们将他们作为一个整体来看待。这些看法都有其合

① 以下部分内容参考张云飞：《中国农家》，北京：宗教文化出版社，1996。

理性，这就是要求人们要正确处理客观规律和主观能动性的关系，在全球问题背景下，重申这一点尤为重要，正如马克思注意到的一位科学家所说的那样，“不以伟大的自然规律为依据的人类计划，只会带来灾难”。

（2）中国农家所理解的“存乎其人”具有能动性的特点。农家看到人在农业生产的各个环节、在农业技术的各个领域都具有主观能动性，人不仅能够利用事物之间的关系来为自己服务，使自然事物抵御自然力量；而且能够创造出自然界本来没有的东西，他们强调人的“盗”，强调人的“智”，强调人创造的“器”。他们对“风土不宜论”进行批判，提出“地力常新状”的观点。

（3）中国农家所理解的“存乎其人”具有中介性的特点。农家虽然不懂得“一切都是经过中介，连成一体，通过过渡而联系的”。但他们知道从“天时”变成“时宜”、从土地变成“地利”是需要一个中介的，而“知时”和“知土”就是这样的中介。在构筑各种生态农业模式的过程中，他们也注意到了事物之间关系的中介性，利用物物相生或相克的关系来夺取农业丰收，用乙事物将甲事物和丙事物联系起来。

（4）中国农家所理解的“存乎其人”具有系统性的特点、农家将人的主体性本身看成是隶属于“天—地—人”这个大生态系统的，而主体性本身是由条件、中介、目的、活动等要素构成的整体，主体性要受系统意识的统摄。而在农业生产中发挥人的能动性时，都要体现这一要求，力求一物多用、一功多能。各种生态农业模式其实也就是将不同的要素统一起来，来发挥他们的整体效应，要考虑经济、社会、生态等多方面的后果。

（5）中国农家所理解的“存乎其人”具有人道性的特点。农家提出了“力足以胜天”的口号，这不仅确立起了人在自然面前的主体性，而且有助于打破神学束缚，使人性的光辉透过神的灵光而发出了耀眼之光。同时，他们同情劳动人民的不幸和劳作，要求统治阶级谨身节用；尊重劳动人民的物质利益，将民本主义的社会历史观和“存乎其人”的主体思想统一起来，要求将他们作为农业管理的原则。

这些就是农家“存乎其人”思想的精华。

2.“存乎其人”的历史和阶级的局限性

在看到农家主体意识的价值和意义的同时，我们同时也要看到他的局限性。这主要表现在：

（1）尽管农家是从人和自然的关系中来看待人的主体性的，但他们对之缺乏严格的科学规定，对人这一超级有机因子的结构和功能没有做出过多的科学规定。与此相关的是，他们对一些极有价值的生态农业技术问题没有做出科学的说明，这种“黑箱方法”有其价值，但也限制了科学的进一步发展，使得中国的生态农业只停留在发生学的水平。

（2）尽管农家将“人力”和“人智”看成是人的主体性的两个基本规定，但他们根本不可能站在科学实践论的角度来看待人的主体性，事实上正如马克思所说，人在劳动中不仅使自然物发生形式变换，同时还在自然物中实现自己的目的，这个目的是他所知道的，是作为规律决定着他的活动的方式和方法的，他必须使他的意志服从这个目的，但是这种服从不是孤立的行为。

（3）尽管农家将“存乎其人”和民本主义统一起来；主张适度剥削论，但是，他们根本不敢提出反对剥削的口号，“平等劳动说”只是昙花一现。而事实上，正如毛泽东说，在中国封建社会中农民用自己的工具去耕种地主、贵族和皇室的土地，并将收获的四成、五成、六成、七成甚至八成以上，奉献给地主、贵族和皇室享用，地主阶级还“强迫农民从事无偿的劳役，去养活一大群国家官吏和主要是为了镇压农民之用的军队，地主阶级这样残酷的剥削压迫所造成的农民的极端的穷苦和落后，就是中国社会几千年在经济上和社会生活上停滞不前的基本原因。

这些都是由农家所处的历史和阶级环境所决定的。

五、《神农》

班固《汉书·艺文志》农家类，首列“《神农》二十篇”。然而，自《隋书·经籍志》，《神农》已不见于著录，可知其书亡佚已久。清人马国翰所辑《神农书》一卷，辑本虽难免有菁芜杂陈之嫌，但《神农》一书之要旨，尚能得以窥见。

关于《神农》一书的作者，班固《汉书·艺文志》自注说：“六国时，诸子疾时怠于农业，道耕农事，托之神农。”唐代颜师古引刘向《别录》云：“疑李悝及商君所说。”后人认为颜说比班说“具体”可信，自此言及《神农》一书的作者，奉颜说者居多。《神农》既非李悝所作，也非商鞅所著。那么，《神农》究竟为何人所著呢？很可能系战国时期农家代表人物许行所作。

许行，战国时楚人，其生平已不可详考，只知他与孟轲同时。孟轲在滕国时，许行曾“自楚至滕”（《孟子·滕文公上》）。滕文公根据他的请求给了他一片可以居住和耕种的土地。许行有门徒数十人，“皆衣褐，捆屦织席以为食”。儒家陈良之徒陈相与其弟陈辛经宋到滕，“见许行而大悦，尽弃其学而学焉”。可见其学说在当时具有相当大的影响。《神农》为许行假托神农而作，是春秋战国时期的“特产”。春秋战国之世，人们笃信文化以古说为甚，所谓“百家言黄帝，其文不雅驯”（《史记·五帝本纪》），“世俗之人，多尊古而贱今。故为道者，必托之神农、黄帝，而后能入说”（《淮南子·修务训》）。世风所及，连孔子、墨子和孟子皆开口称尧，闭口道舜，以至韩非讥讽说：“孔子、墨子俱道尧舜而取舍不同，皆自谓真尧、舜，尧、舜不复生，将谁使定儒墨之诚乎？”（《韩非子·显学》）既然孔、墨、孟诸子能言必称尧舜，许行为什么不可以言必托神农呢？许行托神农之言著书，有其广泛的社会基础和深刻的历史原因。在许行生活的时代，有关类似与民并耕的神农式的“圣君明主”的传说不绝于耳。其中最显著的如帝舜，据说就曾“荷此长耜，耕彼南亩”（《文心雕龙·祝盟篇》）。

此外，许行之所以托神农立说，还在于他的君民并耕的理想在阶级社会里近乎海市蜃楼，恐不易被人接受，所以借神农这尊偶像以抬高自己学说的地位，扩大其影响。对于这种“挟古人以自重”的风气，梁启超披露得淋漓尽致：“有许多书，分明是后人所作，又往往假托古人名字以自重。”①

① 梁启超：《古书真伪及其年代》，载陈其泰等编：《梁启超论著选粹》，广州：广东人民出版社，1996。

第十二章 杂 家

杂家列于诸子中，是很鲜明的一派。所谓“杂家”就是采诸家之言而成。“杂”字在先秦时候，其本意是交错杂糅、驳杂不纯的意思。《国语·郑语》说：“先王以土与金、木、水、火杂，以成百物。”其注曰：“杂，糯也。”即混合，掺糅的意思。《易·系辞卜》有：“其称名也，杂而不越。”又，“六爻相杂，惟其时物也”。疏：“一卦之中，六爻交相杂错。”“杂”有错杂无序的意思。杂家是战国末至汉初兼采各家之学的综合学派，《汉书·艺文志》上说杂家“兼儒、墨，合名、法”。“杂家出于议官”（掌谏议）《汉书·艺文志·诸子略》将其列为九流之一。

战国末期，经过激烈的社会变革，封建制国家纷纷出现，新兴地主阶级便要求在政治上、思想上的统一。在这种呼声下，学术思想上出现了把各派思想相融合为一的杂家，杂家的产生，大体上反映了战国末学术文化融合的趋势。在许多人的心目中，杂家不成体系，东拼西凑，支离破碎，不值得研究。也许是杂家的“杂”字产生了误导，使人望“杂”生义，把杂家和杂乱无章联系起来。有些人研究《吕氏春秋》，也否认其杂家代表作的地位。实际上，杂家之“杂”，只是人们为该学派所定名称而已。

春秋战国是诸子学勃兴时期，但纵观先秦诸子思想学术发展的整个历程，除了儒、墨显学和老、庄道家外，基本上没有在先秦时就被称为“家”或者“派”的，他们被认定为一家一派都是后人所为，先有司马谈的“六家说”，后有班固《汉书·艺文志》的“九流十家”说。虽然在《庄子·天下》、《荀子·韩非十二子》，《韩非子·显学》等篇中有着对诸子百家粗浅归类后的评判，但真正将他们归为一家一派并予命名则是西汉以后的事了，先秦杂家就属于后者。先秦杂家没有对“杂家”是一个学派的自我意识，它只是战国晚期至秦汉之际社会统一、学术融合历史潮流下自觉或不自觉的产物，后人将其归结为“杂家”，只是为了研究的方便，是一种新的视野下对历史的探讨与认识；而且，先秦杂家有自己的学术宗旨、理论方法、思想体系、代表人物及著作，他们实际上已经构成了战国时期思想的一个分支，笔者以为从这个方面来说先秦杂家已然形成为一大学派。汉志和隋志中关于杂家的定义表明，杂家吸收其他学派理论是有范围和原则的，其范围就是各派理论中有关“王治”的部分，其原则就是以“王治”为目标，其要求是“通众家之意”，在“王治”的旗帜下将各家有关学说融会成一家之言。杂家独成一派，不仅在学术上是成立的，在历史上也是客观存在的。

一、杂家的特征及代表作

《汉书·艺文志》论述杂家时说：“杂家者流，盖出于议官。兼儒、墨，合名、法，知国体之有此，见工治之无不贯，此其所长也。乃荡者为之，则漫羡而无所归心。”《隋书·经籍志》所论略同，云：“杂者，兼儒、墨之道，通众家之意，以见王者之化，无所不冠者也。古者，司史历记前言往行，祸福存亡之道。然则杂者，盖出史官之职也。放者为之，不求其木，材少而多学，言非而博，是以杂错漫羡而无所指归。”综上所述，孟大运在“杂家新论”一文中总结杂家的特征：①“兼儒、墨，名、法”，“通众家之意”，表明杂家是各家学派融会贯通之产物，这是杂家学派理论的构成特点；②“见王治之无不冠”，这是杂家吸纳各家理论的基础和范围，也是杂家理论的宗旨所在；③“盖出于议官”，“盖出史官之职也”，无论议官还是史官，都是为当时统治者服务的，这体现了杂家的理论形式，所论范围广泛，目的性明确，也是说杂家的出处，产生的根源；④真正的杂家，“兼儒、墨之道，通众家之意，以见工者之化，无所不贯”，是在自己的宗旨指导之下，为服务于王治而博采众长。后来一些以杂家自居的人，多方搜罗，惟务博杂，却不能融会贯通，“杂错漫羡而无所指归”，实际上是背离了杂家的宗旨，这些人不是真正的杂家。①

杂家的最主要特点是“采儒墨之善，撮名法之要”。杂家虽只是集合众说，兼收并蓄，然而通过采集各家言论，贯彻其政治意图和学术主张，所以也可称为一家。《吕氏春秋》是杂家的一部代表之作。《史记·吕不韦列传》说：

> 是时，诸侯多辩士，如荀卿之徒，著书布天下。吕不韦乃使其客人人著所闻，集论以为八览，六论，十二纪，二十余万言。以为备天地万物古今之事，号曰《吕氏春秋》。布咸阳市门，悬千金其上，延诸侯游士宾客有能增

① 孟大运：《杂家新论》，《哲学研究》，2001（11）。

损一字者予千金。

后来有《淮南子》，以道家思想为主，糅合了儒法阴阳等家，一般列《淮南子》为杂家。实际上，该书是以道家思想为指导，吸收诸子百家学说，融会贯通而成，是战国至汉初黄老之学理论体系的代表作。《淮南子》在阐明哲理时，旁涉奇物异类、鬼神灵怪，保存了一部分神话材料，像"女娲补天"、"后羿射日"、"共工怒触不周山"等古代神话，主要靠本书得以流传。《淮南子》是一部千古奇书、鸿篇巨著，牢笼天地，博极古今，其中蕴藏着巨大的精神财富。对于研究历史、哲学、古代文化的人来说，《淮南子》一书不能不读；而对更多的人来说，在中小学时期所接触到的塞翁失马、女娲补天、削足适履、掩耳盗铃等一系列成语典故，都是出于《淮南子》。

《淮南子》是一部杂家的著作。杂家的著作，最重议论，他们的议论博引多家，所以称为杂家。《淮南子》这本书的原名叫做《淮南鸿烈》，高诱为之注，"鸿，大也；烈，明也；以为大明道之言也。""鸿"是宏大，"烈"是光明，讲的是光明宏大的道理。淮南王刘安召集了很多的门客、方士、儒生在一起编的，所以我们称它为刘安主编，但是刘安的思想则贯穿其中。《淮南子》当时分为中篇、外篇和内篇，我们现在保存下来的就是内篇21卷。内篇主要是宇宙论的学说、人生哲学、社会思想等方面的内容；外篇和中篇按历史上的说法讲的是黄白术，也就是炼丹术，从现在看来就是古代化学，所以它是属于自然科学范畴的，可惜没有传下来。所以说，《淮南子》是一部总结性的著作，而且是很有创意的著作。一个从宇宙论上来讲，一个从治理社会"无为而治"的思想上来说，它是对宇宙真谛的探讨，是对社会真谛的探讨。《汉志》有《淮南内二十一篇》、《淮南外三十三篇》，颜师古曰："内篇论道，外篇杂说。"《汉书·淮南王安传》云："淮南王安为人好学，鼓琴……招致宾客方术之士数千人，作为内书二十一篇，外书甚众，又有中篇八卷，言神仙黄白之术，亦二十余万言。"现存《淮南子》即内书二十一篇，其他均已佚去。商务印书馆有刘文典的《淮南鸿烈集解》，胡适曾为之作序。①

《汉书·艺文志·诸子略》载：杂家著作有《盘盂》二十六篇，《大禹》三十七篇，《五子胥》八篇，《子晚子》三十五篇，《由余》三篇，《尉

① 孔祥骅：《国学入门》，283页，上海：上海人民出版社，2006。

缭》二十九篇，《尸子》二十篇，《吕氏春秋》二十六篇，《淮南内》二十一篇，《淮南外》三十三篇等。杂家著作现在只留下《吕氏春秋》、《淮南王》、《尸子》（原书已佚，今仅有后人辑本）三书。

二、杂家的思想内容

根据上面说的这一切，我们更加可以明白，吕氏在辑合百家九流的学说时，并未曾拆散了百家九流，割裂了百家九流，打乱了百家九流的学说系统，任凭着自己来折衷齐合一番。因此各家学说的独立性依然是强的，同时还采辑了各家当中的思想观念。有人认为这表现出一种折衷调和的意味。如果说，某种说法像儒家，也像道家，我们就说它是折衷儒道的，那就多了。这样，凡属各家发展了的学说，若要按照某家某派来说，都会找得出它的瓜葛。这样如果就算折衷，那是杂家的特点，是杂家的思想内容。由于百家之学，在战国时争论激烈，庄子在当时都表现出一些悲观的心情，担心百家像这样争论下去，“必不合矣……道术将为天下裂”（《庄子·天下》）。因此在消极方面，自然可能会产生出折衷的杂家来。

在“百家争鸣”的春秋战国时代，儒、墨、道、法等各家都有自己的对策与治国主张。儒家说仁义、讲礼治；道家讲清静、说无为；墨家说兼爱、谈非攻；法家则以法、术和势作为治国大道。它们或攻讦对方的漏洞，或辩解自己学说的缺陷。唯有杂家，并没有“自成一家之言”，而是融合各家之长，或多或少地吸收其他流派的学说。任何一个流派也都有其特色与长处，而杂家没有太在意不同流派学说之间的违背和矛盾，而充分地博采众议，成为一套在思想上兼容并蓄，却又切实可行的管理思想。《吕氏春秋》正是这样一本集当时诸家思想大成的杂家著作。

《吕氏春秋》的编著目的显然也是为了集各家之精华，成一家之思想，那就是以道家思想为主干，融合各家学说。据吕不韦说，此书对各家思想的去取完全是从客观出发，对各家都抱公正的态度，并一视同仁的。因为“私视使目盲，私听使耳聋，私虑使心狂。三者皆私没精，则智无由公。智不公，则福日衰，灾日隆。”（《吕氏春秋·序意》）

值得一提的是，胡适先生在其《中国中古思想史长编》中认为：“杂家是道家的前身，道家是杂家的新名。汉以前的道家可叫做杂家，秦以后的杂家应叫做道家。研究先秦汉之间的思想史的人，不可不认清这一件重要事实。"①

胡适这一说法并非无稽之谈，而是有着根据的。他在论证中提到：司马谈认为："道家者流……采儒墨之善，撮名法之要。"（《史记·太史公自序》）一百多年后，《汉书》给杂家界说："杂家者流，盖出于议官。兼儒、墨，合名、法……"《汉书》分类时，把古代思想里的老子、庄子、列子等列为"道家"，把道家的范围缩小了，故《吕氏春秋》和《淮南王》都收不进去……

三、杂家的历史地位

先秦杂家产生于战国晚期，从对当时的学派和文化看，杂家的影响主要在于它的不拘门户之见，博采众家之长。当时的各家各派，互相攻击，多持门户之见，"私其所积，唯恐闻其恶也。倚其所私以观异术，唯恐闻其美也"（《荀子·解蔽》）。而杂家则不然，通众家之意，无先入之见，集各派之长，为"王治"之用，为其他派别树立了榜样。荀子著《非十二子》独不及杂家和淳于髡，很说明问题。一些学者正是受了这种影响，学习其他派别的长处，或在某一学派学说的基础上创立出新的学派。战国末期的荀子，虽总的看似属儒家，但说他是杂家也相去不远。郭沫若曾说："荀子思想相当杂驳"，"倒很像一个杂家"②。这些，恐怕与杂家学派的影响不无关系。

先秦杂家产生于战国晚期，但却对秦汉之际的社会政治、思想文化，尤其是西汉前期的思想文化产生了重大的影响。

①以《吕氏春秋》为代表的先秦杂家思想为西汉初期的社会政治提供了一种治理的模式。《汉书·元帝纪》载有一段汉宣帝教训时为太子的汉元帝的话："汉家自有制度，本以霸王道杂之。"何谓"王道"？儒、道、墨、阴阳家是也。何谓"霸道"？法、兵、纵横家是也。"以霸王道杂之"即是以百家之学治国，正合于先秦杂家学术的宗旨。

②以《吕氏春秋》为代表的先秦杂家对汉代的思想文化产生了不可忽视的影响。许多学者以为自战国晚期到西汉初期先秦诸子学向汉代经学转型的过渡时期，黄老道家或称之为"秦汉新道家"代表了过渡时期思想文化和政治文化的主要形态。笔者认为，黄老学派的理论基础是道家，除了西汉初期短暂的诸子学复兴昙花一现之外，真正能和黄老道家并驾齐驱的唯有先

① 胡适：《中国中古思想史长编》，合肥：安徽教育出版社，1999。
② 郭沫若：《十批判书·荀子的批判》，北京：东方出版社，1996。

秦杂家。然而“其为术也，因阴阳之大顺，采儒、墨之善，撮名、法之要”（《史记·太史公自序》），也是一个广吸博纳的学派。近代以来也有不少学者著专文论述《吕氏春秋》与《淮南子》及汉代思想文化之间的关系，证明汉代思想文化深受《吕氏春秋》杂家思想文化的影响，因此，研究先秦杂家的学术思想，对于理清先秦到汉代学术思想的发展历程，甚至于汉代的社会历史，都有着重要的学术价值。①

③杂家思想在政治上的影响也很重要。它本身就是关于王治的理论，故其理论宗旨与统治理论建构方法对当时及后世影响很大。秦统一后，虽没有使用杂家统治模式，但杂家思想却在汉代起了很大作用。刘邦用天下之智力，平定天下，所用非儒，非道，也非法，其实是杂用各家。汉前期虽以黄老学为治国思想，但黄老学的要旨在于一方面“君道无为”，另一方面却是“臣道有为”，厉行法治，杂家思想和方法仍然存在。到中期汉武帝采“罢黜百家”之议，“独尊儒术”，搞“大一统”。“大一统”实际上也并非消灭百家，只是要求统一到儒家旗下。先秦杂家和汉代学术思想的关系是学术史上的一个大问题。将杂家定位清楚之后，通过把先秦杂家和西汉的文化思想学术的对比研究，我们可以发现汉代的文化思想学术汲取了先秦诸子百家的成果，这是毫无疑问的，兼摄诸子融合百家的先秦杂家充当了先秦诸子学向汉代传递文化思想学术的载体。

总之，产生于战国晚期的先秦杂家在中国思想史和学术史上占有极为特殊的地位。首先，“兼儒、墨，合名、法”，“通众家之意”的先秦杂家学术思想代表着先秦思想文化发展的最后形态。先秦杂家不仅仅是对诸子百家思想的总结与汇集，而且它在兼摄的基础上有所创新，它是对先秦诸子“综合创新”的文化成果。这是先秦杂家在思想学术史上的意义所在，也是我们研究它、重新认识它的学术价值所在。其次，先秦杂家在构建自己的思想体系时，超越于学派之上不受任何学派局限性的限制，“兼容并包”百家学术，融会贯通多种文化，这种“和而不同”的文化观念和理论方法，对于中国当代建设现代化的文化有重要的启示价值。

四、《吕氏春秋》

吕不韦（约公元前290—前235）战国末期卫国人，是杂家的代表性人

① 潘俊杰：《战国中晚期之杂家》，《西北大学学报》（哲学社会科学版），第36卷，2006（6）。

物，卫国濮阳（今河南南禹县）人。他原是阳翟（今河）的大商人，在经商期间，遇到了流亡赵国的秦公子子楚，当时子楚在赵国的处境很艰难，吕不韦很同情他，并认为子楚是“奇货可居”，于是用金钱资助子楚，并帮助他获得了继承王位的资格。公元前253年，子楚继承王位，是为庄襄王。庄襄王以吕不韦为丞相，并封他为文信侯。庄襄王死后，其子政立，是为秦始皇。秦始皇尊吕不韦为相国。号称仲父。在他执政为相期间，秦国出兵灭东周，攻取韩、赵、魏三国土地，建立三川、太原东郡，为统一中国作出了积极贡献。秦始皇亲理政务后，将他免职，并迁去蜀，后忧惧饮鸩而亡。吕不韦为相期间，门下食客3 000人，家僮万人。他命门客“人人著所闻”，著书立说，为建立统一的封建中央集权制寻找理论根据，这些著作最终汇编成了《吕氏春秋》，足可为杂家代表性著作。

《吕氏春秋》是战国末年（公元前221年前后）秦国丞相吕不韦组织属下门客们集体编纂的杂家著作，又名《吕览》，在秦王政八年（公元前239）完成。当时正是秦国统一六国前夜。此书共分为十二纪、八览、六论等三个总题目，共26卷，160篇，20余万字。内容驳杂，有儒、道、墨、法、兵、农、纵横、阴阳家等各家思想，所以《汉书·艺文志》等将其列入杂家。在内容上虽然杂，但在组织上并非没有系统，编著上并非没有理论，内容上也并非没有体系。正如该书《用众》篇所说：“天下无粹白之狐，而有粹白之裘，取之众白也。”《吕氏春秋》的编著目的显然也是为了集各家之精华，成一家之思想，那就是以道家思想为主干，融合各家学说。据吕不韦说，此书对各家思想的去取完全是从客观出发，对各家都抱公正的态度，并一视同仁的。因为“私视使目盲，私听使耳聋，私虑使心狂。三者皆私没精，则智无由公。智不公，则福日衰，灾日隆”（《吕氏春秋·序意》）。《吕氏春秋》的十二纪是全书的大旨所在，是全书的重要部分，分为《春纪》、《夏纪》、《秋纪》、《冬纪》。每纪都是5篇，共60篇。内容从开天辟地说起，一直说到做人务本之道、治国之道以及如何认识、分辨事物，如何用民、为君等。

书中尊崇道家，肯定老子顺应客观的思想，但舍弃了其中消极的成分。《吕氏春秋》对先秦诸子的思想进行了总结性的批判。《不二》篇中说：“老聃贵柔，孔子贵仁，墨翟贵廉，关尹贵清，子列子贵虚，陈骈贵齐，阳生贵己，孙膑贵势，王廖贵先，儿良贵后。”它认为，这不同的思想应当统一起来，“一则治，异则乱；一则安，异则危”（《不二》）。思想统一后，才能“齐万不同，愚智工拙，皆尽力竭能，如出一穴”。统一的过程，实际上是一个批判吸收的过程。所以，《吕氏春秋》对各家思想都进行了改造、发展与摒弃。例如，儒家主张维护君权，这种思想被《吕氏春秋》吸收了，但是它是以独特的面目出现的。它主张拥护新“天子”，即建立封建集权国家。它说：“今周室既灭，而天子已绝，乱莫大于无天子。”（《谨听》）“天下必有天子，所以一之也，天子必执一，所以抟之也。一则治，两则乱。”（《执一》）孔子主张维护周王朝的一统天下，但并没有强调专制问题，《吕氏春秋》却有了“执一”、“抟”这样的观念。“执一”和“抟”就是中央集权。这是对先秦儒家思想的发展。又如对墨家思想，《吕氏春秋》对墨子提倡的“节葬”观念是赞同的，所以，它对当时厚葬的风气进行了批评：“愈侈其葬，则心非为乎死者虑也，生者以相矜尚也。侈靡者以为荣，俭节者以为陋，不以便死为故，而徒以生者之诽誉为备。”（《节丧》）但是，墨子是主张“非攻”的，即反对战争的。《吕氏春秋》便对此进行了批驳：“夫攻伐之事，未有不攻无道而罚不义也。攻无道而伐不义，则福莫大焉，黔首利莫厚焉。禁之者，是息有道而伐有义也，是务汤武之事而遂桀纣之过也。”（《振乱》）《吕氏春秋》主张兴“义兵”，“义兵至，则邻国之民，归之若流水，诛国之民望之若父母，行地滋远，得民滋众，兵不接刃，而民服若化”（《怀宠》）。《吕氏春秋》认为，一味地反对战争是没有意义，并且是不对的，正义的战争，即“攻无道而伐不义”的战争，不仅可以除暴安良，而且还可以得到人民的衷心拥护。这实际是为秦国进行统一中国的战争辩护。

这部书特别注重吸取儒道两家的学说，对法墨两家的观点往往采取批判的态度。《汉书·艺文志》说：“兼儒墨，合名法，知国体之有此，见王治之无不贯”，正好是对这书的恰当评断。“兼儒墨”，并非是调和儒墨；“合名法”，也非是折衷名法。《吕氏春秋》是中国古代杂家的代表作，说它是“杂家”，因为它是“诸子之位兼有之”，没有形成自己的体系，调和了儒、道、法的思想观点。《吕氏春秋》对于各家材料的组合，在系统上是相当严整的。形式整齐，内容系统，这是被称为杂家的《吕氏春秋》的一个特点。同时，融合儒、墨、法、兵众家长处，形成了包括政治、经济、哲学、道德、军事各方面的理论体系。

吕不韦的目的在于综合百家之长，总结历史经验教训，为行将出现的秦国统一全国的专制中央政权的统治提供长久的治国方略。书中还提出了“法天地”、“传言必察”等思想和适情节欲、运动的健身之道，有着唯物主义因素。同时，书中还保存了很多的旧说传闻，在理论上和史料上都有很高的参考价值。另外，书中也有一些天人感应的迷信思想，应该加以分辨。又因出于众手，对先秦诸子的思想也有未能融会贯通的地方。司马迁在《史记》里将《吕览》与《周易》、《春秋》、《离骚》等并列，表示了他对《吕氏春秋》的重视。东汉的高诱还为其作注释，认为此书“大出诸子之右”，即超过了诸子的成就。《汉书·艺文志》则将该书列入杂家，所以，儒家学者不再重视。

《吕氏春秋》的注释本有清朝人毕沅的《吕氏春秋新校正》。近代以来，陈奇猷的《吕氏春秋校释》可以作为参考。

第十三章 经 学

“经”是以孔子思想为代表的封建王朝法定的古代儒家的合法经典；“经”是自汉武帝以来，法定的古代儒家书籍。“经”是孔子或孔子以前的圣人写的书。经书是我国有文字之后流传下来的最早的书，它是中华民族有文字之前，历代祖先智慧的总记录和文化积累的总载籍，也是中华民族有文字之后文化发展的总根源。“传”是指孔子以后的儒者或经学家所写的书，用以直接注释“经”的书。“记”，是孔子以后儒者或经学家所写的用以间接发挥“经”的书。所谓“经学”，就是历代儒家对以孔子为代表的经典所做的研究、议论和著述的学问。①

“经学”指儒家的经典。经部之下又有小类。清代的《四库全书》经部之下又分易、书、诗、礼、春秋、孝经、五经、四书、乐、小学十类。在经学系统内，经典被尊崇到至高无上的地位。作为国学的主体或载体的《诗》、《书》、《礼》、《乐》、《易》、《春秋》原不称经，而是被称为《六艺》，系指夏、商、周三代流传下来的春秋时期先后整理出的六部书。清代章学诚提出“六经皆史”，他说：“若夫六经，皆先王得位行道、经纬世道之迹，而非托于空言。”② 可见，“六经”即古代王官之书，或谓王官之学。“六经皆史”或曰“经史同源”，这是经学中古文一派的重要治学理念。传统经学的生命历程与中国的历史同行，并且得到不断的诠释。从两汉到明清，直到近代，这种诠释在不断地进行。这些中国最古老的经典，从殷周之际到秦汉之际的一千年，经历了一个由“王官之学”或“巫史之学”，又由“私家之学”到“帝王之学”的螺旋式发展，终于完成了酝酿、创作、修订与经典化、伦理化、政治化的全过程。③

---

① 朱维铮：《周予同经学史论著选集》，650 页，上海：上海人民出版社，1983。

② 章学诚：《文史通义·易教上》，影印本，上海：上海古籍出版社，1996。

③ 冯天瑜：《中华元典精神》，153 页，上海：上海人民出版社，1994。

一、经学的意义和兴起

经字的本意是织布的纵丝。纬是横丝。许慎《说文解字》："经，织纵丝也"。与解释作"织横丝也"的"纬"字并称。"经"作为书名，最早见于《国语·吴语》的"挟经秉桴"。古时书籍，刻写于竹简，必须用"纵丝"编连成册，因此借"经"为书籍的名称。最早称经见《庄子·天运》："丘治《诗》、《书》、《礼》、《乐》、《易》、《春秋》六经以为文"，可见那时已称孔子传经。段玉裁注："古谓横直为衡从。《毛诗》云：'横从其亩'是也……东西耕曰横，南北耕曰由……织之从丝谓之经：必先有经，而后有纬。是故三纲、五常、六艺，谓之天地常经。""经"含有学说之义。凡传道之书，皆称经。刘勰有曰："经也者，恒久之至道，不刊之鸿教也。"（《文心雕龙·宗经》）

作为儒家经典的"经"的含义，说法不一，比较普遍的一种说法是，"经"即常道，指垂教万世，永远不变的真理。东汉班固在《白虎通义》有"经，常也，有五常之道，故曰五经，言不变之常经也。"儒家经典取得独尊的地位以后，"经"就被赋予这样的含义。刘熙《释名·典艺篇》云："经，径也，常典也。如径路无所不通，可常用也。"刘勰《文心雕龙·宗经篇》："经也者，恒久之至道，不刊之鸿教也。"桓谭《新论》："经者，常行之通典。"清章学诚则谓经在古时并非尊称，到了后儒，因尊崇圣人，不敢冒犯，始以经为尊。如张华《博物志》："圣人制作曰经。"今文学家以孔子所编纂者为经，即六经。章太炎《国故论衡》云："经者编丝缀属之称。"经是"常"的意思，经指记述天道、人事常理的书。"经"还含有学说之意。凡传道之书，皆称经，如《墨子》称《墨经》，《老子》称《道德经》。

"经学"即是随着"经"的产生而出现的训解、阐述、议论"经"的学说，是研究经籍中义理之学术。最早见于《汉书·儿宽传》："宽为掾，举侍御史。见上，语经学，上说之。"经学的一些典籍，如《周易》、《诗经》、《尚书》、《春秋》等这些书的成书，从殷周之际到秦汉之际有千年的历史。经历了一个由"王官之学"或"巫史之学"到"私家之学"，又由"私家之学"到"帝王之学"的螺旋式发展。其间必有人一代一代人进行整理和传播，孔子不过是一个集大成者。

140 年，汉武帝接受董仲舒的提请："凡诸不在六艺之科、孔子之术者，皆绝其道，勿使并进。邪避之说灭息，然后统纪可一，而法度可明，民知所从矣。”（《汉书·董仲舒传》）即此后常称之为“罢黜百家，独尊儒术”的建议，颁布以《诗》、《书》、《礼》、《易》、《春秋》五部书籍为“法定”的经典，并设立“五经博士”。到了元代又设《四书》为国家的考试科目，经典不仅用来承传文明，也用来作为历代统治者实现其政治运作的理论基础和选拔政治人才的必考科目。

经学的内容、范围，各家的说法亦多不同。首先提出“六经”之说的是庄子：

《诗》以道志，《书》以道事，《礼》以道行，《乐》以道和，《易》以道阴阳，《春秋》以道名分。（《庄子·天下》）

其次有司马迁：

孔子曰：“六艺于治一也。礼以节人，乐以发和，书以道事，诗以达意，易以神化，春秋以道义。”（《史记·滑稽列传》）

“六艺”是我国古代学术的总汇，曾被孔子删订为教科书。“六艺”就是“六经”，《庄子》与《史记》所论“六经”之用，原是一致的。不过，“六经”排列的次序，又有不同的说法。

“六经”的次第。简言之，有两种排列的方式：

①《诗》、《书》、《礼》、《乐》、《易》、《春秋》。（今文学家）

②《易》、《书》、《诗》、《礼》、《乐》、《春秋》。（古文学家）

在上面两种排列的方式中，属于第二种排列次序的，有《庄子·天下》、《史记·儒林列传》等；属于第二种排列次序的，有《汉书·艺文志》、《汉书·儒林传》。“六经”虽有其名，而《乐经》却始终未能见其专书，此又是什么缘故？一般而言，又有两种说法：

①《乐经》原有其书，而亡于秦始皇焚书。

②《乐经》本无其书，所谓“乐”只是附于“诗”的乐谱。

既然没有《乐经》这部书，那么“六经”徒有其名，而实际上只有“五经”。“五经”中的《易》、《书》、《诗》、《春秋》四经，师传虽有不同，但都是“经”，至于《礼》，在西汉立博士时，是以《礼仪》为“经”。到了唐代孔颖达作《五经正义》，《礼》却取了《小戴礼记》。

汉代立《春秋》博士，只有《公羊》、《谷梁》二传，但到唐代孔颖达作《五经正义》，《春秋正义》却取《左传》，而经中便没有《公羊》、《谷梁》二家。至于今人所说的“五经”，即是指孔颖达所说的“五经”。按照今天的知识分类，《诗》为文学科目，《书》为政治科目，《礼》为礼仪、礼制，属于社会学科目，《乐》为音乐科目，《易》为哲学科目，《春秋》为历史科目。

“四经”之说：《诗》、《书》、《礼》、《乐》。

“五经”之说：《诗》、《书》、《易》、《礼》、《春秋》。

“六经”之说：《诗》、《书》、《礼》、《乐》、《易》、《春秋》。

“七经”之说：《诗》、《书》、《礼》、《乐》、《易》、《春秋》、《论语》（见《后汉书·张纯传》，李贤注）。另有《尚书》、《毛诗》、《周礼》、《仪礼》、《礼记》、《公羊传》、《论语》（见王应麟《小学绀珠》）。

“九经”之说：

①《易》、《书》、《诗》、《左传》、《礼记》、《周礼》、《孝经》、《论语》、《孟子》（见宋刻巾箱本《白文九经》、清秦镤刻《九经》）。

②《易》、《诗》、《书》、《春秋》、《周礼》、《仪礼》、《大学》、《中庸》、《论语》、《孟子》（见明张照奉敕刻《篆字九经》）。

“十经”之说：以上五种都是宋朝以后的人采辑的，其内容各自不同。其实，南朝宋时，设国子助教十人，分掌“十经”：《易经》、《尚书》、《毛诗》、《礼记》、《周礼》、《仪礼》、《左传》、《公羊传》、《谷梁传》各为一经，《论语》、《孝经》合为一经，名义上是十经，实际上已有十一经。

“十二经”之说：宗开成间石刻十二经，置于太学，则于十一经又多了一种《尔雅》。

“六经”加上“六纬”。《庄子·天道》：“翻十二经以说。”“六经”之外，再加“六纬”。

“十三经”之说：后来“十二经”再加一部《孟子》，便是所谓“十三经”。即《易经》、《尚书》、《诗经》、《礼记》、《周礼》、《仪礼》、《左传》、《公羊传》、《谷梁传》、《孝经》、《论语》、《尔雅》、《孟子》。

南宋光宗绍熙间已有《十三经注疏》的合刊本，成为经部的一部丛书，其内容是：

①《周易正义》：魏王弼、晋韩康伯注，唐孔颖达正义。

②《尚书正义》：汉孔安国传，唐孔颖达正义。

③《毛诗正义》：汉毛亨传、郑玄笺，唐孔颖达正义。

上面十三部经书，其实，并不能说都是正式的“经”。《易》、《书》、《诗》、《仪礼》、《周礼》，固然是“经”；而《左传》、《公羊传》、《谷梁传》，都是“传”；《礼记》、《论语》、《孝经》、《尔雅》，都是“记”；《孟子》一书，宋以前是一部子书，到了南宋光宗绍熙间将此十三部书合刊成书，始有《十三经注疏》的合刊本。简言之：

《周礼》：儒家经典之一，收集周朝官制和战国时代各国制度，添附儒家思想、增删排比而成，24 卷，分天官、地官、春官、夏官、秋官、冬官等六部。

《仪礼》：儒家经典之一，春秋战国时代部分礼制的汇编。17 篇，一说周公所制，一说孔子所制。现通行的是刘向所定《别录本》。

《礼记》：儒家经典之一，战国至西汉各种礼仪著作选集，是研究中国古代礼制、社会情况、儒家学说的重要资料。

《公羊传》：儒家经典之一，专门阐释《春秋》的三传之一。为研究战国秦汉间儒家思想的重要资料。历来“今文”经学家用以作为议论政治的工具。

《谷梁传》：儒家经典之一，专门解释《春秋》经文。体裁与《公羊传》相近，侧重义理。是研究秦汉间儒家思想的重要资料。

《左传》：《左氏春秋》，相传春秋末年左丘明所撰。起于鲁隐公元年（公元前 722），终于鲁悼公四年（公元前 464）比《春秋》多 17 年。多用事实解释《春秋》经文。书中保持了大量史料，文笔优美生动，尤擅长描述战争场景与人物，为古代史学和文学名篇。

《易经》：儒家经典之一，《周易》，指《周易》中相对《传》而言的经文部分，是流传至今的最古老的占筮之书。

《尚书》：儒家经典之一，《尚书》是尚通上，即上代以来之书，故名。中国上古历史文献和一部分追述古代事迹著作的汇编。

《诗经》：儒家经典之一，我国最早的诗歌总集。共 305 篇，编成于春秋中叶，相传由孔子删定。分风、雅、颂三类。“风”分 15 国风，160 篇。“雅”分大雅、小雅，共 105 篇。“颂”分“周颂”、“鲁颂”、“商颂”。总体形式以四言为主，普遍运用赋比兴的艺术手法。语言朴素，音节和美，富有艺术感染力。全书也是珍贵的上古史料。

《孝经》：儒家经典之一，论述封建孝道和宗法思想。曾有今文、古文两种，古文本 22 章，今文本 18 章。《十三经注疏》即唐玄宗注。

《论语》：儒家经典之一，孔子弟子及再传弟子整理孔子言论的汇编。东汉末年郑玄作《论语注》为今本《论语》。记述孔子谈话，答弟子问及弟子间的谈话，是研究孔子思想及儒家学说的重要资料。

《尔雅》：儒家经典之一，我国第一部全面研究整理、解释古代经典词汇的著作，奠定了我国训诂学基础。西汉初杂采战国以来多家训诂材料汇编而成。现存《尔雅》19 篇。

《孟子》：儒家经典之一，战国中期孟子及其弟子万章、公孙丑等著。现存7篇，另有“外书”4篇，已佚。记述孟子及其弟子的活动及政治、哲学、教育、伦理等学说和思想。是研究孟子和思孟学派的主要资料。另有：

三礼，《周礼》、《仪礼》、《礼记》；

三传，《公羊传》、《谷梁传》、《左传》；

三玄，《易经》、《老子》、《庄子》；

经部，《孝经》、《论语》、《尔雅》。

二、经学派别与价值取向

经学是指封建时代的统治学说。特指西汉以后作为封建主义的理论基础和行为准则的学说。它以训解和阐述儒家经典的方式支配中国封建时代的思想文化领域，以封建政府所承认并颁行的标准解释的“五经”或其他经典作为理论依据，并具有某种意义上国家宗教的特征。汉武帝“罢黜百家，独尊儒术”以后，经学成为中国封建社会文化的正统，直到五四运动经学始告结束。经学的盛衰、分合、争辩，一般都与当时的封建政治统治相关联。

“经学”并非“一家之言”，它是古代哲人的劳动成果和聪明智慧的结晶，是古代的百科全书。它内容丰富，涉及面广泛，其内涵既包括自然科学，又包括社会科学。大至于治国，小至于齐家、修身、养性，都可以从经籍里发掘出各种有关资料，收集到各种珍贵信息。中国经学也是“极高明而道中庸”（《中庸》）。

中国经学是文化风尚的母体，也是中国人民健康成长的抚育者。在面对群体、个人、家庭等关系问题时，提出忠、恕、仁、爱、信、义、和等道德观念和规范。要“尽己之谓忠，推己之谓恕”；“博爱之谓仁，行而宜之谓义”；“人人为我，我为人人”以及互敬互助等原则，必须遵守和运用。如孔子言：“不学诗，无以言；不学礼，无以立。”（《论语·季氏》）“诗”是泛指各种有韵文学，“礼”乃泛指立身处世的普遍原则和道理。中国经学对文化风尚、哲理政论、人的思想都产生潜移默化的影响。

由于儒家经学在封建社会处于无上的地位，经学成为封建社会盛学。经学书籍汗牛充栋，仅《四库全书总目》著录的经部书籍就达1 700余部。许多学科都是在经学里得到发展。经学大约有两个派别：

一是重义理，如西汉今文经学、魏晋玄学化经学、宋明理学化经学，包括西汉以后所有的哲学。义理学派为统治者倚赖和重视，自宋至清一直被统治者所推崇。为了适应时代的需要，在儒家经典的框架内灵活地吸收了其他学派的一些思想、说法，加以消纳、融合，创立了一套为统治阶级服务的理论。今文经学治经思想是讲究“微言大义”，以便儒生根据统治者的需要加以发挥。今文经学治经，皆借经典之“微言”以阐发社会政治之“大义”，在今文经学看来，凡是与经邦济世无关的学问，皆为迂阔不实之学。

二是重名物训诂，如东汉古文经学、清代乾嘉汉学、音韵、训诂、考据等学科则随其发展而发展。今文经学在两汉时一直是官学，主要治经方式是章句，指训释、理解文义而分章断句。起初章句之学注重以义理说经，比较言简意赅。后来越来越流于碎屑烦琐。古文经学治经，最讲实事求是、无征不信，最讲严谨的治学态度和实证的治学方法，最具西方科学的精神。

经学在中国学术史上占有举足轻重的地位，它的价值取向包括：

（1）文化价值。“四书”、“五经”是中国文化的源头活水。在中国古人的心目中，这些经书是涵盖全部中国学问的。古代人从小到老都会熟读专研，信奉遵行。经学是每个人思想、言行的最高准则。经学是文化风尚的母体，也是中国人健康成长的抚育者。从“四书”、“五经”到“十三经”，它们是最早的百科全书。在我国历史的长河中，它们盛行和发展了3 000多年，可见，经学对中国传统文化的作用。

（2）历史价值。清代章学诚说：“六经，皆史也。古人不著书，古人未尝离事而言理，六经皆先王之政典也。”（《文史通义》卷一《内篇一》）经典自有其历史价值，如《春秋》是各国国史的通名，又是鲁国史的专名。《书经》是中国最早的历史科目。《仪礼》记古代礼节，《周礼》讲古代理想的官制，自然也是历史资料。

（3）政治价值。在经学经典中有着极其丰富的关于治国安民的政治智慧和政治哲学，包含着治理天下的道理。“五经”、“四书”等典籍就是中国的政治学，对于提高执政者的执政水平与能力，极关紧要。

（4）思想价值。中国传统思想来自经学。经学思想是关于人生问题的根本性智慧，贴近人性，净化人生，关心世道，引导世风，故而能为各个时代、各个层次的人所吸收，并转化为生命里程中的精神支柱，从而成为历代中国人为人处世的文化智慧。

两千年来的各种政治文化教育思想都可以在经书中找到源头。由儒家的经典所提供的像忠、孝、仁、爱、信、义、和、平等诸多品德，所构成中国人的道德规范，已如布帛菽粟而为今日的中国人所无法须臾离开。

（5）文学价值。《诗经》是我国古代诗歌总集，为中国最早的文学科目。经学是中国文学最早的源头，是中国古典文学的根。经学包括人文美育内容的伦理精神美。如《国风》、《周南》、《召南》中就写周公亲自收集民歌，以昭告天下，培养人民高尚的审美趣味。

（6）教育价值。经学体现了“人文教化”思想，在我国最早的经典里，保存着最早的教材、最早的教育理论和最早的教育方法，一直到今天都有着珍贵的价值。孔子概之以“四教”：文、行、忠、信。学者学“六德”：知、仁、圣、义、忠、和；“六行”：孝、友、睦、姻、任、恤；“六艺”：礼、乐、射、御、书、数。所谓“六法”，是指人以道、德、性、神、明、命六理为基础形成的六种素质，都是陶冶百姓情操、规范平民行为的。

三、经学的兴盛和流变

中国古代文献历史很多，儒家学者所继承和整理的通常称谓“经籍”。中国经籍起源较早，古“六经”是孔子整理，传授弟子所用。孔子死后，主要是孔门弟子和再传、数教弟子之间的传播。中国经学形成于西汉，到清末经历了2 000多年漫长的岁月，中国经学也随之壮大和成长。秦始皇并吞六国，雄心勃勃，想“一世、二世、万万世”，可是缺乏经验，“仁义不施”，只知高压统治，不知安抚百姓；只知一味进攻，不知留有余地，故遭惨败，仅维持30年。汉代总结秦速亡的经验教训，寻求治理天下的道理。采用“汤武逆取而以顺守之，文武并用，长久之术”（《史记·陆贾传》）等建议，实施“文武并用”的治国方针。汉高祖由轻视诗书，转而重视诗书。汉武帝即位不久，在建元五年（公元前136）设置“五经博士”，并接受董仲舒的“罢黜百家，独尊儒术”的建议。儒家思想适应封建统治者长治久安的需要，儒家著述的各种典籍受到重视。

1. 先秦经学

（1）春秋孔子整理的“六经”，即《诗》、《书》、《礼》、《易》、《乐》、《春秋》，不仅为贵族教育的重要教材，而且在贵族成长教育中起了重要作用。孔子死后，“六经”传给弟子，弟子再传。到春秋末的孔子，经学的理念更是明确了。在弟子传经者中，比较杰出的是子夏。《左传》、《国语》二书的成书时代虽晚，但其中保存着相当多的早期史料。从这两部书的记载里，不仅可以观察到春秋时代经学发展的若干现象，也可以见到“六经”等书受到当时人士的重视。

孔子总结学术，创立儒学，扮演了最关键的角色。“六经”之书虽非孔子所作，但孔子整理与诠释“六经”，不仅为“六经”注入了新的内容，同时也提升了“六经”的价值，保留了极为珍贵的上古时代的文献资料。如孔子的天命观和仁、礼思想：服务国家政治，植根血缘基础，强调伦理本位，重视主体能力等。先秦经学是以孔子的“仁”为基础，探讨人的价值。

（2）战国时代，对弘扬孔子之学贡献最大的是孟子与荀子。孟子的学术成就极大，贡献亦多。孟子的经学提出“性善说”开儒家人性论的先河，“仁政”学说、“义利说”等奠定了民主政治的基础，倡导政治上重视人的价值；军事上反对“霸权”，主张以“德”服人。经济上主张“制民之产”、“薄其税收”；教育上主张人文物理。这些创见无一不来自他所授的六艺的教化中来。荀子对先秦诸子的学术思想进行了批判和总结，荀子的经学提出在人性论上主张“性恶说”，荀子在经学形式化过程中扮演了重要角色。荀子在经学上的成就，主要是在礼乐方面，荀子书中《礼论》、《乐论》各自成篇，可见他特别重视礼乐。荀子有传经之功，对西汉经学影响至大，则是可以确定的。在政治上，主张礼法并重；在逻辑学上，提出循名责实；在天人关系上，提出天人相分的思想。

春秋是“六经”形式与经学理论的确立时期，表示春秋以来经学由有实无名至明实兼备的发展已告一段落，真正经学的时代从汉代开始。

2. 两汉经学

两汉是经学发展的重要阶段。西汉董仲舒是继孟、荀之后发展经学的重要人物。为适应汉朝大一统的政治需要，董仲舒在举贤良对策中提出“罢黜百家，独尊儒术”，奠定了儒家的经学地位，儒家取得朝廷的正统地位，经学也成为政府承认的官学。经学在汉代定于一尊成为官学后，经书在实用上的价值更为汉人所肯定，当时的学者常把经书中的道理应用到实际生活上去。学习经术成为士人走上仕宦之途的捷径，成为整个封建社会大一统思想的理论基础。汉代经学的特色：①通经致用；②天人相与；③今古之争。

经过董仲舒改造过的儒家经学，已不是纯粹孔子意义上的经学，而是夹杂了阴阳五行、法家观点的具有神秘色彩的儒学。包括天人感应的神学思想和三纲五常的伦理观念。西汉时今文经学人多势众，又是官学，相比之下，古文经学就势单力薄。汉代经学有所谓今文与古文之争，所谓“今文”，是以当时通行之隶书书写；所谓“古文”，以先秦籀书书写。这也是汉代经学的一个特色，同时更是经学发展史上的重要事件：今文与古文之分别。

今古文之争。其经过大概如下：

（1）汉高帝统一天下，惠帝除挟书之令，文帝、景帝立经学博士（立学官），并弟子员（如贾谊为文帝博士，董仲舒为景帝博士）。其后，名额屡增，弟子之高第者，可为郎中。凡此，皆属今文，盖古文经尚未出现。

（2）武帝时，置五经博士，建藏书之策，置写书之官，积极征求遗书。于是，鲁恭王得之于孔壁，河间献王所得古文善本，同时大量出现。凡此，皆属古文学，与今文学有异。

（3）武帝、宣帝又先后集今古文经师于殿前，辩论其优劣，逐渐激起两派之对立。

今古文之异同表现在，今文学派：尊奉孔子，尊孔子为受命素王，以六经为孔子所作，为经学派，研求微言大义，斥古文经为刘歆伪造，盛行于西汉，皆立官学，传授多可考等等。而古文学派则崇奉周公，尊孔子为先师，以六经为古代史料，为史学派，偏重训诂名物，西汉兴起民间，盛行于东汉，传授多不可考等。

四次今古文经派之论争后，班固撰《白虎通》融会了各家学说，基本观点与董仲舒《春秋繁露》差不多。宣扬“天人合一”，强调君权神授，正式提出“君为臣纲，父为子纲，夫为妻纲”的政治伦理原则。实现了今古文经学在一些方面合流的趋势。

另外有通学派，郑玄网罗今文家、古文家之学说，遍注经书，改变以前经学家专守家法之主张。主谶纬，谶为预言，本为战国方士用阴阳术数之语，以预决吉凶，与经书无关。纬者，因经而衍及旁类。汉武帝好神仙，优待方士；儒者欲为帝王所重，遂以谶文牵合经义，而有谶纬之学。哀帝、平帝时，诸儒增益谶纬，其说遂成。

3. 魏晋南北朝经学

魏晋南北朝虽是经学衰微分立的时代，但在上承两汉章句训诂之学、下启隋唐义疏之学的过程中，这三百多年的经学所扮演的融合转化的角色，却有其积极的意义。

魏晋之交，郑玄遍注群经，杂糅今古，使相攻若仇、不相混合的今古文经学，融合为一，成为所谓的郑学。郑学是显学，但它从形式到内容仍是东汉古文经学的方法。后王肃、王弼、何晏等提出玄学贵无论，对经学进行了一番玄学的改造。形成了王学，所谓王学，指的是以王肃为代表的经学。出现所谓郑学与王学之争。郑学与王学之争有其积极的意义，透过王学的质疑与修正，使得原本神圣不可侵犯的郑学发生了动摇，章句训诂之学不再能满足学者的需要，经学势必要往新的方向发展。

经学玄理化是魏晋经学的主要特色。玄学是魏晋的显学，所谓“玄”

乃指道家“玄之又玄，众妙之门”的“无”。魏晋玄谈之士，何晏、王弼、郭象，所清谈之玄理，乃依托于《老子》、《庄子》、《周易》，探讨天人、有无、本末、体用等问题。当时学者几乎无不谈玄说理，即以道家玄理为主。玄谈，尚清谈，惟游虚无，放言玄远，是为清谈。所谈者谓之“名士”，以道家玄理为主，糟粕六经，旷废世务。其生命之情调，以洒落世务、游心玄远为高格；而不守礼法、肆情狂放以颓废。流风所及，经学也就不可避免地沾上了玄学色彩。玄学的主要内容：一对人之才性或性情之种种姿态，作品鉴之论述。二玄学之渊源开端于魏初刘劭之《人物志》以阴阳之气，而言人之情性，品鉴才性。三所谓“才性”以汉代董仲舒“气化之宇宙论”为底子，继而王充《论衡·无形》云：“用气为性，性成命定。”即顺气而言性，由气结聚之性而有善恶、智愚、才不才、贤不肖之差别。

受到政治的影响，南方与北方在社会与文化上有着明显的差异。就经学而言，也有南学与北学之分。南方经师说经不拘家法，注重开新；北方学者说经谨守东汉家法，学风上趋向保守。南北朝时，义疏之学兴起，主要是以经注为对象进行阐释。在经学发展史上有着独特的意义，它是唐代注疏之学的先河。

4. 隋唐经学

隋唐之际，佛学开始盛行，影响了传统儒学的地位。中国佛教发展到隋唐，进入鼎盛时期。国家的统一，经济的繁荣，加上历代皇帝重视佛教，大量佛经传入中国，译成汉文，广为流传，开始出现了不同风格的佛教流派。如天台宗、华严宗、禅宗等，其中影响最大的是禅宗。这时的佛教，已经渗透在中国政治、经济、文化和人们的生活中。

隋唐两朝是一个统一的时代，统一的王朝需要思想上的统一。经学发展的走向也由分而合，郑学、王学之争消失了，南学与北学的分立也随着政治的统一而融合了。孔颖达等人以南学为参照，杂以北学，并对旧著加以义疏，撰成《五经正义》。《五经正义》是官修的经学著作，用意在统一经学，因此就经学本身的价值来讲，评价并不高。自有经学以来，统一经义，使人无异说、家无异文，是许多学者追求的理想。《五经正义》的出现，宣告了经义统一时代的来临。唐初经学大师陆德明撰《经典释文》，是研究经典的总汇。他讲授“随端立义”，取得相当的成就。学者们对《经典释文》的评价，不论当时或后世，都远在《五经正义》之上。

经学在唐代朝廷的大力运作之下，终于由分而合，达到统一的目的，也完成了某些学者期盼经学定于一尊的理想。中唐以后，崛起舍传求经的一派，啖助、赵匡胤等经学家对《春秋》三传产生怀疑。这些言论大胆惊人；颇能发前人所未发，在当时产生莫大震撼。啖助的著作《春秋集传》，怀疑《左传》不是出于左丘明，质疑《左传》、《国语》非一人所为，首开唐人疑传的风气，可谓冲破樊笼，勇于疑古。经学的发展又走上了新的路子。到了北宋一股更大的舍传乃至疑经风潮吹起来。

5. **宋代经学**

宋代经学是经学发展史上的一大变局，此时期为“经学变古时代”，用“变古”一词形容当时学风，颇为传神。宋人从经学中衍生出理学，其中又以“二程”及朱熹为巨擘。南宋理宗以后，则为朱子学独尊的局面。影响宋代经学发展的内外因素，首先是国策与政局对宋代经学的影响。赵匡胤定下了“奖文抑武”的国策。一是“杯酒释兵权”，一是“不杀读书人”，采取广泛进用读书人作为具体的奖励措施，放宽科举考试的录取名额，以吸收和安顿读书人。其次是前代学术发展对宋代经学的影响，宋代经学的疑经改经的风气，说经义理化的倾向，使宋代经学著作呈现了多面貌的纷杂景象。

宋初经学显得死气沉沉，不满的学者掀起了疑经和舍传求经的潮流。宋儒治经，不相信南北朝唐人之义疏，进而怀疑汉魏之笺注，又说传有错简讹误，进而怀疑经书本文，删改更易经文。宋代经学之所以兴起疑经改经的风气，之所以不遵汉唐注疏，说经之所以义理化，自是在此种压力与要求下主动反省或被动思索而产生的。此所以疑经改经书的言论几乎遍及诸经，此所以《易》、《论语》、《孟子》、《礼记》等较富哲理性的经书受到广泛的研读与诠释。如果说对经传怀疑是破，那么“理学”的创立就是立。理学主要讨论“性与天道”，也涉及政治、教育、道德、史学、宗教等问题。理学又称宋学，宋学的基本特征是注重义理而疏于文字训诂考证。宋代经学著作呈现了多面貌的纷杂景象，如《易》学原分象数、义理两派，宋代则自有其特色；曹魏王弼、何晏以老庄注经，对经学作了玄学的改造。理学的开山祖师周敦颐潜心学问、苦读经书，钻研并领悟《周易》，提出不少有特色的见解。他在《太极图说》中提出“无极而太极”的命题，讨论了世界的本源、人与自然关系等问题。他以《太极图》而作《太极图说》，综述宇宙万物之化生，以太极为绝对而最后的原理，而阴阳之变化，五行之顺布则释其历程。周敦颐与先秦儒家相呼应，而彻悟天道，以及宇宙万物之生化过程，为宋代经学之开端。

朱熹（1130—1200）因其博大的学识和精深的理论修养，在经学史上占有崇高地位。他的《四书章句集注》，被明清定为知识分子必读的教科书，被认为是正统观点的标准答案。被认为超过了“五经”，在经学史上开了一代新风。他把“理”作为道德总原则，为人间的道德秩序寻找形而上学的根据。朱子的学说，表现在以周敦颐《太极图说》为骨干的形而上学，“理”、“气”相分而融合之。朱熹关注格物致知的理论，认为穷理灭欲的途径是格物致知与克己复礼的过程。朱熹把“理欲之辩”，用来解说历史发展变化的过程及现象。用董仲舒的“三统说”，即“统体一太极，物物一太极”及“涵养察识，静贯动静”之理论解释；退化不是永恒不变的，而是循环往复的。在一定的时期，三代那样的王道政治又会重新出现。

6. 元明经学

元朝的理学家在注重发挥义理的同时，也敢于疑经。理学家刘因提出：“古无经史之分”的观点，成为清代章学诚“六经皆史”的先河。元代在太宗朝已有官定的经说，设国子学。世祖初年，尚未灭宋，而赵复已将程朱学术传播于北方，遂任用程朱学者许衡规划学程。朱子的经学，在理宗宝庆之后，已大为盛行。从元代经学著作看，朱子之学一枝独秀的情况也很明显。但元代经学也有不受限于朱学的著作，如黄泽有《十翼举要》、《易学滥筋》、《春秋指要》等书，都直探经学本源，不受唐宋经说的限制，可惜其书多已散佚。

在理学上，陆九渊的“心学”虽独树一帜，开心学一系之学问，与程朱的“性理之学”相抗衡。陆九渊的学说：“心即理也”。主心的内容全幅是理，肯定心体为宇宙之本原、为生命之本源。但陆氏本人在经学上并没有什么著作，其弟子门人所作，也未成主流，因此就经学论，谓朱子“集大成”，并非溢美。

明朝初年，官定经说是大致沿袭元制，但影响到明代经学学风的，乃是明成祖下令编纂的《四书大全》、《五经大全》。由于明初理论家大多对朱程理学亦步亦趋，没有多少创新，所以出现了王阳明（1472—1528）“心学”的崛起。王阳明承“所不虑而知者，其良知也”（《孟子·尽心》）以及《公孙丑》“是非之心，智之端也”，提出“良知”以代本心。良知为“体”，发而为道德行为则为“用”；体用圆融即“知行为一”。将此良知之天理呈现出来，即是“致良知”。王阳明同时承袭陆九渊的“心学”，提出以心为本体的思想体系。心即理的本体论，把“物”、“事”、“理”、“善”都归之于“心”。明人对清代经学有诱导之功的，主要在《易》、《书》、《诗》三经，其次为《春秋》及《三传》，而以《三礼》仍陷在宋元人窠臼中者为最差，至于《孝经》、《尔雅》。明代无著述者，晚明方以智《通雅》

虽受后人推崇，但此书不能算是经学专门著作。

知心合一的工夫论，所谓知是指人的意识，主要是道德意识；所谓行，是指人的一切行为。知中包含行，知而必能行，所以知行不可分，而是合一的。与此同时，一些学者如王鏊、归有光等人，提出重经或重汉唐注疏的观点。晚明时期，考据学之风悄然吹起。明代经学，在反宋复汉的逆流中还有一股逆流，即是伪造经籍。明代一般读书人经学造诣肤浅，有人伪造以欺世盗名。

7. 清代经学

清初经学与宋明理学和心学相关，但当时的一些有识之士对此已经开始厌恶。学术界开始出现新的生机，宋明官学主导经学的局面逐渐结束。“经学之盛，盖在私学”，经学因私人研究，成为清初学术的新动向。在清代，考据学又称朴学、实学、汉学、考证学、考核学。称为“朴学”，是侧重于它质朴求实、不尚浮华的特征；称为“实学”，重实际、重实证的主张和旨趣；称具侧重“汉学”则与宋学相对，是侧重于其崇尚汉儒重小学训诂与名物考辨的学术特质；而称“考证学”、“考核学”或“考据学”，则是强调其治学方法和价值取向的本质特征。总体而言，考据是清代考据学者的方法论原则，也是他们所用治学方法的总称。

清初经学的发展，分为三个时期。

前期，经世致用之学。以明中叶以后理学“空谈误国”为反动，提出注重实学思想，如明清之交的黄宗羲、王夫之、顾炎武。清初经学的建设，学者对宋人以理学取代汉唐经学所引发的流弊，已有颇多反感与反动。顾炎武认为：理学家自称得孔孟嫡传，是道统所在，其实汉唐经学才是正统，经学可以涵盖所谓理学，而理学不能涵盖经学，亦即在经学之外、不必谈所谓理学。针对明末空谈“心性”的浮泛学风，他提出“博学于文”的崇实学风。在清初几位经学大师的影响下，经学的研究，逐渐摆脱空疏浮泛的习气。

中期，乾嘉考据学时期的经学。最引人注目的是吴江派与皖南派。吴江派奠基人惠栋，三世传经，提出非两汉之书不读，“古训不可改也，经师不可废也”（《九经古义・首述》）。惠栋著有《古文尚书考》、《周易述》。皖南派学者创始人戴震，以思想家兼考据家著《孟子字义疏证》、《尔雅文字考》，用训诂学的形式以探求《孟子》“本义”。

清朝中期学术界最强劲的力量是乾嘉考据学派。考据亦称考证，乃研究古籍中之文字音义、名物器用、典章制度；多方寻求依据，然后考察辩证。

清代初期之考据学，乃自考其音义，辨其伪讹入手。理学，至明代末年，流于空疏、狂禅。加以江山变色，异族入主中原，兴文字之狱，严讲学之禁，是以学者乃厌空疏而重证实，考据之学兴焉。乾嘉考据学派反对宋明理学的空疏无物，直承东汉古文经学重训诂考证的风气。乾嘉学术最可称道的是学习顾炎武的严密归纳法，以及戴震倡导的自音韵、训诂入手的考证门径，但是这种研究，范围及成果都有限。顾炎武对乾嘉考据学派影响最大。章学诚反对汉学家的拘泥于汉儒训诂，也反对宋学家的束缚于程朱义理。认为“六经”皆是先王“政典”，提出“六经皆史”。他说“六经特圣人取其六种之史以垂训者耳”，六经“以示帝王经世之大略”。顾炎武最先高举“经学即理学”的旗帜，上承矫正理学之弊，下启清代考据学之先，成为从理学向考据学转向的关键人物。顾炎武提倡“通经”在于“致用”，主张接触现实，研究社会出现的实际问题，强调“明辨经学源流”，指出：“古今安得别有所谓理学者，经学即理学也。自有舍经学以言理学者，而邪说以起，不知舍经学，则其所谓理学者禅学也。”

晚期，今文经学。以早期西汉的《公羊传》学领军，大儒如董仲舒等所治即是《公羊传》。清代中叶以后的今文经学，以严谨的治学态度，强调无证不言，论必有据，主张考古本，反对孤证立论。常州武进人庄存与致力于研治“公羊春秋”，开创清代今文经学，主张抛弃训诂考据，认为圣人的“微言大义”存于语言文字之外，他的目的是要“取法存用”，重在经世。庄氏的学术面貌所反映的，一方面是不满足于东汉古文学而更向前代探求，一方面是经学家对改造社会的一种探求。

中国的文人士大夫，“通经致用”的情结源远流长、根深蒂固，而今文家在这一方面表现得尤为突出。在急剧变动的中国近代，比起以考据见长、与社会现实较为隔膜的古文经学来，今文家的“通经致用”目的论自然更容易感染学子。章太炎学出古文经学家俞樾①，以今、古文经的学术分野，将章太炎归入古文经学派自然毋庸置疑。章太炎说：“余治经专尚古文，非独不主齐鲁，虽景伯（贾逵，字景伯）、康成（郑玄，字康成）亦不能阿好也。”② 但不容忽视的是，经学观因受“通经致用”目的论的影响，经历了

① 章太炎：《自述学术次第》，载存萃学社编集《章炳麟传记汇编》，255页，香港：大东图书公司，1978。

② 章太炎：《自述学术次第》，载存萃学社编集《章炳麟传记汇编》，255页，香港：大东图书公司，1978。

一个从畛域不堪分明到泾渭分明，由“杂采”今（文经）、古（文经）到以古（文经）为准的发展历程。

道咸年间的今古文经学，受到庄存与的影响。庄氏族子庄述祖，外孙同县刘逢禄，号称常州学派，继承庄存与的事业，使今文经学渐趋完善和系统。龚自珍接过章学诚的“六经皆史”的经世理论，主张把“义理和训诂”统一起来，反对汉学的拘泥训诂和宋学的蔽塞“理性”，利用今文阐述他的革新思想。清代末叶今文经学代表人物是俞樾、章炳麟、曾国藩等。俞樾是清末著名的朴学大师，学问渊博，著书满家，著有《群经平议》等。章炳麟是古文经学的最后大师，在文字、音韵方面有许多创见，他学养深厚，著作浩繁，其中著名的有《春秋左传叙录》、《国故论衡》等。康有为提出“汉宋兼容”，企图把日益衰亡的“理学”与不文世事的“汉学”结合起来。

最令人瞩目的是主张并参与光绪朝“百日维新”的人物，其中以康有为为代表，包括康氏弟子梁启超、梁氏友人谭嗣同等。他们接过龚自珍、魏源的旗子，在思想界掀起一场规模空前的思想解放运动。他们的武器，仍然是今文经学。作为维新运动的领袖和旗手，康有为、梁启超不仅发动和领导了戊戌变法运动，而且以新的时代精神阐释儒学旧传统，创制出一套“不中不西，即中即西”的“新学”体系，完成了由经世实学向近代“新学”的转换。章太炎、严复等人对传统学术的批判和对近代学术精神的诠释，更从逻辑上宣告了晚清经世实学的终结和新学术时代的来临。

近代新学在中国的发生发展，固然深受西学的刺激和影响，但它毕竟不是西学的简单位移，而是中国人在近代中国环境中所作的一种精神创造，是西学与中国传统文化既相冲突、又相融合的产物。民国以来的经学，最大的转变是回复经书本来面目的努力，将经书视为古代历史的原始资料。而清末的今文学者与古文学者，扮演了同样的催化角色。在这一复杂的相互作用过程中，清末以来的经世实学起了植物嫁接的砧木作用；换一种说法：清末以来的经世实学是中国的“古学”通往“新学”的中介和桥梁。

第十四章 史 学

"史"之名。许慎在《说文解字》中曰："史，记事者也，从又，持中；中，正也。"记事，即记录人类一切活动之事实。史是一种作史记事的官，负责书写，而且是执笔记事坚持中正不阿的人。史之所以是官，因为古代一切学术皆掌于官，民间不得私自传授。《周礼》曰："史，掌官书以赞治。"《汉书·艺文志》曰："古之王者，世有史官。君举必书，所以慎言行，昭法式也。"汉代以后，掌史与修史之官职，分而为二。史是负责掌管图书的官，即古代管理图书的官。

春秋时代，诸侯各国都有史官。鲁有太史，齐有南史，楚有左史，晋有太史等，有史官就有史书，如《左传》、《国语》、《战国策》、《逸周书》等都是当时的史书。孔子、孟子都十分重视史料，认为历史是有继承关系的，夏商都是相因的。司马迁作《史记》首创"纪事体"史书，其目的和指导思想是："究天人之际，通古今之变，成一家之言。"梁启超说：

> 史者何？记述人类社会赓续活动之本相，校其总成绩，求得其因果关系，以为现代一般人活动之资鉴也。其专述中国先民之活动，供现代中国国民之资鉴者，则曰中国史。①

《汉书》是班固首创的断代体史书，是我国史学的一个重要里程碑。巨型史著《资治通鉴》是我国史学的一个辉煌。以后的《国榷》、《明史》等，都是极有价值的史书。历史是以人类活动为主体的总记录，是以"前事不忘，后事之师"鉴往知来。所以，治史的人不但能"究天人之际，通古今之变"，更能"为天地立心，为生民立命，为往圣继绝学，为万世开太平"。远自先民以来，人们懂得结绳记事，直到文字的发明确切地记载行为、制度，生计的改良，以至艺术、宗教、文化的心灵洗练等，以人类为主轴环绕展开者，均成为历史记述的对象。中国各种学问中，惟史学最发达。

---

① 梁启超：《中国历史研究法》，1页，上海：华东师范大学出版社，1995。

“史学”即历史，包括各种体裁的历史著作。《四库全书》史部之下又分正史、编年、纪事本末、别史、杂史、诏令奏议、传记、史钞、载纪、时令、地理、官职、政书、目录、史评等15类。

一、史的意义和分类

我国有文字记载的史学起源于先秦时期，现存最早的史书，当推《尚书》，有谈话记录，有演讲词，有命令、宣言等，几乎是一部古代的公文汇编。《汉书・艺文志》中班固将历史典籍分类归入《六艺略》。刘向、刘歆父子的图书分类法，把典籍分为七类，名为《七略》。如《战国策》、《国语》、《世本》、《史记》等史书，只附在《六艺略》的春秋家之内，著录的仅425篇。《隋书・经籍志》，共分为十三类：一正史，纪传表志，如《史记》、《汉书》。二古史，编年纪事，如《汉纪》、《后汉纪》。三杂史，即非本纪，异编年，如《吴越春秋》、《战国策》。四霸史，记载割据僭窃，不成正统者，如《十六国春秋》。五起居注，记录帝王每日的一言一行，如《穆天子传》。六旧事，杂记典章制度，如《汉武帝故事》。七职官，昉于《周礼》、《隋书》。八仪注，吉凶行事，以《汉旧仪》为首。九律令，记历朝法律之作。十杂传，多记郡国之事，如《列女传》、《高僧传》。十一地理，地理书著录，如《幽州图经》等。十二谱系，姓氏之学。十三簿录，所谓目录学。史目的著录，随时代递渐而增加，其后著作，渐渐繁多。

清朝，纪昀等编纂《四库全书总目》，更把史部分为15类：首曰正史，大纲也；次曰编年；三曰纪事本末；四曰别史；五曰杂史；六曰诏令奏议；七曰传记；八曰史钞；九曰载纪，皆参考纪传者也；十曰时令；十一曰地理；十二曰职官；十三曰政书；十四曰目录；十五曰史评。“浙东史学派”编撰《明史》对史书的考证及史学理论有显著的进步。

史书的体例，中国历史主要有三种体裁。一是注重年代的编年史，每件事按年代编排，如《春秋》、《左传》。二是注重人物的纪传体，把人看作历史的中心，如司马迁的《史记》。三是注重事件的纪事本末体，把一件一件历史大事、时间记下来，如《尚书》。

唐人刘知几（661—721），著《史通》。他深通史法，他将古来史籍的体例，分叙为六家：一曰尚书家（即记言家），二曰春秋家（即记事家），三曰左传家（即编年家），四曰国语家（即国别家），五曰史记家（即通古纪传家），六曰汉书家（即断代纪传家）。所谓六家中重要的“二体”：一按体例分为编年体，以《春秋》、《左传》、《资治通鉴》为代表的编年体通史；二从性质分为纪传体，以《史记》为代表的二十四史是纪传体正史。梁启超著《中国历史研究法》则分为纪传、编年、纪事本末、政书四体，最为合理切要。

历史工作的准则在于求真、存真、传真，以为后来人类生活之借鉴，唐朝刘知几著《史通》认为，史家必须具备三个条件，即史才、史学、史识，作为史家著书立说的圭臬。梁启超先生则认为史德最为重要，次史学，又次史识，而史才居末。所谓“史才”，就是指对历史之鉴往知来，写史使用文字的天分与特殊才华；所谓“史学”，即指对历史事实的博学深思，有丰富的积累；所谓“史识”，是指“别识心裁”的褒贬是否精当，表现出独特之见识；所谓“史德”，即指治史者的心术道德是否端正。

历史既为人类活动之记录，是以“前事不忘，后事之师”，此于经验上“鉴往知来”。一个中国人，若想深具典雅文明的底蕴，要经常翻开这些历史著作，与浓缩于其中而永具生命力的孔子、老子、墨子等大师进行对话。而天下后世之读史者，观之善事之褒，必生向往之心；见其恶行之贬，当有警惕之念。此于道德上所以“劝善惩恶”也。这是切己的人生之更新，睿智的人性之审视。

1. 史书的种类和体例

我国的史书卷帙浩繁，种类很多。我国之史籍，极为完备，朝廷有正史，州郡地方有方志，家族有谱牒，个人有传记行状铭志，皆供史家以无比丰富的史料。史学又甚为吾祖先所重视，故《四库全书总目·子部总叙》云：“夫学者研理于经，可以正天下之是非，征事于史，可以明古今之成败，余皆杂学也。”然治史必先读史，读史之法，前人言之甚详，其要者有如下几点：①读史宜考制度与事实；②豪杰之谋议；③考明治乱兴衰之故；④读史宜明时代精神；⑤设身处地与史中人物相化；⑥读史应以地理书、舆图相配合；⑦纵横联系，由史传入手；⑧旁求侧证，深入研究。

（1）史书的种类大致可以分为下列五种：

正史：以纪传体、编年体的体例，记载帝王政绩、王朝历史，人物传纪和经济、军事、文化、地理等诸方面情况的史书叫正史。如，通常所说的二十四史。除少数是个人著述（如司马迁的《史记》）外，大部分正史是由官修的。

杂史：只记载一事之始末、一时之见闻或一家之私记，是带有掌故性的史书。

别史：主要指编年体、纪传体之外，杂记历代或一代史实的史书；有时与杂史难以区分。

野史：有别于官撰正史的私家编写的史书。

稗史：通常指记载闾巷风俗，民间琐事及旧闻之类的史籍，如清代人潘永因的《宋稗类钞》，近代人徐珂的《清稗类钞》。有时也用来泛指“野史”。

（2）史书的体例分为“纪传”与“编年”两类：

纪传体是我国史书主要体裁，此类体裁的史书通称为“正史”。《史记》为纪传体史书的鼻祖。在《史记》、《汉书》加正史之名，可见唐代修官有曰：

世有著述，皆拟班马，以为正史。《隋书·经籍志序》盖正史体尊，义与经配，非悬命诸典，莫敢私增，所由与稗官野记异也。（《四库全书总目提要·正史类叙》）

①纪传。纪传体史书创始于西汉司马迁的《史记》，它以人物传记为中心，用“本纪”叙述帝王；用“世家”记叙王侯封国和特殊人物；用“表”统系年代、世系及人物；用“书”或“志”记载典章制度；用“列传”记人物、民族及外国。历代修正史都以此为典范。以人为中心，从多方面综合已有的旧文献，精致加工、整理、消化熔铸，形成整齐的纪传体例。如《隋书·经籍志》乃为纪传体为正史。按《史记》纪传体史书分为5类：“本纪”、“世家”、“列传”、“书”、“表”。

②编年体。编年体史书按年、月、日顺序编写，以年月为经，以事实为纬，如《左传》、《资治通鉴》等都属于这一类。

③通史。连贯地记叙各个时代的史实的史书称为通史。如西汉司马迁的《史记》，也可称为通史。因为他记载了上自传说中的黄帝，下至汉武帝时代，历时3000多年的史实。

④断代史。记载一朝一代历史的史书称为断代史，创始于东汉班固的《汉书》。《二十四史》中除《史记》外，其余都属断代史。

⑤本纪。本纪是按年月顺序编写的帝王简史，以记载帝王的言行为中心，兼述当时的政治、经济、军事、文化、外交等重大事件。“本纪”的特色是以编年为体，大事乃书，有年代可考者，按年记事，无年代可考者，分代叙事。张守节曰：“本者系其本系，故曰本纪；纪者，理也；统理众事，系之年月，名之日纪。”（《史记正义》）如《项羽本纪》是《史记》传记中最精彩的一篇，达到了思想和艺术的高度统一。

秦二世的残暴腐朽，给人民造成了无穷无尽的灾难。大泽乡陈胜揭竿而起，各地纷纷响应，我国历史上第一次大规模农民起义的烈火迅猛地燃遍全国。项羽，就是在这场轰轰烈烈的农民大起义中涌现出来的一位英雄，一个悲剧式的英雄。《项羽本纪》就是通过秦末农民大起义和楚汉之争的宏阔历史场面，生动而又深刻地描述了项羽一生。他既是一个力拔山、气盖世、“近古以来未尝有”的英雄，又是一个性情暴戾、优柔寡断、只知用武不谙智谋的匹夫。《项羽本纪》以描绘项羽这一人物的形象、刻画这一人物的性格为主，同时也生动地叙写了战争。披卷读之，既可以闻见战场上的血腥，听到战马的嘶鸣和勇士们的猛吼，又可以看见项羽披甲持戟，瞋目而叱，大呼驰下，溃围，斩将，刈旗的神态与身影。《项羽本纪》犹如一幅逼真传神的英雄肖像画，色彩鲜明；又像一张秦汉之际的政治军事形势图，错综有序。通篇文章气势磅礴，情节起伏，场面壮阔，脉络清楚，疏密相间，语言生动，成为我国文学史上的一篇不朽佳作。文中破釜沉舟、鸿门宴、四面楚歌、乌江自刎等故事，早已家喻户晓，历代传诵。

刘知几《史通》说之最详，其云：

盖纪之为体，犹《春秋》之经，系日月以成岁时，书君上以显国统。

纪事本末体：创始于南宋袁枢的《通鉴纪事本末》。这种体裁的特点是以历史事件为纲，重要史事分别列目，独立成篇，各篇又按年、月、日顺序编写。

⑥世家。世家用来记载王侯封国以及历史上重要人物的活动。此乃因古代自有王者，王者之下便设置诸侯，列以五等爵位，环以万国之君，故曰“世家”。司马贞云：

世家者，记诸侯本系也。言其下及子孙，常有国故。(《史记·吴太伯世家索隐》)

刘知几曰：

司马迁之记诸国也，其编次之体与本纪不殊；盖欲抑彼诸侯，异天子，故假以他称，名为世家。(《刘知几·史通》)

司马迁把孔子写入世家，反映了其“以价值决定存在”的史学观点，旨在说明孔子在中国文化史上深远的影响。

⑦表。表是用表格的形式，谱写人物和事件。《史记》所创之“年表”，最早起于周代。据东汉桓谭《新论》曰：“太史公《三代世表》，旁行斜上，

并效‘周谱’。”就是明证。“表”系以时间为中心，编排同类性质的大事。历史人物，不可数计，人各一传，不胜其传，故用“表”统系年代、世系及人物。《史记》“十表”中，年代久远者有世表，是以世系为主，如《三代世表》；时代较近者，则用年表或月表。《史记》把帝王将相当作历史的主，具有提要汇总的作用，文省事多，可以补本纪、世家、列传的不足。

⑧书：书是有关各种典章制度以及某些自然与社会现象的专编。以事类为纲，记载国家的大政大法，包括一国的刑法、礼乐、风土、山川。司马贞云：“书者，五经六籍总名也。此之八书，记国家他体。班氏谓之志，志，记也。”（《史记·礼书索隐》）《史记》中的八书：礼书、乐书、律书、历书、天官书、封禅书、河渠书、平淮书，包括了朝章国典、历史事件等均得以记录。

⑨列传。列传主要是人物传记。记载民族、历史及某些特殊的历史人物的事迹，以及各国的国家概况。司马贞云：“列传者，谓叙列人臣事迹，令可传于后世，故曰列传。”（《史记索隐》）

“纪”者，“编年”也；“传”者，“列事”也；“编年”者，历记帝王的岁月。如《春秋》的“经”，“列事”者，述录人臣的行状；《春秋》的“传”，用以解“经”。

二、正史：纪传，政书

纪传体的史书包括《史记》、《汉书》、《后汉书》、《三国志》、《晋书》、《宋书》、《旧唐书》、《新唐书》、《宋史》、《辽史》、《明史》、《清史》等。

1.《史记》

《史记》，130卷，原名《太史公书》、《太史公记》。《史记》为汉代司马迁著，是我国第一部记载上自传说中的黄帝，下至汉武帝时代的纪传体的通史，也是我国第一部传记文学的总集。

司马迁（公元前145—公元前74），字子长，西汉夏阳人（今陕西韩城县南）。司马迁的父亲司马谈担任汉武帝的太史令，负责编写国史，掌管国家图书馆、天文历法、祭祀大典。司马谈生前有满腔的抱负，写过《论六家要旨》，对先秦学术作了精辟的评论。他想撰写一部表彰“明主贤君，忠臣死义”的史书。武帝元封元年（公元前110），适当天子举行封禅大典，司马谈未能参与其事，愤而成疾，著史书这一宏愿，后来由司马迁发愤完成。盖此书在司马谈为太史时已有所勾勒。司马谈学问渊博，对司马迁产生巨大影响。父亲去世后，至元封三年（公元前108）受命继父为太史令，时年 38 岁。继为太史令，搜研各类史料，至征和二年（公元前 91），55 岁才告完成。总计前后 18 年，加上书成之后删改校订，历时 20 余年。《史记》属于私撰，且因涉及李陵之祸，司马迁行间颇有怨气，故不敢行世。至宣帝时其外甥杨恽始为之公布。

司马迁从小受儒家思想教育，10 岁读古文，并追随大儒孔安国学《古文尚书》，跟从董仲舒学习“公羊春秋”。他为人慷慨、正直有气度，思想上带有黄老之学的倾向，但儒家思想仍是他的中心思想，《史记》中多处征引孔子学说。司马迁因李陵之冤遭受腐刑，身受无情摧残，又体验人情之冷暖、世态炎凉。他同情人民，反抗暴政。司马迁发愤作《史记》以继父志，他完成《史记》之后，并未公之于世，直到他死后，汉宣帝时，由其外孙杨恽祖述其书，《史记》才得以出版，方才广为流传。班固《汉书·艺文志》著录为《太史公百三十篇》，荀悦《汉纪》则称《太史公记》，到了东汉桓帝时，才开始称《太史公书》为《史记》。《三国志·王肃传》则改为《史记》，一直沿用至今。

《史记》是我国第一部纪传体通史。它卷帙浩繁，内容赅博，凡天文、地理、政治、经济，及有关代表人物。不仅记载历史的事实，更希望编写一部贯通古今、内容广博、体例新颖的新史书。《史记》保留了从西周到战国时期重要的侯国史，记录了古代各种身份的有着惊心动魄故事的人物。司马迁在《报任安书》中说：

仆窃不逊，近自托于无能之辞，网罗天下放失旧闻，略考之行事，综其终始，稽其成败兴坏之理，上计轩辕，下至于兹，为十表，本纪十二，书八章，世家三十，列传七十，凡百三十篇，亦欲以究天人之际，通古今之变，成一家之言。

《史记》一书，上自轩辕氏起，下迄汉武帝止。纵贯上下数千年，横及各国各阶层。《史记》体裁分为五类，据《太史公自序》说：

著十二本纪，作十表、八书，三十世家、七十列传，凡百三十篇，五十二万六千五百字。

纪传体是司马迁的一个创造，《史记》记载的是帝王的兴废，写了很多历史人物，极有个性。如《秦始皇本纪》，写始皇性格，栩栩如生。《陈涉世家》写陈涉青年时的抱负。《项羽本纪》写项羽看见秦始皇，说：“彼可取二代也!”寥寥数语，足见项羽的雄心和抱负，令人心魂震撼。《项羽本纪》就是通过秦末农民大起义和楚汉之争的宏阔历史场面，生动而又深刻地描述了项羽一生。《太史公自序》说："子羽暴虐，汉行功德，愤发蜀汉，还定三秦；诛籍业帝，天下惟宁，改制易俗，作《高祖本纪》。"这是司马迁创作本篇的基本宗旨。的确，在《高祖本纪》中，侧重叙写的是刘邦如何战胜项羽，最后建立汉帝国的过程，同时也充分肯定了这位开国之君在统一天下过程中的重要作用。

人物之外，司马迁首创使用"表"的形式，记载诸侯王历代大事。或以时间为纲，或以帝为经、以国为纬，司马迁作了"十表"，"八书"，"十表"稽牒作谱，如《三代世表》、《十二诸侯年表》、《将相名臣年表》等；"八书"详政制（礼、乐、律、历、天官、封禅、河渠、平准）。可以见其历史眼光。班固赞美司马迁说："其文直，其事核；不虚美，不隐恶，故谓之实录。"（《汉书·司马迁传》）"实录"是我国史学的一个优良传统，在正史中，够得上"实录"的不多。

《史记》作为中国第一部通史性的巨著，对后世学术思想产生重大影响。在保存文化史料、记述写作方法等方面，具有鲜明的特点。如资料参酌古今，考辨翔实；体例完善，叙事灵活；材料脉络清晰，层次鲜明；褒善贬恶，实事求是；文笔生动，意气纵横。

2.《汉书》

《汉书》，120 卷，又称《前汉书》。作者东汉班固（32—92），字孟坚，安陵（今陕西咸阳人）。父班彪，撰《史记后传》65 篇。班固继承父亲遗志，决心撰写汉朝断代史，历时 20 余年。其时外戚、宦官争权，班固被株连，死于监狱中。其妹班昭与史学家马续补写八表完成了全书，前后历 40 年，经 4 人之手。《汉书》纪事年代上起汉高祖刘邦（公元前 206），下迄王莽被诛（23），共 230 年。内容以断代为史，共 120 卷。

《汉书》是我国第一部断代史纪传体史书，体例仿照《史记》，但改书为志，把世家并入列传。《汉书》是《史记》以后正史中最优秀的作品。它史料翔实，文辞典雅，颇有恢弘之气，无论是从史学上还是文学上都堪称上乘。

3.《后汉书》

《后汉书》，包括纪、传 90 卷，志 30 卷，共 120 卷。作者南朝范晔（398—445），字蔚宗，小字搏，顺阳（今河南淅川县东）人。南朝宋著名史学家、文学家。宋左光禄大夫范泰之子。曾任秘书丞、新蔡太守和尚书吏部郎。本纪、列传部分为范晔撰，官场多磨，志未作完，后因事被杀。《宋书》本传称他："博涉经史，善为文章，能隶书，晓音律。"任宣城太守时，曾博采魏晋以来各家关于东汉史实的著作，删繁补略，撰成《后汉书》纪传90卷（十志未及完成）。南朝梁刘昭取司马彪《续汉书》中的“八志”与之配合，北宋时将两书合刻为一书。本书在内容上“贵德义，抑势力；进处士，黜奸雄；论儒学则深美康成（郑玄），褒党锢则推崇李（膺）、杜（密）；宰相多无述，而特表逸民；公卿不见采，而惟尊独行”（王鸣盛《十七史商榷》卷六一）。体例上新创立了《党锢》、《文苑》、《独行》、《列女》等类传。本书以文采著称于世，其中的序论和赞尤为突出，作者曾自诩为“奇作”，比之于《过秦论》。范晔所写纪传，文章风格趋向骈体，写人叙事，简明周详，生动感人。笔势纵放，词句绮丽凝练，颇具骈文句法。且收录了大量的东汉的散文、辞赋、诗歌，学者们誉其为兼有一代文章总集的性质。

《后汉书》纪事年代上起光武帝建武元年（25），下迄献帝建安24年（219），共195年，内容包括帝纪、列传等。另有西晋陈寿（233—297）65卷《三国志》，唐房玄龄著130卷《晋书》，以及《唐书》、《宋书》、《梁书》等重要史书。

4. 政书

政书，是记载制度文物之沿革的史书。梁启超说：

> 纪传体中有书志一门，盖导源于《尚书》，而旨趣在专纪文物制度、此又与吾侪所要求之新史较为接近着也。然兹事所贵在会通古今，观其沿革。各史既断代为书，乃发全两种困难：苟不追叙前代，则原委不明；追叙太多，则繁复取厌。况各史非皆有志，有志之史，其篇目亦互相出入，遇所缺遗，见斯滞矣，于是乎有统括史志之必要。其卓然成一创作以应此要求者，则唐杜佑之《通典》也。①

政书是记载历史礼制的专史，其中包括历代礼制沿革60卷，《开元礼》35卷，集历代礼制之大成。《隋书·经籍志》原分为旧事、仪注、刑法三类，《四库提要》将其合并为政书一门，成为我国古代重要的史学体裁。

唐杜佑撰《通典》，是我国第一部专门论述典章制度的通史。唐杜佑（735—812），佑字君卿，京兆万年（今陕西西安）人，唐朝著名政治家史学家。“虽位极宰相，手不释卷，质明视事，接对宾客，夜则灯下读书，孜

① 梁启超：《中国历史研究法》第二章，上海：华东师范大学出版社，1995。

孜不怠。”① 杜佑《通典》全书叙述了上自传说中的唐虞，下至唐代天宝之末及肃宗、代宗时的历代制度。其书旨趣见于《进书表》，曰：

夫《孝经》、《尚书》、《毛诗》、《周易》、《三传》，皆父子君臣之要道……然多记言，罕存法制……每念懵学，莫探政经。略观历代众贤著论，多陈紊失之弊，或阙匡拯之方。臣既庸浅，宁详损益，未原其始，莫畅其终。尚赖周氏典礼，秦皇荡灭不尽，纵有繁杂，且用准绳。至于往昔是非，可为来今龟镜，布在方册，亦粗言寻。

《通典》分为《食货》、《选举》、《职官》、《礼》、《乐》、《兵刑》、《州郡》、《边防》八门，每门又分若干子目，综合各代。其自序云：

既富而教，故先食货；行教化在设官，任官在审才，审才在精选，故选举、职官次焉；人才得而治以理，乃兴礼、乐，故次礼、次乐；教化隳则用刑罚，故次兵，次刑；设州郡分领，故次州郡；而终以边防。(《杜佑·通典》)

治理天下，在于教化，而衣食是人生基本的需要，即“民以食为天”，食货为政治的根本。《通典》中《礼典》占了一半。杜佑在《通典·总序》中言其著书目的：安史之乱造成了衰败的局面，因此力图从历史典章制度的沿革变化中，总结得失利弊，为唐朝提供鉴诫和救世之方案。只有用“礼制”治国，国家才有振兴的希望。

政书还有如南宋郑樵（1104—1162）的《通志》；元马端临（1254—1323）的《文献通考》；以及《续通典》、《续通志》、《清文献通考》等。

三、编年：编年体，纪事本末

编年体这种体裁的史书，在世界上，我国起源最早。东周时，各诸侯国都设置史官撰写本国的编年史，但名称不统一，燕、齐、鲁、宋等国均称《春秋》，因商代和西周时，一年只有春、秋二时，而无冬、夏，因此古人称年为“春秋”。

所谓编年体，就是“系日月而为次，列时岁以相续”。它是按年、月、日有次序地记载史事的史书。这种方法，奠定了后世编年体史书的基本形式。我国古代记载史事的《春秋》、《左传》、《汉纪》、《后汉纪》、历代的

① ［宋］欧阳修：《新唐书·杜佑传》，北京：中华书局，1975。

起居注、实录以及卷帙浩繁的《资治通鉴》等，均采用这种体裁。这类的编年体史书，就是纵的叙述历史。《史记》、《汉书》等二十四史纪传体史书，是横的叙述历史。

所谓编年体的史书，是指按年月顺序编写史书的体裁。唐代史学家刘知几将我国的史书体裁区别为“编年”和“纪传”二体，并指出：“丘名传《春秋》，子长著《史记》，载笔之体，于斯备矣。”（《史通·载言》）历代史学家把左氏《春秋》称为中国编年史书的鼻祖，《史记》称为纪传史书的鼻祖。明焦竑《国史·经籍志》说：

> 编年者，以事系年，详一国之治体，盖本左氏；纪传者，以人系事，详一人之事迹，盖本史迁。

编年体以年月为经，以事实为纬，叙述史实，按事物发展过程书写，容易看出同一时期各个事件间的关系，使人有比较明晰的观感，且没有分述重出的问题。缺点是记事前后割裂，首尾不连贯，对于历史人物的生平和典章制度，无法究其原委。

编年体史书的优点，在于它以年月为经，以事实为纬，容易使人看清事件之间发生的联系。它的缺点，主要是同一事件发生和延续的时间过长，记载时就难免犯前后割裂的毛病。还有记人物活动时，更难详其来龙去脉。因此，后来才有纪传体和纪事本末体史书的出现。

1.《春秋》

《春秋》一书，是我国第一部私人编撰的古代史籍，原为鲁国史官记载周代各国的史事，后经孔子删定整理。所记，上起鲁隐公元年（公元前722），下至鲁哀公十四年（公元前481），共242年的史事。其名为鲁史，实际上包括了当时其他各国的史事。它是按年、时、月、日编排，以春秋为一年，故称《春秋》。其所记载的史事，极为简明。每事自成一条，不相联属。每条多至数十字，最少仅一字。所以《春秋》只能说是编辑方法最原始的史籍。

由于《春秋》措辞较隐晦，使之学者产生许多引申和阐释。这些用来解释《春秋》的书，被称作“传”。而《春秋》本文则称作“经”。汉代为《春秋》作传者有五种，由于其中二传已亡佚，现所存著合称“春秋三传”，即《春秋左氏传》、《春秋公羊传》与《春秋谷梁传》。

2.《竹书纪年》

《竹书纪年》是晋咸宁五年（279）在汲郡的战国时魏墓中发现的古书，

因写于竹简且系编年体裁而得名。据学者考定：

> 太康二年，汲郡人不准盗发魏襄王墓（或言安厘王冢），得竹书数十车，其纪年王二十年，盖魏国之史书，大略与春秋多相应。（《晋书·束皙传》）记载战国时魏史，起自夏禹。与传统记载不同，属于编年史，颇具史料价值。

3.《汉纪》

《汉纪》，东汉荀悦（148—209）撰，计30篇，以年纪事，将以人物为中心的80万余字的《汉书》，改编为以事为中心的18万字的《汉纪》。这是我国第一部组织严密、文词简约的编年体断代史。荀悦有云：

> 谨约撰旧书，通而叙之，总为帝纪，列其年月，比其时事，撮要举凡，存其大体。（《汉纪·自叙》）

其书写特色，盖其是将《汉书》中的传、志、表的材料，以年月先后为序，并略加删润编排入帝纪各年之下而成一代之书。故所谓“撮要举凡，存其大体”，实其可作为研读《汉书》的入门书。

4.《后汉纪》

《后汉纪》，东晋袁宏撰（328—376）。宏因对当时已出的几种《后汉书》不满意，认为：“其言汉末事差详，故复探而益之。”（《后汉纪·自序》）继荀悦《汉纪》，书成《后汉纪》，共30卷，记录了上自更始元年（23），下至建安二十五年（220），前后198年的后汉史事。《后汉纪》体例论断，基本是模仿荀悦的《汉纪》。

四、国别体史书

《国语》是我国最早的国别体史书，相传为春秋时左丘明所撰，但存疑。共21卷，记载了从西周穆王二年（公元前975）到周贞定王十六年（公元前453）周、鲁、齐、晋、郑、楚、吴、越八国分国编次片段史事。反映了这一漫长历史时期诸侯各国的交往、争战等情况。

全书以记言为主，语言艺术虽不及《左传》，但说理严密，刻画人物也比较形象生动，对后代散文有很大影响，在我国文学史上有重要地位。三国吴韦昭云：

> 包罗天地，探测祸福，发起幽微，章表善恶者，昭然甚明，实与经艺并陈，非特诸子之伦也。（《国语解叙》）

对其颇为推崇。唐柳宗元：

左氏《国语》，其文深闳杰异，固世之所耽嗜而不已也。而其说多诬淫，不概于圣。(《非国语序》)

后人认为《国语》和《左传》同出左丘明之手。然而《国语》所记内容又多与《左传》重复、抵触，近人认为是战国时人把各国的史料汇编而成。

1.《资治通鉴》

北宋司马光（1019—1086）所撰。全书294卷，又有目录30卷，考异30卷。它记载的是从战国初期开始到五代末年，以编年为体，凡113主，共1 362年，周秦至五代所有重大历史事件和历史人物活动的全部情况。《资治通鉴》是我国古代仅有的一部贯通古今的编年体通史巨著，是我国史学史上的创举。《资治通鉴》和《史记》一样，同为史学中的不朽之作。

《资治通鉴》一书，“鉴前世之盛衰，考当今之得失”。在我国史学中，“以古为鉴”是一个传统，而《资治通鉴》最突出。作者于史料力求其真，涉及古代社会一千多年，记农民起义不厌其详。从“关国家之盛衰，系生民之休戚，善可为法，恶可为戒”出发，《资治通鉴》所书，重在政治。战国以来，历朝政治、军事、经济、重要人物的言行，不同性质的战争，治乱兴亡，记载的范围广泛，简明周到。如赤壁之战，如记鲁肃与孙权、刘备的谈话等都写得很生动。虽是编年之史，亦是以人物为重，使史事展示在我们面前。

《资治通鉴》主要是以17史的史料加以编写的，把纪传体改编为编年体，除了根据正史，还加了220多家的书，体现了通鉴的用力之处。

2. **纪事本末**

纪事本末作为史书的一种体裁，始创于南宋袁枢编纂的《通鉴纪事本末》。在此以前，史书已有编年、纪传、典志（政书）三种体裁——即编年体有《春秋》、《左传》等；纪传体有《史记》、《汉书》等；典志体有《通典》等，以这三种体裁记录了中国历史事实。

纪事本末体史书是“以事为主，以人为副”，突出叙述事件发展的来龙去脉的史体。纪传本末体史的编纂方法，眉目清楚，旨趣明白，读者开卷后便可一目了然，从而获得较为系统而完整的历史知识。这种史书，虽然主要钞摄一种编年体或纪传体史书，但因它是以历史事件为中心，即以历史事件命题立篇，选钞史文，故事件的眉目十分清楚。从这个意义上说，这种史书，既克服了编年体史书一事要隔越数卷、首尾难稽的缺欠，又避免了纪传体史书要分见数人纪、传，不免支离和重复的不足了。虽是钞书，却有“化腐朽为神奇”的功效。前人评论这种史书是“文省于纪传、事豁于编年”，大体是不错的。编年体史书的长处，在于按年代编纂史事，体现了历史发展的顺序；其缺点是一事常常隔开若干年后再接续叙述，记事前后割裂，即“或一事而远隔数卷，首尾难稽”，对于了解历史事件的完整性很不方便。纪传体史书以人物为中心，能兼顾时间、事类，实为一种综合性的史书体裁；其缺点是各部分之间相互重复或脱节，即“一事而复见数篇，宾主莫辨”。典志体史书强调典章制及同类史实的统一性，其缺点是从纵的方面分裂了历史的完整性。

纪事本末体史书，是一种以历史事件为主的史书体裁。这种史体在晚清得到了迅速发展，出现了一批有代表性的史著。如《通鉴纪事本末》、《元史纪事本末》、《明史纪事本末》、《左传纪事本末》等。这些著作大都属于改作纪传体和编年体之作，资料汇编性质比较浓厚。

经过对这些史著的专门研究，我们可以清晰地总结出它们在编纂方面的主要特色和发展轨迹，这对进一步研究晚清纪事本末体史书无疑具有重要意义，对我们今天利用传统史体优秀成果也有借鉴意义。

五、目录、史评与学术史

1. 目录

我国古代传统目录学有着悠久的历史。“目”的含义是篇目，即一书的篇和卷的名称。“录”把叙录，即对一书的内容、作者生平事迹，对书的评价，校勘经过等，作扼要的介绍的文字。二者合起来称为目录，或曰书目。一个完整的目录，大致包括书名、卷数、作者、版刻、提要、分类诸项内容。各个历史时期关于目录的称谓有所不同。有的称“录”，西汉时，刘向、刘歆父子就撰有《别录》、《七略》等书，以后历代均有专著。东汉班固之《汉书·艺文志》，宋晁公武之《郡斋读书志》，南宋郑樵有《通志·校雠略》，至清代，章学诚著成《校雠通义》以及纪昀之《四库全书总目提要》等。

《四库全书》搜罗使用的书籍来源有四：一是政府藏书，即内府本，包括武英殿等内廷各处藏书；二是清代皇帝的著作和奉旨所纂修的书籍；三是公私进呈的图书，包括各省采进、私人进献和通行的书籍；四是从《永乐大典》中辑录的佚书。

在中国古代目录学著作中，最值一提的是清代中叶由清廷主持编纂的《四库全书总目》（一名《四库全书总目提要》，200卷）。该书初稿完成于清乾隆四十六年（1781），刊行于乾隆五十八年（1793）。《四库全书总目》著录收入《四库全书》的古籍3 461种，79 309卷，以及未收入《四库全书》的存目6 793种、93 550卷。《四库全书》基本上包括了清代乾隆以前中国古代的著作。全书按经、史、子、集四部分类编排，每部有大序，统分44类，类有小序，其较复杂的类又分子目，即第三位类，共有子目67个。凡类目、子目中著录的图在需要说源流以及归入这一类的理由的地方，则另加按语，“以明变通之由”。《四库全书总目》完成后，由于卷帙太繁，翻阅不易，纪昀等又删节提要、不录存目，编成《四库全书简明目录》20卷。后有清人阮元、傅以礼重编的《四库未收书目提要》五卷。对“四库提要”补正、辩证的书有胡玉缙、王欣夫的《四库全书总目提要补正》60卷及今人余嘉锡撰有《四库提要辩证》24卷等。

《四库全书总目提要》编成之后，备受赞誉。缪荃孙丁氏《善本书室藏书志序》说：

> 考撰人知仕履，释作书之宗旨，显微正史，僻采稗官，扬其所长，纠其不逮，《四库提要》实集古今大成。

《四库全书总目》在中国目录学史上有重要地位。它集古代四部分类法之大成，其大小序、提要，对学术源流的剖析、作者的介绍简练严密，很有见地，但也有许多封建的毒素。鲁迅对此有中肯的评价，他认为《四库全书简明目录》“其实是现有的较好的书籍之批评，但须注意其批评是‘钦定’的”。

2. 史评与学术史①

对于史事评论的书的总称，最早见于《尚书》中的《周书》。《尚书》是我国现存最古的一部历史文献，其曰：“天惟时求民主”、“天辈忱，尔时罔敢易法”、“天畏棐忱，民情大可见。小人难保……惟命不于常。”（《尚书·周书》）其主要是在告诫周人天命、天威是靠不住的，殷商尽信天命，以致灭亡，希望后代子孙以之为借鉴。史评作者繁杂几乎遍布中国古代各类文献。有专著，有单篇，也有一些零散议论。西汉贾谊的《过秦论》亦属之。阐述理论观点，辩论本质，总结规律的一些著作，如南朝刘勰《文心

① 刘兆祐、江弘毅：《国学导读》，318～323页，北京：中国人民大学出版社，2006。

雕龙》中的《史传》，乃是对先秦两汉魏晋时期历史著作的评论专篇。还如宋代严羽《沧浪诗话》，清代叶燮《原诗》等。

(1)《史通》，是我国历史上第一部关于史学评论的专著。作者是唐代刘知几（661—721），字子玄，唐朝彭城人，为我国历史上第一位史学批评家。42岁时任史官，积累了丰富的历史知识和修史经验，修国史是其一生主要工作。他曾因修撰《武后实录》受封为居巢子。刘知几在编撰国史的过程中，发现自己不能自由表达想法，于是就私撰《史通》，发出自己的声音。《史通》的产生，是将唐代以前的史书作比较系统的、客观的分析与评论。其后又出现了章学诚的《文史通义》，进一步在《史通》的批判基础上，提出了自己的史学评论主张。

《史通》分内篇39篇、外篇13篇，各10卷。内篇着重阐述了史书的体裁、体例、史料采集、表达要求和撰史原则；外篇论述史官制度、正史源流、史家杂评、史著得失，并简略地表述了作者对历史的见解。内篇主要叙述史书体例，辨别是非；外篇论述史籍源流及杂品古人的过失。《史通》作了全面梳理，是我国历史上首部史学理论著作。该书明确提出了“史才三长”理论，要求史学家须有史才、史学、史识，即搜集、分析资料、撰写著作的能力；对历史资料、历史知识的掌握能力；作者自己的判断取舍能力。《史通》建立了史学批评、史学史和史学编撰的原则和基础，与《文心雕龙》并称，在我国史学发展史上有里程碑意义。

在《史通》中，刘知几分析了旧史体例的利弊得失，并全盘加以考察，对当时修史的谬误，一一指证。他指出唐以前的史书，多出于模仿，假若探溯本源，推寻创始，不外乎六家。他认为史书是史家对客观历史的认识及概括，提出了“记言之所网罗，书事之所总括”的理论命题，敏感地认识到史家主观意识同客观历史之间存在着一定的关系，史书应该包括典章制度的沿革和国家盛衰存亡的原因等重要内容。《史通》的编纂体例、史料选择、语言运用、人物评价等都做了批判和分析，提出了自己的独立见解。

在方法论上，刘知几强调谨慎地采摘材料的重要性，史家必须严肃地审查和采辑有关文献。凡是有关劝诫的史事，不管时主是谁，都应该据实直书。在体裁上，刘知几具体论述了纪传和编年二体优劣，得出了“各有其长，并行于世”的结论。在语言上，他提出“美”、“工”、“简要”三点是史书文字的美学原则，要求用简练、浅显的文字，表达出深刻的思想，同时强调用“当时口语”，“从实而书”，不失“天然”。在撰述原则上，他提出了“直书”和“曲笔”两个概念作为区分史家撰写史书品格的要素以及由此产生的迥然不同的社会效果。这种社会效果就是要唤起人们的“内省”和“思齐”的教育作用。在史才理论上，刘知几第一次提出了史家必须具备史才、史学、史识即“史才三长”的论点。三长之中，最重史识。

（2）《文史通义》。清代章学诚（1738—1801），字实斋，号少岩，浙江会稽（今绍兴市）人，是我国封建社会晚期一位杰出的史学评论家。他的代表作《文史通义》，强调史才、史识、史法，尤重史意。《文史通义》和刘知几的《史通》一直被视作我国古代史学理论的双璧。章学诚35岁开始撰写此书，并立下要“成一家之言”的宏伟目标。此书分内篇、外篇和杂篇三部分。其中《浙东学术》一篇，成于逝世前一年。可见该书撰述几乎历30年之久。严格地说，直到逝世，全书并未完成，像很重要的《圆通》、《春秋》等篇，虽早有计划，终未撰成。而今天人们看到的也仅是内外两篇。由于该书无严格义例，而全书在作者生前既未最后定稿，又未排定篇目，为后人留下难题。作者生前曾讲过，想在去世前对自己著作加以整理，最后审录定稿，但未能如愿，临终前数月，只得将全部文稿委托友人王宗炎代为校定。现今流传的刘氏嘉业堂刻《章氏遗书》，就是依据王氏所编之目加以补订刊行的。《文史通义》的观点和具体理论都在刘知几的《史通》之上，特别他提出“史德”问题，更为史学界树一代新风。后来流传的《文史通义》，主要就是《章氏遗书》本和“大梁本”两种，而以后者流传最广。

关于史评与学术史著作，还有杜佑（735—812）的《通典》，司马光（1019—1086）的《通鉴》，郑樵（1103—1162）的《通志》等。梁启超说：“中国于各种学问中，惟史学为最发达。”① 史学是中国文化重要组成部分。中国古代有众多史学家“究天人之际，通古今之变”，为我们留下了一座丰博浩繁的历史文化宝库。

① 梁启超：《中国历史研究法》，12页，上海：华东师范大学出版社，1995。

多学派。其中比较重要的是儒、墨、道、法四家，而《论语》、《孟子》、《墨子》、《老子》、《庄子》、《荀子》、《韩非子》则是这四家的代表著作。其中，《论语》、《孟子》和《庄子》具有较高的文学价值。

一、子学特质及学术使命

子学，诸子之学，即研究先秦诸子之学术思想，今语即哲学。中国哲学亦自有其产生的背景及特质，与西方哲学不同。今沿用前人之习惯说法，“子学”是先秦诸子百家之学，也就是百家之“道”。几个主要流派道家、儒家、法家等对政治实践的要求，是一个学术阶梯。“道”原意道路。引申为必须遵循的法则、规律。中国自古无“哲学”一词，有之，则只有“道”字。它可以引申为人的世界观、人生观、政治主张、思想体系。而西方的“哲学”一词，探索其原义，是以“求知”为出发点，是从无知、惊奇、怀疑、追究到完成过程；总之，是以“知识”为探讨之对象，是“为知识而求知识”。而“子学”引申为抽象之所谓“道”，有永恒不可变之“真理”或“道理”之意。同时也含有不可离，必须躬行亲致、知行合一等义
绝不只是一种“知识”而已。在老子看来，作为万物本原的“道”
质，也不是精神，不能说它有，它是非物，无形无象；又不
它时刻催生着万物，形成异彩纷呈的动态世
道是无与有的统一，两者同出而异名
离可离非道也。朱注：‘道者，日

第十五章　子　　学

“子”是古代公、侯、伯、子、男五等爵位之一。于先秦时
者，原是男子之尊称。春秋战国若干思想家，开创或承传一学
重，所以用贵族爵位称之，如孔子、老子、庄子、墨子等。而弟
亦曰子。何谓先秦诸子和诸子散文？

“子学”包括政治、哲学、科技和艺术等类的书。《四库全书
家、兵家、法家、农家、医家、天文算法、术数、艺术、谱录、
书、小说家、释家、道家，共14类。

春秋战国之交，神州大地掀起了一场社会大变革的风暴。在这
新的社会阶层应运出现了，这就是士。他们来自社会的各个方
但很多是有学问有才能的人，有的是通晓天文、历算、地
是政治、军事的杰出人才。其代表人物如孟子、墨
申不害、许行、陈相、苏秦、张仪等，
后人将这些思想家的学说或承
庄子、墨翟、

中国古代辩证思维的优秀传统，同时也还要学习西方的分析思维。

《大学》中的“三纲”（明德、亲民、止于至善）和“八目”（格物、致知、诚意、正心、修身、齐家、治国、平天下），是理论哲学，又是实践哲学。子曰：“吾十有五，而志于学。三十而立，四十而不惑，五十而知天命，六十而耳顺，七十而从心所欲，不逾矩。”（《论语·为政》）是理论，亦是实践。

吕思勉在总论先秦子学特质时说：

> 万物生于宇宙之中，我亦万物之一，明乎宇宙及万物，则我之所以为我者，自无不明；而我之所以处我者，亦自无不当矣。古人殚心于宇宙论，盖以此也。①

人们都希望知道自己在宇宙中的定位，觉解生命应该是学术的真正使命。先秦学术传统是“言之必可行也”（《论语·子路》）的安身立命之方。

诸子所以说是政治学派的总称，是因为其各家的基本宗旨大都是为国君提供政治方略。儒家主张以德化民；道家主张无为而治；法家主张信赏必罚；墨家主张兼爱尚同；名家主张去尊偃兵。汉代以后，墨家和名家成为绝学，农家独立成一门技术性学科，阴阳家演化为神秘的方术。因此对后来大一统王朝政治产生影响的只有儒、道、法。

老子的自然哲学主张是“无中生有”，其渊源可能来自老子家族的天文学背景，因此老子能够对宇宙万物进行深入的哲学思考。老子的社会哲学主张是“人法自然”，由于自然是一种没有目的的存在过程，因此人法自然的具体化就只能是“无为”、“无欲”。墨子是一位活跃的思想家和政治家。墨子的思想可以追溯到大禹（工程师鼻祖，能吃苦耐劳），他的主要思想或政治主张有尚贤、尚同、兼爱、非攻、节用、节葬、天志、明鬼、非乐、非命、非儒。墨子强烈主张对社会管理结构进行改革，并明确指出上至天子、下至各级官吏，都应当由人民选择推荐产生，当国家遇到饥荒时则首先减少官吏的俸禄。

二、诸子命名与各家渊源

司马谈《论六家要旨》把诸子分六家：阴阳家、儒家、墨家、名家、法家、道家。《汉书·艺文志·诸子略》分诸子为九流十家，儒家、道家、

① 吕思勉：《先秦学术概论》，6页，北京：大百科全书出版社，1985。

阴阳家、法家、名家、墨家、纵横家、杂家、农家、小说家。虽为十家，“可观者九家而已”，小说家不计，仅得九家，杂家不能够家，只剩八家。九流衍为百家之学，虽支分派别，而皆出于“王官说”。

先秦诸子哲学的主要派别有：

1. 儒家

这是创立最早、影响较大的一个学派。孔子死后，“儒分为八”。其中孟轲和荀况为代表的两个派别最有影响。他们是一对论敌，在哲学上表现为唯心主义和唯物主义的对立和斗争。

2. 墨家

创始人是战国初年的墨翟。他的哲学中包含有非命尚力和尊天事鬼的矛盾。墨子死后，“墨离为三”。战国后期，墨家的一派克服了墨子学说中的宗教迷信成分，在唯物主义认识论、逻辑学以及自然科学的研究方面作出了较大贡献。

3. 道家

传统认为老子是其创始人。他提出了一个以“道”为核心的系统完整的宇宙观，既有唯物主义的内容，又有唯心主义的成分。庄子继承和发展了老子的哲学思想，通过相对主义走向怀疑论和不可知论。稷下道家则提出“精气”说，对老子的“道”作了唯物主义的解释。战国时期道家的一派还和名家、法家相结合，发展成为黄老之学，为后来的汉初统治者所推重。

4. 法家

其先驱为管仲、子产，真正奠基人是战国时期的李悝、商鞅、申不害等人。到战国末期，韩非集法家思想之大成，提出了法、术、势相结合的完整的法治理论。他继承了老子和荀况哲学中的合理因素，形成了自己的唯物主义体系。

5. 名家

这是战国时期专门讨论名实关系和概念同异、离合问题的一个学派，代表人物是惠施和公孙龙。他们对事物的同一性和差别性问题作了探讨，对古代逻辑学的发展作出了一定贡献。

6. 阴阳家

以邹衍为代表。他把本来具有朴素唯物主义因素的阴阳五行说加以神秘化，用五行生克的顺序来说明王朝的更替，提出“五德终始”说，为新兴封建政权的建立提供理论根据。除上述主要派别外，先秦诸子百家之学还有兵家、农家、纵横家、杂家等学派。

《六经》所以载道，诸子百家乃道之羽翼。班固说：“合其要归，亦六经之支与流裔。”诸子思想虽有短长，但若能“舍短取长，则可以通万方之略”（《汉书·艺文志》）。从学术渊源而言，诸子之学是从“六艺”中变化而来。班固说：

诸子十家，其可观者九家而已。皆起于王道既衰，诸侯力政，时君世主，好恶殊方，是以九家之术蜂起并作，各引一端，崇其所善，以此驰说，取合诸侯……今异家者各推其所长，穷知究虑，以明其指，虽有蔽短，合其要归，亦六经之支与流裔。(《汉书·艺文志》)

班固提出的王官之学，就是把“六艺”作为官学。中国古代政教合一，夏商周三代的王官之学，操纵学术，就历史承受来看，诸子之学应该出于王官。班固最早指出：“儒家之流，盖出于司徒之官。道家之流盖出于史官。阴阳家之流，盖出于义和之官。法家者流，盖出于理官……司徒之官宗师仲尼，掌礼乐教化，而儒家亦宗仲尼。两者职责、祖师相同。”（《汉书·艺文志》）老子的学说和他的职业不一定有关系，因为老子曾任周守藏室史，而认为道家学说源于史官，则甚为牵强。阴阳五行思想，见于《尚书·洪范》，民间早已流传，不一定出于义和之官。法家主治法，理官掌刑狱，法家和理官有相同处，理官可成为法家，但法家未必来自理官……盖古代之官，惟巫与史。[①] 巫，事鬼神；史，记人事。古人重祭祀，敬鬼神，史巫二职同源，且并重。巫、史二家，亦已包含各家思想矣。到东周末已是天子失官，礼崩乐坏，诸家之学兴起。孔子创立私学，整理“六艺”，包括小学六艺：礼、乐、射、御、书 、教。大学六艺则是诗、书、礼、乐、易、春秋，到汉代提升为六经。梁启超以为中国胚胎时期之文明，其握学术之关键者有二职：一曰祝，掌天事；二曰史，掌人事。[②]

《汉书·艺文志·诸子略》说九流中的儒家是“祖述尧舜，宪章文武，宗师仲尼”。班固所论阴阳家、法家、名家、墨家、纵横家等，都说由孔子的某一观点引申而阐发之，或说其合于孔子所传之六艺之教之一端。孔子问《礼》于老聃，由此而同道家。孔子学《易》以言阴阳，称孔子兼阴阳家。同理孔子兼法家、杂家等。说名家合孔子“正名”之旨；法家合于《易》之“明罚饬法”之义；阴阳家合于《书经》中羲和之“敬授民时”之义，

① 江瑔：《读子卮言》第四章“论诸子渊源”，台北：文海出版社，1986。

② 梁启超：《中国学术思想变迁之大势》，载梁启超：《中国近三百年学术史》，北京：东方出版社，1996。

如此等等。诸子百家各自从自己的立场出发，各执孔子学说之一端，企图以自己的一套学说和政治主张去整顿社会秩序。庄子曰：

天下大乱，圣贤不明，道德不一，天下多得一察焉以自好……天下之人各为其所欲焉以自为方。悲夫，百家往而反，必不合矣！后世之学者，不幸不见天地之纯，古人之大体，道术将为天下裂。(《庄子·天下篇》)

天下大乱之时，圣贤的学术主张不能彰显于世，道德的标准也不能求得划一，天下人大多凭借孔之见就自以为是炫耀于人。后代的学者实在是不幸，不能见到自然纯真之美和古人道术的全貌，道术也就势必受到诸家学派的分割与破坏。说明《诗》、《书》、《礼》、《乐》、《易》、《春秋》，不是儒家的专利品，而是诸子百家共同认定的学术源头。刘歆后来说“九流出于王官学”，是与这种说法相通的。班固《汉书·艺文志》论诸子也，亦云：“合其要归，亦六经之支与流裔。盖自夫子出，以天纵之圣，合天人，而切人事。故六经经其手删修而被推崇为经。如《易》本卜筮之书，自经夫子而为沟通天人之高深哲理书。亦可见古之巫，上通天事者，未尝不可下及人事也。”班固根据刘歆《七略》，而有九流十家之目：

儒家者流，盖出于司徒之官。道家者流，盖出于史官。阴阳家者流，盖出于羲和之官。法家者流，盖出于理官。名家者流，盖出于礼官。墨家者流，盖出于清庙之守。纵横家者流，盖出于行人之官。杂家者流，盖出于议官。农家者流，盖出于农稷之官。小说家者流，盖出于稗官。(《汉书·艺文志》)

班固提出的“诸子出于王官说”，六艺作为官学，具有极大的涵盖性。夏商周三代的王官之学，到东周末已是天子失官，礼崩乐坏，学术下移。孔子创立私学，整理编撰《诗》、《书》、《礼》、《乐》、《易》、《春秋》，继承了中华学术。所谓某家者流，盖即其学派的衍流也。此诸子出于王官之说所依据也。通常以九流十家中举其可观者九流而已，即是除了小说家以外。所谓出于某某之官，即指某家之王官。西周时代知识分子集中王室，当时政教不分，官师合一，官守其学，世袭相传。其后因政治社会之变迁，官失其守，私人设教之风盛行，知识学术遂流传于民间，不专在王室。《汉书·艺文志》不仅提出了诸子为“六经之支与流裔”的观念，而且强调诸子的起源是“出于王官”。这种诸子起源论多为后世学者所认同。它不仅是中国传统学术多元一体观念的理论基础，也是认可诸子学说价值的合理依据。因此，不管诸子出于王官的观点是否正确，只是强调这种观念便为承认了诸子学说的价值提供了可能。钱穆说："谓王官汉字学衰而诸子兴，可也；谓诸子之学一一皆出于王官，即不可也。"① 这种观点是通达而正确的。

清代章学诚提出诸子出自六艺（《六经》）之教，他说：

> 诸子之为书，其持之有故而言之成理者，必有得于道体之一端，而后乃能恣肆其说，以成一家之言也。所谓一端者，无非六艺之所该，故推之而皆得其所本，非谓诸子果能服六艺之教，而出辞必衷于是也。《老子》说本阴阳，《庄》、《列》寓言假象，《易》教也。邹衍侈言天地，关尹推衍无行，《书》教也。《管》、《商》法制，义存政典，《礼》教也。申、韩刑名，旨归赏罚，《春秋》教也。(《章学诚·易教》)

诸子之学，各有特色，即是以现实社会为对象，故多以济世安民为职志。② 诸子都上承《六艺》，与《诗》、《书》、《礼》、《乐》、《易》、《春秋》等原典有着密切关系，都是当时的显学。凡以玄想，或出世的思想，则非其主流。如以儒家言孔子之志在"修己以安百姓"，孟子在"保民而王"，荀子谓"非天之道，非地之道，人之所道也，君子之所道也"，都是以人类现实社会为所关怀的对象。又不论韩非子以法、术、势，行其霸王之术。墨子力主兼爱、非攻，以实现其天下太平的理想，都离不开济世安民的精神。这里说明先秦诸子对《六经》从不同的角度作出了反思和阐发。儒家侧重人伦政治；道家侧重天道思辨；墨家发扬《六经》的经验理性；阴阳五行将《六经》中的神道观念和鬼神观念发展了术数，而名家从名实关系反思《六经》。

章学诚是清代中期著名的思想家，他申述诸子出于王官论，并不是《汉书·艺文志》观点的简单重复，而是他"六经皆史"思想的一个引申，更进一步来讲，则是他"道在六经之外"的佐证。早在清初，顾炎武就提出了"经学即理学"的口号，至考据学兴起以后，戴震等人则更明确宣称"圣贤之道"具在《六经》，认为"盈天地间，凡涉著作之林，皆是史学"，提出"六经皆史"的主张，并认为"事变之出于后者，六经不能言"。正是在这种认识之下，章学诚重新看到了诸子的价值，不仅先秦诸子是"史之流别"，而且后世子书也是"通于史者什之九"；同时，诸子学说都是"六典之遗"，并能得"道体之一端"。

---

① 钱穆：《国学概论》，1页，北京：商务印书馆，2003。

② 梁启超：《先秦政治思想史》之《附录一》："我们的民族性是最重实际的。无论那一派的思想家，都以济世安民为职志，差不多一切议论，都归宿到政治。"北京：东方出版社，1996。

先秦诸子不仅继承了《六经》之说，也发展了《六经》，后来的法家吴起、商鞅、韩非等，从孔门高足学儒学，有所发明，有所创新，演变成法家、名家，在政治上大显身手。《周易》哲学包含的生命创新，天人合一的人生洞见与宇宙体察，都发展了《六经》，超越了《六经》。周秦诸子的精彩议论，充满取之不尽的智慧。孔子作为儒家思想的代表，他“也教礼、乐、射、御、书、数这六艺，六艺从哪里来？当然是从官府里来”，从这里，我们可以看出儒家与王官的联系，“古代的知识都是集中在官府的专家手中，并不是普遍于民间的，照古代的说法就是藏之于王官”①。

也有人说主张诸子百家，一是出于救时之弊，盖因应时代所需而出。一是出于前有所承，当由王官之推衍流变而出。吕思勉以为：“先秦诸子虽曰救时之弊而起，然其说必有所本。一为探求其本，而其说之由来，与其得失，概可见焉。”② 这是一种折衷的说法。

三、诸子蜂起与百家争鸣

春秋战国时代，是我国古代社会大动荡、大变革、风云变幻的时期。各诸侯国的阶级关系不断出现新变化，不同的阶级与阶层的代表人物云集，于是“诸子百家”便应运而生。“诸子”，是指这一时期思想领域内反映各阶层、阶层利益的思想家及著作，也是先秦至汉各种政治学派的总称，属春秋后才产生的私学。“百家”表明当时思想家较多，但也是一种夸张的说法。主要人物有孔子、孟子、墨子、荀子、老子、庄子、列子、韩非子、商鞅、申不害、许行、告子、杨子、公孙龙子、惠子、孙武、孙膑、张仪、苏秦、田骈、慎子、尹文、邹衍、吕不韦等。百家争鸣，反映出群星璀璨的各种不同学说流派互相争辩的异常活跃局面，其灿烂、其多彩，在我国学术史上、文化史上、思想史上写下了光彩夺目的一页！

经史子集四部之学，分为两部分，先有经史，属于官学；子集后起，属于百家之言。王官学是政府贵族学术，百家言是社会平民学术。孔子不仅是儒家开山之祖，与九流十家也有密切关系。所谓“上承六艺，下开九流”，说明之。自来诸子之学，号为极盛。其分门别派，也不一其例。如说名家源于孔子“正名”，从名实关系反思《六经》；法家合于《易》之“明罚饬法”之义；阴阳家合于《书经》中羲和之“敬授民时”之义，将《六经》

---

① 牟宗三：《中国哲学十九讲》，上海：上海古籍出版社，1997。

② 吕思勉：《先秦史》，第15章第5节，见《先秦诸子》，台湾：开明书店，1977。

中神道观念和鬼神观念发展为术数；纵横家合于孔子“虽小道必有可观”之义；道家合于“《易》之谦谦”之义，侧重天道思辨；墨家发扬《六经》的经验理性，兼采谋略和功利主义。

诸子百家首推道家，“道家者流，盖出于史官，历记成败存亡祸福古今之道，然后知秉要执本，清虚以自守，卑弱以自持，此君人南面之术也”(《汉书·艺文志》)。此为道家学说的核心。道家的创始人是老子，《史记》云：老子著书五千余言，与今书字书大略相同。《老子》具有丰富的朴素的辩证法思想，这是老学的精髓。

道家分为两派，庄子认为“道”是无限的，“自本自根”、“无所不在”，强调事物的自生自化，否认有神的主宰。庄子注意自然的变化，“无动而不变，无时而不移”（《秋水》)，天地无时不在变化之中，人处在这变化之中，不必拘守某些认为的规律，而应该顺应自然的变化，获得逍遥自在。老子注意到从自然变化中寻找其常然必然的轨迹，以求自处之道。从自然日月昼夜及四时演变看出变化轨迹是循环的。以此推到人世上的生死、有无、多少、富贵、贫贱、强弱、大小、尊卑的变化也是顺着循环的轨迹。人世变化的历程到某个极限，其结果必然是下坠。于是适应自然之道是不走到极限，以免颠坠。

由老子、荀子演变出韩非，成为偏激的法家，法家把握人类心灵的弱点，为某些权贵谋利。司马谈云：“法家不别亲疏，不殊贵贱，一断于法，则亲亲尊尊之恩绝矣，可以行一时之计，不可长用也。”(《论六家要旨》)

儒家作为一个学派，形成于春秋之鲁。儒家文化起源于上古的巫官文化。在上古，巫、祝、卜、宗都讲天人之际，而且是以沟通天人之际为己任。有记载：“仲尼曰：‘吾闻之，天子失官，学在四夷’。”（《左传·昭公十七年》）从三代文化繁荣昌盛，巫史守在王官之学，到学术下移，他们就抱着典籍向民间求生。儒家代表人物孔丘，“儒家者流，盖出于司徒之官，助人君顺阴阳、明教化者也”（《汉书·艺文志》)。政治上主张以“德”、“礼”治国，思想上竭力提倡以“仁”为最高的道德标准，在天道上相信天命，认为：“君子有三畏：畏天命、畏大人、畏圣人之言”，行动上却不多谈天道，不语怪、力、乱、神。在教育思想上，主张“君子以学致其道”(《论语·子张》)，将德行、言语、政事、文学作为四种教育科目，下设礼、乐、射、御、书、数等课程。

儒家也分为两派，各以孟子和荀子为代表。孟子比较注重古代，法先王，近理想主义。孟子主张“民为贵，社稷次之，君为轻”，“尊先王之法”，以实现“仁政”、“王道”。他认为人都有良知，具有仁、义、礼、智“四端”。要“养浩然之气”，以培养最高境界的精神状态。荀子比较注重现代，法后王，近现实主义。荀子反对天命、鬼神之说，认为天是自然的天，“天行有常，不为尧存，不为桀亡”，提出“制天命以用之”的人定胜天的思想。与孟子相反，提出“性恶论”。荀子不同于孟子，就在于他讲现代要探本于古代，讲现实要归宿到理想。

儒家是人文学派，道家是自然学派。儒道两家精神不同：儒家精神能提起，重有用之用，人生在于有为，要“兼善天下”，对天地、祖宗、圣贤、历史负责，要“鞠躬尽瘁，死而后已”。道家精神能放下，重无用之用，人生在于无为，无为的目的要“独善其身”、“帝王不得臣”，或逍遥于太虚。或如鱼“相忘于江湖”，无牵无累，尽其天年。儒家注重舍己为人，要挑起担子，永不休止。道家注重养生保身，要放下担子，求解脱轻松。这两者思想一紧一松，一进一退，相辅相成，彼此调剂，使整个中国文化富有弹性。两派有一个共同长处，就是都能以极高的智慧深入透视人心人性的精微。儒家据以建立中国道德理论，道家据以引发中国艺术精神。

继儒家而起的是墨家，由墨翟倡导。春秋战国时期，殊俗异政，百家云兴，诸子学派先后迭出，盛极一时。百家中儒家最先，秦汉以后，儒家学说与六经典籍逐渐定于一尊。墨家接受了传统的宗教信仰，认为天是有意志的，天和鬼神主宰着自然界和社会的一切。墨子的学术和儒家对立，对儒家持批评的态度。墨家以自苦为乐，致面目黧黑，垢面囚首，形容枯槁。道家承儒、墨而起，创设于老庄，从观察自然入手，注意人文范围之外，把人的智慧范围扩大。战国以后，墨家衰败，全部中国思想成为儒道两家盛衰更迭的局面。而其他诸子学说则渐趋消歇，甚至背上了异端的罪名。邢昺在《论语疏》中说：“异端，诸子百家之书也。”出于对儒家经典的维护，诸子百家历遭后人拒斥，这种趋势在理学形成以后尤其明显。理学家信服孟子所言“能言距杨墨者，圣人之徒也”的教诲，讲究学术“正统”，辟“异端”。

阴阳家是流行于战国末期到汉初的一个学派，齐人邹衍是代表人物。邹衍的阴阳家思想表现在将自古以来的数术思想与阴阳五行学说相结合。阴阳是古人对宇宙万物两种相反相成的性质的一种抽象，也是宇宙对立统一及思维法则的哲学范畴。中国贤哲拈出“阴阳”二字，来表示万物两两对应、相反相成的对立统一，即《老子》所谓“万物负阴而抱阳”、《易传》所谓“一阴一阳之谓道”。阴阳学说的基本内容可用“对立，互根，消长，转化”

八字概括之。《尚书·洪范》“五行：一曰水，二曰火，三曰木，四曰金，五曰土。”古人认为，宇宙万物就是由这五种基本物质构成的。它也是关于宇宙社会属性及其变化规律的范畴系统。五行的“行”字，有“运行”之意，故五行中包含着一个非常重要的观念，便是变动运转的观念，也就是“相生”与“相克”。

惠施、公孙龙之名家，其哲学主张为“合异同，离坚白”。由于他们的信徒提出过“白马非马”的观点，所以后人称之为名家，也就是诡辩家。（参阅第九章：名家）名家政治上反对战争，主张偃兵。

法家先驱是李悝，后有吴起、邓析，代表人物是商鞅、韩非子，最后集大成者是韩非子。（参见第五章：法家）为适应秦国统一的需要，他特别强调在统治阶级上层必须宣传法家思想，主张禁私学，镇压儒生。他说：“夫卑名危位者，必下之不从法令，有二心私学，反逆世者也；而不禁其行，不破其群以散其党，又从而尊之，用事者过矣。”（《韩非子·诡使》）韩非子的观点、见解，对封建主义中央集权制的完善有着重要的政治意义。

清初，理学家李光地、熊赐履和陆世仪等人都明确排斥子学。李光地赞赏孟子辟杨墨，他说：“杨墨被指着病痛深切处，曰无父无君，是禽兽也，故其书遂无传。”① 熊赐履著《学统》，则更将诸子之言归为“异统”。李光地等人的口吻完全是剿袭旧说，乏善可陈，而且这些道学家面目的流风余韵已经是明日黄花。

乾嘉考据学兴起以后，学者虽然没有一反理学家驳斥诸子百家的态度而提倡子学，但出于以子证经的需要，子学逐渐成为清儒治学的一个辅助领域，成为乾嘉通儒研究中必然要涉及的一部分。著名考据学家孙星衍在策问士子时就明确要求应试者“诸子之学亦宜涉猎”②。张之洞在《輶轩语》中也说：“大抵天地间人情、物理，下至猥琐纤末之事，经、史所不能尽者，子部无不有之。其趣妙处，较之经、史，尤易引人入胜。故不读诸子，不知瓦砾、糠秕无非至道；不读子，不知文章之面目变化百出，莫可端倪也。此其益人，又在于表里经、史之外者矣。”③ 孙星衍和张之洞的说法基本上反映了清代一般学者对子学的态度，其间虽有高下出入，但都没有像理学家那样一股脑儿地将子学视为洪水猛兽般的“异端”。

---

① 李光地：《榕村语录》卷二十《道释》，北京：中华书局，1995。
② 《岱南阁集》卷一《观风试士策问五条》，北京：中华书局，1996。
③ 《輶轩语》，见《张之洞全集》，第十二册，石家庄：河北人民出版社，1998。

四、诸子思想差异之原因

关于对诸子百家的派别归类，司马谈列举了六家，“乃论六家之要指曰：易大传：‘天下一致而百虑，同归而殊途。’夫阴阳、儒、墨、名、法、道德，此务为治者也”（《史记·太史公自序》）。《汉书·艺文志》中的刘歆《七略》的诸子略分为十家：儒、道、阴阳、法、名、墨、纵横、杂、农、小说。除去小说家不谈，所以称“九流十家”。

由于春秋战国时期的分裂局面，各个学派在建立时大都有一定的地域性，如邹鲁（山东曲阜）是儒、墨的发祥地；三晋（山西翼城）是法家的温床；南方是道家的摇篮；而燕、齐（河北北部、山东临淄）是阴阳家的诞生地。

先秦诸子学派的兴起，是阶级斗争在思想领域中的反映。统一之国，道定一尊；王官之学，世守其职；及乎周衰，天下分裂；盖思想之分合恒与政治之分合成正比。故主官之学散而为私家之传，从此思想由一元趋向于多元，庄子称之为“道术将为天下裂”。而所谓“海阔凭鱼跃，天高任鸟飞”，盖呈千岩竞秀、万壑争流之观。学术思想乃能脱离原有之窠臼，而呈自由之状态。

儒家代表没落地主阶级利益，守中庸，尊名分，重孝悌，行仁义。法家为新兴地主阶级势力代言人，行变法，主耕战，努力进取，反对先圣先王，与儒家对立。墨家站在黎民群众尤其是手工业者的立场之上，提倡舍己为人、抑强扶弱，反对儒家靡费民财，讲究繁琐的礼。可见儒家与墨家、法家等的差异和分歧。

先秦诸子各有不同的思维方式、心理架构和价值系统，思想差异是普遍存在的。但它们相互颉颃、相互刺激、相互吸收，成为中国学术文化的主流。如儒道两家的主要表现：

1. 阳刚与阴柔

儒家是“天行健，君子以自强不息”（《周易大传》）。孔子赞扬“刚毅”，他的学生曾参提倡“弘毅”，体现出一种刚健有为、奋进不止的精神。而道家要清心寡欲，见素抱朴，是纯任自然，泯灭主题能力，用“以柔克刚”的办法制胜。

2. 进取与退守

儒家的人生态度是积极进取的、入世的。为实现人生理想，要“无求生以害仁，有杀身以成仁”（《论语·卫灵公》）。儒家的生活准则是“非礼勿视，非礼勿听，非礼勿言，非礼勿动”（《论语·颜渊》）。道家则睥睨万物，“以死生为一条，以可不可为一贯者，解其桎梏”（《庄子·德充符》）。他们“游乎尘垢之外”（《庄子·齐物论》），要做超脱人世的圣人、神人、真人，要居于世外桃源。

3. **庙堂与山林**

儒家在政治进取上，倾心庙堂，想参政，要做官。孟子曰：“如欲平治天下，当今之世，舍我其谁也?”（《孟子·公孙丑》）道家则钟情于山林，“淡化当官心理”，认为蟒袍加身是自然本性的丧失。庄子认为，从政当官之事，类似于“络马首，穿牛鼻”，败坏人心，违背天性。在道家看来，山林与庙堂比较，山林更便于当隐士。

4. **群体与个体**

儒家注重、协调人际关系，要使个体融入群体，以保持群体的和谐统一，维护群体的利益。理学家的“理一分殊”，就是要维护群体利益，抑制个人欲望。道家则看重个人生命的存在和人性自然的维护，他们鄙弃物欲，诋毁文明，摆脱其对人性自然的束缚。为个人价值的实现，保持独立人格。

5. **恒常与变动**

儒家对现实人生的意义持充分肯定的态度。他们看到的社会是“百王之无变，足以为道贯”（《荀子·天论》），是“天不变，道亦不变”（《汉书·董仲舒传》），最终是“为万世开太平”。道家眼中的事物都是变动不居的，没有质的稳定性。庄子慨叹：“人生天地之间，若白驹过郤，忽然而已……已而化生，又化而死”（《庄子·知北游》）。

6. **肯定与否定**

儒家是用肯定的方法，确认现实社会和人生的价值，追求自己的理想，肯定立德、立功、立言“三不朽”的事业。道家则寻求安身立命之道，他们的思维方式是“以反求正”，知雄守雌，主静贵柔，修养保身。老子说：“大道废，有仁义”（《老子·18章》）。通过对仁、义、礼的否定，肯定自己所向往的“道”的社会和人生境界。可以见出，中国文化两大主干儒道两家思想，无论是人生哲学、心理状态，还是思维方式，都有明显的不同。

诸子百家的许多思想给后代留下了深刻的启示。如儒家的“仁政”、“己所不欲，勿施于人”的“恕道”；孟子的古代民主思想；道家的辩证法；墨家的科学思想；法家的唯物思想；兵家的军事思想等，在今天依然闪烁光芒。便是那“诡辩”的名家，也开创了中国哲学史上的逻辑学领域。我们可以，也应该借鉴儒家的刚健有为精神，来激励自己发愤图强；借鉴儒家的公忠为国精神，来培育自己的爱国情怀；借鉴儒家的“以义制利”精神，来启示自己正确对待物质利益；借鉴儒家的仁爱精神，来培育自己热爱人民的高尚情操；借鉴儒家的气节观念，来培育自己的自尊、自强的独立人格；也借鉴墨家的“兼爱”、“尚贤”、“节用”，道家的“少私寡欲”、“道法自然”；法家的“废私立公”等等思想。玄学是魏晋时期的主要哲学思潮，是道家和儒家融合而出现的一种文化思潮，也可以说是道家之学以一种新的表现方式，故又有新道家之称。杂家，列于诸子中，是很鲜明的一派，因为它是战国末至汉初兼采各家之学的综合学派。《汉书·艺文志·诸子略》将其列为九流之一。杂家的特点是“采儒墨之善，撮名法之要”。杂家虽只是集合众说，兼收并蓄，然而通过采集各家言论，贯彻其政治意图和学术主张，所以也可称为一家。小说家，是先秦与西汉杂记民间故事的学派。

学派之间的差异，造成彼此的争论、批评，并非意气用事、泄私愤，而是友善地提出派别的“见”与“蔽”，可以说是“胜者不失其所守，不胜者得其所求”。学术差异和论争，促进了学术繁荣，也体现了学派与学派之间的相容与影响。如孔子问学老子，可以想到儒家与道家在思想上的联系。老子的“人法地，地法天，天法道，道法自然”的自然的天道观，对荀子、韩非子有重要的启迪。墨子曾“学儒者之业，受孔子之术”，可见墨家思想也包含儒家思想。

国学绵延五千年，今经 2 500 多年之磅礴郁积，集合先民长久累积之知识、经验与智能，而达学术文化之成熟期。《四库全书总目》说：“自六经以外，立说者皆子书也。”诸子书作为“入道见志之书”，其意义不同一般。《四库全书》所勾画的学术体系是以经学为内核、诸子为羽翼的多元一体的学术系统，所谓：“九家虽殊涂，而同归于六经，虽百虑而一致于六经。”早在《汉书·艺文志》在评论诸子时，指出诸子之论“其言虽殊，辟尤水火，相灭亦相生也……相反而皆相成也”，“合其要归，亦六经之支与流裔”。《四库全书》继承了这种多元一体的学术特征。《子部总序》中说：“夫学者研理于经，可以正天下之是非，征事于史，可以明古今之成败，余皆杂学也。然儒家本六艺之支流，虽其间依草附木，不能免门户之私，而数大儒明道立言，炳然具在，要可以与经史旁参。其余虽真伪相杂，醇疵互见，然凡能自鸣一家者，必有一节之足以自立，即其不合于圣人者，存之亦可为鉴戒。‘虽有丝麻，无弃菅蒯’，‘狂夫之言，圣人择焉’，在博收而慎取之尔。”①

私人讲学风气之盛行也是诸子思想差异的原因之一。士（知识分子）流传民间，恃其知识谋生，学术因而广布大众。教育视前普及，且渐趋于专业化。孔子弟子三千，孟子后车数十乘，许行之徒数十人。墨家的学派有严密组织，是个带宗教性质的学术团体。墨子之钜子遍于宋郑之间，人才之蔚茂，称盛一时。盖有一主义于此，一人倡导其端，而百人和之，又为之推波而助浪，日日扬其芬华，夫安得不昌明呢！墨子与儒家并称为“显学”，正是私人讲学风气之盛行之结果。

新旧社会制度交替之际，新生的地主阶级需要人才（知识分子），为统治阶级服务。凡有一技之长，皆可以一展布其才，以效力于当世。况白衣可以为卿相，楚材晋用之风盛行，于是士无不尽力以求表现。如《史记·田敬仲完世家》说齐威王用学者邹忌子为相。还如申不害以郑人而为韩相，商鞅以魏人而跻身于秦相，苏秦以周人挂六国相印。吴起以魏人曾任鲁、齐之将，张仪以魏人历相秦、楚二国，范雎虽魏人亦高居秦相之位；皆其显例也。诸子思想差异之原因，还在于在新旧社会交替时，统治阶级还不能完全控制住士（知识分子），他们有特别的言论自由，还不能对知识分子言论行动限制和束缚的那么严格。在这个交替阶段，环境相对宽松，氛围自由，各种主张、各色观点、各个学派可以毫无拘束、毫无顾忌地登台表演，促使了各种学说、各个学派的蜂起和发展。

① 《四库全书总目》卷九十一《子部总序》，北京：中华书局，1997。

第十六章 集 学

“集部”收历代作家的散文、骈文、诗、词、散曲集子和文学评论、戏曲著作等。《四库全书》分为楚辞、别集、总集、诗文评、词曲等五类。中国诗文的发展，有两大源头：一是春秋时代流行于黄河的《诗经》；二是稍晚的战国时代，流行于长江流域的《楚辞》，两种文体对后世都有很深的影响。《楚辞》在中国文学史上占有极其重要的地位。两汉是《楚辞》研究的开创时期。上承秦火之余，重点在于搜集、整理和著录楚辞作品。而《楚辞》在体制、词汇和用韵方面都与《诗经》有相当大的不同，所以不称之为诗，而称之为“辞”。《诗经》作为中国第一部诗歌总集，是春秋后期孔子编订的。而刘安撰有《离骚传》，成为中国学术史上研究屈原作品并写下专著的第一人。《诗经》包括各地方的民歌、乐调，分风、雅、颂三类乐歌。《楚辞》是楚人所作，用楚声，记载楚地的名物山水，运用一种新诗体，所以用其地域称为“楚辞”。《诗经》中的“风”有十五国风，“风”是各地方的乐调，产生的地区包括陕西、山西、河南、河北、山东、湖北北部等地。大雅与小雅其中一部分也是民歌。“颂”是宗庙祭祀乐歌，诗歌、音乐、舞蹈三结合。《诗经》除了具有重要的文学价值，还具有社会史料和文化史料价值。楚辞是在楚国民歌的基础上经过加工、提炼而发展起来的，有着浓郁的地方特色。由于地理、语言环境的差异，楚国一带自古就有它独特的地方音乐，古称南风、南音；也有它独特的土风歌谣，如《说苑》中记载的《楚人歌》、《越人歌》、《沧浪歌》；更重要的是楚国有悠久的历史，楚地巫风盛行，楚人以歌舞娱神，使神话大量保存，诗歌音乐迅速发展，使楚地民歌中充满了原始的宗教气氛。楚辞又是南方楚国文化和北方中原文化相结合的产物。春秋战国以后，一向被称为荆蛮的楚国日益强大。它在问鼎中原、争霸诸侯的过程中与北方各国频繁接触，促进了南北文化的广泛交流，楚国也受到北方中原文化的深刻影响。正是这种南北文化的汇合，孕育了屈原这样伟大的诗人和《楚辞》这样异彩纷呈的伟大诗篇。梁启超曾说过："吾以为凡为中国人者，须获有欣赏楚辞之能力，乃为不虚生此国。"①

一、《楚辞》

《楚辞》在中国诗史上占有重要的地位。它的出现，打破了《诗经》以后两三个世纪的沉寂而在诗坛上大放异彩 。后人也因此将《诗经》与《楚辞》并称为风、骚。风指十五国风，代表《诗经》，充满着现实主义精神；骚指《离骚》，代表《楚辞》，充满着浪漫主义气息。风、骚成为中国古典诗歌现实主义和浪漫主义的创作的两大流派。历代学者对它作了许多辑集、考订、注释和评论工作，写下大量论著。

《楚辞》指文体而言，至于《楚辞》一书之编辑，成书则始于刘向。他以屈原、宋玉的作品为主，加上西汉文人模仿的作品。据《四库全书总目提要》说：

> 裒屈、宋诸赋，定名《楚辞》，自刘向始也。

"楚辞"命名，有一定的意义。它包括三种含义，首先是指战国末年在南方民歌基础上创造的楚地的诗歌；其次是指王逸《楚辞章句》中所收的全部作品；同时，它还指一种特定的文体。

在《楚辞》初本的16卷中，屈原的作品占绝大部分，共收他的诗作8卷20余篇。包括《离骚》、《九歌》（11篇）、《天向》、《九章》（9篇）、《远游》、《卜居》、《渔父》、《招魂》等。其他8卷是宋玉的《九辩》、景差的《大招》，及汉代贾谊的《惜誓》、淮南小山的《招隐士》、东方朔的《七谏》、严忌的《哀时命》、王褒的《九怀》、刘向的《九叹》等。可见，《楚辞》成书时已经不仅仅是屈原的作品，还包括了其他人的一些作品。他们或模仿屈原，或以屈原为歌咏对象。屈原是楚辞体的开山鼻祖。其体制、词汇、用韵均有异于《诗经》，不曰诗而曰辞；又为楚人之作，用楚声，载楚之名物山川，故为《楚辞》。《诗经》十五国风中虽没有楚风，但已出现南方地名，也可算为楚声的先驱，但诗风仍是歌谣体。楚国所特有的南方韵文则称为"辞"，故称"楚辞"。"辞"即文词之意，故也写作楚词。从此楚辞既是一部诗歌总集的名称，也是一种文学体制的名称。屈原的作品，并不全称"楚辞"，只是"楚辞"中最辉煌的一部分。"楚辞"一名，首见于《史记》：

---

① 梁启超：《要籍解题及其读法》，载《梁启超集》，北京：中国社会科学出版社，1995。

朱买臣，会稽人也。读《春秋》。庄助使人言买臣，买臣以楚辞与助俱幸，侍中，为太中大夫，用事。(《史记·酷吏列传》)

“楚辞”的内容包括的作品很广，《四库全书总目》说：“初，刘向裒集屈原《离骚》、《九歌》、《天问》、《九章》……而各为之注。”其中精华的部分为屈原、宋玉所作。如《离骚》、《九歌》、《天问》、《九章》都是屈原所作。司马迁撰《史记》，不仅亲临屈原自沉的汨罗江，凭吊遗迹，访察行事，更研读了《怀沙》、《渔父》、《离骚》、《天问》、《招魂》、《哀郢》等诗篇，写出了第一篇记述屈原生平事迹和描写屈原人格精神的《屈原列传》。

楚辞的特征，包括用词的特征，楚国的宗教，南方的音乐人格特质等。宋代黄伯思在《校定楚辞序》中概括说：“盖屈宋诸骚，皆书楚语，作楚声，记楚地，名楚物，顾可谓之‘楚辞’。”这一说法是正确的。除此以外，《楚辞》中屈、宋作品所涉及的历史传说、神话故事、风俗习尚以及所使用的艺术手段、浓郁的抒情风格，无不带有鲜明楚文化色彩。这是楚辞的基本特征，它们是与中原文化交相辉映的楚文化的重要组成部分。

《楚辞》与《诗经》的区别表现在：产生的时代与环境不同；就作者而言，《楚辞》大多是贵族诗人；就风格而言，《楚辞》有鲜明的南方色彩，想象丰富，幻想浪漫；就篇章、词句而言，《楚辞》多用南方歌谣的形式和韵律，使用“兮”预期词，使用长句和骈句，赋予浪漫唯美的情感。《楚辞》的主要篇章有：《离骚》、《九歌》、《天问》、《九章》等。

东汉末王逸著有《楚辞章句》17卷，内容包括训诂、校勘、释义、考史、评文等各个方面，是今存最早一部完整的《楚辞》研究专著。王逸是经学家，特别重视训诂，所以，《楚辞章句》之价值就在这里。《四库全书总目提要》云：

逸注虽不甚详赅，而去古未远，多传先儒之训诂，故李善《文选》注全用其文。

《楚辞章句》可谓目前存书中最古的《楚辞》注本，在保存东汉以前的《楚辞》注释上，其功劳不可磨灭。

二、别集、总集

1. 别集

“别集”者，一家之所著述，亦即个人诗文集，而非经史传注、考订、义理之作，凡是一家所为诗文词曲，无论有韵无韵，成集者皆可自命名，而统称为别集。

晋陆机（261—303）撰《陆机集》。陆机，西晋文学家，字士衡，吴郡吴（今江苏省苏州）人，曾任平原内史，世称“陆平原”。与其弟陆云合称“二陆”。祖陆逊是东吴丞相，父陆抗是东吴大司马。陆抗去世时，陆机14岁，即与其弟兄分领父兵，为牙门将。20岁时，吴灭，与其弟陆云退居旧里，闭门勤读。

晋陶潜（365—427）撰《陶渊明集》。陶渊明是东晋诗人，世称靖节先生，曾任彭泽县令，但只做了80多天，便以“不为五斗米折腰”而毅然归隐，躬耕自资。以诗酒为乐，隐居20余年。《陶渊明集》一书，共收录诗文辞赋等作品142篇。其中诗以五言为主，主要作品有《读山海经》、《咏荆轲》、《归园田居》、《饮酒》、《杂诗》等，具有清新的风格和恬淡的意境。另有北周庾信撰《庾子山集》（又名《庾开府集》）等。

而别集的名称是东汉后所创设的，至于别集演进之过程，《四库全书总目提要》云：

集始于东汉，荀况诸集，后人追题也。其自制名者，则始张融《玉海集》。其区分部帙，则江淹有《前集》，有《后集》。梁武帝有《诗赋集》、有《文集》、有《别集》。梁元帝有《集》、有《小集》。谢朓有《集》、有《逸集》，与王筠之一官一集，沈约之《正集》百卷，又别选《集略》三十卷者，其体例均始于齐梁。盖集之盛，自是始也、唐宋以后，名目益繁。

《司马文园集》别集，汉魏六朝司马相如撰。司马相如（公元前179—公元前117），西汉辞赋家，字长卿，蜀郡成都（今属四川）人。景帝时为武骑常侍，因病免。至梁，从枚乘等游。工辞赋，所作《子虚赋》为武帝所赏识，因得召见，又作《上林赋》，武帝用为郎。还如《大人赋》（美人赋），散文有《喻巴蜀檄》、《难蜀父老》、《上书谏猎》、《封禅文》四篇等。曾奉使西南，后为孝文园令。其赋富于文采，描写帝王苑囿之盛，田猎之乐，极尽铺张之能事，于篇末则寄寓讽谏。原集已散佚，明人辑有《司马文园集》。

蔡邕撰《蔡中郎集》。蔡邕（132—192），字伯喈，陈留圉（今河南杞县）人，拜任中郎将。其文典雅清正，多骈词偶句，其赋多为短篇咏物之作，以体物精细为特点，反映汉末文风的转变。其碑铭文颇负盛名。今较好辑本是清聊城杨氏《海源阁丛书》，分10卷，外记1卷，外集4卷，《四库备要》以此本排印。

曹植撰《曹子建集》：魏曹植（192—232）撰，字子建，沛国谯（今安徽亳县）人。曾封陈王，死后谥思，故称陈思王。才思敏捷，为曹操第三子。早期的诗歌表现政治抱负，向往建立功业，后期的诗歌揭露曹丕等人的残酷，也表现出对自由的渴望。《诗品》说他“骨气奇高，词采华茂”。他吸取民歌中清新、流丽、质朴、自然的气质，加以创造发展，形成“文采缤纷而不离闾里歌谣之质”① 的艺术风格。

王勃撰《王子安集》。王勃（647—675），唐代诗人，字子安。绛州龙门（今山西河津）人。王勃与杨炯、卢照邻、骆宾王以诗文齐名，并称“王杨卢骆”，亦称“初唐四杰”。王勃的祖父王通是隋末著名学者，号文中子。父亲王福历任太常博士、雍州司功等职。王勃才华早露，未成年即被司刑太常伯刘祥道赞为神童，向朝廷表荐，对策高第，授朝散郎。乾封初（666）为沛王李贤征王府侍读，两年后因戏为《檄英王鸡》文，被高宗怒逐出府。随即出游巴蜀。咸亨三年（672）补虢州参军，因擅杀官奴当诛，遇赦除名。其父亦受累贬为交趾令。上元二年（675）或三年（676），王勃南下探亲，渡海溺水，惊悸而死。

陈子昂撰《陈子昂集》。陈子昂（约 659—700），唐代文学家。字伯玉，梓州射洪（今属四川）人。因曾任右拾遗，后世称为陈拾遗。陈子昂青少年时家庭较富裕，轻财好施，慷慨任侠。成年后始发愤攻读，博览群书，擅长写作。同时关心国事，要求在政治上有所建树。24 岁时举进士，官麟台正字，后升右拾遗，直言敢谏。时武则天当政，信用酷吏，滥杀无辜。他不畏迫害，屡次上书谏诤。武则天计划开凿蜀山经雅州道攻击生羌族，他又上书反对，主张与民休息。

李白撰《李太白全集》。李白（701—762），字太白，自号青莲居士，祖籍陇西成纪（今甘肃省天水市附近）。在武则天称帝的大足元年，李白出生于安西都护府所统辖的碎叶城（今吉尔吉斯斯坦境内的托克马克）一个富有的家庭，他的父亲可能是一个富商。宝应元年（762），李白到当涂投靠族叔李阳冰，十一月病逝，享年 62 岁。李阳冰将他的作品编成《草堂集》十卷，可惜没有流传下来。李白做诗，主张复古，反对绮靡，擅长乐府、五言、七言歌行及绝句。诗风旷达豪放、清新浪漫，才华横溢，被誉为诗仙。

另有唐孟浩然撰《孟浩然集》；王维撰《王右丞集》；杜甫撰《杜工部

① 黄侃：《诗品义疏》，载《黄侃论学杂著》，上海：上海古籍出版社，1980。

诗集》等，以及高适、岑参、韦应物、韩愈等的别集。

历朝历代都有别集。因为它能集合一家之作品，内容比较齐全，对于观赏作品或研究作家之生平思想，起到积极作用。对于保存文学作品和相关史料，也有很大的贡献。不足的是这种编辑成册的各家文集，往往是一家之言，或多种体裁，多种内容混杂在一起，良莠不齐。编辑没有一定收集标准，一些学术性或非文学性的杂文亦全罗列，对学术研究或许有用，而另一些杂记或无用的作品也编辑在内，使作品数量庞大，对文学欣赏者则为多余。有的没有编目，常感应用不便。

2. **总集**

总集者，编辑世家诗文而成集者，称为总集。如《诗经》是我国第一部诗歌总集。总集的编录，因历代文集多散乱而无条理者，亦多为了研读方便、汇录多人之诗文为一集，称总集，有别于个人之别集。司马迁最早提出"删诗说"，以为商周本来有 3 000 多首诗，经孔子删除，剩下 305 首，一般称诗三百。总集的名称出现在六朝，是阮孝绪提出的。孝绪曰："文集录第三曰总集部，16 种；第四曰杂文部，二首 73 种。两部并开计 289 种。"(《七录·序自》)

把两部合为总集一类，自六朝以后唐、宋、元、明诸史的《经籍志》或《艺文志》相继采用，于是编辑多家诗文而成集，广为流行至今。《四库全书总目提要》云：

> 《三百篇》既列为经，王逸所裒又仅《楚辞》一家，故体例所成，以挚虞《流别》为始。其书虽佚，其论尚散见《艺文类聚》中，盖分体编录者也。

《乐府诗集》是一部专收汉代以迄唐五代乐府诗的诗歌总集，也编入部分汉以前传说的古歌辞。今天我们所能看到的最早的乐府诗总集，就是郭茂倩的《乐府诗集》。《四库全书总目提要》称"《建炎以来系年要录》载茂倩为侍读学士郭裒之孙，源中之子，其仕履未详"。他是浑州须城（今山东东平）人，《乐府诗集》上署为太原郭茂倩，是以通例指郡望而言。其他生平事迹均不详。可以说是《乐府诗集》这一书使得他的声名千古不朽。

《乐府诗集》共 100 卷，是一部卷帙浩大、极有价值的乐府诗研究要籍。它搜录宏富，分类精当。全书凡郊庙歌辞 12 卷，燕射歌辞 3 卷，鼓吹曲辞 5 卷，横吹曲辞 5 卷，相和歌辞 18 卷，清商曲辞 8 卷，舞曲歌辞 5 卷，琴曲歌辞 4 卷，杂曲歌辞 18 卷，近代曲辞 4 卷，杂歌谣辞 7 卷，新乐府辞

11卷。将五代以前的乐府诗要而不烦、比较恰当地分为12类加以著录，不仅收录了郊庙之类的贵族乐歌，而且大量收录民间歌辞，如南北朝的乐府民歌都是靠了《乐府诗集》而得以流传至今。虽然民间歌辞在《乐府诗集》中仅占全部歌辞的十分之一左右，但在诗歌史上毕竟是一份难得的珍贵遗产。

可见总集之作，从《诗经》开始，接着是《楚辞》。而《诗》列为经部，《楚辞》又别列一家，不在总集之内。挚虞编选杰出作品，删除芜乱篇章，自辞赋以下，各为条贯，合编为文学理论专著《文章流别集》41卷。后人把《流别集》中所作各种体裁文章的评论，集中摘出即成为专论。《文章流别论》是关于各种文体的性质，论到的文体有颂、赋、诗、七、箴、铭、诔、哀辞、哀策、对问、碑铭等11种，但也旁及文章的作用和文章的评价。文中发挥了儒家传统的文艺思想，强调文章的人伦与王泽的教化作用，主张诗以“四言为正”，“颂之所美者，圣王之德也”，等等。但他反对浮夸侈靡的文风，如指出“今之赋，以事形为本，以义正为助”，犯了“假象过大”、“逸辞过壮”、“辩言过理”、“丽靡过美”四过，则是可取的。但挚虞的书已经亡佚，尚有若干片断散见于《北堂书钞》、《艺文类聚》、《太平御览》等类书中。现在所见到的总集，以昭明太子萧统所编录的《文选》为最古。

《昭明文选》，是中国现存最早的诗文总集，南朝梁箫统编著。箫统（501—531），字德施，小字维摩，谥昭明，南兰陵（今江苏常熟西北）人，梁武帝长子。天监元年（502）萧统被立为皇太子，未及即位而卒，谥号昭明，故后人也习称《文选》为《昭明文选》。据近人考证，萧统做太子时，曾聚集许多著名文人编纂，其中刘孝绰、王筠、殷芸等，大都曾参与。

《文选》30卷，共收录作家130家，上起子夏（《文选》所署《毛诗序》的作者）、屈原，下迄当时，唯不录生人。书中所收的作家，最晚的陆倕卒于526年，而萧统卒于中大通三年（531），所以《文选》的编成当在普通七年以后的几年间。全书收录作品514题。编排的标准是“凡次文之体，各以汇聚，诗赋体既不一，又以类分，类分之中，各以时代相饮”（《文选序》）。从分类的实际情况来看，选录作品以“事出于沉思，义归乎翰藻”为标准，意思是要求文质并重。大致划分为赋、诗、杂文3大类，又分列赋、诗、骚、七、诏、册、令、教等38小类。赋、诗所占比重最多，又按内容把赋分为京都、郊祀、耕籍等把诗分为补亡、述德、劝励等23门。这样的分类体现了箫统对古代文学发展、尤其是对文体分类及源流的理论观点，反映了文体辨析在当时已经进入了非常细致的阶段。

《文苑英华》系宋李昉等编。李昉（925—996），字明远，深州饶阳（今河北）人。《文苑英华》，文学类书，百科全书式的资料汇编，是专门记录文学或文学资料，按照一定的办法编排，便于寻检、征引的一种文学工具书。宋太宗赵灵命李昉、徐铉、宋白及苏易简等20余人共同编纂，雍熙四年（987）完成，共1 000卷，取名《文苑英华》。与《太平御览》、《太平广记》、《册府元龟》，同称“宋四大书”。《文苑英华》中收录不少诏诰、书判、表疏、碑志，还可以用来考订史实。本书流传不广，明嘉靖四十五年（1566），胡维新等根据传抄本重新刻印。

明代《永乐大典》是中国历史上卷帙最庞大、内容最广博的一部类书。

清代吴乘权、吴大职撰《古文观止》所选文章的思想性、艺术性都很高，体裁风格多样化，并有简要的注释和评论，很适合读者学习；清代的巨型类书《古今图书集成》，是我国现存最大的类书。

总集书籍很多，还如南朝陈徐陵编《玉台新咏》。据《大唐新语》有关《玉台新咏》的记载等，《玉台新咏》当是太子萧纲在徐摛“出为新安太守”后的中大通四年（532）初令徐陵开始编撰的，大概至该年年底之前已编撰成书，最迟也当是在中大通五年（533）底之前已编撰成书。它不仅是萧纲等追求文学“新变”的产物，而且也是当时政治斗争的产物。

还如宋郭茂倩编《乐府诗集》、宋洪迈编《万首唐人绝句》、清清盛祖敕编《全唐诗》等都属于诗总集。

三、诗文评论

诗文评论，是中国古代诗文理论、诗文批评著作的总称。所谓诗文评论者，就是评论诗文的文字，既有评论又有鉴赏。由于诗文是中国古代文学的传统形式，所以，诗文评论也就是中国古代的文学理论，或称古代诗学。就《四库全书总目提要》所归纳的诗文评论不外五类：第一类，究文体之源流而评其工拙；第二类，第作者之甲乙而溯厥师承，为例各殊；第三类，备陈法律；第四类，旁采故实；第五类，体兼说部。

文学理论和文学批评是文艺学的两个分支学科，但中国古代学者大都长于品味作品、抽绎幽微，而不长于逻辑思辨、建构体系，故两个分支无明显界限。从历代的诗文评论内容来看，中国的诗文批评，属于直觉式的批评，也就是阐述个人的感动与看法，追求语言精美和韵味深厚。古代文艺鉴赏十分强调直观感觉，有的是品评诗人诗作，考订字句名物，诠释名篇佳句，探讨诗歌源流、体制和作法，着重“评论”；有的是记载诗坛典故、诗歌本事和诗人遗文逸事。凭其准确的直觉，去品味作品、品评作家。前一类就是，“究文体之源流而评其工拙”，“第作者之甲乙而溯厥师承”，以及“备陈法律”。后一类就是“旁采故实”和“体兼说部”，审美活动所产生的快感，是一种直觉的感知。①

中国从先秦到两汉文学与学术没有分家，魏晋以后开始分为经学、史学、玄学、文学。文学开始从文学内部分出各种不同的文体。文体虽很多，大体可归并为诗文两大类，因为有些专著是不只论文或只论诗，而是诗文兼论，实在不易分类。不同文体各有他们的特殊性和特殊规律。因此就作者时代先后分，并兼及词话、曲话、小说、戏剧等。

1.《典论·论文》

作者为魏曹丕（187—226）。曹丕字子桓，曹操次子，沛国谯（今安徽亳县）人。他袭位为魏王、丞相，又称魏文帝，是建安时代的代表作家，文坛领袖。《燕歌行》是他的代表作，受民歌影响，语言通俗，风格清新，但内容主要反映贵族的生活和感情。典，作“法则”、“制度”解。典论，是指讨论各种法则、制度。文，包括文学作品、学术著作和应用文。《典论》为曹丕精心杜撰的学术著作，作于他即位之前。原书已佚，本文见《昭明文选》。《典论·论文》在文学批评史上有划时代的意义。曹丕提出文章“经国之大业，不朽之盛事”的主张，充分肯定文学的社会政治作用。他提出：

（1）关于文学的价值和作用。曹丕明确指出：文学是“经国之大业，不朽之盛事”。这是古人“文以置用”思想的进一步发挥。文人互相瞧不起，自古以来就是这样，这是批评者的态度。因为文人相轻，故品评文学，难得持平之论。容易看到自己的长处，而轻视别人的长处。所以要克服“贵远贱近、向声背实；暗于自见，谓己为贤”，即贵古贱今、文人相轻的不良风气。

（2）论文气。文气的“气”，是古代文论的一个专门术语，一种内在的精神气质。曹丕提出“文以气为主”，是他的创作论的基础。而“气之清浊有体”，因为人的气质、个性不同，在文学的风格上便表现出“各有所长”，所以各家作品都有自己的独特风格、内在的精神气质。并据此品评建安七子的优劣得失。曹丕认为：作品中高逸遒劲的精神气概和质朴精练而又有文采

① 刘兆祐、江弘毅：《国学导读》，551页，北京，中国人民大学出版社，2006。

的语言风格，才是值得称道的。这既是创作论的基础，也是他批评论的核心。

（3）由于文学体裁和性质的特点不同。各类文学有他们的特殊性，从文学内部区别出各种不同的体裁。同文体表现出不同的要求，指出各类文体的特殊性，提出四科八类说："奏议宜雅，书论宜理，铭诔尚实，诗赋欲丽。"曹丕的理论影响到以后的文体研究。曹丕提出本同末异、四科八类说。本，指文学的共同性；末，指各类文学作品的特殊性，各类文学有共同规律，各类文体有其特殊的规律。

2.《文赋》

作者是晋陆机（261—303）撰。陆机字士衡，西晋太康时代重要作家。陆机生平见别集《陆机集》（本书 271 页）。《文赋》是魏晋文学理论的重要著作，中国古代文论第一篇完整的创作论。《文赋》是用赋体写的，句式对称，辞藻华美，声韵铿锵，是一篇完整而系统的文学理论。文章用辞赋形式分析文学创作的过程，探讨了文学创作和技巧的许多问题。作者是太康时代的大诗人，以自身的创作经验，再研究建安以来丰富的创作经验，提出了很多精辟的见解，开辟了文学创作论的研究。《文赋》在中国文学批评史上影响深远，对刘勰的《文心雕龙·神思》和钟荣的《诗品》都有很大的启发。

（1）对诗歌特点作了新的理论概括。由"诗言志"，表达人的情志，到"诗缘情而绮靡"，是对诗歌特点的新的理论概括。"缘情"就是抒情，指内容而言，比"言志"更符合诗歌本身的特点。"绮靡"就是美丽生动，指形式而言。陆机的"缘情而绮靡"，就是把抒情的内容和美丽生动的表现形式两个方面结合起来。内容与形式并重。因为写作的难处正在"意不称物，文不逮意"。如何做到让作家的"意"与所欲表现的外物相符合，必须正确地运用贴切文辞来表达。所以文章内容虽然可贵，但形式也不可忽略。"逮意"和"称物"，就是把外物、内思和形式结合在一起。

（2）提出以想象为中心的艺术构思论。形象地描绘了艺术构思的全过程。艺术想象与无象不同，它表现一定的思想意义和作者的情志。所以感受与想象十分重要，要"凭虚构象"。陆机提出"恒患意不称物，文不逮意"这个文学创作根本问题。所谓意（情志）物（物象）相称，使情志与物象相统一。"观古今之须臾，抚四海于一瞬"，加强对社会事物的敏感，通过直接或间接的生活经验积累的丰富的意象，就是想象活动的材料。陆机认为作者的情感易受自然界四时的刺激，还要有文学的想象力，作品才能感染人心。

（3）艺术构思的过程。要求“收视反听，耽思傍讯”，“精骛八极，心游万仞”，没有想象，就无所谓思维，也就没有艺术创作。“观古今于须臾，抚四海于一瞬”，肯定想象可以打破时空而自由翱翔。陆机认为要贵独创，排除因袭和模仿。“谢朝华于已披，启夕秀于未振”，就是排除前人已经用过的辞和意。“笼天地于形内，挫万物于笔端”，把天地万物经过概括、选择和改造出从没有过的新颖的形象来。陆机在《文赋》中还提出“应感”或“天机”，就是“灵感”的问题。所谓“灵感”，是作者的注意力高度集中，因某种外物的刺激，引发突然变换思路，使得茅塞顿开，激情迸发，长时间的构思活动上升到飞跃的阶段，各种问题迎刃而解，因而精神振奋，创作能力得以充分发挥。

3. **《文心雕龙》**

作者是南朝梁刘勰（465—520）撰。刘勰字彦和，东莞莒县（今属山东）人。出身没落官僚家庭，父亲早死，家境贫寒，在寺庙里生活10年。当他30多岁时写成《文心雕龙》。他受沈约推荐，与昭明太子萧统相处，做官20年，最后，出家为僧，法名慧地。

《文心雕龙》是中国古代文学发展到一定历史阶段的产物。它继承了我国上古一千年文学理论的成果，系统地总结了自商、周至齐、梁时期文学创作的经验，建立了一个比较完整的古代文学理论体系，对后世的文学创作、文学理论批评和文学史研究，都有深远影响。《文心雕龙》共50篇，分五部分：①序言；②总纲；③文体论；④创作论；⑤批评论。在《文心雕龙》中创作论是其精华所在，作者探讨了形象思维、风格学、修辞学等艺术创作规律。著作受陆机《文赋》影响，但比《文赋》更系统、更全面。《神思》是创作论的第一篇，是创作总论，它以艺术构思为中心，总论创作的全过程。

《神思》篇为创作论总纲，它以艺术构思为中心，论述了创作的全过程，又被称为艺术构思论；构思以想象为中心，所以又称为艺术想象论。首揭心物相接、神与物游时思理为妙的创作思维形态，所谓“神居胸臆，志气统其关键；物沿耳目，辞令管其枢机”，是说心物对应在创作中转化为志气（即意气、情志）与辞令的关系，而“关键”、“枢机”的同义互文，更指明了意与辞二者以“心君”为主体而互摄，在创作中起到关键作用。所谓“形在江海之上，心存魏阙之下”，身在此而心在彼，自然是想象的作用。此时作者心处：

文之思也，其神远矣。故寂然凝虑，思接千载；悄然动容，视通万里。

吟咏之间，吐纳珠玉之声；眉睫之前，卷舒风云之色；其思理之致乎？故思理为妙，神与物游。（《文心雕龙·神思》）

“神与物游”是刘勰所探讨的形象思维的一条重要规律。构思的奥妙，就是主观精神与客观物象结合在一起进行活动，是由一事物又联想彼事物，而后浮想联翩。

《神思》所揭示的文学思维形态，又如何进一步转化为文章呢？以下《体性》与《风骨》就创作主体言。“神用象通，情变所孕”，神思具体到各别作者，具有不同的表现，其根由则是才性各异的作者的“情变”，要“积学以储宝”，有广博的知识，才可能想象丰富。换言之，神思根源于各异的才性（体性之性），通过意辞的个性表现生成风格（体性之体），故《神思》之下即设《体性》。唯“酌理以富才”、“才性异区，文体繁诡”，故须由异及同，以摄其要领，这就是“辞为肌肤，志实骨髓”（《体性》），遂进一步就“辞肌志骨”生发详论，骨彩风辞的相互含摄为风格的总体要求，从而有《风骨》篇。可见《体性》、《风骨》，均直承《神思》，就创作主体申论，前者抉其异，后者撮其同，一宣一节，相辅相成。

“驯致以怿辞”，强调掌握和提高艺术表现力。才性通过神思作用于意辞所形成的骨彩风辞，最终须由一定的文体作承载，即所谓“情与气偕，辞共体（文体）并”。故又继设《通变》、《定势》二篇，就文体申论。首先上承《体性》、《风骨》，论虽然“设文之体有常”，但因才性人异，风骨各擅，使“变文之数无方”，故作为《通变》篇。可见《通变》、《定势》又一宣一节，论情变乃至文变必通过具体文体以成体势，这样神思通过创作主体才性对意辞的作用就归结到其载体，即文体的传承演进之上。

另外，诗文评论还如南朝钟嵘（468—518）撰《诗品》；唐皎然（721—804）撰《诗式》；唐司空图（837—908）撰《诗品》；南朝宋欧阳修（1007—1072）撰《六一诗话》；宋张戒（生卒不详）撰《岁寒堂诗话》；宋姜夔（生卒不详）撰《白石诗说》；宋严羽（生卒不详）撰《沧浪诗话》；清叶燮（1627—1703）撰《原诗》；清刘熙载（1813—1881）撰《艺概》等。

四、史学评论

史学评论作为一种特殊的史学实践活动，它所关注的是历史学研究的所有方面、全部过程。这也就是说，它可以从不同的视角去评论史学活动的所有方面和全部过程。因此，史学评论的内容是丰富多样的。一般说来，事实评论、价值评论、文采评论等是史学评论的几个重要方面。

“秉笔直书”是史家所遵循的记事原则。事实评论是考察历史研究成果中所涉及的基本历史事实是否具有真实性，是考察历史研究成果是否具有价值意义的前提条件。中国古代史学自司马迁《史记》被誉为“实录”之后，存实录、写信史便成为大多数史家追求的目标。如刘勰在《文心雕龙·史传》篇中所提出的有关史学评论的范畴如“详实”、“准当”等。

宋人吴缜在《〈新唐书〉纠谬》一书的序文中指出，“事得其实矣，而褒贬、文采则阙焉，虽未能成书，犹不失为史之意；若乃事实未明，而徒以褒贬、文采为事，则是既不成书，而又失为史之意矣”。吴缜把“事得其实”作为撰史的基础和评论史书的主要内容来看待，显示出他在史学评论上的卓识。

古代史书指古籍中专门记载历史的书。就古籍总体而言，它的上限，容易说，大体有文字记载的文献都算吧！如果按《尚书·周书·多士》所说：“惟尔知，惟殷先人有册有典，殷革夏命。”作为古籍的上限，估计不会太多地偏离事实。但它的下限却比较难以确定。史的范围，因文化的前后相承关系，很难用一条线把古今分得清楚，任何演变，总有一个过程。

史学评论应以“求真”为前提，它所探索的是人类关于自身的科学认识，即关于人类历史发展规律的真理性认识。历史文献资料是史学家根据历史上所发生的真实事件，经过选择后的记录。研究历史必须依据史料才能进行，史料包括实物与文献资料。作为事实评论，考察其是否反映了历史的真实性，是考察史学家在反映历史真实时，在多大程度上坚持了或偏离了历史的真实性，即考察他们的主观意识与客观历史事实之间的关系和状态。从史学史角度说，殷代的卜辞和周代的金文，已有了记载历史的萌芽，如果按照清代学者章学诚“六经皆史”的说法，那么《易》、《书》、《诗》、《礼》、《乐》（已亡）、《春秋》都可看作是我国最早的史书，只是它们所记的侧重点不同，所采用的文字记录形式不同，具有不同的价值。

历史学家所传播的历史知识对历史创造者的渗透和影响可能是一个非常普遍的现象。历史研究、历史知识的提供肯定是塑造未来的重要力量。编年体史书，以《春秋左氏传》为代表，唐刘知几分析这一体史书的特点说：“夫《春秋》者，系日月而为次，列时岁以相续，中国外夷，同年共世，莫不备载其事，形于目前。理尽一言，语无重出，此其所以为长也。”而且是“理尽一言，语无重出”，尤其是“语无重出”，更是它文采的优点。又如汉兵围垓下，《汉书》卷一下《高帝纪》只在汉五年十二月记云：十二月，围羽垓下。羽夜闻汉军四面皆楚歌，知尽得楚地，羽与数百骑走，是以兵大败。但《汉书》卷三一《陈胜项羽传》，所记就要详细得多，传中不仅写了“霸王别姬”，写了项羽带领骑从八百余人溃围而出，写了只剩骑从 28 人后，项羽仍镇定自若，演出了一人杀一汉将，斩一汉都尉，并杀了数十百人的最后一战；而且，还写了项羽拒不东渡乌江，最终自刎的壮烈场面，都很显纪传体史书“传”的价值和文采特色。

第十七章　玄学、理学

玄学是魏晋时期的主要哲学思潮，是道家和儒家融合而出现的一种文化思潮，也可以说是道家之学的一种新的表现方式，故又有新道家之称。玄学有广狭之分，广义的玄学指玄远深妙，不尚实物，不为实用的学术思想、文风，及其影响下的社会风气。狭义的玄学则特指魏晋时期的哲学思潮。魏晋玄学大体上经历了“贵无”、“自然”、“崇有”、“独化”、“贵虚”等逻辑阶段的发展过程。

“玄”字的本义是一种深赤而近黑的颜色，所以许慎《说文》引意解为：玄，幽远也。“玄”字出自老子《道德经》“玄之又玄，众玄之门”，言道幽深微妙。“玄学”之称的由来，正是因为魏晋时期清谈家称《周易》、《老子》、《庄子》三本书为“三玄”，所以“玄学”之名由此而来。

一、玄学的特征及思想渊源

玄学是继两汉经学之后，适应魏晋时期经济、文化思潮而产生的。魏晋玄学的产生是历史的必然，是传统文化的发展。曾起到深化哲学、解放思想的作用，同时受历史和时代的局限，走上崇尚玄虚、不务世事的极端，最后归趋宗教。玄学是在批判继承经学的基础上产生的，它吸纳了佛神、仙道教，流转与儒、道、佛之间，进而影响、规定着中华传统文化，有如下主要特征：

（1）玄学所讨论的是世界的本体问题，超越了以往哲学只从宇宙生成论的局限。《老子》、《易传》都触及到本体，“形而上者谓之道，形而下者谓之器”。

（2）以自然的变化来观察人类，抛弃了天神主宰的思想和粗俗宗教迷信的低劣的天命思想。从自然现象与人事活动的一种机械关系，讲究人事与自然的某种统一性。

（3）与先秦儒家讲名教、两汉经学家说教不同，玄学家以人的自然本性，追求个人的“放达”，甚至是“放纵”，具有个性解放、思想解放的精神。

（4）用思辨的方法，讨论“本”、“末”、“体”、“用”的本体问题。从老庄的“言意之辩”，升华到哲学认识论的高度讨论问题。

玄学之兴起。玄学作为魏晋时期的社会意识形态，有它产生的社会历史条件。东汉末年，内有外戚宦官之争，外有三国攻伐不已。从政治、经济到人们之间的思想关系的变革，促成了玄学的产生。士人生当扰攘之世，既鄙视训诂支离之学，而竞趋玄远旷达之境。玄学是在批判经学的过程中产生的，批判经学的神学化、烦琐哲学，承接老庄，高扬道家思想，改造、吸纳儒家思想，吸收佛教思想，建构自己的思想体系。

玄学产生的经济条件，生产力发展导致思想关系的变革。人民已经不满足旧有的经学，客观上要求新的社会意识形态的产生。东汉末年至两晋，是200多年的乱世，随着东汉大一统王朝的分崩离析，统治思想界近400年的儒家之学也开始失去了魅力，士大夫对两汉经学的烦琐学风、谶纬神学的怪诞浅薄，以及三纲五常的陈词滥调普遍感到厌倦，于是转而寻找新的“安身立命”之地，醉心于形而上的哲学论辩。这种论辩犹如后代的沙龙，风雅名士（以嵇康、阮籍为代表的赫赫有名的“竹林七贤”恰是魏晋风度的化身）聚在一起，谈论玄道，当时人称之为“清谈”或“玄谈”。

玄学产生的思想渊源，还在于经学的弊病，一是神学化，二是烦琐哲学。据清代学者赵翼《二十二史劄记》称，清谈之风始于魏齐王曹芳正始年间，何晏、王弼可以说是创始人，他们都是当时贵族名士，影响所及，便成一代风气。《晋书》上所谓“正始之音”也正是指整个魏晋时期玄谈风气。

玄学高扬道家思想，承接先秦老庄思想和汉初黄老之学。清谈家们有一种时髦，就是一边潇洒地挥着麈尾，一边侃侃而谈。清谈的话题一般都是围绕着《周易》、《老子》、《庄子》这三本玄妙深奥的书展开，清谈的内容主要涉及有与无、生与死、动与静、名教与自然、圣人有情或无情、声有无哀乐、言能否尽意等形而上的问题。在正统士大夫看来，诸如此类清谈都与国计生民无关，因此就有“清谈误国”之类的说法，如儒家学者范宁就说：“何晏、王弼之罪，深于桀、纣。”

何晏、王弼主张“贵无论”，说“天地万物皆以无为本”（《晋书·王衍传》），又提出“名教”出于“自然”说。其后阮籍、嵇康主张“越名教任自然”（《与山巨源绝交书》）。嵇康并“以六经为芜秽，以仁义为臭腐”（《难自然好学论》），“非汤武而薄周孔”（《与山巨源绝交书》），此篇文采斐然且不谈，一般来说可以算是嵇康的宣言书，甚至是当时魏晋二三子的宣言书，但窃以为，依当时历史情势来看，嵇康其意并非真的“越名教任自然，非汤武而薄周孔”，而是作文明志而已，说得明白点，便是让那司马家知道自己的心思，而事实上显然不是真的坚决“越名教任自然，非汤武而薄周孔”，这在嵇康其他文章中可知一斑。其后完成于郭象，其作《庄子注》，此书一出，玄学大畅，“儒墨之迹见鄙，道家之言遂盛焉”（《晋书·郭象传》）。

玄学也改造、吸纳了儒家思想。玄学否定经学，以道家思想材料为主线而吸纳儒家思想，使儒道在本体层面上合流。玄学并不完全排斥孔学，它力图用道家语言解释儒家经典，即所谓“引老入儒”，调和儒道两家。何晏作《论语集解》，王弼作《周易注》、《周易略例》和《论语释疑》，郭象作《论语体略》，都尽力把玄学和正统儒家名教加以融通。玄学也尊孔子为圣人，然而把孔子玄学化。

玄学还在吸收佛家思想的过程中，建立自己的思想体系。玄学有较多的玄佛倾向。作为当时一批知识精英建立起来的玄学对宇宙、社会、人生所作的哲学反思，以在正统的儒家信仰发生严重危机后，为士大夫重新寻找精神家园。

二、玄学之内涵与代表人物

玄学产生在战乱频仍的多事之秋，经历200年的发展历程，作为魏晋意识形态，玄学内涵不断深化。魏晋玄学谓之为“无”的本体，所指的并非宇宙论的或者客观本体论的本体，而是一种心灵的本体。魏晋玄学和宋明理学都以谈玄说理，即讨论道体等问题而著称。他们涉及到对自然及人的意义的认识，即所谓“天道性命”一类问题，也就是涉及人的存在及其价值的问题。因此，言意问题引起他们的重视就不是偶然的了。

魏晋玄学又与《周易》哲学有密切关系。《周易》为当时的“三玄”（《周易》、《老子》、《庄子》）之一，魏晋玄学家没有不谈《易》的。《易传》已经讨论了许多真正的形而上学或者玄学问题，由此成为中国“玄学”的原典。汉语“形而上学”一语，正是出自《周易》的，《系辞传》讲：“形而上者谓之道，形而下者谓之器。”此语既出，中国哲学的“形而上学”范畴即成既定了。

但是，对“形而上”和“形而下”，历来的理解都是含糊其辞的。通常认为，“形而上”即指无形之道（抽象道理、规律），“形而下”即指有形之器（具体器具、事物）。例如孔颖达《周易正义》讲：“道是无体之名，形是有质之称”；“道在形之上，形在道之下。”这样说来，科学研究的是有形的东西，而哲学研究的则是无形的东西。其实这是不对的，因为科学同样要研究无形的东西，哲学同样要研究有形的东西。

玄学创始于魏正始年间（240—249），其代表人物是何晏（190—249）、王弼（226—249）。

1. 何晏、王弼的“贵无”论

魏晋玄谈之士，所清谈之玄理，乃依托于《老》、《庄》、《易》三者。何晏、王弼倡导玄学，意事清谈，开一代风气。著有《道德论》、《无名论》、《无为论》等。

何晏（约190—249），三国魏玄学家。何晏字平叔，南阳宛县（今河南南阳）人。汉大将军何进之孙。曹操纳晏母为妾，晏被收养，为操所宠爱。何晏娶金乡公主为妻，赐爵为列侯。官拜散骑侍郎、侍中、吏部尚书，后为司马懿所杀。何晏主张儒道融合，引老以释儒。何晏与夏侯玄、王弼等倡导玄学，竞事清谈，遂开一时风气，为魏晋玄学的创始者之一。与王弼等祖述老、庄，立论以为天地万物皆以无为本，“无也者，开物成务，无往不存者也”。他在《道论》中说：“有之为有，恃‘无’以生；事而为事，由无以成。”“无”是他对《老子》和《论语》中“道”的理解 。他认为“道”或“无”能够创造一切，“无”是最根本的，“有”靠“无”才能存在，由此建立起“以无为本”，“贵无”而“贱有”的唯心主义本体论学说。何晏与王弼齐名，是魏晋玄学贵无派创始人。今存《论语集解》、《景福殿赋》、《道论》等。

王弼（226—249），三国时期魏国玄学家。王弼字辅嗣，山阳高平（今山东金乡）人，曾任尚书郎，少年即有文名，卒年仅24岁。王弼的祖父王凯是王粲的族兄；外祖父刘表，是荆州经学的领袖，长于易学。王弼好谈儒道，辞才逸辩，与何晏、夏侯玄等同倡玄学清谈风气，世称“正始之音”。王弼家除了继承这些丰富的藏书外，也承袭了易学的家学传统。王粲的祖父王畅，是易学名家，也是刘表的老师，所以清人焦循认为：“弼之学盖渊源于刘〔表〕，而实根本于〔王〕畅。”王弼认为“无”是宇宙万物的本体，“道者‘无’之称也”，天地虽大，“寂然至无，是其本矣”。又以为“凡有皆始于无”，肯定名教（有）出于自然（无）。又“援老入儒”，以玄学代替当时逐渐衰微的汉儒经学。其注《易》偏重哲理，扫除汉代经学烦琐之风。所著有《周易注》、《周易略例》、《老子注》、《老子指略》等。

何晏、王弼哲学思想有深远影响，其玄学的内涵主要表现在：

（1）“以无为本”的本体论。《老子》说：“有生于无”，这里的“无”讲的就是道的规定。何晏说：“有之为有，恃无以生；事而为事，由无以成”，同理矣。晋张湛《列子·天瑞》注引何晏《道论》云：“有之为有，恃无以生；事而为事，由无以成。夫道之而无语，名之而无名，视之而无形，听之而无声，则道之全焉。”与王弼一起开创“以无为本”的本体论，“静为躁君”的动静观，“得意忘形”的认识论，“崇本息末”的方法论。

（2）“静为躁君”的动静论。《周易·复卦彖传》：“复其见天地之心乎。”注云：“复者，反本之谓也。天地以本为心者也。凡动息则静，静非对动者也。语息则默，默非对语者也。然则天地虽大，富有万物，雷动风行，运化万变，寂然至无，是其本矣。故动息地中，乃天地之心见也。若其以有为心，则异类未获具存矣。”王弼提出“静为躁君”的命题，强调静的一面，要通过“躁”来论证“静”，从本体论的角度来展开论证。

（3）“得意忘形”的认识论等。

2. 嵇康、阮籍的“自然论”

嵇康（223—262），“竹林七贤”之一，著有《嵇康集》10卷。阮籍（210—263）也是“竹林七贤”之一，“博览群书，尤好老庄”。早年丧父，家境贫困，但仍励志勤学，文学、玄学、音乐等无不博通。他娶曹操曾孙女长乐亭主为妻，曾任中散大夫，史称“嵇中散”。司马昭曾想拉拢嵇康，但嵇康在当时的政争中倾向皇室一边，对于司马氏采取不合作态度，因此颇招嫉恨。司马昭的心腹钟会想结交嵇康，受到冷遇，从此结下仇隙。嵇康的友人吕安被其兄诬以不孝，嵇康出面为吕安辩护，钟会即劝司马昭乘机除掉吕、嵇。嵇康提倡“自然论”的“任自然”的口号，表现出他们的“贵无”思路和对“名教”的抵抗。嵇康的玄学的内涵：

（1）“元气陶铄”的自然观，“求自然之理”的认识论，“无为自得”的辩证法，“越名教而任自然”的社会思想。

（2）求自然之理的认识论。在《释私论》里，嵇康解释自己提出的“越名教而任自然”就是“弃名任心”，这正是“求自然自理”的内容。

（3）“无为自得”的辩证法。嵇康认为事物都是相互对立而互相变化的，他说：“欲贵者贱及之，欲富者贫及之。理之言也。”（《答养生论》）

（4）“越名教而任自然”的思想。否定圣人、典章，反对名教之理法以及反名教掩盖的虚伪。

3. 郭象的“独化”论

郭象（约252—312），中国西晋时玄学家，字子玄，河南洛阳人。官至黄门侍郎 、太傅主簿，好老庄，善清谈。他“少有才理，好老庄，能清言”“任职当权，熏灼内外”。郭象著有《庄子注》、《论语体略》，曾注《庄子》，由向秀注“述而广之”，别成一书，“儒墨之迹见鄙，道家之言遂盛焉”。后向秀注本佚失，仅存郭注，流传至今。郭象反对有生于无的观点，认为天地间一切事物都是独自生成变化的，万物没有一个统一的根据。在名教与自然的关系上，他调和二者，认为名教合于人的本性，人的本性也应符合名教。他以此论证封建社会的等级制度的合理性，认为社会中有各种各样的事，人生来就有各种各样的能力。有哪样能力的人就做哪一种事业，这样的安排既是出乎自然，也合乎人的本性。

郭象玄学的内涵：

（1）“独化于玄冥之境”的神秘主义世界观。郭象在《庄子·逍遥游》题注云：“夫小大虽殊，而放于自得之场，则物任其性，事称其能，各当李豁于，逍遥一也，岂容胜负于其间哉！”提出“独化于玄冥之境”的神秘主义世界观。

（2）诡辩的方法论。首先夸大事物差别的相对性来肯定差别。他说：“夫圣人虽在庙堂之上，然其心无异于山林之中。……苟各足于其性，则秋毫不独小其小，而大山不独大其大矣。”（《齐物论注》）“不知为宗”的认识论，“用其性”的社会政治思想。主张“无为”，但与老庄不同，郭象另有《论语体略》辑本传世。其次是夸大事物的变化来否定变化。

（3）“不知为宗”的认识论。

（4）“用其性”，“当其能”的社会政治理想等。在玄学的发展史上，还有裴頠的“崇有”论；张湛的“贵虚”论等。

三、理学之内涵与代表人物

理学是宋代兴起的，专讲义理，主要讨论世界本体和性理。理学亦称道学，是中国后期封建社会居于统治地位的社会意识体系，它是以研究儒家经典的义理为宗旨的学说，即所谓义理之学。理学是中国哲学史上的一个重要阶段，影响很大。

宋明理学之萌芽，理学渊源可以追溯到唐代的韩愈（768—824）。理学作《原道》、《原性》，而激发文化意识；李翱作《复性书》，而上契《中庸》、《孟子》、《易传》、《乐记》。他们提出的理论，包括恢复儒家学说的正统地位；以儒家仁义之道，批判佛、道弃人伦之“道”等都为理学奠定了理论基础。另外，柳宗元、刘禹锡的思想，也与理学有相通处。柳、刘虽对佛教暧昧，却从元气本体论出发，否定“天命”、“君权神授”论。所以，理学家的无神论思想，其理论深度来源于柳宗元、刘禹锡。后来的胡瑗、孙复、石介可以说都是理学的先驱。

宋明理学思潮的兴起，从政治上说，是为适应赵宋王朝加强封建中央集权的需要。先是二程（程颢、程颐），后经朱熹阐发，称程朱理学。程朱理学融合了各家各派，成为理学中的主流。鉴于唐宋藩镇割据，“君君臣臣父父子子之道乖”，“三纲五常之道绝”（《五代史》卷十六）的历史教训，为防止再度发生“臣弑其君”和“以下犯上”的事件，经过北宋建国以来几十年的艰苦营造，才建构了理学这样一种学术思潮，它萌发于晚唐的韩愈“道统”说和李翱的“复性论”，奠基于周敦颐、邵雍、张载，初创于程颢、程颐兄弟，朱熹则是理学的集大成者。理学以儒家为正统。所讲之义理是以阐发先秦儒家学说为主，有别于玄学和宗教佛学。主张恢复儒家的正统地位，提出“道统论”；以儒家仁义为道，批判佛、道弃人伦之道。韩愈说：“博爱之谓仁，行而宜之谓之义，由是而之焉之谓道。”“性三品”和“复性”说为分天命（义理）气质之性论提供了过渡理论。“理”，即指心性中之理则。程伊川曰：“性即理也。”陆象山曰：“心即理也。”此理则乃通体达用，宋明理学即研究此一学问。作为一种社会思潮，理学学派林立，既有相互抵牾、争论，又有相互吸收、融合，学派内部也逐渐分化和发展。

1. 濂溪学派

周敦颐（1017—1073），字茂叔，原名敦实，因避宋英宗旧讳改名敦颐，道州营道（今湖南道县）人。周敦颐生于宋真宗天禧元年（1017），卒于宋神宗熙宁六年（1073），谥号元，称元公。周敦颐被尊为理学的奠基人，他直接与先秦儒家相呼应，而彻悟天道，以及宇宙万物之生化历程。他继承《易传》、《中庸》等儒家经典，糅合佛、道一些观点，提出了系统的世界观。在短短200余字的《太极图说》中，综述宇宙万物之化生，以“太极”为绝对而最后之原理，而阴阳之变合，五行之顺布则释其历程。并归之“圣人定之以中正仁义，而主静，立人极焉”。他提出的无极、太极、理气、阴阳、动静、刚柔、有无、性命、形神、仁义、善恶、人极、诚、理欲等一系列为理学讨论百年的基本概念和范畴。周敦颐思想主要观点是宇宙生成论；“立人极”道德思想和修养方法，即圣人定之以中正仁义而主静，儒家的仁义道德思想。他的著作还有《通书》。《通书》40章，以“诚”为主要观念，而阐发天道之化生，人道之践履；则“天道、性命通而为一”矣。

周敦颐作为理学的开山人物，他的著作《太极图说》和《通书》都是对《周易》的解释。在《太极图说》中，周敦颐依据阴阳哲学的原理，立足于儒家的文化价值理想，提出了一个与佛教相抗衡的宇宙生成论。在《通书》中，周敦颐结合《中庸》论诚的思想，把《周易》推崇为“性命之源”，为理学建立道德本体论、重新解释《四书》奠定了一个以易学为依据的理论基础。

2. 百源学派

邵雍（1011—1077），北宋哲学家。字尧夫，谥康节，先为范阳人，后随父迁共城（今河南辉县）。邵雍隐居苏门山百源之上，后人称他为百源先生。邵雍屡授官不赴。后居洛阳，与司马光等人从游甚密。根据《易经》关于八卦形成的解释，掺杂道教思想，虚构宇宙构造图式和学说体系，成为他的象数之学，也叫先天学。传说他的卜术很准。

在学术思想上，邵雍以儒家经典《周易》为宗，兼采道家思想。《周易》易图之原理是：一对《周易》之八卦、六十四卦之排列次序，依自然之数而排列，以明伏羲画卦，乃顺乎自然之理。先天易图之应用。以四象、八卦推衍配合，经纬万变，而笼罩广大庞杂之宇宙人物全体，成为完整之“一元宇宙开辟论”。他提出的观点：首先是先天象数学，主要是根据《周易》阴阳、八卦原理，讲宇宙发生和运行。其次是提出“元、会、运、世”和“皇、帝、王、伯”论。以先天象数学观察宇宙发展的结论：自然现象与人类社会有密切联系，自然的变化体现了人事的变化。再次是“以物观物”论，这是邵雍的认识论。

3. 横渠学派

张载（1020—1077），字子厚，陕西人，人称横渠先生。他的代表著作有《正蒙》、《易说》等。张载和二程都是道学的奠基人，但他们却分别代表道学中的三个主要派别，程颢代表道学中心学的一派，程颐代表道学中理学的一派，张载的一派是气学。心学和理学都是道学中的唯心主义，气学是道学中的唯物主义。

以张载为代表，主张气本论，亦称其学为气学。主要观点首先是提出“太虚无形，气之本体”的命题，把气与本体联系起来，视太虚为气之本然状态，即肯定气为天地万物之本体，在气之上没有更高的任何实体。其次是“一物两体气也”（《易说·说卦》）。这是一个把辩证法与唯物论结合的命题。“两”指阴阳，认为万事万物的变化是阴阳对立的矛盾运动，接近认识到事物的质变和量变。还如知“内外之合”的观点；“天地之性”与“气质之性”；“民胞物与”的命题等。

理学学派还有很多，如司马光（1019—1086）的涑水学派；程颢（1032—1085）、程颐（1033—1107）为代表的洛学。洛学主要探讨的是“理”是“性”等问题。

四、朱熹的理学体系

朱熹（1130—1200）是中国南宋思想家。朱熹字元晦，号晦庵，徽州婺源（今属江西）人。朱熹在绍兴十八年（1148）19岁中进士，历仕高宗、孝宗、光宗、宁宗四朝，庆元六年卒。嘉定二年（1209）诏赐遗表恩泽，谥曰文，寻赠中大夫，特赠宝谟阁直学士。宋理宗宝庆三年（1227）下诏：要学者习读朱熹的著作，将他所注四书五经作为科举教材，朱熹思想遂成中国的正宗思想体系。并赠太师，追封信国公，改徽国公。

朱熹是我国继孔孟之后影响最大的思想家。他继承先秦儒学、宋明理学，建立了一个内容丰富、条理缜密的学说体系，把理论思维水平推到一个高峰，成为理学集大成者。朱熹一生著作甚丰，主要代表著作有：《周易本义》、《四书集注》、《太极图说解》、《朱子语类》等。他的书信、题跋、奏章、杂文等被儿子朱在编为文集100卷，又有续集11卷、别集10卷，合称《朱子大全》；他的语录则被黎靖德编为《朱子语类》140卷。宋明理学乃遥契先秦儒家，对先秦儒家内圣之学，重新予以分解与肯定，而建立道德行为之内在于超越之根据，并开拓其功夫之义理途径。朱熹的理论包括：

1. 理气论

朱熹视理为最高的精神存在，是天地阴阳万物的总根源。他认为“理”是道德的总原则，把理的内容规定为仁义礼智信封建伦理“五常”。为给人间的道德秩序寻找形而上的根源，他说“理便是仁义礼智”（《朱子语类》卷3）。在朱熹的学说中，把天理作为最高的哲学范畴，不仅是宇宙万物的主宰，也是社会道德规范的源泉。认为一切封建道德的原则、规定及仪节，都是理在人间社会的展现。朱熹说：“夫天下之事莫不有理，为君臣者有君臣之理，为父子者有父子之理，为夫妇、为兄弟、为朋友，以及于出入起居，应事接物之际，亦莫不各有理焉。”（《朱子大全》）不仅人类社会有道德原则，禽兽之间也受这些原则制约。作为道德规范与原则的理也先于各种社会道德关系而存在，“未有君臣，已先有君臣之理，未有父子，已先有父子之理”（《朱子大全》）。他把天理作为存在于自然和社会之先的精神本体，万事万物皆由此派生，天理得到充分的论证。朱熹认为理就是实有的存在，也就是“诚”，“诚者，其实无妄之谓，天理之本然也”（《中庸章句》）。他通过一系列思辨，把实为精神实体的“理”绝对化。他说：“上而无极太极，下而至于一草一木一昆虫之微，亦各有理。一书不读，则缺了一书道理；一事不穷，则缺了一事道理；一物不格，则缺了一物道理。”（《朱子语类》卷十五）

在朱熹思想体系中，“理”与“道”、“理”与“太极”是属于相同意义的范畴。他说：“太极只是一个理迤逦分作两个气。里面动底是阳，静底是阴，又分作无行，又散为万物。”（朱熹《太极图说解》）朱熹关于“气”的理论，认为：“天地之间，有理有气。理也者，形而上之道也，生物之本也。气也者。形而下之器也，生物之具也。”“气”属于形而下之物，但又不是具体的万物，是从“理”到万物的中间状态。在朱熹看来，“理”不再是“气”的属性，而是“气”的本质，朱熹把“气”的学说纳入天理论的体系中。

2. **变异论**

朱熹以理为本，把“理欲之辨”用来解说历史发展变化的过程及现象，提出“王霸之辨”的历史观。“王”指“王道”政治，它是夏商周三代圣人之治的代称。那是天理流行于社会之中，人心至善至美，社会昌盛，充满阳光。“霸”指“霸道”政治，即以功利为目的政治，指秦汉唐宋时期的人欲横流，人心不古，充满黑暗和混乱。朱熹认为社会的盛衰取决于当权者——帝王心术的好坏。而王者统治随着时间的推移而越来越衰落，社会的变化，使天理逐渐被人欲侵蚀，人们的道德也越来越低下。这种变异是社会发展过程中的现象，在一定时期，会重复出现，循环往复。

朱熹以理为本，其世界观无疑是唯心的，但他的动静观、变化观和一分为二等观点却有着丰富精湛的辩证思想。朱熹肯定，天下万物，“无无对者”（《文集·答胡光仲》），动静作为一对范畴，不是相互孤立的，是对立而又相互依存。朱熹肯定万物是变化的，他接张载“变言其著，化言其渐”（《易说·乾卦》），提出“化”和“变”。他说：“化是渐化，变是顿变。”（《朱子语类》卷七十一）“一分为二”朱熹又称“一生两”这是对事物可分性和内部矛盾发展认识的概括，也就是对立统一规律。

3. **格物穷理说**

格物穷理是朱熹的认识论，他认为穷理灭欲的途径是格物致知与克己复礼的过程。朱熹关于格物致知的理论比程颢、程颐更加细致。他解释格物致知时说："格，至也；物，犹事也。穷至事物之理，欲其极处无不到也。"（朱熹《大学章句》）格物即接近、接触和直接了解社会事物和自然事物，穷尽事物中的天理。致知即充分运用自我的认识能力，达到认知天理奥秘的最终目的。朱熹认为克己就是灭除私欲，复礼就是使自身的言行完全合乎"礼"的原则。他说："圣贤教人，必以穷理为先，而力行终之。"（《文集·答郭希吕》）把认识分为"穷理"和"力行"，穷理在先，力行在后。可见朱熹的认识论包括格物致知和知先行后两个方面。朱熹提出"知行相须"，他说："知行常相须，如目无足不行，足无目不见。"（《朱子语类》卷九）

4. 心性论

心性论是对人的本质的研究，朱熹着重探讨了心与性、情等关系以及人性问题。心统性情，包括心、性、情，朱熹把"性"（人性）作为天理在人心物体中的显现。"性"的内涵即"仁、义、礼、智"等道德品性。"性者人之所受乎天者，其体则不过仁、义、礼、智之理而已。"朱熹认为：心是理与气结合而成，理先于气存在，理中含有知觉的理，有理即有气，气有感知的能力，知觉的理与能感知的能力结合，心就有了知觉。另外，心兼体用。体指本体、本质，心兼体用，是从本质与现象来阐明的。朱熹说："性是体，情是用，性情皆出于心，故心能统之。"（卷九十八）再次，说心主动静，性既为体，情为用。无论动静，心皆为主宰。说心主宰动静，这就为"发而中节"修养论奠定了理论基础。朱熹作"道心"、"人心"，为他提出"去人欲，存天理"奠定了理论根据。

朱熹的理论还有理欲、义利、王霸论，天地起源论，形神论和无神论等观点，这里不一一介绍了。

五、宋明理学之派系

理学在明代初期就定为官学，中期开始分化，一部分理学家转向气本学，一部分转向心本学。心本学的代表人物是陆九渊、王阳明。

1. 陆九渊（1139—1193）

陆九渊，字子静，号象山先生，南宋著名哲学家、教育家，与当时著名的理学家朱熹齐名，史称"朱陆"。陆九渊的贡献，是开心学一系之学问。他主张"心即理"、"心外无物"、"心外无事"，与程朱理学相对立。他解释"古往今来谓之宙，四方上下谓宇"时，提出了"宇宙便是吾心，吾心即是宇宙”的命题。他一生致力于构造以“心”为本的思想体系，阐发“心”的学说。他说：“人皆有是心，心皆具是理，心即理也。”世界只是一个“心”的世界，而“心”就包容大千世界的“理”。

陆九渊一生的辉煌在于创立学派，从事传道授业活动，受到他教育的学生多达数千人。他以“心即理”为核心，创立“心学”，强调“自作主宰”，宣扬精神的能动性作用。他的学说独树一帜，与当时以朱熹为代表的正宗理学相抗衡。朱熹持客观唯心主义观点，主张通过博览群书和对外物的观察来启发内心的知识。陆九渊持主观唯心主义观点，认为应“先发明人之本心然后使之博览”，所谓“心即是理”，毋须在读书穷理方面过多地费功夫。双方赋诗论辩。陆指责朱“支离”，朱讥讽陆“禅学”。两派学术见解争持不下。这就是史学家所说的“鹅湖之会”、“鹅湖大辩论”。陆九渊的思想经后人充实、发挥，成为明清以来的主要哲学思潮，一直影响到近现代中国的思想界。

（1）陆九渊的学说，从本体论上看，他认为“心即理也”，使主观的自我本心与客观的天理达到不可分离的等同，即心与理是绝对等同。朱熹把自然的普遍规律与封建伦常合而为一。陆九渊认为是人所固有的先验意识，主心之内容全幅是理，肯定心体为宇宙之本源、为性命之本源。他认为：“盖心，一心也；理，一理也，至当归一，精义无二，此心此理，实不容有二。”（《陆九渊集》卷一）承认伦理道德是“心”先天所固有的，所以人就应该是尽善尽美的圣人贤人，而现实中的人是凡夫俗子。为了解决这个理论与现实的矛盾，他强调通过后天的努力，以求“存心”、“养性”。他说：“古人教人，不过存心、养心、求放心。”（《陆九渊集》卷三十五《语类》下）这就把主体之“心”上升为宇宙的本体，主体之心与客体之“理”泯然无碍，融为一体，主体之心就是本体之理。同时，陆九渊强调“心”与“理”是永恒不变的，进而申明其主宰性、绝对性、普遍性、涵盖性、与虚灵性。他还认为“心”先天地具有仁义礼智等伦理道德观念。陆九渊认为人的“本心”本来是纯洁、灵明的，只是由于后天物欲所蒙和渐习所梏才被玷污。他说：“此心本灵，此理本明，至其气禀所蒙，习尚所梏，俗论邪说所蔽，则非加剖削磨切，则灵且明者曾无验矣。”（《陆九渊集》卷十《与刘志甫》）这样，“心”既是宇宙本体，同时又是伦理实体，具有丰富的实际内涵。

陆九渊的道德方法主要有“发明本心”、“剥落”、“为学读书”三种。“发明本心”是陆九渊的理论特色，它要求人们向内用功，用反省观照的神秘直觉来体认自己清净自足的本心；“剥落”和“为学读书”的根本目的，是为了恢复灵明之本心，但它不是靠神秘直觉和顿悟，而是靠后天的学习和师友的琢磨，向外用功，是“发明本心”修养方法的补充，具有较多的合理成分。

（2）陆九渊与朱熹同为南宋著名理学家，但在治学方法上和关于“太极”、“无极”的问题上观点不同，以至于长期争论。朱熹思想中的理是客观存在的、精神性的绝对实体，它在人心中的显现为“性”，其观点可用“性即理”来概括，性是心中之理，不等于“心”。

陆九渊则把心与理等同起来，认为“心即理”。陆九渊通过对朱熹“无极而太极”的解释和“即物穷理”的争辩，提出了自己的“心学”理论。陆九渊从“发明本心”、“尊德性”出发，批评朱熹“泛观博览而后归之约”是“支离”，他主张“直截”的“易简工夫”（朱亨道《陆象山年谱》）。这是与朱熹在认识论方面的分歧。朱熹主张“性即理”为客观唯心主义；而陆九渊主张“心即理”，为主观唯心主义，所以两派进行了激烈争论。

陆九渊与朱熹在治学方法上有过长期的争论。

陆九渊和朱熹的第二次争论，是关于“太极”、“无极”本体论上的争论。朱熹为了论证“理”的形而上的形式，又借“太极”以说明“理”的实有。“理”即是“无形而实有”，它与“阴阳”、“气”、“器”的关系是形而上与形而下的关系。他认为道和太极并不是脱离器的阴阳、无行的神秘东西，而是实在的器、阴阳、无行。“道”与“器”、“礼”与“气”、“太极”与“阴阳无行”同为形而上，是统一的，它们就统一于一个“心”的世界。朱陆争论的结果是“仁者见仁，智者见智”，两派各自按照自己的思维方式构建理论体系。心学、理学并存、对立、交锋，促进了理论思维的发展。

2. **王阳明**（1472—1529）

王阳明原名云，更名守仁，字伯安，号阳明，浙江余姚人，因筑室读书于故乡阳明洞，学者称阳明先生。父王华，成化十七年（1481）状元，官至南京吏部尚书。守仁少受儒家教育，闲暇时好骑射兵事，善射。守仁是中国哲学史上主观唯心主义的集大成者，又是教育家、军事家、文学家和书法家，著有《阳明全书》（又称《王文成公全书》）。

王守仁是宋明时期心学唯心主义集大成者，是中国封建社会文治武功的杰出人物。他以自己的实际行动实践了儒家“内圣外王”的理想人格，可谓“学有体用”。

一种学说的产生，除了社会原因外，还必须有前人所提供的思想资料。王阳明的心学也是如此。王阳明的哲学体系，集我国古代主观唯心主义，包括“心外无物”、“心外无理”的宇宙观，“致良知”的认识论，以及“知行合一”的动机论。强调用封建伦理道德的自觉修养去规范行动，具有强烈的政治色彩。王阳明反对朱熹“心与理”为二的观点，在他看来，朱熹“以吾心而求理于事事物物之中”，不仅分认识主体和认识客体，而且有以主体去认识客体事物之“理”，流入反映者与被反映者关系之弊。他认为“心”是最高的哲学范畴，是具有意识活动的精神实体。在“心”与“理”的关系上，他认为身之主宰便是心，心之本体便是理，“心外无理”。在“心”与“物”的关系上，他认为心之所发便是意，意之所在便是物，心外无物。

（1）在认识论上，王阳明致良知教，承《孟子·尽心》“所不虑而知者，其良知也”以及《公孙丑》“是非之心，智之端也”，提出“良知”以代本心。于龙场驿，悟格物即正意，致知即致良知。即指一种不经后天学习的先验是非标准和道德规范。故于《答顾东桥书》云：“致吾心良知之天理于事事物物，一则事事物物皆得其理矣。”良知为“体”，发而为道德行为则为“用”；体用圆融即“知行合一”。将此良知之天理充量呈现即是“致良知”。王阳明又提出良知无善无恶的思想，认为良知是超出善恶之上的绝对至善，是超出是非之上的绝对真理。善与恶，是与非，都是相对的，但良知是绝对的。

（2）在知行关系上，王阳明反对朱熹和陆九渊的“知先行后”说，而主张“知行合一”。他对“知”、“行”作了新的解释，认为：“古人之所以既说一个知，又说一个行，只为世间有一种人懵懵懂懂的任意去做，全不解思维省察，也只是一个冥行妄作，所以必说个知，方才行得是。又有一种人茫茫荡荡，悬空去思索，全不肯着实躬行，也只是个揣摩影响，所以必说一个行，方才知得真，此是古人不得已补编救弊的说话。”（《王文成公全书》卷一，《〈传习录〉上》）可见王阳明的“知行合一”是以“心”为基础的，是唯心主义的。

王阳明心学片面歪曲知与行的依赖关系，得出了“知即是行”的结论，模糊了两者之间的差别性。王阳明费尽心血，力图纠正宋明以来朱程理学烦琐与僵化的流弊，他洞察到道德意识的自觉性和实践性，把维护封建政治秩序和道德秩序的伦理标准由朱程理学外在的“天理”，转化为内在的“良知”，对后世影响很大。

如此说来，玄学的对象乃是超经验、超理智的领域。康德的《纯粹理性批判》不是玄学，《实践理性批判》和《判断力批判》才是玄学。所谓“科学哲学”不是玄学，形而上学或本体论才是玄学。然而，这种思维方式仍然是一种二元对立的思维模式。但是，我们认为，对作为形而上学的玄学的把握，还是应该回到汉语“形而上学”的语义上：

其一，“形上”与“形下”的联系中介就是“形”——有形的现实的存在，亦即实践。所以，在汉语中，实践又叫“践行”、“践形”——“行”有其迹，此迹即“形”（形迹、现象）。所以，实践乃是科学与玄学的共同的存在论基础。马克思的实践论哲学，正是抓住了这个关键。

其二，“形而上”与“形而下”都是无形的，是为“理”、为“知”、为“真”。“形而上学”（哲学）与“形而下学”（科学）都是要寻求无形之“理”，而且都要由“形”出发，“形”而后“上”，“形”而后“下”的。所以，玄学与科学之区别不在对象上，而在“理路”上：一个是往上说，一个是往下说。

其三，玄学与科学的区别，就是“形而上”之理与“形而下”之理的区别。这是“真知”或者“真理”在层次上的区别：科学所知之理，是所谓“往下说”；玄学所知之理，是所谓“往上说”。这“上”与“下”的区别，我们可以用科学的“公理”作为一条中间的基线。对于科学来说，经验的归纳层层提升，但始终在公理以下；逻辑的演绎级级下推，也是从公理开始往下说；总而言之，科学的范围总在公理以下，公理以上存而不论。但玄学则不然，它恰恰要从公理往上说，也就是说，它就是要追问公理本身。

把“玄学”的含义确定为“形而上学”，则今天的“玄学”应该有今天应有的境界：通过“追问存在”（海德格尔语）或追问实践，反思作为科学以及日常生活前提的所谓“不证自明”的“公理”。玄学问题的研究是重要的、必需的、值得的。

第十八章　义　理　学

义理：旧指儒家讲求经义、探究名理的学问。义理，指治经所求的精义。“义理”、“考据”、“辞章”都是借用前人的说法，作者在文中所使用的意思与前人并不完全相同。古人强调写文章要讲究“义理”，是指文章的内容要精要地阐述儒家圣贤的学说。“讲究义理就是要求观点正确，论据充分。”《汉书·刘歆传》：“及歆治《左传》……由是章句义理备焉。”后凡指宇宙人生之至理。叶适《题姚令威西溪集》：“欲折衷天下之义理，必尽考详天下之事物而后不谬。”宋以后，亦称宋“道学”、明“理学”为义理之学。北宋张载《经学理窟》：“义理之学，亦须深沉方有造，非浅易轻浮之可得也。”至清代义理之学的名称尤为流行。姚鼐《复秦小岘书》中称“天下学问之事，有义理、辞章、考证三者之分”，并主张以考证、辞章为手段，来阐扬义理。在现代人文学术研究方法视野中，“义理”、“考据”、“辞章”在新的学术背景下有了学科通约性的重新诠释，从而使其在学术内在理路规范上有了新的生命力。冯友兰先生晚年有阐“旧邦以辅新命”的自勉，我们不妨化用其意，用“阐旧辅新”来说明“义理”、“考据”、“辞章”的当下价值。

义理包括：易学、经学、子学、玄学、佛学、理学、哲学、宗教等。

一、《尚书》、《诗经》

1.《尚书》

《尚书》是儒家经典之一，是我国最早的一部上古历史文件和部分追述古代事迹著作的文献资料汇编。它保存了虞、夏、商、周特别是西周初期的一些重要史料，如诰言、誓词和大事记等。诰言，多侧重行政号召；誓词，多侧重军事部署。大事记如《尧典》、《舜典》、《大禹谟》等大事纪略，是对那个时代的直接描述和重大决策的扼要编写，大致能反映从虞、夏到商、周的政治情况和历史变迁。《尚书》相传由孔子编撰而成，但有些篇章是后来儒家补充进去的。西汉初存28篇，因用汉代通行的文字隶书抄写，称

《今文尚书》。另有相传在汉武帝时从孔子住宅壁中发现的《古文尚书》（现只存篇目和少量佚文）和东晋梅赜所献的伪《古文尚书》（较《今文尚书》多16篇）。现在通行的《十三经注疏》本《尚书》，就是《今文尚书》和伪《古文尚书》的合编本。《今文尚书》29篇。上起唐虞，下讫春秋时的秦缪公。其中《虞书》2篇，《夏书》2篇，商书5篇，周书19篇。

《尚书》之主要观念：一是建立虞夏商的历史正统观。二是保存商周两代的重要史料，从而可以推知商周两代的政治情况。三是保存记录了夏商周三代的思想资料。四是找到先秦各家学说的思想渊源。五是《尚书》充满政治智慧，含有丰富的政治经验，历史上的统治者都把它看作一本必读书。但《尚书》很难读，王国维说，用《尔雅》作工具书，才能读懂《尚书》。特别是清代乾嘉时期，出现朴学家，他们擅长文字训诂、考证，也出了一些研究《尚书》的著作。

《尚书》的内容，记录帝王言行，左史记言，右史记事，主要是西周历史条件的各种现实的政治制度。《尚书》内容广泛，不仅记载国家大事、世事政治、战争，还有天文地理、名臣宏文伟论等。《尚书》中第11篇《洪范》的主题思想就是谈天人关系、人际关系等，其中出现的"五行相生相胜"以及"五德终始"等思想。如：五行。水、火、木、金、土，此宇宙、人生之五种物质，人君当重视之。《洪范》谓"五行"：

一曰水、二曰火、三曰木、四曰金、五曰土；水曰润下，火曰炎上，木曰曲直，金曰从革，土爰稼穑；润下作醎，炎上作苦，曲直作酸，从革作辛，稼穑作甘。

这是我国自然科学家对宇宙构成学说的试探，他们推测世界万物，是根据水、火、木、金、土五种元素组成，而五种元素又各有其性能和作用。

《洪范》敬用五事。貌、言、视、听、思，此人君修养所运用之五种官能。

《洪范》农用八政。食、货、祀、司空、司徒、司寇、宾、师，此体国经野之《洪范》要政。

《洪范》协用五纪。岁、月、日、星辰、历数，此敬授人时之天文历数。

《洪范》建用皇极。皇建其有极，作民父母，无党无偏，为天下王，此君人之道。

《洪范》乂用三德。正直（平康）、刚克（沈潜）、柔克（高明），此德性之修养。

《洪范》明用稽疑。谋及乃心、谋及卿士、谋及庶人、谋及卜筮，此决疑之方式。

《洪范》内容丰富，涉及的问题较多，如岁月、日时、卜筮、占课等，堪称《尚书》中哲学思想极其丰富的篇章。

典：如《禹典》、《舜典》。言二帝命官任职之分类：六体其嘉言善政，永为世法。

谟：如《大禹谟》、《皋陶谟》。乃君臣之间，各抒嘉谋嘉猷。

训：如《伊训》、《无逸》。乃师保之训责幼主，而期于迁善。

诰：如《汤浩》、《大浩》。以上言告下也。

誓：如《甘誓》、《牧誓》。即伐罪吊民，约束十众。

命：如《微子之命》、《文侯之命》。口发命令使人受命。

《大禹漠》云："人心惟危，道心惟微。惟精惟一，允执厥中。"臣告君的话似乎并无定名，偶尔有称为"谟"的。内容多是政治、军事、思想等一些上层建筑的东西。

《泰誓上》云："惟天地，万物父母，惟人，万物之灵。"所谓"誓"、"诰"就是号令。告谕，即宣告王命，上对下指令。君告臣的话多称"命"。

《尧典》云："克明俊德，以亲九族；九族既睦，平章百姓；百姓昭明，协和万邦，黎民于变时雍。"

《大禹谟》云："正德、利用、厚生。""敬德保民"思想在《尚书》中占重要地位，《尚书》最早提到"以德治国"和"以法治国"。

《舜典》云："帝曰：契！百姓不亲，五品不逊，汝作司徒，敬敷五教，在宽。"

《尚书》是我国历史上最早的三个王朝夏、商、周的最高统治者在政治活动中形成的一些诰语、誓词和谈话记录等篇章的汇编，是研究三代的第一手史料，其重要程度仅次于《周易》。到汉代被尊为儒家五经中最重要的一经，由史籍变为经籍。其间出现了古文今文不同本子，引起学术之争。但它始终雄踞在意识形态领域的最高宝座上，成为2000多年间首要的政治与道德教科书。《尚书》可以从史料、思想两方面的价值得到充分的肯定。

2.《诗经》

《诗经》是我国最古老的诗歌总集。《诗经》起源于民间歌谣。古代设采诗之官，王者赖以知国政风俗之得失。"男女有不得所者，因相与歌咏，各言其一伤。……孟春之月，群居者将散，行人振木铎，徇于路以采

《诗》，献之一太师，比其音律，以闻于天子。”《汉书·食货志》、《诗经》来源盖如此。诗经的形式以四言为主，凡305首，大抵是周初至春秋中叶的作品，其中有许多民歌。《诗经》中各篇诗歌的作者，绝大多数已不可详考，尤其是众多的民歌，长期流传于民间，无从考知作者的姓名。《诗经》产生的地域相当辽阔，时间也非常漫长。先秦时只称“诗”，或举其成数“诗三百”。在汉代《诗经》传授有齐、鲁、韩、毛四家，齐、鲁、韩三家为今文经学派，毛诗为古文经学派。宋代有朱熹《诗集传》成为后人研究《诗经》的正宗，明清以后又有很多研究《诗经》的重要著作。

诗，广义言之，乃谓一切诗歌。本节则指《诗经》或“周诗而言”，《诗·大序》云：“诗者，志之所之也。在心为志，发言为诗。”《论语·为政》云：“诗三百，一言以蔽之，曰‘思无邪’”。

《诗经》之作者。《诗经》中之《国风》，乃属于民间歌谣，出自民间作者。《诗》中《雅》、《颂》，乃宴会郊庙之乐章，出自贵族文人。至于孔子删诗、编诗，自古至今，为人们所共识。《诗经》最早者作于西周初期，最晚约在春秋中期。部分在黄河流域，小部分在江汉之间。

《诗经》之六义，在体裁方面有风、雅、颂。有来自民间的国风，来自朝廷的雅、颂，包括《周颂》、《商颂》、《鲁颂》，乃敬天、祭祖之乐章。在作法方面有赋，直叙其事；比，以彼况此；兴，以彼引此。诗的“六义”并非高深莫测，可概括为二：一是写成艺术性而生命力较强的诗，即“风”；二是写成概念性而政治色彩较浓的诗，即雅、颂。在技巧的运用上也可以概括为二：一是进行直接刻画和描绘，即赋；二是采用比喻加以形容和体现，即比、兴。

《诗经》之价值，一是《诗经》的采风和献诗，“哀乐之声感，而歌咏之声发”，那是生活和思想感情的体现。二是《诗经》的音乐艺术，“洋洋乎盈耳哉”，那是音乐和乐曲末章的高潮部分。三是《诗经》的文学成就，“诗言志，歌咏言，声依咏，律和声”，反映诗歌的音乐性、节奏感、形象化等特点。四是《诗经》的史料价值，“声音之道，与政通矣”。不仅反映当时的社会生活、阶级斗争、典章制度、风俗习惯，也提供了自然科学资料。

《书·舜典》云：《诗》言志。《论语·阳货》云：“《诗》，可以兴，可以观，可以群，可以怨。迩之事父，远之事君，多识于鸟兽草木之名。”《礼记·经解》云：“温柔敦厚，《诗》教也。”《论语·子路》云：“诵《诗》三百，授之以政，不达。使于四方，不能专对。虽多，亦奚以为?”

《诗经》之《序》，有《小序》：列于各诗之前，诠述各诗之意义。郑玄以为子夏、毛公所合作。郑樵则主张为当时采诗之太史所题。《大序》：列于首篇《关雎小序》之后，概述全书之意旨。郑玄以为子夏作。郑樵则主张为后汉卫宏据师说以写作。

诗之家数，汉初，传诗者有四家。《鲁诗》：鲁申公培为《诗训做》，号曰《鲁诗》（亡于晋）。《齐诗》：齐辕固生作《诗传》，号曰《齐诗》（亡于魏）。《韩诗》：燕人韩太傅婴作《内外传》数万言，号曰《韩诗》（亡于北宋，仅存《韩诗外传》）。以上三家，于西汉初年已立于学官。《毛诗》，由子夏六传至鲁人毛亨（时人称为大毛公），作《诗训诂传》，以授赵人毛苌（时人称为小毛公），号曰《毛诗》。于平帝时始立学官。后汉郑玄为《毛诗》作笺，申明毛传之义，以难鲁、齐、韩，唐孔颖达用郑笺作《毛诗正义》，《毛诗》遂独传焉。

二、“三礼”、《春秋》、“三传”

《周礼》、《仪礼》、《礼记》通称“三礼”。

“礼”原是宗教祭典上的节文，以示参加祭典者的上下尊卑关系。礼仪的原型是祭神仪式，同时用乐舞议程等“礼”以表示对祖宗神灵的敬重。《礼记·乐记》云：“礼者，天地之序也。”《礼记·曲礼》云：“夫礼者，所以定亲疏，决嫌疑，别同异，明是非。”《礼记·乐记》云：“礼节民心。”许慎《说文解字》云：“礼，履也，所以事神致福也。”

1.《周礼》

《周礼》是西周时官制和政教制度的著作，为十三经中三礼之首。《周礼》是我国上古时代唯一一部的系统地讲各种官制和政治制度的书，又是一部专讲国家行政组织法的书。商周时期，中国由血缘关系进入宗法社会，虽仍以家庭为社会组织基础，但已趋向较大规模的宗族，并且分立的地方向中央集权过渡，所谓“王道”。《周官·天官》中开宗明义：“惟王建国，辩方正位，体国经野，设官分职，以为民防，佐王邦治。”分设管外交、政事及礼乐行政制度实施的“大宰”，负责王宫政令的“小宰”，“佐王建保邦国”的军事长官“司马”，“佐王刑邦”的治安长官“司寇”，辅佐王一起治理国家。西汉时称《周官》，反映周代的礼制，刘歆易名《周礼》。据《左传·文公十八年》史克曰：“先君周公制周礼。”乃改称《周礼》。此书是周朝官制及战国时列国制度的汇编。

《周礼》所记是一个宏大详密的官制，为序列职官之书。主要是叙述周代分建六官之职守。如天官：家宰，掌邦治。地官：司徒，掌邦教。春官：宗伯，掌邦礼。夏官：司马，掌邦政。秋官：司寇，掌邦刑。冬官：司空，掌邦事。代表《周官》作者对于职务区分之观念，亦即对于政府体制之主张。六官以天地四时为名，编制不同，所司各异。贯穿《周礼》的核心思想是以礼和法将一切制度化。按照今天的说法，其中包括官职制度、军事组织形式、社会基层组织形式、国家财政税收、土地人口、社会保障等这些礼法制度。

古代的礼法，原是一个事物的两面。家宗族靠礼来维系，靠家法、族法、宗法维持；国家靠国法，那是放大了的家法、族法、宗法。古代国家组织在职司、等级与职能上，分得很清。在《周礼》中讲“天人合一”、“阴阳流转”的阴阳思想。《周礼》中的六官：治典，教典，礼典、政典，刑典，事典归天官主管。我国历代官制，多半参考这种办法，清政府的吏部、户部、礼部、兵部、刑部、工部，就是六官制度。

《周礼》文繁事富，体大思精。它的价值就在于宝贵的历史资料。我们研究古代史，论证一些问题，就可以加以利用，以其把历史变成科学。

2. 《仪礼》

原型是祭神仪式，为春秋前礼仪规范。《仪礼》出现最早并首先取得经的地位。“礼，履也，所以事神致福也。从示从礼。”（《说文·示部》）原来叫“礼”，汉朝称“士礼”。《仪礼》17 篇，全是礼仪的详细记录。书中所记各种礼仪，多为后世沿用。《仪礼》是冠、婚、丧、祭、饮、射、燕、聘、觐的具体仪式。《周礼》是通过记述三百多种职官的职务，从而展开对社会政治制度的设想。朱熹称赞“《仪礼》最醇”。

《仪礼》是儒家传习最早的一部书，汉武帝设《五经》博士，其中礼经即指《仪礼》。《史记》认为《仪礼》出于孔子。孔子本人是位礼学大家，《史记》上说孔子从小就好礼，特别留意各代各国的礼，曾“适周问礼”。他编辑的《礼》，是传授弟子们的一项重要课程。《史记·孔子世家》上说：“孔子之时，周室微而力乐废，《诗》、《书》缺。追迹三代之礼，序《书传》，上纪唐虞之际，下至秦缪，编次其事。”《汉书·儒林传》上说孔子“论《诗》则首《周南》，缀周之礼”。唐贾公彦《仪礼》疏：“《周礼》、《仪礼》，发源是一，理有终始，分为二部，并是周公摄政，太平之书。”邵懿辰《礼经通论》曰：“礼，本非一时一世而成，积久服习，渐次修整，而后臻于大备。”《仪礼》于孔子时已不全，秦火以后，散失更多，现在所传者，仅汉高堂生之《士礼》。它的性质：多为五礼中之一切仪式。

何为礼?《说文》:“礼，履也，所以事神致福也。”后来，礼字意义不断扩大，不仅指宗教仪式，而尤指人生中种种合情合理之行为模式。《淮南子》齐俗训:“礼者，体也”，又“礼者，体情制文者也”。可见，礼虽是种种节文，实则体呼人情，合乎道理，宜为人生行为之准则。成年礼、婚礼、丧礼、祭礼、宴饮礼、朝聘礼等各种礼仪的具体规定，涉及到人的精神、家庭生活、政治生活、宗教生活的各个方面，百姓要遵守，天子、诸侯、大夫、士都要遵守，各守其位不得僭越。正如段玉裁云:“仪礼二字，盖因记云‘威仪三千’者谓礼经，故冠仪于礼，使称说较便。”《仪礼》之书多记仪节，以区别于《周礼》。

《仪礼》中记载的一套礼仪礼节，带有从氏族制时期传袭下来的礼俗。通过《仪礼》，我们可以了解古代贵族生活的一个侧面，可以从中窥探远古的史影。比如冠礼，就是由远古氏族制时期的成丁礼变化而来。在如乡饮酒礼，是氏族聚落的会食制度。这种礼节主旨在尊长养老。《仪礼》所记的礼节制度对后世的影响十分深远，冠、婚、丧、祭各种理解一般都为后世继承，只是细节上略有增减而已。

3.《礼记》

《礼记》的内容侧重于阐明礼的作用和意义，有很多有关古代教育制度的描述。其中虽有汉儒的理想化成分，但不可否认西周时期已有系统的家庭教育、学校教育、社会教育制度，并具备了教师聘任、选士和教育管理制度。从汉末到明清，《礼记》地位越来越高。尽管《仪礼》、《周礼》体例比较完整，而《礼记》没什么体例，不过是儒学的杂编，取得经学的地位也较晚，但从对社会、对人们思想的影响来说，《礼记》却比《仪礼》、《周礼》大。

《礼记》又称《礼经》，为汉代经师解释、说明《周礼》和《仪礼》的理论性著作。全书49篇，共5类。来源于魏张揖《上广雅表》云:“叔孙通撰置《礼记》。”另外，《四库全书总目提要》，盖亦辨49篇为戴圣原书。《隋书·经籍志》云:“汉初，河间献王（景帝子）又得仲尼弟子及后学者所记一百三十一篇，献之。时亦无传之者。至刘向考校经籍，检得一百三十篇，向因第而叙之。而又得……合二百四十篇。戴德删其烦重，合而记之，为八十五篇，谓之《大戴记》。而戴圣又删大戴之书，为四十六篇，谓之《小戴记》。汉末马融，遂传小戴之学。融又定《月令》一篇、《明堂位》一篇、《乐记》一篇，合四十九篇。”《朱子语类》已辨《小戴记》非删自《大戴记》。

《礼记》的作者，多不可详考。或以为孔子弟子所作。相传《缁衣》为公孙尼子所撰，《中庸》为子思所作。或认为周秦间人所作。相传《月令》为吕不韦所修，或认为汉儒所作。相传《王制》为汉文帝博士所录。《礼记》有85篇和49篇两种本子。

《礼记》的内容主要用来解释礼仪。如《冠仪》，即解释士冠礼。《礼记》中的《礼运》，是孔子申明建设社会之次第，由幽国、乱国、疵国而小康，而大同的理想国；划分为“小康”与“大同”，两者相互联系、相互区别。“小康”是建设“大同”世界的必要前提，“大同”是建设“小康”社会的必然结果。《礼记》中的《学记》详述古代学制、教育理想、教育方法，是一部系统深刻的教育理论著作。《礼记》中的《乐记》阐述礼乐之意义，是阐明诗歌、音乐、舞蹈儒家的音乐理论、美学理论著作。《礼记》中的《儒行》，列举儒者应有的16种品性德行，是哀公文儒行而孔子回答之，用来解释礼仪之意义。如《昏义》云：“昏礼者，将合二姓之好，上以事宗庙，而下以继后世也，故君子重之。”又如《射义》云：“故射者，进退周还必中礼，内志正，外体直，然后持弓矢审固；持弓矢审固，然后可以言中，此可以观德行矣。”还有建立格致、诚正、修齐、治平之要道，如《大学》。契悟天道人性之相通，以及致中和之境界，如《中庸》。（《中庸》第一章曰：“喜怒哀乐之未发，谓之中；发而皆中节，谓之和。中也者，天下之大本也；和也者，天下之达道也。致中和，天地位焉，万物育焉。”）

礼不仅是社会的法规、做人的准绳，也是国家政治命脉之所系。我们对传统礼治精神的改造，有利于创建新的社会规范、礼乐文明，这是时代的使命。

4. 《春秋》

《春秋》是中国第一部编年体史书，记载了春秋（公元前770—公元前476）时鲁国自隐公元年到哀公十四年或哀公十六年间，即公元前722年到公元前481年（或公元前479）（共242年）的历史大事。凡鲁国以及所关系于各国之大事。于是非、褒贬中，寄托其文化理想。孔颖达云：“言春足以兼夏，言秋足以见冬……虽举春秋二字，其实包冬夏四时之义。四时之内，一切万物生殖孕育，尽在其中。春秋之书，无物不包，无事不记，与四时义同，故谓此书为《春秋》。”（《春秋左传疏》）内容有残缺，现有1.6万多字，涉及政治、军事、经济、文化、天文和社会生活等方面，是当时准确的原始记录。因为记载的37次日食有30次同现代天文学的计算完全吻合，说明《春秋》并非虚构。“春秋”是我国各国国史的通名，意思是历史。《春秋》又是鲁国史书的专名。古代中国是个农业社会，春耕秋收就代表了一年中主要的生产活动。自西周始就有太史记载国家大事，在每一季的开始，一般要写“春”到“冬”四季的季节。但古人重视春季和秋季，因此把国史记载叫做“春秋”。古代史官，地位很高；史官记录，极为重要。《汉书·艺文志》上说：

古之王者，世有史官。君举必书，所以慎言行，昭法式也。左史记言，右史记事。事为《春秋》，言为《尚书》，帝王靡不同之。

这可能就是史书的由来吧。

说到《春秋》的作者，原来传说《春秋》是孔子的著作，最早提到孔子编修《春秋》的是孟子。孟子曰：“世衰道微，邪说暴行有作，臣弑其君者有之，子弑其父者有之；孔子惧，作《春秋》。《春秋》，天下事也。是故孔子曰：‘知我者其惟《春秋》乎！罪我者其惟《春秋》乎！’”（《孟子·滕文公下》）朱子云：“胡氏曰：‘仲尼作《春秋》以寓王法。惇典、庸礼、命德、讨罪。其大要皆天子之事也。知孔子者，谓此书之作，遏人欲于横流，存天理于既灭，为后世虑，至深远也。罪孔子者，以谓无其位而托二百四十二年南面之权，使乱臣贼子禁其欲而不得肆，则戚矣。’愚谓孔子作《春秋》以讨乱贼，则致治之法垂于万世，是亦一治也。”（《四书集注》）孔子为何修《春秋》？一曰是为了《诗》亡而作《春秋》，《诗》存美刺之义，《春秋》更寓褒贬深意，《春秋》最重的莫如把善善、恶恶、贤贤、贱不肖的褒贬判断，寓于记载之中。二曰是为了遏止邪说暴行，使乱臣贼子无所逃遁。孔子以史寄寓自己的政治理想和主张——尧舜之道，以良史的审判代替空言说教。但经学者研究证实，这是鲁国历代史官集体编写的，而且在孔子出生前就有《春秋》流传。

《春秋》具有极高价值。孔子自己说过，春秋天子之事也，这句话便是说《春秋》在以前只是王官学，孔子才把它来变成百家言。孔子乃是把古代贵族学传布到民间而开创出后代的私家自由思想、百家言与平民学的，这是一件特别重要的事。王官学就是贵族学，百家言就是平民学。时代变了，社会变了，问题也变了，我们学术上的要求也变了，读书人该可抱些新鲜想法，讲些新鲜话。

《春秋》是王大法，孔子是为汉制法，从前公羊家如此说，现在是治《左传》的也如此说。汉代人要表章六经，就说孔子《春秋》是为汉制法，帮汉代人定了一个新王之法，要治天下，便该照孔子《春秋》，但孔子又哪里知道将来会有一个汉代要他老人家来替它立法呢？若根据法律，有些事法律上没有。而且法律是近代人定的，《春秋》则是古代圣人传下大义。汉人不根据王法而来根据《春秋》，这就见王法不能专制。如汉武帝要打匈奴，有人反对，汉武帝却说：《公羊春秋》里就有九世复仇之义，可见孔子也赞成我们要复仇。

5.《左传》

因为《春秋》一书叙述一件事情，只是寥寥几个字，很不容易了解，于是后人有给作解说的“传”。《春秋》虽然简短，却记载了准确的时间、地点和人物，使史官的口述有了可信价值，这是史学发展的巨大进步。而《左传》的丰富史实内容又弥补了《春秋》的不足。仔细读过《左传》之后，会发现这部书里面充满了战争的艺术和外交的智谋，甚至会让人觉得秦始皇统一中国是一件多么遗憾的事。甚至，一定程度上《左传》这本书可以作为国际政治的教材使用。《汉书・艺文志》解说《春秋》有五家，主要是《左氏传》30卷；《公羊传》11卷；《谷梁传》11卷。此三卷独立成书，《左传》成于战国时，用战国时文字写成。《公羊传》、《谷梁传》写于汉代，用汉隶书写成。所以把《左氏传》叫“古文”（“文”就是“字”），《公羊传》、《谷梁传》叫“今文”。《公羊传》、《谷梁传》两者立于学官，就是在国立大学设专门课程，请专家讲授；《左氏传》却只在民间传授。

《左传》作者相传为与孔子同时的左丘明。司马迁曰：

> 孔子明王道，干七十余君，莫能用，故西观周室，论史记旧闻，兴于鲁而次《春秋》……鲁君子左丘明惧弟子人人异端，各安其意，失其真，故因孔子史记具论其语，成《左氏春秋》。(《史记・十二诸侯年表序》)

班固强调了左丘明作《传》的目的，曰：“丘明恐弟子各安其意，以失其真，故论本事而作《传》，明夫子不以空言说经也。”（《汉书・艺文志》）有论者怀疑《左传》与经古相合，或有经而无传，或有传而无经，或传与经矛盾。《左传》既以记事为主，则经事有不必详或不能详，自可不发传；或事有其事，时日历历可考，而经无之，何不可斟酌增传？传之记事多于经若干年，亦可以作如是观。而经事不实，传必据史直书，于是传与经不同。正如孔颖达曰：“经、传异者，多是传实经虚。”（《正义》）《左传》的作者还可能是出于战国中期以后散文大家之手。《春秋》既是一部历史记载，当然有事，《左传》即是传它的事，即是把《春秋》里的事，更详备地传下了。但孔子作《春秋》尚有一番大义，《左传》不讲，而《公羊传》、《谷梁传》则就是讲这个义，所谓其义则某窃取之的“义”，但《公》、《谷》又并没有详细讲述《春秋》书中的事。

《左传》书名，刘逢禄《左氏春秋考证》云：“曰《左氏春秋》，旧名也；曰《春秋左氏传》，则刘歆所改也。”刘向、刘歆父子都喜爱《左传》，他们的著作不少都采用《左传》内容。他们“传”《春秋》有几种方式：（一）说明书法，（二）用事实补充甚至说明春秋，（三）修订《春秋》的错误等。

《左传》之价值，主要在史学方面。《左传》所述在孔子之前，中国文明光盛之西周，思想发达之春秋时代，诸子百家之学皆由此孕育产生。钱穆认为《左传》可以作为研究中国古史之准则，中国古史多处于《左传》所载春秋242年事情，上可推西周、商、夏，下又可知战国、秦、汉文明之起源及进步；通上彻下，易有通盘之历史认识，不至于误信伪书曲说，以讹传讹。

《春秋左氏传》是一部重要典籍，它所包含的内容比较丰富，某些地方不大容易理解。从西汉贾谊作《春秋左氏传训诂》以来，便不断有人替《左传》作注释。但在西晋杜预做《春秋左氏经传集解》以后，比较完善的就没有。近年杨伯峻《春秋左传注》，求学术之真，特别重视更可靠的资料，是一部很用功力的较好的书。

6.《公羊传》

公羊传经，本由口述，口耳相传，汉初成书。《汉书·艺文志》著录《公羊传》11卷。《公羊传》由孔子门人子夏传授，作者相传为子夏弟子公羊子所作。公羊子，齐人。颜师古注：名高。又著录《谷梁传》11卷。本注：谷梁子，鲁人。颜师古注：名喜。二传都先经过长期的口头传授，至汉代才著录成书。《公羊传》著录成书者，也可能是汉景帝时公羊寿和胡毋生。董仲舒也是《公羊传》的著名学者。据东汉何休云：

> 其说口授相传，至汉，公羊氏及弟子胡毋生等乃始记于竹帛。（《春秋公羊传·序》）

胡毋生就是胡毋子都。由此可以证明，《春秋公羊传》到汉景帝时才写成。汉时《春秋》诸传惟《公羊》最显。汉武帝立五经博士，《春秋》惟有公羊。于此可见汉初《公羊传》能压《谷梁传》而上之。《春秋》的内容，《史记》太史公自序，春秋以道义。

《左传》的性质，是传《春秋》，以事为主，而阐释其义理。《春秋》

中有是非、有义法，为孔子精意所在，足供后人取镜。《春秋》之“义”为后人所群相探究，《公羊传》正是以阐述《春秋》之“义”为主要内容。刘歆《移让太常博士书》：“父子没有微言绝，七十子终而大义乖。”孔子《春秋》中有微言、大义，乃汉人一般意见。六歆此语意谓夫子之微言、大义，须藉《左传》以传，此二语归诸《公羊》、《谷梁》二传，谓《公》、《谷》而传方能传夫子之微言、大义。“微”指言之精微，“大”指义之正大。《庄子·天下》有：“春秋以道名分”，此名分不正是为春秋乱源，孟子早以言之：所谓“臣弑其君者有之，子轼其父者有之”。孔子作《春秋》，诛乱臣，讨逆子，亦无非为“正名”思想之实践。

《公羊传》为齐学，故受阴阳家驺衍的影响，多言灾异吉凶，有所谓三科九旨等谥例。

唐徐彦《公羊传疏》云：“问曰：‘《春秋说》云，春秋设三科九旨，其义如何？’答曰：‘何氏之意，以为三科九旨，正是一物。若总言之，谓之三科，科者段也。若析而言之，谓之九旨，旨者意也……故何氏作《文谥例》云，三科九旨者，新周、故宋以春秋当新王，此一科三旨也。又云，所见异辞，所闻异辞、所传闻异辞，二科六旨也。二又内其国而外诸夏，内诸夏而外四夷，是三科九旨也。”

《公羊传》对《春秋》的解经，采取每句一解，多用问答的方式，探究深意，重正名分。总之，《公羊传》之书，其对《春秋》大义中的正名分、别善恶的解说，最为详尽，所以要想研究《春秋》大义，不可不读《公羊传》。

7. 《谷梁传》

其实，据《汉书·艺文志》记载，《谷梁传》的作者，相传为子夏弟子谷梁俶，谷梁是复姓，即谷梁子，字元始，鲁人。书的名字也由此而来，也可能传于其弟子，然后成书。内容为训话之书，以解经为主，多释义例，而少记史事。以汉通行之隶书写定，与《公羊传》同为今文之学，内容性质主要也是在解释《春秋》经之义例，但不及《公羊传》内容丰富。《谷梁传》的性质，大致与《公羊传》相同，主要在解《春秋》经的义例，但其解经的内容又与《公羊传》殊多不同。

谷梁在桓公即位时其实就已经说明了春秋的乱源：“桓弟弑兄，臣轼君，天子不能定，诸侯不能救，百姓不能去，以为无王之道，遂可以至焉尔。”也就是说，春秋的乱源，正是因为天子、诸侯、庶民三者的心里已经没有了真正意义上的“天王之大道”了，所以轼君、篡国、乖礼之事层出不穷。《谷梁传》对于《春秋》大义的阐发，也正是从这个基点出发而逐渐引申的，不管后面的正礼、正名以及正祭祀的意义，其目的也都是要用来端正天子、诸侯、庶民三者之间的关系和“正王”之道的。

《谷梁传》体例的特色是采取自问自答方式，必求字字有说，不肯稍有轻忽。如隐公元年五月，《春秋经》书“郑伯克段于鄢”其训解、师授与《公羊》不同。虽解释有不同，以为《春秋》于郑伯兄弟两罪并讥之结论仍大略相同。比较二传可见，《谷梁传》释义更明白周到。《谷梁传》主张“著以传著，疑以传疑”，指出历史学家应遵从忠实记载史实的原则，并能够将这一原则贯彻到自己的著作之中。如谴责宋襄公拘守成说，“失民”，“以其不教民战，则是弃其师也”等等，体现了上述忠实于历史的原则。

《谷梁传》解经，亦好言例。《谷梁传》的义例，凡列国诸侯会盟不书日，若为三国合盟之始，则谨慎书日，以志其要。如隐公八年书：“秋七月庚午，宋公、齐侯、卫侯盟于瓦屋。”《谷梁传》说：“外盟不日，此其日何也？诸侯之参盟于是始，故谨而日之也。”从上所述观之，《谷梁传》是重在解释《春秋》经文的义例，而且其解经又多本于《论语》，书中寓有“明辨是非”的精神。《谷梁传》对《春秋》的辨别名实，都能明察秋毫，一丝不苟地将实情解说得完全符合。《谷梁传》中包含了不少纯正的孔子思想，不仅是阐发《春秋》大义的典籍，而且也是探索孔子思想的津梁。二传解释《春秋》的用词和书法，体现出一种准确、凝练的文风。例如，《公羊传》僖公十六年，对经文“春王正月戊申朔，陨石于宋五。是月，六鹢退飞过宋都”，作了细致的说明。《谷梁传》庄公七年，对经文“夏四月辛卯，昔，恒星不见”，同样有细致的解释，反映了中国史学史上的好传统。

《谷梁传》的民本思想比较突出，僖公二十六年：“民者，君之本也。”重视农民和农业生产，僖公三年记曰：“一时言不雨者，悯雨者，有志乎民者也。”对中国这样一个农业大国，君之忧雨、悯雨、喜雨，正是其忧民，有志乎其民的表现。

三、《孝经》、《尔雅》

1.《孝经》

《孝经》书名来自于“夫孝，天之经、地之义、民之行也”。论述“孝道”著作，今传《孝经》18 章，乃汉之今文本。汉之郑众、马融、郑玄皆有注本，今皆佚。今传者，乃唐天宝年间玄宗注本，宋邢昺疏。全书以“孝”为中心，“孝”为所有德行的根本，集中论述了儒家“孝道”，属十三经之一经，是中国伦理思想的殿军之作。“孝”之意义，《说文》云：“孝，善事父母者。”《孝经·三才章》云：“夫孝，天之经也，地之义也，民之行也。”“孝”系事亲之名，“经”系常行之典，合而言之，《孝经》乃示人如何事亲之书。《孝经》是十三经里字数最少的，依现在通行本一共只有 1 799 字，却能独立成一经，乃因当时获以孝治天下，故名之曰经。如《孝经》从第二章到第六章分别论述了天子、诸侯、卿大夫、士、庶人“五等之孝”，将“亲亲”之孝推衍为“忠君”、“顺长”的行为准则，进而提出了“以孝治天下”的主张，接着论述了居家事亲、为官事君及丧亲居哀等具体孝道，但是，“孝”并非盲目地服从君主长辈，对于上之不义，要勇于直谏，为此，提出了“诤”为孝的思想。

《孝经》来源于班固《汉书·艺文志》云：“《孝经》者，孔子为曾子陈孝道也。”似以《孝经》作者属之孔子或曾子。《史记·仲尼弟子列传》云：“曾参……孔子以为能通孝道，故授之业，作《孝经》。”则以《孝经》为曾子承夫子教而作。郑玄《六艺论》云：

孔子以六艺题目不同，指意殊别，恐道离散，后世莫知根源，故作《孝经》以总会之。(《孝经》序疏引)

以此指明《孝经》为孔子作，并以《孝经》为六艺总会、大道根源，推尊甚至。《孝经》有《古文孝经》和《今文孝经》之别。古文本为孔安国所注，到梁时就已亡佚。今文本为郑玄所注，郑注虽已亡佚，而经文却流传至今。

《孝经》分为 18 章。内容包括孝之重要、孝之步骤、孝之要点、孝之功效以及各种人等不同的行孝方式等等。我们可以归纳为 5 个要点：

(1) 从《天子章》到《庶人章》，是讨论孝行的方式。先是天子的行孝方式，爱亲敬亲，以至“德教加于百姓，行于四海”。由于人在社会上的地位不同，因此孝行的方式也各有所当。

(2)《三才》、《孝治》、《怪治》，论孝子的重要，以孝为教，以孝为政。“是以天下和平，灾害不生，祸乱不作。”规定孝是政治行为的根源。施政的依据是孝，政治的自的与价值也都在孝道的完成。不孝的表现很多，但以不尽后辈的本分为最。舜在娶妻的时候没有禀告健在的父母，是没有尽后辈的本分，但君子认为舜做到了禀告的本分。因为舜娶妻是在尧考察了舜的德行后决定把女儿嫁给他的，而此时，舜的父母对舜还有偏见和敌意，所以不便禀告。况且尧作为帝王是天下人民的父母，完全可以代替舜的父母。

(3)《广要道》、《广至德》、《广扬名》与《感应》，教民莫善于孝悌礼敬，是为得其要道；盖敬父子悦，敬兄则弟悦，敬君则臣悦，所敬寡而悦者众也。孝行的功效，证明政治行为是对孝德的推广。

(4)《纪孝行》、《谏诤》、《事君》、《丧亲》，提出孝子事亲有五致、三戒。强调孝行本身，是一种庄敬的道德行为，不是一种情绪上的亲昵。

(5)《五刑章》论不孝为大罪，则从反面告诫，让人警惕勿犯不孝之罪。“五刑之属三千，而罪莫大于不孝。”

《孝经》不足两千字，是一部相当小的著作。它论述的是“孝”——它事关对于父母及其他年长者的行为——的美德，此外它与传统所提倡的对于自己的君主应当表现出的忠诚与服从的类似态度也有关联。中国是个非常重视孝道的国度，在《论语》、《孟子》以及其他古代的经典中，常有论及孝道的事。孝道不仅为我国所重视的美德，也是我国固有传统文化的精华。《孝经》是十三经之一，详细记载了为孝之道，是一本陈述孝道的书。从前的人都以为《孝经》是孔子作的，所以这部书向来受到世人的重视。

2.《尔雅》

《尔雅》是十三经里一部比较特殊的典籍，是我国第一部分类编纂的词典，在汉语言学史上，占有重要地位。《尔雅》，刘熙《释名》云：“尔雅：尔，昵也；昵，近也。雅，义也；义，正也。五方之言不同，皆以近正为主也。”《尔雅》就是指解释词义近于雅正，合于规范。国学大师章太炎称其书为“厘正故训，纲维群籍之书也”，是我国最早的训解词义之书，也是最早的名物百科辞典。这本书中所录的名物词类，不仅对读经书有极大的帮助，而且其对古今语言和名物命名演变的研究，也是一种有用的资料。此书乃由汉初学者缀辑诸书旧文，递增而成，原为训解经书所做，故经书以外之字，不作训解，唐代以后列入“十三经”。《汉书·艺文志》把这部书列在《孝经》类中，著录为3卷20篇，今列入“小学类”，存19篇。该书前3篇解释一般词语，类似后世的语文词典；后16篇根据事物的类别解释其名称，类似今天的百科辞典。

《尔雅》，有说周公所作，也有人说孔子门人所作，还有说是秦汉之际学《诗》者纂集传注而成。我们知道，《尔雅》实在是一部专门研析群书字义的“故训汇编”，也就是一部前人传下来解释有关文字意义的字典。说到《尔雅》这本书，《汉书·艺文志》只说它有3卷20篇，可并没有记载作者姓名或成书的时代。关于《尔雅》这部书的制作渊源，也就是它的成书年代等问题，我们却有一个不同的看法。从现存的《小戴礼记·小辨》中记载的孔子曾经和鲁哀公谈论到《尔雅》这一件事看来，《尔雅》成书，应当在孔子以前。如此说来，我们可又要和汉人采取同样的说法，认为《尔雅》一书，确为先秦作品。至于《尔雅》究竟是先秦何人所作，各种说法似乎都没有确实的证据，大都为猜测之词，只好存疑罢了。

《尔雅》为训诂名物之书，并非经书，但与解经有关。《尔雅》辑录了大量的古代词语，加以整理、解释，开创了我国词典的先河，对后世有很大的影响，是我们研究先秦词汇，阅读古书的重要参考资料。它不仅解释词语，还包含了广博的百科知识，描述了古代社会的面貌，反映了当时对天文、地理、生物等方面的理解，所以还是我们研究当时社会生活、思想状况的重要史料。此外，它对各种社会事物和现象进行了细致的分类，显现了当时人们逻辑思辨的水平，在这方面，也具有很高的价值。

《尔雅》的篇卷与内容。《汉书·艺文志》所载《尔雅》为3卷20篇，而今本《尔雅》19篇，分五大类：

（1）语言和普通字义：包括《释诂》、《释言》、《释训》，是古代文献词语训释的汇编。多用直训的方式，有同义词比的作用，都是对比《尔雅》还古的古书中有关的词汇所作的训释。如：“初、哉、首、基、肇、族、元、胎、俶、落、权、舆，始也。”这其中的大部分词汇现在仍有“始也”的意思，但像“哉”、“落”等词，现代词典的释义中就没有“始也”的义项了。

（2）人文关系和人事典制：包括《释亲》等。主要解释亲属关系的称谓，分为宗族、母党、妻党、婚姻四类。其中大多释义，沿用至今，如：“父为考，母为妣”，“妻之姊妹同出为姨（这一解释至今沿用），女子谓姊妹之夫为私（这一解释现在没有了，但民间仍有姐夫妹夫与姨子关系‘私’密的俗语）”，“女子之夫为婿”等。

（3）建筑器物类：如《释宫》、《释器》、《释乐》。解释宫室的总体名称和各个部位的名称，一般器物名称、材料名称和制作工序名称等。

（4）天文地理类：包括《释天》、《释地》、《释丘》、《释山》、《释水》。解释地域名称和地理环境特点。五岳之称，便出于《释山》。另如“下湿曰隰，大野曰平，广平曰原，高平曰陆，大陆曰阜，大阜曰陵，大陵曰阿”，“大波曰澜，小波曰沦，直波曰泾”。

（5）植物动物类：《释草》、《释木》、《释虫》、《释鱼》、《释鸟》、《释兽》、《释畜》等。对草本植物、昆虫、水生动物、鸟兽类、家畜的名称进行解释。

由于《尔雅》在我国文化发展史上所处这样的地位，所以汉代以后，研究《尔雅》的著作是众多的，其中主要的有：晋朝郭璞的《尔雅注》，会辑众说，去芜存精，考以俗语方言（并且另撰音和图，现已失传），是这以前《尔雅》研究的集大成之作。到了宋代，邢昺以《郭注》为主，撰《尔雅疏》。现收入《十三经注疏》。遗憾的是，这个本子中郭璞《注》已经被删节过，和原本不一样了。南北朝和隋唐时期有关《尔雅》的注本等，多已亡佚。宋代除了上述邢昺的著作外，还有罗愿撰的《尔雅翼》、陆佃撰的《尔雅新义》，尚可参考。清代考据学兴盛，对《尔雅》的研究自然也就发达起来。当时代表性的著作有邵晋涵的《尔雅正义》和郝懿行的《尔雅义疏》。邵晋涵《尔雅正义》，广采有关版本，详加校勘；又取汉魏六朝人的旧注，交通诠释；多次修订而成，人称《尔雅》的功臣。郝懿行的《尔雅义疏》较邵氏著作晚出，在前人的基础上，再加葺补，并且阐述《尔雅》义例，颇有益于读者。

第十九章 考 据 学

考据，也叫“考证”。它是研究古籍中之文字音义、名物器用、典章制度；多方寻求依据，然后考察辨证，是研究历史、语言等的一种方法。根据事实的考核和例证的归纳，提供一定的材料，做出结论。古人所说的“考据”，指研究历史文献或历史问题时，根据资料进行考核、证实和说明。戴震称之为“制数”，后来段玉裁改为“考核”，姚鼐则称之为“考证”，都是一个意思。作者在文中所说的“考证”，“就是要求材料准确”，比前人所说的涵义，“范围要广得多”。

考据的终极目的，是建立一个义理体系，亦即说明人本身之生及其行为的终极依据。明代末年，理学流于空疏、狂禅。加以江山变色，异族入主中原，兴文字之狱，严讲学之禁，是以学者乃厌空疏而重证实，考据之学兴焉。考据学大家戴震（1723—1777）认为，儒家经典的最终目的是要解决人的生存行为问题。他把义理看作“道”，以“道”为学术之归宿。认为：“义理即考、文章二者之源”①。

在清代，考据学又称朴学、实学、汉学、考核学。称为“朴学”，是侧重于它质朴、不尚浮华的特征；称为“实学”，重实际、重实证的主张和旨趣；称为侧重“汉学”，则与宋学相对，是侧重于其崇尚汉儒重小学训诂与名物考辨的学术特质；而称“考证学”、“考核学”或“考据学”，则是强调其治学方法和价值取向的本质特征。总体而言，考据是清代考据学者的方法论原则，也是他们所用治学方法的总称。清代散文家姚鼐（1732—1815），提倡文章要“义理”、“考证”、“辞章”三者相互为用。所谓“义理”就是程朱理学；“考证”就是对古代文献、文义、字句的考据；“辞章”就是写文章要讲求文采，强调研究要从考证史料开始。针对有人过于强调理论和方法而忽视史实辨证的现象，胡适尖锐地说：“史料若不可靠，所做的

---

① 赵玉新点校：《戴震文集》附录段玉裁《戴东原先生年谱》，246页，北京：中华书局，1980。

历史便无信史的价值。”强调史实的辨证和考据在今天尤其具有现实意义，因为现在的历史学研究崇尚宏观、理论、架构等等，而忽视对重要历史事实的辩证。

考据的方法戴震有云：

> 理者，察之而几微必区以别之名也，是故谓之分理。在物之质曰肌理、曰腠理、曰文理。得其分则有条不紊，谓之条理……就事物言，非事物之外别有理义也，有物必有则，以其则正其物，如是而已矣。（《孟子字义疏证》上卷）

也就是说，理要“察之几微”而区别之，才能把万物的道理识断清楚。戴震所说的“精审乎天地民物之理，得其情实，综其始终”①，就是要“识断”，“舍古无是”。

考据的方法主要是训诂、校勘和资料整理。目录学最早见刘向《别录》，有《列子目录》。戴震的考据学派唯重“由声音文字以求训诂，由训诂以寻义理，实事求是，不偏主一家，亦不过骋其辩以排击前贤”②。清乾隆末年，王鸣盛云：“目录之学，学中第一紧要事。”（《十七史商榷》）包括：目录学、图书馆学、版本学、校勘学、辨伪学、辑佚学、文字学、声韵学、训诂学等。

一、目录学、图书馆学、版本学

1. 目录学

目录学是书目工作的概括与总结，依照群书之类别、性质、编定其次序，并表明其名称、作者、册数、出版时间、出版地点，以便利于读者之需要，此一学术谓之目录学。目录学起源于《诗经》、《书经》的大、小序。大序介绍一类一组文献的宗旨；小序介绍一篇文献的作者及其作意，为专述。受其影响，战国以后的诸子著书立说，往往写自序 一篇，置于全书之后，用以说明著书的目的、全书的纲要等，以引导读者阅读文献。如《吕氏春秋》中的“序意”，《淮南子》中的“要略”等。汉代司马迁写《史记》，特撰写《太史公自序》一篇，除说明家世、仕历、学术观点、编纂旨趣外，还逐一说明每一篇的篇目和要旨，是读《史记》的一把钥匙。

我国最早的一部专科书目，是西汉武帝时杨仆编的《兵录》。可见目录

①② 戴震：《孟子字义疏证》，上卷，上海：上海古籍出版社，1996。

学源远流长，并形成了“辨学章术，考镜源流”的优良传统。宋代以后出现目录学理论著作，丰富了目录学理论。

目：为人之眼睛，代表人之神情。移之于文章，则为题目；于书籍，则为篇目。所以代表该文章、书籍之要义。录：录者，叙录也。《汉书·艺文志》云：“每一书已，向辄条其面目，撮其旨意，录而奏之。”

目录：“条其篇目，撮其旨意。”（《汉书·艺文志》语）

目录学之体制：

（1）篇目，考一书之源流，详述每书某篇为第几，谓之篇目。

（2）叙录，考一书之源流，包括：

作者：年代、籍贯、生平、著作、贡献。

大意：该书之性质、内容。

原委：写作之动机、背景、影响。

行款：页数、行数、字数、版本之长阔。

题跋：前人所作之序跋、考据。

印记：表示其时所拥有之所有权。属于何一朝代，以及真伪问题。

讳字：可借以考察所属之朝代、皇帝。

收藏：先后收藏经过。

校雠：有何错字、误字、脱字、衍文、错简。

考订：真伪之辨别。

（3）小序：考一家之源流。即置于书前，以叙述其学术源流、派别。以上三者，“篇目”必备，“叙录”、“小序”则可有可无。

目录之种类有：①书之目录；②群书之目录；③史家之目录；④藏书家之目录；⑤读书家之目录。任何研究工作，着手的第一件事是“综览全部文献”。在浩如烟海的学术领域，掌握必要的文献目录是研究工作起步的关键。

2. 图书馆学

（1）图书馆的起源。

文字的产生和文献的出现，是人类社会进入文明阶段的重要标志。当人类意识到需要将经验和知识用文字记录下来以供利用时，最古老的文献便产生了。当人们认识到需要对已产生的文献进行连续不断的收集，并将收集到的、有一定数量的文献有序地存放在一起以便长久保存和利用时，最早的图书馆便诞生了。

中国最早的文献形态，是公元前14—公元前11世纪，商代后期的甲骨文献和金文文献。据考古发现，殷墟甲骨的入藏、排列都有一定的次序和方法。商代设有史官，掌管记录统治者的言行及重大事件的图书档案。周代除王室有收藏文献的库室外，各诸侯国也有本国的文献库室，《周礼》一书记载有周人分官守书的情况。因为最晚在春秋战国时已流行以竹木和缣帛为载体的文献，记录文字较前便利得多。孔子和他的弟子们给《易经》一书和《尚书》、《诗经》中的各篇做了必要的说明，这就是后世所称的大序和小序，它们为编目工作中提要的发展奠定了基础。

西汉刘向、刘歆父子的校书编目工作，建立了中国封建时代图书馆工作的一个基本模式。《七略》作为一部系统目录，开创了一个典籍以六经为首，诸子以儒家为尊的分类体系。自汉“六分”，晋“四部”，几经变化，到了唐代确定为“经史子集”四类，成为后世图书分类体系的主流。从隋唐开始，关于藏书聚散的情况和原因已经引起关注。隋秘书监牛弘撰写《请开献书之路表》，此后，“开献书之路”成为政府图书馆从民间征集图书的一种行之有效的办法，该表还第一次总结了春秋以来图书馆史上的“五厄”及其发生的原因。

宋代是中国古代图书馆学思想发展的重要时期。南宋的程俱、郑樵和金代的孔天监是其中的代表人物。程俱在南宋首任秘书少监时，将北宋时期国家图书馆的沿革、职能、人员，藏书的征集、整理、典藏和利用等基本工作，总结成《麟台故事》一书，进呈朝廷。这是现存最早的有关国家图书馆事业的资料。郑樵在其《通志》的《艺文略》、《校雠略》和《图谱略》等几部分中系统地提出了以藏书整理为核心、以流通利用为目的的思想。他还根据前人和自己的经验，提出搜集图书的八种方法。金代的孔天监，在其《藏书记》中记述了建立公共藏书楼的创举，反映了公开藏书的思想。中国图书馆学的形成和发展自 19 世纪末 20 世纪初以来，随着“西学东渐”的潮流，西方图书馆学思想也传入中国，并与中国图书馆学传统内容相结合，使中国图书馆学开始向近代新领域过渡。

（2）图书馆之性质。

图书馆学是研究图书馆之组织法、管理法与使用法之学科。图书馆是收集、保存、整理一切图书，以便利社会士人之阅读。

图书馆学之分科：①图书，②人员，③设备，④方法。图书馆是国家或地方设立的，阅读人可以自由出入。附设阅览室、参考室、服务处等。

图书馆应有之目录：

① 书名之目录：以书名为单位，编著目录。

② 人名目录：以人名为单位，编著目录。

③ 类名目录：根据检书人之需要，依分类名称而编著目录。

④ 分析目录：凡丛书或一书（如专集），包括若干作者，包括许多内容，则分析其内容而编著目录。

图书馆设有中文西文编目卡片、目录检索、各类数据库等。

图书馆学（library science）是研究图书馆的发生发展、组织管理，以及图书馆工作规律的科学。其目的是总结图书馆工作和图书馆事业的实践经验，建立科学的图书馆学的理论体系，以推动图书馆事业的发展，提高图书馆在人类社会进步中的地位和作用。

3. **版本学**

中国古籍悠久辉煌，内容丰富，版本众多。由于时代的不同，有唐刻、宋刻、元刻、明刻、清刻等；由于地域不同，有蜀本、浙本、闽本等；由于刻版单位不同，又有官刻、私刻、坊刻等区别。据不完全统计，《史记》有六十多种版本，《红楼梦》也有三四十种版本。

版本学的缘起，在于表示某一书不同的传本，供校勘时选择、参考或作文献来源说明。据《汉书·艺文志》记载汉成帝于河平三年（公元前26）任命刘向领导校书编目工作。刘向死后，由其子刘歆完成其业。当时的图书多是写在简策上，再以绳编联简策而成的，由于简策断烂脱落现象严重，师授来源也不同，而使一书出现多种异本。这样，校书就需要搜求多种版本，以便比勘文字。所以刘向校书首先就是广罗异本，为以后删除重复、条别篇章、定著目次、校雠脱漏、写定正本、著录编目等工作打好基础。

“本”有写本，或称旧本；又有碑本，亦称石本，拓本。书之称本，始于刘向。刘向《别录》云：“一人读书，校其上下，得谬误，为校。一人持本，一人读书，若怨家相对，为雠。”

版本，是唐朝发明雕版印刷，所印之书称“版本”。以其用“墨”印，故称“墨本”。

版本学，是研究古来写本、刊本、稿本、校本、批校本之传抄源流和雕版源流，孰善孰劣，以及纸墨、款式、字体、印记、装潢等之学术。一种书有各种不同的抄本、刻本、活字本，而且卷帙多寡不同。

善本之标准：“善书”、“善本”标准，张之洞认为有三：

（1）足本：无缺卷、无删削。

（2）精本：精校、精注。

（3）旧本：旧本，是清藏书家所出书目，多以明世宗嘉靖为界。宋元旧刻，多为善本。明神宗万历以后，亦见严格。至于明代，则当考查是否经过精校。

版本之源流：唐以前雕版印刷发明以前皆用抄本，抄写、摹写等。雕版术始于中唐，开始有唐刻本，有官家刻、私人刻。宋代刻风大盛。宋刻本，有官刻、私刻、坊刻三种。以后元代、明代、清代，书刻既多又精。

版本之鉴别：款式，字体，墨色，纸张，牌记，讳字。

版本之功用：选择最佳、最正确之版本，还要对多种版本相互校对。典籍收藏要分抄本、刻本，并分辨朝代，以免善劣混杂。

二、校勘学、辨伪学、辑佚学

1. 校勘学

校勘是古籍整理的最基本的方法之一，也是进行古代文、史、哲研究的基础性工作之一。可信的材料是任何科学研究的前提，而古籍校勘，是保证这一前提的有效方法之一。

校许慎《说文解字》云："校，木囚也。"即以木羁人也。引申则有校核、比较之意。勘，顾野王《玉篇》云："勘，覆定也。"

校勘：校勘的本意应该是考核与审定，初校为校，再校为勘，有至数遍者。校勘之名，起于宋代欧阳修《书春秋繁露后》云："董生之书流散而不全矣，方俟校勘。"也有人说一人校为"校"，二人校为"雠"，但从字面上看，都是校勘。校勘与校对不同，虽然它们都是订正文字的讹误，但工作性质不同，不能相提并论。校勘是勘正书籍在流传中所产生讹误的学术性工作，校勘者不仅要发现问题，而且要凭借丰富的学识对其作出明确的是非判断。而校对则是一个出版环节，它的任务只有一个，就是保障出版物和原稿的绝对一致，甚至从文章结尾倒着校，以保证一个字一个字的对勘。

校勘学：比较篇籍，而辨其真伪，校其羡夺，以还其本真之学术。校勘之异称：校雠、雠校、斠雠。校勘之源流：周代、春秋、汉代、唐代、宋代、清代。

校勘之源流可以追溯到周代、春秋，汉代就有官家校勘、私家校勘。唐代，官家校书更加盛行。太宗贞观元年（627），以魏征为秘书监，命写四部群书，置雠正 30 名。玄宗开元五年（717）写四部书，于开元九年（721）成书《群书四部录》200 卷。唐初有两大私家校书家，所校书包括"四书"、"五经"、《孝经》、《尔雅》等，成《经典释文》30 卷。到了明、清之际，由于学术更重考据，印刷术发达，校勘之业更盛，校勘之成就更大。

（1）校勘之事项：

①整理简策错乱；②删除衍羡文字；③增补缺脱文字；④校正错误字句

（2）校勘之方法：

①以众版本相校：版本收集愈多，则校勘愈精。②古类书相校：以古代类书互相校勘。③以相类书相校：以古代类书相互校勘。④以同类书相校：如《吕氏春秋·十二月纪》与《淮南子·时则训》相类，可相校。⑤以古注相校：古注之中，往往征引群书，可以相校。⑥以本书之文意义相校：书籍之说理必须上下通达，据此，则可校正其中之讹误。⑦以本书之用语相校：篇章用语，有其一致，如有不妥，则知有误。如"休思"古本作"休息"，今本已据下文体校正。

2．辨伪学

我国古籍名类繁多，在长期的流传过程中出现了不少伪书，或是真书掺入伪篇。这种情况每每给学术研究造成混乱。因此，学者们早就注重审疑辨伪的问题，辨伪是文献整理、史料鉴别的基础工作。就书本文献来说，辨伪的任务包括对古籍名称、作者、年代、版刻真伪的考订，也包括对古籍内容、史实、学说真伪的考辨。具体地说，前者主要辨别伪书，后者主要辨别伪说。古典文献研究以古籍为主要对象，辨别伪书应是文献研究的一个重要前提，当然也涉及收集内容的真伪问题，与辨别伪说不能分开，只是在具体问题上各有侧重而已。

伪书之来源，原因很多，如：

好古之风，春秋时代已见其然，故每有托古以叙己见者。如《汉志》有《神农》20篇。文人，藏书家，每因炫耀自己拥有孤本、秘本，因而作伪。如明丰坊万卷楼，自称有孤本，而所展出之《子夏易传》、《子贡诗传》等皆早已亡佚者。学者为争名声，因而作伪。为取得帝王之宠信，因而作伪。掠美。因掠人之美，而致伪。误杂。作者初无作伪之意，以误杂而致伪。

伪书之种类很多，如《鬼谷子》，非鬼谷子所作，全书皆伪。又如《论语》中部分有问题。《雍也》"子见南子"章，部分之伪，即不可信。还如《左传》初名为《左氏春秋》，今名《左氏传》乃刘歆所改，属书名作伪等。

辨伪之源流。辨伪始于战国，汉代有今古之争，今文家以古文为伪；古文家则以今文流传而来，未必可靠。魏晋之风在于清淡，故辨伪之学无可观者，唯佛学方面略有成就。唐代辨伪之风渐起并多有成效。宋代辨伪之风转盛。明代对辨伪之学贡献甚巨。清代至民国辨伪之风犹盛。康有为的《新学伪经考》、钱穆的《古史辨》等辨伪之说可观。

“伪书”应如何对待，梁启超认为要区别不同情况，作出不同的处理。迷失真相，如误信伪书为真实，则所得非其真相也。陷于矛盾，如果误信伪书为真实，杂易导致学术史“先”、“后”之倒置、矛盾。如误信《老子》书为老子作，则倒置于孔子之前矣。中伤贤能，如果误信伪书为真实，则作伪以谤人者，其阴谋得逞矣。如司马光《涑水记闻》有谩骂王安石。伪书之辨别，可以通过自古志目录辨别，自文义辨别，自文辞辨别，自背景辨别。

伪书中有真事，真书中有伪事。而“伪”与“误”又有所不同。比如：对于那些“伪而非伪”或内容不伪而仅仅书名或撰名有伪的书，在稍加考辨之后，就应当作“真书”来看待；对大量真伪杂糅的书，则应确实一番鉴别去取的工夫；真正全伪的书，自然又当别论，但这样的书其实并不太多。对已确证的伪书和材料，也要区别对待。有的伪书由于种种原因也可能具备一定的参考价值。如果不加区别，将所有已知伪书弃之不用，对研究工作不利。

3. **辑佚学**

中国之书籍，经战乱、暴政、火灾、水患、虫蠹、秘藏等，以致损失甚多。故辑佚之工作，乃整理学术之重要工作。

辑佚之源流可以追溯到汉代，汉代辑佚之工作始于西汉成帝，派陈农收集天下遗书，然所收集者，皆为整理书籍，故不称辑佚。北宋时，有《相鹤经》者，才真正辑佚开始。南宋时，王应麟辑佚经部，如郑氏《周易注》等，贡献甚大。明代辑佚成绩显著，清代辑佚有四大家。

辑佚的方法有：从群书本文所征引者收集之；从古注疏所征引者收集之；从类书所征引者收集之等。

辑佚工作应从以下几方面着手：

（1）考证原书。凡欲辑某书，必须对该书撰者身世、成书年代、史籍称引、目书著录、后人评述、学术渊源等有关问题，作广泛深入地考证，尽可能争取掌握比较全面的情况。

（2）体例探讨。体例，指书的总体框架、大纲细目、编排款式等有关问题，他是书籍的外部特征。在古佚籍中，有的略知梗概。对体例了解得越具体越详细，就其外部特征而论，越易接近原貌。

（3）资料搜集。资料是基础，资料越多，基础越稳固。反之，如资料很少，即便掌握了体例，也不过是个空架子。所以搜集资料极为重要。

（4）真伪辨认。古籍引用前人文献时，有许多问题值得注意，如仅凭记忆而误者，有的随意删削或窜改，有的在引用他文时已夹带己文，或由于古无准确标记符号，使引文与己文混淆等。因此，对辑得的诸多资料，还须加以辨认，以存其真。

辑佚是一种非常细致的文献研究工作，绝非单纯地抄录古书。如果要做好这项工作，辑佚者必须具备相当的学识，包括目录学、版本学、校勘学、辨伪学等古典文献学知识，掌握充分的资料，而且还要明确的指导思想，严谨的治学精神，并按照严格的方法和步骤进行辑佚，才有可能把佚书辑好。

三、文字学、声韵学、训诂学

1. 文字学

文字是记录语言的符号体系，是语言书面化的体现者，是最重要的扩大语言交际作用的辅助工具。文，“独体为文”（郑樵语）。字，“合体为字”（郑樵语），许慎《说文解字·叙》曰：“仓颉之初作书，盖依类象形，故谓之文；其后形声相益，即谓之字。”

文字之起源：自应用之立场而言之：文字之创造，乃心思其意，口发其音，手画其符。自创造之立场而言之：相传上古结绳记事，皇帝史官仓颉乃造文字。文字，在秦代以前叫“名”、“书”、“文”或“字”。《仪礼·聘礼》：“百名以上书于策，不及百名书于方。”按：“名”即指文字。《荀子·解蔽》：“好书者众矣，而仓颉独传者，壹也。”按：“书”即指文字。《左传·宣公十二年》：“夫文，止戈为武。”按：“文”即指文字。《吕氏春秋序》：“暴之咸阳市门，悬千金其上，有能增损一字者与千金。”按：“字”即指文字。“文字”一词，始见于秦始皇二十八年（公元前219）时所刊立的琅邪刻石（在山东诸城县东南150里处）的“器械一量，同书文字”一语中。此后文字既可以用来指记录某种语言的文字符号的整个体系，也可以用来指一个个的字。

以文字为研究对象的科学叫文字学，它研究文字的发生和发展的规律、文字的类型及其特点，研究文字和社会、文字和语言、文字和书写工具以及印刷技术的关系等等。文字学，广义言之，包括字形、字音、字义三部分，亦即研究形体、音读、义训之来源、结构、变迁之系统性知识。狭义而言，即指自形之学而言。文字学之异称：如小学，班固《汉书·艺文字》云：

“古者八岁入小学，故周官保氏掌养国子，教之六书。”盖文字学者，为古代孩童启蒙之学，故称“小学”。文字学的内容，包括广义言之有：字形，即狭义之文字学；字音，即声韵学；字义，即训诂学。

文字之构造，许慎《说文解字·叙》有“六书”之说：

象形：“象形者，画成其物，随体诘诎，日月是也。”

指事：“指事者，视而可识，察而见意，上下是也。”

会意：“会意者，比类合谊，以见指㧑，武信是也。”

形声：“形声者，以事为名，取譬相成，江河是也。”

转注：“转注者，建类一首，同意相授，考老是也。”

假借：“假借者，本无其字，依声托事，令长是也。”

中国文字之变迁，大致可概述如下：古文：由上古至周之文字，称为古文。甲骨文、钟鼎文属之。大篆：周宣王时代还流行古文，西秦则流行“大篆”（班固《汉书·艺文志》）。小篆：秦统一六国，实行中央集权，统一文物制度，于是，李斯请“书同文”，并用大篆作《仓颉篇》，后稍加改进，是为小篆。奏请秦始皇颁行使天下文字统于一。隶书：秦狱官程邈，增减篆体，以求简约，而便徒隶书写，是为“隶书”（佐书）。草书：汉武帝时，黄门令史游作《急就章》一篇，解散隶体，简略书之，因草创之义，曰“草书”。东汉章帝时，齐相杜操（伯度）善此书，章帝爱之，下令臣下用草书上章表，故名“章草”。楷书：三国魏钟繇，以隶书作楷法，称为“正书”或“真书”，即“楷书”。行书：刘德升造“行书”，字体在“真书”与“草书”之间。今草：王羲之的草书称“今草”。

2. **声韵学**

汉语音韵学是中国独有的一门科学，也叫声韵学，在普通语言学里叫历史语音学，通常就称为音韵学。它是研究汉语史上语音情况和它的发展的学科。其目标为，在汉语方言，隋朝和唐朝的反切系统的基础上，探测古汉语的发音如何，以及古今发音的演变规律。音韵学的研究最注重中古汉语（隋唐）和上古汉语（战国）两个时代。

声：发音为声。韵：收音为韵（合声与韵则为音）。

声韵学：声韵学即研究发音为声、收音为韵之原理，以及声之分类、韵之分部。进而探讨时有古今，故今音不同于古音；地有南北，则南音不同于北音，然后决定某一字所发之音。此一系统性知识，即是声韵学。

声韵学研究之分期，据董同和《中国语音史》分期如下：

上古音，指先秦之语音，是根据《诗经》的用韵与谐声字所考得之语音系统。

中古音，以隋唐为中心，根据隋陆法言之《切韵》。

近古音，指宋代而言，以宋末黄公绍之《古今韵会举要》为根据。

近代音，系指元代，以周德清之《中原音韵》为根据。

现代音，指现代标准普通话之语音。

声韵学研究之要项：声：发音为“声”，发音相同之字谓之“双声”，类聚双声之文，取一字为标目，谓之“纽”，或谓之“声目”，或谓之“字母”，或简称“母”。

韵：收音为“韵”，收音相同之字谓之“叠韵”，类聚叠韵之文，取其一字以为标目，谓之“韵”或谓之“韵目”。

注音：包括直音。以读音相同之字为注。如《诗经·周南·关雎》篇：“参差荇菜”，朱子《集传》曰：“荇，音杏。”反切，即合二字。上取其音，下取其韵，以为一音，如今之拼音。反切之应用自古已有之。反切之切语上字与切成之字，必为双声；切语下字与切成之字，必为叠韵。例如《切韵考》：

冬，都宗切。攻，古冬切。

当，都郎切。

都，当孤切。宗，作冬切。

3. **训诂学**

训诂学是中国传统研究古书中词义的学科，是中国传统的语文学——小学的一个分支。训诂学在译解古代词义的同时，也分析古代书籍中的语法、修辞现象。他从语言的角度研究古代文献，帮助人们阅读古典文献。所谓“训诂”，也叫“训故”、“故训”、“古训”、“解故”、“解诂”，用通俗的语言解释词义叫“训”；用当代的话解释古代的语言叫“诂”。“训诂”连用，最早见于春秋时期鲁国人毛亨注释《诗经》的书，书名叫《诗故训传》，“故”、“训”、“传”是三种注解古文的方法。训诂合用始见于汉朝的典籍。

训：许慎《说文解字》：“训，说教也。”段玉裁注云：“说教者，说释而教之，必顺其理。”

诂：许慎《说文解字》：“诂，训古言也。”段玉裁注云：“训古言者，说释故言以教人，是之谓诂。”

训诂学：对古语、方言、难词作条理之解释。此一系统性知识，谓之训诂学。

训诂之起因来源于通古今，兼四方，释疑义。所谓通古今：时有古今，由于时间之久远，文字之形、音、义亦随之而变异，故以今语释之。兼四方：地有南北，由于空间之阻隔，表情达意之字形、音、义不同，故当以雅言释之。释疑义：义有歧异，由于词义之引申，同一字形，其音、义则有数种注释，为正辨名，故当求其正解。

训诂所需之相关知识包括：文字学，声韵学等。所谓文字学：乃字形之学，字形之创造，各有其本意，其应用，则每有所演变与引申。声韵学：乃字音之学，古人用字，每以音为主，意生于心，音发于口，则每以音同形异之字以表之，是以形虽异，音则同，而其义亦通，故观其形，求其音，则得其义矣。

训诂之方法在形训：于形得义，即就字之形，得字之意义。象形，如⊙，即知为日；指示，即所指；会意，即意识到。

声训：凡从某得声多有某意义，即凡形声多会意。如凡从“青”得声多有美意。还如声音关系之假借等。

义训：本字为训。《易·序卦》云：“蒙者，蒙也。”还如异字为训。《经·魏风·硕鼠》云：“硕鼠硕鼠。”郑笺云：“硕，大也。”

训诂学是汉文古籍释读术，它是一门综合性的应用型学科。释读汉文古籍均从词句入手，最终目的是弄懂文本的旨意。训诂学是汉语语言学、语文学的一个部门，是综合性学科，不等于语义学、词义学。

第二十章 词 章 学

词章，亦作“辞章”，是诗文的总称。韩愈《柳子厚墓志铭》：“居闲益自刻苦，务记览，为词章。”《后汉书·蔡邕传》：“好辞章、数术、天文。”前人所说的“辞章”，本指文章，是对诗文的总称，后来也有人用以指文章的实用写作技巧。作者在文中就是使用了后来产生的这一意思，它“是属于文章形式方面的问题”，“涉及语言、章法和风格等方面”。作者在文章中不仅借用了前人的说法，而且把它作为文章的标题，这样就比使用观点、材料和形式作标题要显得别致，有特色，而且也表明了作者所提出的问题是有渊源的，是很早就被人重视并开始研究的，“古人所称章句，亦指传注言”。文章虽有无法之主张，但大多承认有法式可循，古人文法成立并除了专门的讨论外，文章的法式潜藏于篇章之中，故读经、史、子、集时，不可不措意于此。“沈钦韩《汉书疏证》云：‘章句者，经师指括其文，敷畅其义，以相教授。’这便是后世所谓‘讲疏’、‘讲章’一类写作的开端。”（赵岐的《孟子章句》）

词章学包括：诗学、词学、曲学、文章学、小说学、俗文学等。

一、诗学、词学、曲学

1. 诗学

诗学是指诗文理论。我国最早的诗学理论是《尚书·尧典》中的一段文字：“诗言志，歌咏言，声依咏，律和声。”朱自清说那是中国古代诗论的“开山的纲领”。诗歌是如何产生的呢？《毛诗·大序》云：

> 诗者，志之所之也。在心为志，发言为诗。情动于中而形于言，言之不足，故嗟叹之；嗟叹之不足，故咏歌之；咏歌之不足，不知手之舞之，足之蹈之也。

朱自清说：

诗的源头是歌谣。上古时候没有文字，只有唱的歌谣，没有写的诗。一个人高兴或悲哀的时候，常愿意将自己的心情诉说出来，给别人或自己听。日常的语言不够劲儿，便用歌唱，碰到节日，大家聚在一起酬神作乐，歌唱的机会就更多。这里提到的是心灵的自然感动，包括喜、怒、哀、乐、好、恶、欲等情绪，一定要宣泄出来，借着精练的文字及和谐的音韵节奏表现出来，就成为了诗歌。①

诗学的范围广泛，著作繁多，隶属经部，很多经典被认为具有很高的美学价值。古体诗：四言、五言（五古）、七言（七古）、杂言（长短句）；近体诗：律诗、排律、绝句。对各类诗体，如以时代分，有建安体、初唐体、盛唐体等；以作者分，如苏李体、李太白体、白乐天体等；以风格分，有宫体、西昆体、台阁体等等。

诗学主要讨论的问题可以分为以下几类：

（1）阐述理论观点为主，辩论本质，总结规律。如南梁刘勰《文心雕龙》，宋代严羽《沧浪诗话》，清代叶燮《原诗》等。

（2）以综论作家作品为主，提出标准，系统评析，或分品级，或分风格。如南梁钟荣《诗品》，唐代司空图《二十四诗品》。

（3）以作品评点为主，或选总集，或选别集，编排有序，评说较多。如明代高棅《唐诗品汇》，清代王夫之《古诗评选》等。

（4）以赏析杂谈为主，亦赏作品，亦评作家，亦发议论，亦记见闻，随笔闲谈，不求有序。如宋代张戒《岁寒堂诗话》，明代谢榛《四溟诗话》，近代王国维《人间词话》。

（5）以辨析体格为主，文章体制、诗词格律亦文论家所研究的。如明代吴讷《文章辨体》，清代赵执信《声调谱》。②

诗学对诗的作法的研究在陆机的《文赋》，刘勰的《文心雕龙》，钟荣的《诗品》，司空图的《二十四诗品》等著作中都有很多篇幅论及到。探讨诗文的创作方法和技巧，总结创作经验。另外是探讨形象、思维、风格学、修辞学等。如：

（1）铸造意境，《尚书·尧典》曰“诗言志”，志者，情意也。情意表达，或感兴于外在事物，或激发于内在蕴蓄，而皆以生活经验为基础。

（2）遵循格律，即诗有配乐之乐歌，创作时须注意音乐节拍，既为表达情意，而意境既已铸造，是通过文字形式以表达之。诗要诵，所以作诗要

① 朱自清：《经典常谈》，上海：上海文艺出版社，1999。

② 成复旺，陆贺本：“诗文评”载《国学通览》，718 页，北京：群众出版社，1996。

遵循格律，达到言简、意赅、情婉、音谐之境界。如平平平仄仄，仄仄平平平，平起式。

（3）润饰成篇，诗的创作除铸造意境，遵循格律外，还要润饰文字、求文畅顺、章法公平。炼字，即用字稳妥、合律，诗情洋溢，意境突显。度句，善于节拍，达到抑扬顿挫之妙境。

（4）诗之要素，诗在形式上既有格律之规定，内容上提炼其情意，以期言简而意赅，而所提炼之情意，应当包含以下三要素：诗情，可以叙述生活，描写景物，抒发胸怀为之。画意，所谓“生活”、“景物”呈现出一面图画，线条交错、形象和谐、色彩均匀、神采焕发。哲思，指诗人在主观抒发之余，对生活、人生、社会、宇宙有其独特的态度和观点，诗中充满深刻的哲思。①

这里的“诗学”是指对中国传统诗歌及其创作的研究。远在《诗经》以前，就有一些口耳相传的诗歌，如《击壤歌》、《卿云歌》等。《诗经》作为我国最早的诗歌总集，和南方的《楚辞》相互辉映。两汉，魏晋南北朝，隋唐五代的乐府，分为宫廷乐府、民间乐府、外来乐府。古体诗包括五言古诗，七言古诗。近体诗包括五言律诗，七言律诗；五言绝句，七言绝句。《诗经》、《楚辞》的研究，其中的现实主义与浪漫思潮深受人们的喜爱，给后世以极大的影响。历代的名篇佳作，丰富了我国的诗坛。

2. 词学

广义言之，词即是诗。词相应诗言，亦名“诗余”，又名“长短句”。自音乐生命言之，词如诗，皆当配乐。自文学生命言之，词乃自诗蜕化而成规律化之长短句。故词者，依谱填词也。词不称“作”而称“填”，因为它要受声律的严格约束，不像散文可以自由抒写。它的每一曲调都有固定形式，而这种特殊形式，是经过音乐的陶冶，在句读和韵位上都得和乐曲的节拍恰相谐会，有它整体的结构，不容任意破坏的。唐宋诗词有它特殊形式和发展规律。

词的起源有二说：一是起源于六朝乐府的长短句；二是起源于近体诗。词体文学始于唐，至宋高度繁荣。词之体制：南宋人所编《草堂诗余》，将所收录的唐、五代、宋诸词，分为小令 58 字以内，中调 59 ~ 90 字，长调 91 字以上。

词学作为对词体文学进行专门研究的学术工作，萌芽于北宋中期，而初

① 朱维焕：《国学入门》，43 ~ 44 页，北京：中国人民大学出版社，2005。

具理论形态和基本学术框架则是在宋元时期。因为词体文学的繁荣是在唐末清初，宋朝人竟初创了词学研究这门学问。但当时的文化人普遍地认为词是不登大雅之堂的“小道”或“余事”，虽然自己也写词、评词、选词和研究词，却并不把这些当成舍命正经学问。元明二代，词体衰落，“词学”一语相应地默默无闻。清代词体文学的中兴，也促进了词学研究的昌盛。清代学者将“词学”当作专门学问来研究。

宋朝人的词学研究，可以总括为作家作品评论、词学理论、作品辑存与选编、曲调考证与整理、词谱和词韵制定等。其中以词话形式出现的作家作品和以单篇文章形式出现的词论，比较有代表性。词话最初是一种以记轶事、闲谈的方式来进行词体文学批评的语录体著作。第一部诗话是欧阳修的《六一诗话》，南宋有了名副其实的《今古词话》。萌芽时期的词话散漫而杂乱，大多采取随笔漫谈的形式，有着浓重的记轶事、资闲谈的色彩。《碧鸡漫志》是一部笔记体的词学名著，表现出对于词的思考和审美要求。还有一些单篇文章，如书简、序跋、题词、随笔等，如苏轼和苏门四学士写的一些书信、序跋等，南宋胡寅《题酒边词》，陆游《跋花间集》等。宋人对词体文学作品的辑存与编选，也是一项学术性质的工作。虽然词选种数不多，但有很高的学术价值。它们可供辑词、校勘、考证之用，并为词史研究提供了直接的资料。

《词源》是一部较为全面地解决词学研究重大问题的理论著作。书名“词源”就表明著者有较为自觉的理论意识，在词学研究史上是具有里程碑意义的。现代有“词学三大家”：龙榆生（1902—1966），夏承焘（1900—1988），唐圭璋（1901—1990），创立《词学季刊》。其中龙榆生的一篇文章“研究词学之商榷”，提出研究词学的八项工作：①“图谱之学”，就是研究词的平仄、句失组合规则。②“词乐之学”，探讨词的乐律，词与音乐的关系。③“词韵之学”，编制词韵之书。④“词史之学”，采集有关词家及其作品的文字记载资料，依时代先后和活动情况，排比成书。⑤“校勘之学”，运用有关知识，对词籍进行校勘。⑥“声调之学”，用知音识谱的作家，将每一曲调最初作品的参差长短等比类，推求其曲中表达的特定情感。⑦“批评之学”，即依一定的宗旨与准绳，品评诸家词作。⑧“目录之家”，从事与词籍目录提要的编纂。

词的章法与填词之要点有一些比较常见而又有特色的开头：

（1）造势：开门见山，直陈胸臆，一起句就道出词的主旨或概括词的内容。单从词句上看似乎平淡无奇，实似引弓待发，往往笔锋一转，便如悬崖飞瀑，一泻而下，称之为“造势”。这种方法不单豪放派词人指陈时事、言志咏怀时常常使用，就是婉约派的抒情作品也不乏其例。构思词义要求叙情、写景接近生活中的悲欢离合，通过词人的心灵，构思词的意义。如李后主《相见欢》：“林花谢了春红，太匆匆，无奈朝来寒雨晚来风。胭脂泪，相留醉，几时重？自是人生长恨水流东。”

（2）造境：由写景入手，先造出一个切合主题的环境，然后因景生情，依景叙事，带出词的主体部分来。称之为“造境”。张志和的《渔歌子》，一起手先画出一幅春江静秀和平的风景画——西塞山前白鹭飞，桃花流水鳜鱼肥。多么自由而恬静啊！这样的开头正是给下文以渔父自况的作者出场造成一个典型的环境；作者也用这个环境寄寓自己要求超脱现实的思想感情。选择词调，如小令、中调、长调。填词要按谱依律以期合乐，不得任意增减。词调表示音律，如何依照词调的音律以吟唱，必须以词谱为依据。词谱，即是填词所依据之格调，而以格式表示之。如李后主《望江南》：

多少恨，昨夜梦魂中。还似旧时游上苑，车如流水马如龙，花月正春风。

平平（仄）仄（句），仄（平）仄仄平平（韵），仄（平）仄平（仄）平平仄仄（句）平（仄），平平仄（平）仄仄平平（叶），仄（平）仄仄平平（叶）

（3）造思：先设一问，或点出题意，或造一悬念，引人深思，使人急于要看下去。然后以答语形式引出词的主体。这是词人常用的一种开头方式，是谓“造思”。有时，先用一个反问句，明退暗进，随即把正意推出，有如引弓发丸一般。

庭院深深深几许？杨柳堆烟，帘幕无重数。（欧阳修《蝶恋花》）

庭院深深深几许？云窗雾阁常扃。（李清照《临江仙》）

3. **曲学**

曲学在国学各个门类中是形成较晚的一个学科。诗产生于先秦，词产生于唐末，散曲则直到13世纪的金元时代才登上文坛；是中国北方流行的一种通俗歌曲，由于格调清新，深得社会各阶层人士喜爱。南方流行带有南方特色的乐歌，人称之为“南曲”。无论是北方的散曲，还是南方的南曲，都是一种新诗体——散曲。作为一种新诗体，散曲与传统诗词比较，有自己鲜明的特色。

（1）散曲。

元代以前乃相对诗歌之文辞而言。诗歌，有其文辞一面，谓之诗，谓之词；有其音乐一面，则谓之曲。散曲的体制，由最基本的小令，至小令组成的散套，以及所依据乐章有北曲、南曲之别，故有杂剧、传奇。

（2）散曲之特色。

从韵律看，散曲的小令每句用韵，一韵到底，与传统诗词通常隔句用韵的形式不同。

从句式而言，散曲比传统诗词更灵活。词之句式有定。而曲则可适量增加“衬字”，甚至“衬句”，文字通俗、活泼。

从语言而言，向有诗庄、词媚、曲俗之称。音律活泼，曲的特色之一是押韵较宽，即平、上、去三声可以互押。诗词曲都讲究对偶，以形成文体的音韵美和形式美。诗词对偶平仄互拗，韵脚一定要平仄互对；而曲则可以不受此种声律约束，可以平对平、仄对仄，韵脚则也不必平仄互对，反而可以平仄互押。

抒情写景之时，音调有抑扬高低之变化，增加音乐之美妙。曲来源于民间，造句清新，长短句化，参差错落，给人清新之感。如关汉卿《不服老·尾》中“我是个蒸不烂煮不熟捶不扁炒不爆响珰珰的一粒铜豌豆”。情意无余，曲之特点贵写实、白描，随题材之雅俗而雅俗，总以情意无余为妙。

补充一点，学习曲学，应该知道姚燮（1805—1864）。姚燮是近代著名的文学家，他不仅是鸦片战争时期重要的诗人，而且还是一位小说和词曲的研究专家。他的《〈词律〉勘误》、《玉笛楼词学标准》、《读〈红楼梦〉纲领》，都很有名。他评点的《红楼梦》的本子在上流社会中流传甚广。但姚燮贡献更大的是他研究戏曲史的著作《今乐考证》，全书12卷，共著录作家515家，各类剧目3 108种。此书所著录的剧目，是当时乃至“五四”前收集最丰富、最完备的一种。对于姚燮的这部《今乐考证》，早在20世纪30年代，著名的文学史家郑振铎先生就对此书和它的姐妹篇《今乐府选》（未刊，500卷，是一部大型的戏曲选集）给予很高的评价，认为其收罗之丰富，“恐怕自古时到今日还不曾有过第二个人”呢！称姚燮是我国戏曲研究史上“一个伟大的先驱者”①。

二、文章学、小说学

① 《姚梅伯的〈今乐府选〉》，载《楼集》，684~685页，上海：生活书店，1934。

1. **文章学**

文谓文辞，章谓自起至止以成篇章，是以连缀文辞以成篇章。文章之体有多种：

以体裁分，为论辩、序跋、奏议、诏令、书说、赠序、传状、碑志、杂记、箴铭、颂赞、哀祭、辞赋等13类。

梁太子肖统《文选》30卷；宋章樵注《古文苑》21卷；宋李昉等编《文苑英华》1 000卷；宋姚铉编《唐文粹》100卷等，都属于文章学。

以语气分，语体文，即顺口语而书写之文章。此类文章之特色，乃为“语”、“文”合一。则其观念之表达，可直接传导于读者，而有平浅、流畅之效，通俗、流行之功。故最适合大众化、实用性之需要。然而，其限度则每囿于平面之美感，难有立体之韵致。

文言文，即观念之表达，当顺口语之句法，至假文字成文章，已经过一番提炼、修饰过程，化松散为简练。其优点，则在提炼过程，反而促使心灵中观念之铸造，完成一立体性结构；此立体性结构观念，表现于文章中，则为言简而义丰。然后，作者所至境界，文章以外之韵致，莫不蕴蓄于其间。其缺点，固非一般大众所能轻易接受。

以风格分，如古朴语录之文，语录体，即以三言两语，记录圣哲之嘉言懿行。例如先秦的《论语》、《老子》，宋代诸贤的语录。夫所记者，皆圣哲之道德上智慧语，学术上独造语，而于文句之间，如实叙述，不假修饰，故能存其真，见其朴，乃为至性至理之作。

恣纵论辩之文，始于墨子。墨子之论辩散文，不仅思维严密，而且说理畅达。例如《墨子·非命下》云：“是故言有三法。何谓三法？曰：有考之者，有原之者，有用之者。恶乎考之？考先圣大王之事。恶乎原之？察众人耳目之请。恶乎用之？发而为政乎国，察万民而观之。此谓三法也。”影响所及，凡思想家之说理、政治家之论政，莫不运用此一文体以剖析事理，建立理论。

以句法分，如骈文，即对偶式之文，亦即上一句组与下一句组，于组织上字数与词性之安排，近于相同或相似。至于辞藻，则求其绮丽鲜艳。间或运用典故，以增加其蕴蓄之韵味。王勃《秋日登洪府滕王阁饯别序》云：“遥襟甫畅，逸兴遄飞。爽籁发而清风生，纤歌凝而白云遏。唯园绿竹，气凌彭泽之樽；邺水朱华，光照临川之笔。”

以篇幅分，如小品文，即篇幅短小之散文，或记事，或抒情，或述怀，或写景。而期于笔调流畅，蕴蓄深厚，韵味隽永，盖所以点缀生活、培养灵性、超化意境也。

以性质分，如应用文，由于用途不同，如书信、公文、祭文、序跋、碑志、传略、颂辞……则格式上亦各有其体制。至于行文或散或骈，记述或实或夸，皆以称情为度，得体为贵。庶几彼此之间，感应之际，能收预期之效果。

以章法分，如八股文，八股文之字数，清顺治初定为450字，康熙时改为550字，后复增至600字，或600字上下。八股文，分文章为八部分：第一破题，第二承题，第三起讲（原起），第四起股（提比，前比），第五虚股（中比），第六中股（大比），第七后股（后比），第八结束（大结）。破题、承题、起讲，可用散句，中间四股当用同形式偶句构成，故称为股或扇。

2. 小说学

小说者，其原始古义与今所谓者，实有不同。

古义：小说之名，始见于《庄子·外物》，云："饰小说以干县令（县，古悬字，高也。干县令，即求高名），其于大达亦远矣。""子夏曰：'虽小道，必有可观者焉。致远恐泥，是以君子不为也。'"（《论语·子张》）"小道"、"可观"一语遂成后世评定小说这一文体的基本术语，经数千年而不变。"小道"指称小说的非正统性，"可观"则有限度地承认小说的价值功能，可谓一语而成定评。然则"小道"一词在先秦时期本不指称"小说"，甚至亦非指典籍，而是指称某种思想行为或行为方式。所谓小说，乃指琐屑之言，无关治平之道术。

这种对于"小道"的认识一直延续到汉及汉以后。贾谊曰："古者年九岁入就小学，蹍小节焉，业小道焉；束发就大学，蹍大节焉，业大道焉"（《新书》卷六《容经》）。汉以后亦然，"小道破义，空誉违实"。可见"小道"是指与"小行"、"小礼"、"小义"相对应的思想行为。（《后汉书》卷九十八《符融传》）小说家著作有《伊尹说》27篇，《鬻子说》19篇，《周考》76篇，《青史子》57篇等等，均已佚。今据存目观之，小说家著作体例似外史、别传、笔记之类，其立说托诸古人者有《伊尹说》、《鬻子说》、《师旷》、《黄帝说》；杂记古事者有《周考》、《青史子》、《虞初周说》、《百家》等共15家1 380篇。刘歆列九流十家，惟小说家不在九流之列，影响甚小。然而小说家反映了古代平民思想的侧面，却是其他九流学派都无法所能代替的。

今义：今之所谓小说，必须具备人物、故事、结构三要素。盖小说者，所以反映人生、反映社会、反映时代，将某一时代阶段、社会角落、人生情态，不论光明面、黑暗面、平实面，采取写实、暗示、表扬之手法，于情节发展中，一一表露；使读者如身临其境、亲遇其事、亲见其人。是以小说中之人物，必须具备代表性，故事必须具备可能性，结构必须具备细密性，以期于情节之发展中，使所描写之主题，突出而生动。

描写社会，由于人类群居生活，而形成社会，是以社会之现象，对人生具有非常密切之关系。小说之描写社会，必须掌握主题，然后依据此一主题，以揭示社会之现象。于此现象描写中，或扬善，或惩恶，或提出问题。凡此，皆足以增进读者之生活智慧。

净化情操，人，生活于社会中，主观之生命，与客观之境，难免有失调之时，以致产生情绪之郁结或浮躁。小说既在描写社会现象，又增进生活智慧，故其情节之发展过程，最能导人进入另一境界，以开拓其胸襟，净化其情绪，建立其正确之人生态度。

开拓眼界，一部小说，每为某一社会层面，某一人间故事。故事中各个人物之言谈、行为、性格、思维……以至服饰、器用、关系、遭遇。社会中某一层面之风尚、格调、习俗、问题……以至教育、文化、政治、经济。皆未必为个人一生所能经历。一旦经由作者之描述，小说之反映，则可使人因而开阔眼界。

中国小说学的萌生与演变并不在小说领域，而是表现在哲学思想中。

子书与小说之关系至为密切。其关系约在两端："小说"之"名"和"小说"之"实"。"小说"之名首见于子书，与"小说"文体相关之称谓亦大多见于子书；"小说"之实——对"小说"文体形态的分析也奠定于子书。

从语源而言，"小说"一词首见于《庄子》，这自有其价值。但后人对《庄子》"小说"一词的"发明"其实并不太在意，所谓《庄子》为"千万世诙谐小说之祖"绝非缘其对"小说"一词的发明，故《庄子》一书对中国小说学的贡献不在小说之"名"而在于小说之"实"。《庄子》文笔恣肆、玄虚深弘，其"谬悠之说，荒唐之言"实与后世小说血脉相通，故书中对这一特色的概括和评价可视为中国小说文体形态批评之源，对后代小说学的实际影响远在"小说"这一称谓之上。

先秦时，小说渊源于神话、传说（神话、传说则非小说）。神话逐渐演进，故事中之"神"，亦随之转变，成为英雄，表现异能……皆非凡人所可企及。例如：《淮南子·览冥》云："羿请不死之药于西王母，姮娥窃以奔月。”两汉，今见两汉小说，依然属于神话、传说的形态，而作者则未必为汉人，或为魏晋所作而托名汉人。

魏晋南北朝之所谓小说，有神仙鬼怪类，继承神话小说以发展，其人物、情节皆有违常情。还有记录汉末至东晋之名流高士诸遗闻逸事类，韵味隽永。唐代小说，以文言文写作，以神仙鬼怪为题材，以写警世故事、爱情故事、历史故事、侠义故事，被称“传奇”。宋代之小说以白话写作，称“话本”，即白话小说。以其为说话人之底本，说话人为谋取生活，为迎合听众趣味，说话之前，每先拟一底本。明代小说，篇幅特长。结构上分章分回，称章回小说。有古典小说四大名著：《三国演义》、《水浒传》、《西游记》、《金瓶梅》。

小说种类可分为：文体有文言小说《聊斋志异》，白话小说《儒林外史》，有言情小说《红楼梦》，讽刺小说《儒林外史》，谴责小说《官场现形记》，世情小说《老残游记》。小说的特点：敏锐之感应小说，面对社会，有所感应，然后酝酿而成，故小说创作，当先具备敏锐之感应能力。描写社会之创作，包括各种人物类型，各类型人物之言行情态，各阶层之习俗故事，进行深度之哲思。小说技巧，走向娴熟，不论叙述、形容、暗示、衬托都达到新的水准；故事情节错综、复杂，给人事理适切之感。

小说乃文学领域中重要部门，具有重要功能，一部小说，即是某一社会角落与层面之呈现，故小说创作，必备一定的要件。首先，小说描写社会生活，要对社会生活有所感应，然后酝酿而成。以社会之现象，对人生具有非常密切之关系。扬善，或惩恶，或提出问题，增进读者之生活智慧。其次，小说在描写社会现象的同时，净化人的情操，开拓其胸襟，建立其正确之人生态度。再次，扩大思维，开拓眼界，积累丰富之经验。小说反映社会之各个层面，故事中各个人物之言谈、行为、性格、思维……以至服饰、器用、关系、遭遇。社会中某一层面之风尚、格调、习俗、问题……以至教育、文化、政治、经济。皆未必为个人一生所能经历。一旦经由作者之描述，小说之反映，则可使人因而开阔其眼界。小说之创作，固在描写社会，其意旨乃在透过社会现象，以提示其内在所隐藏之问题。小说蕴涵着人生问题、社会问题、时代问题，富有深度之哲思。

三、俗文学

“何谓俗文学”？郑振铎的《中国俗文学史》对俗文学这样定义：“俗文学就是通俗的文学，就是民间的文学，也就是大众的文学。换一句话，所谓俗文学就是不登大雅之堂，不为学士大夫所重视，而流行于民间，成为大众所嗜好，所喜悦的东西。”随后他指出了俗文学的六个特质：①大众的。它是出生于民间，为民众所写作，且为民众而生存的；②无名的集体的创作；③口传的；④新鲜的，但是粗鄙的；⑤其想像力往往是很奔放的；⑥勇于引进新的东西。在这部书里，郑振铎按体裁将俗文学分为五类：①诗歌；②小说；③戏曲；④讲唱文学；⑤游戏文章。①

一般认为，俗文学与正统文学之间的界限主要有三。其一，从文体区分。因为中国古代正统文学的主体是散文和诗歌，所以对俗文学的理解往往会从文体的角度，指诗文以外的文学体裁。其二，作品风格。名为俗文学，顾名思义是从文学作品的风格着眼的，指俚俗、通俗的文学作品。其三，流传范围。文学艺术的流传范围很难截然划分，这里指主要范围，即流行于社会的普通民众中。而现在的研究者认定的民间文学的特征主要在于：①自发的、集体的创作，也即非作家创作；②群体的、口头的传承方式；③题材、主题趋向模式化。白话小说，无论长篇短篇，文人创作或非文人创作，从三言、二拍到《红楼梦》，都在俗文学的范围里。戏曲与俗文学及民间文学这些概念的关系有了别的必要。古代的戏曲评论家曾强调过由文人创作和由民间创作的戏曲作品之间的巨大差异，是雅和俗的分别。由此看来，古代戏曲无论在俗文学的概念下，还是在民间文学的概念里，都需要进行分解：对于俗文学来说，其中雅的部分似乎难以包括进去；对于民间文学来说，作家创作当然不在其中。

俗文学的研究是一个交叉领域，不仅与民间文学的诸多面向相重合，而且又能包容通俗小说、戏曲等研究。俗文学内部具体的问题，如鼓书总目编纂、河西宝卷、子弟书、木鱼书研究等；亦有对当代俗文学的关注，如新都市歌谣、荤歌谣、荤故事研究等；还有俗文学研究领域与方法论等。由于俗文学的载体往往是俗语言，俗文学中体现了大量的民间信仰观念、变文、歌辞、白话诗等俗文学分体研究。

中国俗文学研究与新文化运动几乎同步，最初研究思路主要表现为新形势（中西文化的碰触）下对本土学术格局的扩大和颠覆。其研究方法沿袭中国传统学术研究，集中于书面文本，从藏书读书开始，经过版本、考据以进行文本的解析与评判。由于最初进入此领域的研究学者本身具有良好的学术功力与研究水平，故而俗文学研究取得很多实绩。但随着“俗文学”概

① 郑振铎：《中国俗文学史》，长沙：商务印书馆，1938。

念本身的不确定性，最终使得学者们的研究集中于古典的小说和戏曲，以至于古典小说、戏曲逐渐成为专门的学术科目，“俗文学”反而渐渐失落了。

古代戏曲被纳入文学研究的视野，引起研究者足够的注意。通常认为，与以诗文为主体的正统文学样式相对照，古代戏曲应该归到俗文学的范围里。民间文学作为概括若干文学现象的概念，戏曲中的一部分也与其有紧密的联系。古代戏曲作为一种颇为特殊的文学现象，它和俗文学以及民间文学关系密切。如吴歌是苏州俗文学文化中一颗璀璨明珠，有着悠久的历史。苏州评弹，亦是我国俗文学的一颗璀璨明珠。评弹是评话和弹词的合称。评话俗称大书、弹词俗称小书。评话是唐宋时期的讲史演变而来，弹词形成于明等。正因为如此，当我们将古代戏曲放到俗文学或者民间文学的框架下进行研究时，辨析它们之间的关系就变得十分必要。

第二十一章 经 世 学

儒学是一门经世之学，儒家之学的一个显著特点就是经世精神。所谓“经世”，即“经世致用”。“经世”一词，历史上也有用为“入世”的同义词，以与佛教“出世”观念相区别。“经世”有时写作“经济”，即“经国济世”，意义相同。“经世济民”，是我国古代圣贤对“经济”一词的理解。“经世”概念最早见之于《庄子·齐物论》，其言有曰：

六合之外，圣人存而不论；六合之内，圣人论而不议。春秋经世，先王之志，圣人议而不辨。

所谓六合，也即是上下两个方向和东南西北四个方位。

根据该书注疏的解释，经世是“典漠”、“典浩”、规则的意思。《后汉书·西羌传》中说：有人“计日用之权宜，妄经世之远略”。此处的“经世”，则有“经世致用”一词中的经世之含义，指出经世者不仅要考虑眼前的“权宜”之计，而且要有深远的谋略。有关“经世”一词的含义，学者说法不一。“经世”是指称儒家极其关心社会、参与政治，以祈求达到天下治平的一种观念。如南宋陆九渊谓：“儒者虽至于无声无臭、无方无体，皆主于经世；释氏虽尽未来际普度之，皆主于出世。”①《抱朴子·审举》谓：“故披洪范而知箕子有经世之器，览九术而见范生怀治国之略。”《晋书·殷浩传简文（司马昱）答书》：“足下沈识淹长，思综通练，起而明之，足以经济。”可见，“经邦济世，强国富民”是历代中国有志向、有作为的知识分子的崇高思想境界，经世学应该是“经世济民”之学，充分体现经世学厚生、惠民的人文主义思想。“经世济民”，是以探求经济运行规律为己任的经济学人不懈追求的目标，它将个人的知识、能力奉献社会，将个人的成才抱负融入为最广大人民造福之中，这是社会进步需要的个体素质的完善与人格信念的升华。以黄宗羲为代表的明清思想家提倡的经世致用思想，简单

① 《陆九渊集》卷二《与王顺伯》，17页，北京：中华书局，1980。

地说就是要学习对现实社会有用的东西，研究学问要和社会实际相结合，不要空谈，要活学活用。章太炎认为应解作“纪年”①；梁启超则以济世致用之义视之，他出任湖南时务学堂总教习，为诸生订立学约十条，其中第九条即为“经世”②。

一、经世致用的一般特点

经世是指将学问、心思或者说理论、知识运用到社会生活实践中去，让它们发挥必要的作用。包括政治学、社会学、经济学、史学、地学、兵学、农学、工学、商学、医学、数学等。一般来说，儒家比较强调这一原则。在孔子，出处的标准在于能否行“道”，“天下有道则见，无道则隐”（《论语·泰伯》）。他有一种基于道德理性和文化关切的入世精神。孟子说：“夫人幼而学之，壮而欲行之。”（《孟子·梁惠王下》）荀子也表示：“不闻不若闻之，闻之不若见之，见之不若知之，知之不若行之……故闻之而不见，虽博必谬；见之而不知，虽识必妄；知之而不行，虽敦必困。”他们都执著一定的人文理想，求其充分实现。

经世致用就是所研究所学习的知识能够真正的应用在实践中，并发挥一定的效用。经世致用思想不主张进行脱离实践的研究，而是主张所学的知识能够和实践相结合，能够通过实践达到改造客观世界的作用。“经世致用”是中国古代知识阶层居主导地位的文化价值观。这种价值观认为，一种文化学术的价值标准是它的实用性，即由文化学术价值向政治伦理价值的转换。出自儒家的“经世致用”之学从先秦至晚清，由于西方国家的压迫，也由于西方文化和政治思想的渗透，康有为等所代表的知识分子们才又重新张扬“经世致用”的口号，而观其政治理想，则已与传统儒家有了极大差别。这时的“经世致用”实质上是试图在传统文化与西方文化的交融中寻找一条救国自强之路。

经世致用，指学问须有益于国事。学以致用，是先秦孔派儒学的传统，是竭力张扬儒学中的实学传统。宋代兴起的新儒学即所谓理学（包括程朱理学、陆王心学）在一定程度上抛弃了这个传统，专讲道德性命、修身养性，不务实际。特别到明末的王阳明后学，他们深感书生空谈误国，学问与社会实际严重脱节。“经世致用”是明清之际许多思想家所共同主张的一种

① 章太炎：《国故论衡》云：“《齐物论》语‘经’犹‘纪’也。三十年为一世，经世犹纪年耳。”
② 梁启超：《饮冰室合集》，第三册，28页，上海：中华书局，1941。

学说。它的主旨是反对学术研究脱离现实，强调要做有利于国计民生的实事。它把学术研究和当前现实紧密结合起来，而往往以解释古代典籍为手段，发挥自己的见解，并用于改革社会现实，开辟了一代重实际、重实证的新学风。明末，宋明理学的腐朽性已充分暴露，学者们痛感“清谈”、“务虚”之学风对明末社会造成的祸害，于是便在学术上加以批判，对改变学风各抒己见，此倡彼应，“经世致用”之学风靡一时，而为关心国家民族命运的有识之士所赏识。在清初，出于用人和行政的需要，康熙皇帝通过对理学的提倡，把清初的理学直接引向崇实黜虚，强调躬行实践的轨道。清代实学（经世致用）代表者有清初三先生（黄宗羲、顾炎武、王夫之）和晚清两大儒（龚自珍、魏源），倡导“经世致用”的学者，均主张以实用为宗旨的“实学”。他们面向现实，提倡“经世致用”的实学，开一代新风。

黄宗羲（1610—1695），字太冲，号南雷，学者称梨洲先生，浙江余姚人。黄宗羲生活在明清之际，正如他自己所说：是一个“天崩地裂”的时代。他参与抗清斗争近 10 年，明亡后遁入四明山，恢复了先师创办的“证人书院”，转而从事著述讲学。

黄宗羲是一位博学的思想家，是明清时期“经世致用”学风的开创者，以黄宗羲为代表的明清思想家提倡“经世致用”。顾炎武也提倡“经世致用”的“实学”，不过侧重点有所不同。黄宗羲从社会政治思想方面揭露君主专制制度的黑暗。王夫之比较深刻地批判了宋明理学中的唯心主义。顾炎武着重从历史学和地理学方面大力提倡“经世致用”之学。黄宗羲四书学中经世致用思想表现出三个鲜明的特色。第一，在治学上，抨击理学为“天崩地诉”“无落吾事”的迂儒之学，倡导面向现实积极进取的清新学风。第二，深切关注有关国计民生之典章制度的研究。第三，重视以史学经世。黄宗羲说：“夫儒者均以钱谷非所当知，徒以文字华藻，给口耳之求，不顾郡邑之大利大害。”（《南雷文约·徐瘦庵墓忠铭》卷四）其次，出自王学一派的学者黄宗羲、孙奇逢、李颙、毛奇龄等人在四书学著述中对经世致用思想进行了富有时代特色的阐发。赵翼总结明末书生之弊说：“书生徒讲文理，不揣时势，未有不误人家国者。”（《二十二史札记》26）清初学者在总结明亡教训的基础上，深感必须返虚就实，矫正学风。这种以实用为宗的学风，也就是他们提倡的经世致用的新的研究。经世致用的思想主要包括三点：其一，出于经世的立场，学术上尊朱黜王。激烈驳斥王学。其二，提倡实学实行。陆陇其认为，实行必由乎实学，“致知亦包得力行”①。其三，通过阐发“格物致知”，强调要在学问思辨中致知，在人伦日用间穷理。

顾炎武（1613—1682），原名绛，是明清之际进步思想家，江苏昆山人，学者称他为亭林先生。明亡后改名顾炎武。投身反清斗争失败后，来往于江南、华北十几年，拜师访友、搜访图书，做那些他认为切实有用的学问。顾炎武以讲求实际有用为出发点，就是所谓的实学。一是筹划国计民生，一是踏踏实实的学问。从这两个方面出发，他取得了开创性的研究成果。主要是在小学（语言文字学）、经学、史学方面，其中最有代表的著作有三部，即《音学五书》、《日知录》与《天下郡国利病书》。

顾炎武在学术上极力反对王学末流的空谈之风，力主致用。顾炎武强调用“修己治人之实学”去取代“明心见性之空言”，就是要提倡实习、实讲、实行、实用之学。他说：“刘石乱华，本于清谈之流祸，人人知之。孰知今日之清谈，有甚于前代者。昔之清谈谈老庄，今之清谈谈孔孟。以明心见性之空言，代修己治人之实学，股肱惰而万事荒，爪牙亡而四国乱，神州荡覆，宗社丘墟。”对于理学，他也肯定地极为有限，其“经学即理学”的主张实质上颠覆了程朱在学术思想界至高无上的地位，梁启超称赞说：“自炎武此说出，而此学阀之神圣，忽为革命军所粉碎，此实四五百年来思想界之一大解放也。”（《清代学术概论》）顾炎武的代表作是《日知录》，和《明夷待访录》一样，这也是一部经世之作，在《日知录序》中，潘耒赞说：“综贯百家，上下千载，详考其得失之故，而断之于心，笔之于书，朝章国典，民风土俗，原原本本，无不洞悉，其术足以匡时，其言足以救世。”并非妄言。

王夫之（1619—1692），字而农，湖南衡阳人，人称船山先生。王夫之自小随父兄读四书五经、诸子百家、汉赋唐诗，文名重于乡里，但科举却一再落第。王夫之在明末清初经历了举兵抗清、动荡、艰苦后从事著述，成为思想史上最宏富的学者。

王夫之的主要贡献在于学术，他将一腔爱国热情都倾注在了学术研究上，取得了惊人的成就。而王夫之一生的学术成就又主要在于批判总结，他与程朱陆王大唱反调，力主气一元论，并首先提出“史学经世”的观念，“所责乎史者，述往以为来者师也。为史者，记载徒繁，而经世之大略不著，后人欲得其得失之枢机以效法之无由也，则恶用史为？”（《通读鉴论》

① 陆陇其：《松阳讲义》卷三《陆陇其先生问学录》，全书四卷，济南：齐鲁书社，1996。

卷六)。王夫之的学术研究也是以经世致用为准则的，要求“尽废古今虚妙之说而返之实”。他的儿子记载云：“亡考自少喜从人间问四方事，至于江山险要，士马食货，典制严格，皆极意研究。”(《大行府君行状》)

王夫之一生治学，具有严谨求实的精神，这也是清初三大思想家的一个共同特点。王夫之治学强调经世致用，“发明正学”，对王阳明等人“废实学，崇空疏，蔑规模，恣狂荡”的学风很不满。他的学术研究，提倡言必有证，正如他在《张子正蒙注》中说：“言天者征于人，言心者征于事，言古者征于今，所谓修辞立其诚也。”这种严谨求实的精神，不仅体现在他“太虚一实，体用俱有”的宇宙观上，在他的经学研究中，亦有明显反映。

龚自珍（1792—1841)，字瑟人，号定庵，浙江仁和（今杭州）人。有传世著作《龚定庵全集》。龚自珍对理学家美化的夏商周“黄金时代”、颂古非今的思想予以否定，指出：历史是不断进化的。“自古及今，法无不改，势无不积，事例无不变迁。”驳斥了理学家复古倒退的观点，呼吁“不拘一格降人才”。

“经世致用”是龚自珍思想的根本，他一生忧愤，其实无非希望国家能够早日兴盛起来，这种精神是伟大的，值得尊敬的。此外，龚氏的文才也极佳，他的文章奥博纵恣、沉雄郁结，诗歌浩渺泠峻、风骨高奇，压倒了晚清的所有文人，有“文笔横霸”的称誉。下面录龚诗《咏史》一首以供读者参看：

金粉东南十五州，万重恩怨属名流。
牢盆狎客操全算，团扇才人踞上游。
避席畏闻文字狱，著书都为稻粱谋。
田横五百人安在，难道归来尽列侯？

鸦片战争给中国带来的影响是巨大的，很多学人由此开始变得清醒，而不再认为几本经书就可以使中国永居天朝之位。在这个时候，我们就不得不佩服龚自珍那深入骨髓的观察力和高明的预见了。

魏源（1794—1857)，字默深，湖南宝庆（今邵阳）人。魏源早年曾学过王阳明的心学，后改从今文经学，其学术思想对康有为造成很大影响。魏源的《皇朝经世文编》、《圣武记》、《海国图志》，都是典型的经世之文。其中尤以《海国图志》最为实用，提出的一个重要思想是“师夷长技以制夷”。魏源在认为：中国在鸦片战争中之所以惨败，关键是武器不如西方，所以中国的当务之急乃在发展科技。但这一观点只是表面上走向了实用性，而对于中国自身政治体制的虚、大，却不曾涉及。紧接着，第二次鸦片战争和太平天国运动相继爆发，大江南北一片混乱，很多重要的藏书都因战乱而遗失，学者名流们四处逃窜，哪还存得半点昔日的文采风流？这个客观上的因素又加速了乾嘉汉学的衰落。此书在《四洲志》、《地理备考》、《合众国志》的基础上编写而成，对世界各国的历史、地理、文化、科技进行了系统的研究，里面还有很细致的蒸汽机原理图，足见魏源欲救国救民的一片苦心。

清末，封建的清政府腐败无能，帝国主义的侵略日益加深，国家面临着生死存亡的严重局面。在这种情况下，经世致用之学再度兴起。其代表人物是魏源、龚自珍以及稍后的康有为。他们以今文经学为主干，继承和发展了明末清初的经世致用精神，借经书的所谓“微言大义”发挥自己社会改革的主张。他们还发扬注重实践、注重实证的求实精神，广泛地进行社会调查和历史考察。凡是有利于国计民生的事情，他们都去做，使“经世致用”之学在各个领域中都取得前所未有的巨大成就。明清之际之所以成为中国学术文化发展史上可与先秦媲美的另一个时代，就是与“经世致用”之学分不开的。

经世致用研究的具体内容归纳起来，有以下几个方面。

1. 勇于任事，以实为宗

明末清初，经世致用之学大兴，形成了一股有影响的社会思潮。清初学者在总结明亡经验教训的基础上，深感明季学风的空疏不实，对国家、民族造成了极大的灾难，他们要求学术反虚就实，反对脱离社会实际；不务空谈，“生存一日当为民办事一日”。他们提倡勇于任事的精神，提倡经世致用的真学问和“以实为宗”的新学风。清初顾炎武基于理学末流空疏亡国的教训，反对“明心见性之空言”，大力提倡“修己治人之实学”。（《日知录》卷七）亦提倡“经世之学”，指出“凡以教天下之士，务为实学，使处处皆有裨于世。”（《张汉思时政议论要序》）

何谓经世致用？学术界众说纷纭，有的说是学术思想的方法和学风，有的说是一种崇实学风和价值取向，有的说是一种古老的学术传统，有的说是一种价值观、人生观、事业观，有的说是入世价值取向和治体或治道以及治术等等。实际上，经世致用是指面对现实，以研究和解决现实问题为中心，运用古今中外之学为当前现实服务，力求实事求是的一种人文精神和学风。要想造就出具经世致用之真才，就必须用真知实学去培养，诚所谓“一代之治，即一代之学也”，他们提倡的当今时代所需的真知实学。潘耒称道顾炎武说："当明末年，奋欲有所自树，而迄不得试，穷约以老。然忧天悯人之志，未尝少衰。事关民生国命者，必穷源溯本，讨论其所以然。"（《日知录》卷首）黄宗羲说："扶危定倾之心？吾身一日可以未死，吾力一丝有所未尽。不容但已。古今成败利钝有尽。而此'不容已'者，长留于天地之间。愚公移山，精卫填海。常人藐为说铃，贤圣指为血路也。"（《南雷文约·兵部左侍郎苍水张公墓志铭》卷一）这种"不容已"的精神，可以说是对时代的一种责任感。

2. 不袭古人，独立思考

经世致用学者们要求独立思考，致力于创新，绝不蹈袭古人。顾炎武批评明代学风弊病说："有明一代之人，其所著书，无非窃盗而已。"（《日知录》卷十八）"强调凡所做学问，必古人之所未及就，后世之所不可无，而后为之。"（《日知录》卷十九）王夫之在其著述中就常常参以后代史事，来发表经世议论，如借对"赵孟倾之仕元，许衡之讲学"的讥讽，来影射他对当时知识分子不辨华夏夷狄之大防的看法，强调德与财有本末内外的区别，就是他求学术经世致用的一种体现。颜元则强调"立言但论是非"，反对"附和雷同"，他说："立言但论是非？不论同异。是，则一二之见不可易也；非，虽千万人所同，不随声也。岂惟千万人，虽百千年同迷之局，我辈亦当以先觉觉后觉，竟不必附和雷同也。"（《颜习斋先生言行录·学问》）贵在创新的精神，使清初的经世致用思想家在各个学术领域都别开生面，取得巨大成就。

近代中国随着西学的大量输入，有人欲以西学之实补中学之虚，把西方的自然科学说成是实学。徐坷在《清裨类钞·徐雪村主译西学》中，指出华蘅芳等人"阅数年，书成数百科，于是泰西声、光、化、电、营阵、军械各种实学，遂以大明"。王韬在《漫游随录》中亦指出："英国以天文、地理、电子、火学、气学、光学、化学、重学为实学而弗尚诗赋词章。"除了上述"经世之学"和"实测之学"外，在"达用"方面，还包括有"明经致用"论、"史学经世"论和致力创新的精神。

3. 调查研究，知行合一

经世致用学者比较实事求是，重调查研究。调查研究之风，在清初学者中比较盛行，成为清初学风的一大特点。

顾炎武，可以说是清初学者中推崇调查研究的典范。"凡先生之游，载书自随，所至阨塞，即呼老兵退卒询其曲折，或与平日所闻不合，则即坊肆中发书而对勘之。"（《鲒埼亭集·亭林先生神道表》卷十二）他遍游北方，心怀探讨“国家治乱之源，生民根本之计”的目的，“一年之内半宿旅店”。“考其山川风俗，疾苦利病”。穷一生之功，写出“务质之今日所可行而不为泥古之空言”的《天下郡国利病书》和“规切时弊，尤为深切著明”的《日知录》等名著。魏源主张要调查研究，知行合一，皆是为了拯救当时腐败的社会风气，踏踏实实地做学问，认认真真地学习先进技术，改革图强。

4. 研究范围宏伟广大

经世致用学者们“引古筹今”，他们的研究范围，几乎涉及社会问题的一切方面，包括政治、经济、军事、国家、民族、法律、边疆、地理、人情、风俗、自然科学等等，“事关民生国命者，必穷源溯本，讨论其所以然”。如李颙“倡‘匡时要物’，少时著《帝学宏纲》、《经世蠡测》、《时务急著》诸书，‘凡政体所关，靡不规画’”①。黄宗羲则“上下古今，穿穴群言，自天官、地志、九流百家之教，无不精研”（《清史稿》卷四八〇）。顾炎武“凡国家典制，郡邑掌故，天文仪象，河漕、兵农之属，莫不穷原究委，考正得失”（《清史稿》卷四八一）。就是在学术上仍属程朱派的学者，也已经跳出理学道德性命的范围，扩大了研究课题。他们以社会问题为中心，在救世济时的思想指导下，提出了解决当前社会问题的各种方案。

（1）政治上，猛烈地批判封建专制制度，揭露封建专制君主的罪恶，并提出了一些带有初步民主启蒙因素的主张，如黄宗羲“公其是非于学校”、顾炎武“庶民干政”的主张。

（2）经济上，针对封建的土地兼并，提出了各种解决土地问题的办法。这些办法都贯穿着“均田”的精神。他们提出的“均田”虽与农民起义提出的“均田”有根本不同，但表现出对农民问题的关心和同情。

（3）教育上，他们激烈地批判束缚思想的科举制和八股时文，注重学校教育，要求培养出真正有学问有实际能力的有用人才。

（4）哲学上，他们各有所宗，各有所创，呈现出思想活跃的局面。

由此可见，他们研究的内容和范围，已经远远超出了传统理学、传统经学的内容和范围；可以看出经世致用学者们在清初所开创的经世学研究的概貌。他们研究的主要问题是与国计民生有关的具体课题，“事关民生国命者，必穷源溯本，讨论其所以然”（《日知录·叙》）。研究范围的扩大，标志着一个时代的学术水平和动向。

---

① 侯外庐：《中国思想通史》，第五卷，299页，北京：人民出版社，1995。

二、经世致用的文化渊源

“经世致用”或称经邦济世，是说治理国家社会，是中国古代知识阶层占主导地位的文化价值观。这种价值观认为，一种文化学术的价值标准是它的实用性，即由文化学术价值向政治伦理价值的转换。经世致用是宋代后逐渐形成的一种提倡研究当前社会政治、经济等实际问题，要求经书研究与当时社会的迫切问题联系起来，并从中提出解决重大问题方案的治学方法。又称经世致用之学。其特点是以解释古代典籍为手段，从中发挥自己的社会政治见解，并用于社会改革。经世致用源远流长，但作为一种时代思潮，它在古代早已有之，在明末清初兴起，在清乾隆、嘉庆时沉寂，又在清嘉庆、道光年间开始复兴。经世致用思潮的兴起和复兴，表现在诸多领域，主要是经学的经世致用、史学的经世致用和经世文编之风。

先秦诸家学术，都自认为有益于家国社会。其中孔子就是最早提倡经世致用的学者之一。他在世时，既将经世思想注入儒家经典，又周游列国，企望说服列国之公卿士大夫等上层人士按照《周礼》的模式去经世、救世。战国中期的孟子，表示要继承孔子、周公和大禹三位圣人的经世之业。《汉书·艺文志》说：“诸子十家，其可观者九家而已。皆起于王道既微，诸侯力政，时君世主，好恶殊方，是以九家之说并作，各引一端，崇其所善，以此驰说，取合诸侯。”《淮南要略》亦认为，先秦诸家之学都是应命而兴，带有功利目的。先秦时期，儒家以天下为己任，以王者之师自居，试图通过“格君心之非”来塑造理想君主，并从而重新建立统一的社会价值系统。具体到“礼乐教化”，毕竟与实际的政治文化衔接不紧，难免纸上谈兵。

秦汉之时，天下一统，统治者开始强化对文化学术的控制。“经世致用”主要是建构一种合理化的社会秩序和政治形式。于是在“经世致用”的旗号之下便出现两种文化价值选择。一是证明君权合理性、神圣性的学术（以春秋公羊学的“三世”、“三统”之说为代表），一是以规范、限制君权为目的的学术（以“天人感应”之说为代表）。《后汉书·西羌传》中说：有人“计日用之权宜，妄经世之远略”。此处的“经世”，则有“经世致用”一词中的经世之含义，指出经世者不仅要考虑眼前的“权宜”之计，而且要有深远的谋略。

唐宋儒学在复兴运动中，“经世致用”观念又被注入新的内容。宋明实学家多从“明经致用”的意义上来界定“实学”，把经学说成是实学，如：北宋社会改革家王安石提倡“经术者，所以经世务者也”，反对俗儒的“离章绝句，释名释教”的空疏学风。道学家们既继承了汉儒一方面服务于君权、一方面力图规范君权的文化传统，又大力张扬心性之学。儒家的“经世致用”之学从先秦至清一直喊了2 000余年，但儒家的文化价值追求到底在多大程度上转化为实际的社会价值了呢？尽管他们表面上依然大讲“治国平天下”、“为万世开太平”之类的话，但实际上不过是在寻求一种内心的充实和乐而已。

宋明道学的发展，朱熹“经世致用”思想，在“究天人之际，通古今之变，成一家之言”。朱熹以自己独特的历史视角审视以往的历史发展，提出历史研究的理论基础在于“史中求理”，治史的根本目的在于“以为当今之用”。南宋时浙东学派中以吕祖谦为首的金华学派提倡经世致用，主张治经史以致用，反对当时的理学家奢谈心性命理的空疏之学。但金华学派对朱陆理学的争执却采取了调和折衷的态度。把经世致用之学与功利之学结合起来，对理学的空谈作了猛烈的批评。

清代实学的兴盛也正是由于同样的原因。清初，经世致用之学大兴，形成了一股有影响的社会思潮。代表人物有顾炎武、黄宗羲、王夫之等。到了晚清，由于西方国家的压迫，也由于西方文化和政治思想的渗透，康有为等所代表的知识分子们才又重新张扬“经世致用”的口号，而观其政治理想，则已与传统儒家有了极大差别。这时的“经世致用”实质上是试图在传统文化与西方文化的交融中寻找一条救国自强之路。古代知识阶层“经世致用”的文化价值观以及儒家学术，客观上所具有的文化制衡功能对我们今天的文化建构，对当代知识阶层的价值选择应该说是颇有启迪作用的。传统儒家的“经世致用”观念虽未导致儒家价值理想的实现，但这并不意味着儒家的文化学术对社会没有实际的价值意义。应该承认，作为一种文化制衡，儒家文化对中国历史的发展是起到过巨大作用的。特别是在当前经济体制和政治体制改革的重要时期，知识阶层倘能自觉地发挥文化对社会的制衡功能，那么对于社会的发展无疑会有极深远的意义。西方的人道主义文化传统对社会政治的制衡作用，近代清教伦理对资本主义经济发展所产生的重要影响都是文化制衡的成功事例。

经世致用学者们以社会问题为中心，在“救世济时”的思想指导下，发表时论，并苦心孤诣地设计了各种社会改革方案。明清时代，封建君主专制已发展到极点，严重地阻碍着社会的发展。清初的思想家们，特别是经世致用派的学者们大部分都接触了这个问题，并认真严肃地思考过这个问题。明清之际掀起的关于郡县制还是封建制的大讨论，实质是关于明清政治制度的讨论，是对封建专制制度的批判。

在批判封建君主专制制度方面，黄宗羲和唐甄是经世致用思想家中的两员健将。黄宗羲以博学通儒的气魄担当起“儒者之学，经天纬地”的事业。黄宗羲的可贵在于揭露了历来封建君主的自私，指出君主为“天下之大害”，他们取得帝位前“不惜屠毒天下之肝脑，离散天下之子女”。取得帝位后又“敲剥天下之骨髓，离散天下之子女”，“奉我一人之淫乐”（《日知录·叙》），揭露了君主专制制度实为一切罪恶之根源。黄宗羲的这些“横议”成为中国近代反封建专制之先声。正是出于强烈的经世精神，黄宗羲在《孟子师说》中，对理学进行了无情的抨击和系统的批判。清代史学风格的变迁，报告了一种时代消息：乾嘉学者倾注全部精力于古史的辨伪、订正、辑佚，于当朝史事却噤若寒蝉，并视修撰新史为畏途。道咸间的史学则出现了由“嗜古”转为“究今”、由“考史”转为“修史”的动向，这从一个侧面展现了一代学人的觉醒，预示着中华民族正从深沉的古梦中惊悟过来，开始面对充满挑战的现实。

在中国，“经世致用”这一观念的演化和兴衰，往往受制于历史情境和人文精神，要看人们参与世事的可能性有多大。但无论怎样，与西方近代观念相比较，中国传统的“经世”观念，总是和“宗经”（以古代的道德经典为标准来考虑治世）有关，多含“道德理性”的成分，讲究价值和目的，同讲究手段的有效性的西方近代“工具理性”，颇有间隔。因此“经世致用”的范围也就出不去大格。

三、通往近代新学的桥梁

经世致用之说是清初学术的主干。清初诸儒在反省历史文化传统时的一个共同的趋向，就是竭力张扬儒学中的实学传统。道咸间的经世实学是在中国“近代早期”这样一个特定的历史阶段出现的特定的文化形态。它承袭着儒学经世的传统，同时又孕育着近代新学的某些开放、启蒙的因子。道咸间经世实学的这种双重性格，是由它得以产生的时代的特征决定的。经世致用这一儒家学说的传统，在封建统治千疮百孔的道咸年间复兴，特定的时代环境使这一古老的学说获得了实质性的突破。晚清经世实学的演变，既承袭着儒学经世的传统，又孕育着近代“新学”的某些开放、启蒙的因子。在中国近代学术发展中占据非常重要的地位。在这由旧到新的转变过渡时期，充满着旧学与新学的冲突和嬗变，而由旧学走向新学，即由固有的以儒学为中心的传统文化转变为在会通中西之学的基础上创造的近代新学，其中介和桥梁则是经世致用。

限于当时的历史条件，经世派所能做到的，首先便是尽力发掘中国固有文化中生生不已、自强不息的优良传统，由此推衍出“变法图强”的种种方略。“何敢自矜医国手，药方只贩古时丹”。龚自珍等寄予希望的“古时丹”是什么呢？龚氏自谓是“主荆公上仁宗皇帝书”（《己亥杂诗》），这是狭而言之；泛而言之，则是包括《周易》的变易观念、《左传》和《孟子》的民本思想、今文经学的历史进化论、历代改革家的变法方略，以至清初“将兵诸王”的尚武精神在内的传统文化中可以激发民气的成分。道咸间的经世派企图运用这些“古时丹”去疗治国家的“大病”，虽然收效甚微（以林则徐为代表的经世派在鸦片战争中的迅速失势便是明证），但却表现了中国传统文化试图应付世变的一种积极努力。

经过鸦片战争的教训，经世派中以魏源为代表的一部分人，变法图强的方略中，除“古时丹”之外，又加上了“外来药”。他们认识到，当面的敌人拥有“坚船利炮”，大不同于依凭硬弓骏马的游牧民族。于是，他们呼唤道：“不善师外夷者，外夷制之”（《海国图志・大西洋欧罗巴洲各国总叙》卷三十七）。近代先进的中国人所以拓展域外史地学，是以“求法之所以衰，俾使为中国之殷鉴”为目的，借以寻求挽救中华民族危机的“匡时之策”。出于这种战略考虑，他们提出“筹夷事必先知夷情，知夷情必先知夷形”（《海国图志・筹海第三》）。应当说，近代中国人是从对敌斗争必须“知己知彼”的思想出发，去接触外部世界、了解西学的。而首先做这类工作的正是经世派的官僚和学者。虽然这种探究外部世界的角度有很大的片面性，但毕竟引导中国人迈出了走向世界的艰难的第一步。这就扩大了经世之学的研究视野。清朝以来尤其是乾嘉时期，高压的政治环境和脱离现实的学术风气，严重遏制了学术的创新，造成思想的僵化。魏源对此深有感触。他认为，要“通经”、“明经”，必须“先立其大者”，即着重学习和研究关系到“天下之治”的学问和对国家大政具有指导意义的经书。

“经世致用”的根本观念，“传自孔孟，历代多倡道之”①。它是以儒家思想为核心的中国传统学术文化的精髓，所蕴涵的高度的社会现实感和实用精神，是挽救社会危机所必须具备的精神动力。清初和嘉道年间经世致用思想的两度勃兴，就是在社会处于危机和转折关头学术界对社会现实问题进行

① 梁启超：《清代学术概论》，朱维铮校注：《梁启超论清学史二种》，87页，上海：复旦大学出版社，1985。

探索以挽救社会危机的具体行动。魏源作为嘉道时期经世学风的倡导者，不仅继承了儒学经世传统、明末清初经世学风的精蕴，更主要的是对嘉道年间中国遭遇的前所未有的社会危机的积极响应。他对晚清经世之学义理的阐发，代表着中国传统学术文化历史性的重大转向。对晚清经世之学义理层面的阐发既是对传统经世之学的超越，也是近代学术的初步探索。

就学术品格而言，道咸间的经世派虽然注重“专门之学”，他们所向往的是“君与师之统不分，士与民之薮不分，学与治之术不分，此所闻于经者也”①。“道也，学也，治也，则一而已矣”② 是他们的理想境界。在经世派那里，自然科学与社会科学的分野，自然科学、社会科学内部诸学科的分野都相当含糊。至于在方法论上，经世派虽然讲究证据，注重归纳，但尚无人自觉地运用实验手段和数学语言，思维的模糊性和直观性仍是经世学者们的通病。凡此种种，都表明道咸间的经世实学尚未进入近代新学的规范之内。

由于经世致用的需要，不断吸收和扩大西方的近代文化，形成了中体西用的文化模式，从而出现了旧瓶装新酒的中国早期新学。近代新学在中国的发生、发展，固然深受西学的刺激和影响，但它毕竟不是西学的简单位移，而是中国人在近代中国环境中所作的一种精神创造，是西学与中国传统文化既相冲突、又相融合的产物。在这一复杂的相互作用过程中，道咸间的经世实学起了植物嫁接的砧木作用；换一种说法：道咸间的经世实学是中国的“古学”通往“新学”的中介和桥梁。这便是道咸间经世实学在浩瀚无际的文化史中所占据的位置和所标示的方向。

近代中国的一位敏感人物梁启超，曾在一些论著中反复谈及经世和经世致用。他说：“所谓‘经世致用’之一学派，其根本观念，传自孔孟，历代多倡导之，而清代之启蒙派晚出派，益扩张其范围。”他概述了经世致用观念之沿革，他说：“中国自数千年来，常立于一定不易之域，寸地不进，跬步不移，未尝知过渡之为何状也。虽然为五大洲惊涛骇浪之所冲击，为19世纪狂飙飞沙之所驱突，于是穷古以来，祖宗遗传深顽厚锢之根据地遂渐渐摧落失陷，而全民族亦遂不得不经营惨淡跋涉，苦辛相率而就于过渡之道。”③ 中国人为寻求“过渡之道”，整整几代人惨淡经营、艰苦跋涉，而

① 龚自珍：《对策》，载《龚自珍全集》，上海：上海古籍出版社，1999。

② 龚自珍：《治学》，载《龚自珍全集》，上海：上海古籍出版社，1999。

③ 《过渡时代》，《清议报》，1901（82）。

道咸间的经世派是其中的第一代，他们所致力的经世实学，是中国传统文化初入“过渡时代”所做出的第一个积极反应的产物。面对“过渡时代”，中国文化也曾做出某些消极的反应。如封建顽固派的固守“祖宗陈法”，对外部事物的“深闭固拒”，便是传统文化消极面抗拒“过渡”的一种冥顽不灵的态度；另有一些人则丧失了民族自信心和责任感，在外患迫临之际，一味妥协退让。按照这两种态度行事，中国都只有灭亡一途。

研究经世致用，不仅可以完整地理解中华人文精神，而且可以使其发扬光大，在传统旧学与近代新学之间起着中介和桥梁作用，并成为人们追求和实现近代文化的内在动力。这是由经世致用的内涵与特点以及中国处在由中世纪走向近代的社会转型这一根本条件所决定的。由于经世致用的需要，不断吸收和扩大西方的近代文化，形成了中体西用的文化模式。20 世纪初，经世致用思想仍在延续。它的入世精神、爱国精神、求实精神、开放精神和革新精神，转换成近代的人文精神，使其具有时代特色，保持其青春活力。

结论：国学的现代生命律动

什么是国学？如果问那些讲国学的人，所得的回答，恐怕人言各殊。有人必然会说“四书五经”、“十三经”等典籍或经、史、子、集编论的学术思想；或说孔子、孟子、老子、庄子等诸子的著作在两千多年本国学术思想界流转变迁的大势；也许有人还会说：国学就是中国古代的学术思想和民族过去的历史著作。无论如何回答，国学这个词，恐怕没有很清楚的意义。钱穆曾说：“‘国学’一名，前既无承，将来亦恐不立。特为一个时代的名词。其范围所及，何者应列国学，何者则否，实难辨别。”① 因此，可以说国学有不可思议的思想和学术。国学在现代化的学术中我们可以找到；而现代化的学术在国学里面却有很多缺失。

“现代”（modern）一词由来已久。拉丁文的“现代”（modernus）首次出现在5世纪末叶，用来表示古今之别。当时的“今”通指基督教世纪，而“古”是指罗马及异教时代。“现代”一词尽管含义纷繁，所表达的总是一种与传统有关系的时代意义，即是从旧时代过渡到新时代的产物。有人认为“现代化”是指欧洲文艺复兴时期；有人认为12世纪查尔斯大帝，人们自认为是现代人；同样的，17世纪法国发生“古典派与现代派之争”，人们也以现代人自居。可见，欧洲每次发生维新或改革形成新时代意义时，“现代”一词就会再次出现。19世纪以来，“新”成为是否“现代”的标志。新风格很快就会变旧，但“现代”却和传统藕断丝连。所谓现代化的篇章，不会完全借助旧时代的权威跻身经典殿堂，我们的现代化意识创造了独树一帜的经典尺度。

国学，兴起于20世纪初，而大盛于20年代，80年代又有“寻根”热，90年代“国学”热再次掀起至今，无不是今人对于传统文化的反思与正视。于今而言，则正是对传统文化在今日中国乃至世界多元文化中的重新定位。

---

① 钱穆：《国学概论》，1页，北京：商务印书馆，2003。

“国学”一说，产生于西学东渐、文化转型的历史时期。而关于国学的定义，严格意义上，到目前为止，学术界还没有给我们做出统一明确的界定。名家众说纷纭，莫衷一是。普遍说法如国粹派邓实在1906年撰文说：“国学者何？一国所有之学也。有地而人生其上，因以成国焉，有其国者有其学。学也者，学其一国之学以为国用，而自治其一国也。”① 邓先生的国学概念很广泛，但主要强调了国学的经世致用性。

一般来说，国学是指以儒学为主体的中华传统文化与学术。国学既然是中国传统文化与学术，那么无疑也包括了医学、戏剧、书画、星相、数术等等，这些当然是属于国学范畴，但也可以说是国学的外延了。

国学以学科分，应分为哲学、史学、宗教学、文学、礼俗学、考据学、伦理学、版本学等，其中以儒家哲学为主流；以思想分，应分为先秦诸子、儒道释三家等，儒家贯穿并主导中国思想史，其他列从属地位；国学以《四库全书》分，应分为经、史、子、集四部，但以经、子部为重，尤倾向于经部。

《四库全书》是中国古代最大的丛书，编撰于乾隆年间，由当时的纪晓岚、王念孙、戴震等一流学者完成。“四库”指经、史、子、集四部，“全书”指所收都是全本。

经部——经部分为“易类”、“书类”、“诗类”、“礼类”、“春秋类”、“孝经类”、“群经总义类”、“四书类”、“乐类”、“小学类”、“石经类”、“汇编类”，主要是儒家经典和注释研究儒家经典的名著。其中儒学十三经：《周易》、《尚书》、《周礼》、《礼记》、《仪礼》、《诗经》、《春秋左传》、《春秋公羊传》、《春秋谷梁传》、《论语》、《孝经》、《尔雅》、《孟子》。

史部——史部分为“正史类”、“编年类”、“纪事本末类”、“别史类”、“杂史类”、“诏令奏议类”、“传记类”、“史抄类”、“载记类”、“时令类”、“地理类”、“职官类”、“政书类”、“目录类”、“史评类”、“汇编类”，重要书目如：《史记》、《汉书》、《后汉书》、《三国志》、《资治通鉴》、《战国策》、《宋元明史纪事本末》等。

子部——子部分为“儒家类”、“兵家类”、“法家类”、“农家类”、“医家类”、“天文算法类”、“术数类”、“艺术类”、“谱录类”、“杂家类”、“类书类”、“丛书类”、“汇编类”、“小说家类”、“释家类”、“道家类”、“耶教类”、“回教类”、“西学格致类”，重要书目如：《老子》、《墨子》、

① 邓实：《国学讲习记》，《国粹学报》，1906（19）。

《庄子》、《荀子》、《韩非子》、《管子》、《尹文子》、《慎子》、《公孙龙子》、《淮南子》、《抱朴子》、《列子》、《孙子》、《山海经》、《艺文类聚》、《金刚经》、《四十二章经》等。

集部——集部分为“楚辞类”、“别集类”、“总集类”、“词曲类”、“闺阁类”，重要书目如：《楚辞》、《全唐诗》、《全宋词》、《乐府诗集》、《楚辞》、《文选》、《李太白集》、《杜工部集》、《韩昌黎集》、《柳河东集》、《白香山集》等。

一、国学在当今世界学术界的地位

国学体现在中国学术思想史，是中华民族过去的历史的材料。可见“国学”在今日世界学术上的地位。国学是应当研究的：一是因为国学特有的长处；二是因为国学偶有的长处。一国的学术思想史，在世界学术中总占有一个位子，所以我们要研究它。如果我们这样地研究国学，自然会从中国从前的学术思想中找出自己的不足之处，因此，国学现代化也衍生了他自身的困境。我们用什么方法去改善或挽救它？很多国学研究都偏重疏证、考据；这种疏证、考据之学，有“练心”之长处。一个人能“真正的”研究国学，养成一种“重证”、“求是”的心习，亦是有好处的。所以，具有科学精神的人，才可以去研究国学。研究国学，不知道国学的性质，亦没有科学的精神，只知道崇拜古人，学习古人的学术思想而别无他图，是没有意义的。研究国学要与现代化结合起来。我们研究它，需要把古人自己的意思理解清楚，然后再发表自己的见解。

传统文化也可以沿用“五四”时期的一种说法，称作“国故”，什么是国故？是我们自己所有的呢，还是指着古人的？如果说是古人的，就是指过去的历史材料。如“考据之学”、“义理之学”、“辞章之学”，都可以说是“过去的学术思想”。从前的中国除了“国故”，就没有别的，因此数千年来我们中国人的学术思想，没有多大变化，没有多大进步。时至今日，国家仍然没有偏离这个方向，重视国故而轻视现代化。有些中国研究学问的人，大多数只知道“国故”是世界上仅有的，最高尚的学问，不知道世界上还有很多东西，亦是应该研究的，更何况国故也要现代化，成为时代的国学。国学需要国故，但比较起世人所应该研究的科学来，真是“九牛一毛”。

国学既包括中国古代学术思想，又有现当代人研究的中国学问。现时的国学是当代人做的。古代的学术思想，只有古人能够使他生长。现在我们所研究的国学，是古人所不知道的，这是我们现代的学术思想。有时，我们的学术思想虽然也从古人那里得来，但我们不能因此说这是古代学术思想。经验告诉我们：我们不应该受先贤遗留的学术框架限制，而要勇于探索传统文史国学领域内的新问题、新方向和新方法。一是诠释，一是创造。我们能够诠释国学，但并非是说国学本身。譬如《周易》、《老子》、《庄子》，可以说是国学，经过几千年，现代的一些中外学者仍然在训解或解释这些著作。但这种解释都是诠释国学的东西，是国学的现代化，不能把中国人所有的学问都看成是“国学”。所以谈国学和现代化，要厘清两者的区别。

国学能否就代表中国的文明？现代化，很大程度上是向西方学习。一个民族的文明，必定要适合这个民族的生活方能存在。将来世界的文明，不能除去中国文明的痕迹，可以看出国学在当今世界学术上的地位。中国古代的学术思想里，有多少东西是适应现代中华民族的生活的？中国古代学术精神比起西方显得薄弱，说中国古代学术杂乱无章的零碎，是说中国人的学术思想有糟粕的一面、落伍的一面，千百年来进步缓慢，并没有轻视中国古代学者的意思。因为人类有传授思想的技能，所以一切学术都应该跟着时代进步。

现在把西方人的学术学来，吸收别国的文化，就可以叫我们自己的“国学”了。我们谈 21 世纪国学之价值与中国传统学术之现代化，就是要认识到国学研究能够为世界学术增添一些益处，但世界现代化之学术更应该引起我们的注意，比国学研究更为重要。

我们知道，国学与现代化是有差别的，国学和将来世界文明的关系是密切的，这也就是国学研究的价值所在。国学已然有它的研究价值，而且我们尚需要研究它，但我们的研究需要有科学精神。既要挖掘、又要继承，还要从现代化入手。所以，无论是世界学术发展如何，就我们中国而言，实在是需要加快现代化步伐。我们加强国学研究，对世界学术增添一砖一瓦，固然是我们的贡献，但对于我们来说，现代化就更为重要。评价一个学术的价值，既要看到他的民族特色，也要看他的世界的眼光。国学现代化的任务不在于为先贤评定永久的“席次”，而在于不停地努力超越民族的和世界的原有知识水准以期推陈出新和与时俱进。为国学研究扩大新的视野和设定新的角度。所以，国学与现代化的研究应该涉及更多的范畴和方法，包括哲学和人文社会科学各个领域。

将来世界的文明，不能除去中国文明的痕迹。一个民族的文明，必定要适合这个民族的生活方能存在。中国古代的学术思想里，有多少东西是适应现代中华民族的生活的？中国要现代化，必奋力前进，将来的世界文明完全可以由我们手中造出。我们也完全有理由从中国国学里找出将来世界文明的材料。

二、国学的现代性与社会的现代化

为什么要讨论国学与现代化之问题？所见世界多元化的今天，改革开放、交流对话，如何保留本民族文化特色成为学界关心之问题。观中国之现实，纷繁变化，几乎无不是由传统国学和现代化淘演而成。吾所见中国之国民精神，难得归宿，着实缘于传统国学与现代化之说，灵感而致。近代以降，洋务运动、维新运动、新文化运动，被梁启超称为新思想之陈涉的“过渡时代”。梁启超在传统国学从古代走向现代的过程中发挥了巨大的作用，他较早认识到经史子集的学术之路已是一条死胡同，必须根本改造传统国学，创造出健康活泼的新文化，为新国学创造出“不中不西，即中即西”的学术形式。当代也有人认为：传统学术已死，现代化正在生长。尼采喊出“上帝死了”，也有人喊出“西方哲学死了”。西方哲学死亡的含义即它已经完全丧失了继续关心人类命运的智慧力量，而人类的大智慧诞生于古希腊哲人的哲学和古中国圣人的人学，神学和哲学都已经死去，唯一留给人类一丝希望的便是将继承中国传统人学的新的人学。国学与现代化，是一场空前的人学逻辑思维的革命。古老中国最初的人学将在新思维方法中起重要作用。黎鸣在《西方哲学死了》一书中说：“所谓学问的死亡，是指其对人类的命运所面临的困境已完全丧失了任何有助于变革的思考力量。”在此意义上，最早死亡的是古代中国的人学，或更具体地说主要是指中国古代的人学，其死亡的标志即秦始皇统一中国后的“焚书坑儒”①。他的视域除了中国传统学术，还要吸收西方学术思想。而今时代在社会生活的各个领域或层面尤其是在文化的层面，发生了巨大整体的变革，因此人们称之为“文化转型期”。虽说“转型”的标志是改革开放（20世纪80年代），实际上我们可以追溯到更早的时期。早期观念领域的初露启蒙，如清代学术的主潮——乾嘉考据学，虽然弥漫着古典气息，但其间洋溢着理性的实证精神。道德有传统道德与新道德，甚而交际应酬、出游畅答亦有传统仪式与现代仪式，上至国家，下至社会，一切皆呈现于国学与现代之间。任何人必无可避免与现实发生关系，也就要面对国学与现代化问题。国学与现代古今杂糅，如何应对？这不仅是个人问题，相信生活在那个时代的人都会有感慨和疑问：转型

① 黎鸣：《西方哲学死了》，1页，北京：中国工人出版社，2003。

期的现代化与传统国学存在着“离异”的关系，在此期间，文化发展明显地产生危机和断裂，同时又进行急剧的重组和更新。对传统主流文化的否定和怀疑，打乱既成的规范和界限，形成对主流文化的冲击和颠覆。中国近代文化的“转型”就体现在对传统国学的“离异”以及“抗夷”、“制夷”、“御侮”、“救亡图存”的发展过程。这是对传统国学进行改造的结果。①

传统国学者将还算成功的经济和社会现代化出现的麻烦转移到文化现代化身上。他们以“国学”之教条使广受欢迎的社会现代化过程和悲情的文化发展之间的关系模糊不清。“国学”者并没有揭示人们改变工作、消费、成就与休闲态度的经济和社会因素。国学现代化当然也衍生了它自身的困境，社会上出现的享乐主义、缺乏社会认同感、不愿服从、自恋、不求上进等，都归入“现代化”范畴。现代化对这些范畴只是扮演间接的角色。自认为对现代大业依然有所属的国学者，绝非受走出博物馆、走入日常生活、桀骜不驯的文化所左右。现代知识分子迄今尚未唤醒此不满，它们植根于与现代化对立的位置。国学的继承、社会融合、现代化等，需要沟通理性，将国学未阐明的因素投射到现代化上。

国学现代化与文化转型息息相关，新术语、新思想的引入和引用，改变了中国国学传统的品质，使其具有了近代可能形成的特点；对传统国学采取怀疑、否定和背叛态度，冲破传统观念、社会道统的束缚，其思想和理论具有启蒙精神；近代的国学虽属于传统国学的余绪，但已具有现代化的气息。所以近代“转型”期的特点造就了古今杂糅、中西交汇的品质，为国学的现代化转换已经准备了条件。

现代性的精神和运动纷纷展露现代化的风采，国学被传统与现代的精英式结合所代替。现代化反叛于传统的规范，具有颠覆力量。美国学者丹尼尔·贝尔（Daniel Bell）认为：西方社会发展的危机，追本溯源，是文化与社会的分离。现代化文化完全渗透了日常生活价值，生命世界饱受现代化的影响。② 由于现代化的力量，人们无限的自我实现，真实的体现自我追求，使社会风气中释放出与社会格格不入的享乐追求的风气，这就与传统国学所讲的道德规范完全违背。

现代化是根据历史话语资料和现代方法学来对古代原典重新进行的解

---

① 冯天瑜为《中国文化的现代转型》所作的“序言”，武汉：湖北教育出版社，1996。

② 丹尼尔·贝尔（Daniel Bell）：《资本主义的文化矛盾》（*The Cultural Contradictions of Capitalism*），赵一凡、蒲龙、任晓晋译，37 页，台北：桂冠图书有限公司，1989。

读。表面上“国学”词语和概念是旧的，也必须是旧有的，但通过词语组合方式和语境组建方式的特殊安排，可以适当地凸现出原典文本中固有的基本意义结构、国学的真实含义、历史作用和现代意义。“国学”是“纵向”存在的社会文化史的过程，传统“国学”和现代化可以彼此兼容，也只有这种兼容才能有进一步参与中国现代化和全球对话的可能性。另一方面，在信仰危机与纷争的当今世界，只有“人学”才能成为一切信仰传统可以接受的“中性”对话。当代“国学”一方面要重视理论基础的现代化；另一方面又注重历史资料的中国本土性。

中国传统“国学”是中华文化精神的体现，今天在全球科技商业化时代重新阐释国学，有可能为人类文化精神方向提供新的参照基础。因为“国学”是人类历史结构最完整的“人学”，其精神效力可验证于中国5 000年文明史过程。21世纪高度发展的人类物质文明急需新的人文精神作为反省和批评的根据，而新的“人学”涵括实践和理论两方面的人类经验。当代跨学科和跨文化的研究趋势也反映在“国学”观念革新方面。具有悠久文化学术传统的中国学者参与全球文化思想学术对话，“国学”有朝一日势必有力地影响世界人文学术的发展方向。按照现代跨学科和跨文化认识论和方法论，“国学”具有潜在的超越时空经验的普遍适应性。国学的现代化是人类所急需的。为此，首先要界定现代化“国学”的内容、结构和功能；其次应考察“国学”在其漫长的历史过程的遭遇，再探究现代意义和效用。再次是现代化的不同命题，要以对原始“国学”本身的精细认知为基础。这是我们讨论“国学与现代化”的主要理由。

毋庸赘言，今天从不同角度欲使“国学”贡献于现代世界有很多学说。但应注意的是，运用“国学”是符合中华五千年历史的基本意识形态。“国学”研究的立场和方法与其他国家的学术研究不同。中国学者研究“国学与现代化”，一方面是强调古典历史研究和现代理论研究具有互动性和互补性；另一方面，强调中国学者在中国历史社会环境中对“国学”话语具有外国人所不具备的亲身体验能力。我们研究的目的在于“国学”的结构和功能从整体加以把握，而不是对其内容细节的随意运用。我们的目标是“国学”中诸因素之间固有的动态的和静态的关系及其真实的历史效果。简言之，“国学与现代化”是一种如何使古代中国思想和现代思想有效“接轨”的探索，是如何在现代的学术思想语境中解读和运用中国传统国学的研究，同时也是在当前人类社会、文化、学术、思想世界整体中有效发扬中国“国学”和扩大其影响的努力。

三、国学的基本观念是“生命律动”

夫有是非而无国学与现代化，是天下之至言。然天下之是非，都是在不断演进而无定律，则不得不假国学与现代化之名以标其帜。夫既有是非国学与现代化也不能不发生争议，是非不明，国学与现代化未决，其争亦未已。

传统国学者，因袭“国故”之旧观念、旧习惯，与现代化格格不入。与生俱来之国学，迫于现代化，不得不降心以相从。虽竭力敷衍，却随时流露其“国故”。也有现代化之盲从者，彼之趋向现代化，惟恐不及，其实只是赶时髦，并无真正的信仰，更无真才实学和真知灼见。此类国中大有人在，彼自认为是改革开放之功臣，实则罪人也。还有一部分人，认为国学与现代化二者可以并行不悖，现代化固在取法，国学亦未可偏废，一方面强调现代化，一方面呵护传统国学，此言论者，对于那些认理不真的人们，是最好的理解。彼既可不负责任，又可以周旋于国学与现代化之间，可谓巧妙也。

今日之弊，固然在国学与现代化的旗帜未能鲜明，其原因则在国学与现代化之观念未能明了。夫国学与现代化乃比较而言，并不能划分清楚。现代人研究国学即为现代化，现代化不能离开国学。今为之界说，所谓现代化，即是外来西方文化也；所谓国学无他，即中国固有文化也。值得争辩的是西方文化与中国传统文化是否能够相互融合。若解决此问题，必得研究西方学术与中国学术是否有相似处。时至今日，谁都不会怀疑西方各国之政治制度、社会家庭，以至于道德信仰几乎无一可以与中国传统国学相比附。欧美诸国文化，无不根据人权平等之说，国家之观念、对于人生之观念都为之大变，这是与中国所不同的。今日所论多元文化竟存时代，世界文化格局中的中国传统文化，究竟现代化与吾相适应，抑或国学与吾相适应？如以为现代化更为适应，则国学应该排除；如以为国学适之，则现代化应该废弃。国学不根本打破，则现代化不可能发生或是发展缓慢，而国学也难以保存。我国倡导现代化已有几十年，大都局限于国学与现代之比较，很少体会和认识国学与现代化之差异。根本观念尚未明了，仅就一事一物比较其国学和现代化，那只是时间而非空间，主观而非客观的。如此看来不能分辨国学与现代化，必将给中国带来一系列无法解决的问题。国事是如此，即便是个人安身立命之所，亦难有归宿。

笔者认为：国学从古到今，都在孜孜不倦地追求“儒学中心主义形而上学”思想文化体系，并以此为支点去建构现实文化。由于他们将注意力只放在了事物与世界的某些方面，而忽略了其他方面，因而国学的世界在根本上是一种压制性的片面狭隘之世界。因此，我们不能不对这种思想方式以及与之联系在一起的文化观念表示怀疑。如何突破这种静态封闭的压制性的思想文化体系以期开辟出新的空间，是中国现代化进程重要的科学开发活动。

国学作为传统已深深积淀于我们的精神思想深处，我们根本无法清除它，除非清除我们自己。国学既有不合理的因素，又不能完全摈弃，那么，如何协调国学与现代化？我们既不能完全适应国学传统、循规蹈矩，也不能完全摧毁旧国学思想体系，然后用新的思想体系取而代之。对于国学，既不能照搬，也不能全盘替换，唯一可行的当是既继承又革新、既重复又刷新。即在国学内部拆解传统的思想，正如法国解构主义学者德里达所说："将所有的这些旧概念保留在经验探索领域中，同时不断揭露批判它们的局限，将它们作为依旧可被利用的工具……使用它们摧毁它们所属的以及它们自身为其中一部分的旧机器。"① 可见，国学的现代化过程，正体现了这样一种思想：现代化，它不是混合的，而是记忆，是对历史的忠实，是对那些过去的历史遗迹与异质性，与那些全新的东西，与某种突破之间的张力运动。也就是说现代化是一种既拆解又建构、在拆解的同时进行建构的活动。它从某种概念、范畴出发，揭示国学中受压制的、糟粕的一面，揭示它们的"他者"；另一方面，以"他者"为基础重组新事物新结构，开辟新的存在空间。

这种从已有的形而上学思想体系拆解和重构国学之策略，从根本上拆除了各种各类的传统文化观念、体系，创立了新文化观念、体系。如女权主义解构了传统的以男性为中心的文化体系，创立了以女性为中心的新观念、新话语，为重建人类两性关系启开了一条新路。很显然，现代化的思想中心应该放在反思和解构国学传统的思想文化建构上，它不仅不是只破坏不建设的否定活动，相反完全以拆解旧观念旧思想旧体系旧结构、重建新观念新思想体系新结构为出发点，它不断的反思，开辟未来，是一种伟大的创造性活动。

传统国学之"儒学中心主义"弃世界的具体性和无限丰富性于不顾，而完全沉迷于某种中心和秩序的追求之中。这就限制了人们的精神视野，从

---

① *Deconstruction in a Nutshell: A conversation with Jacques Derrida*, ed. With a commentary by John D. Caputo, Fordham University Press, 1997, p. 6.

而阻碍了人们对五色人生的开掘。现代化否定事物有某种固定的中心、某种恒常不变的意义，就是要打破那种封闭僵死的、狭隘的传统国学思想和文化格局，从而开拓出一种富于生机的变化多样的生活景观。如果说现代化是否定传统国学，毋宁说是一个不断开辟新的思想和生活空间的开拓者；如果说现代化是否定一切、全盘西化，毋宁说是一种重新审视一切、反思一切、批判旧思想旧文化，重构新思想新文化的建设性的理论。

国学的基本观念是“生命律动”。国学之下是生命的潜流。它源于无意识。从无意识到意识的转化是国学的生命运动。这是理性与非理性的交流。国学不为生命主宰，相反人及其生命却囿于国学之中。国学的发生是中华民族生命运动的结果，古代人们仅仅注意到客观世界的存在，而没有注意到人自身的存在。近代以来，随着人的创造力和主观能动性的空前发挥，人的地位空前提高，人的存在越来越多为人们所关注。外部环境在刺激人的生命不断发展、变化和成长的同时，也在人的神经组织上刻下了无数“痕迹”。国学的现代生命律动，是人的生命运动的产物。我们不可能生活在国学之外。国学就像某种精神的氛围，浸透在人们的思想、感情、知觉和概念的各个方面。人的生命生生不息，所以国学在现代的影响便生生不止。

参考书目

《十三经注疏》，北京：中华书局，1980。

《诸子集成》，北京：中华书局，1954。

徐怀安主编：《资治通鉴》（现代版），成都：巴蜀书社，1996。

《四库全书》（153 张光盘）

《中国大百科全书》（24 张光盘）

［清］王先谦撰：《庄子集解》，沈啸寰点校，北京：中华书局，1987。

［唐］孔颖达：《周易正义》，上海：上海古籍出版社，1996。

［唐］孔颖达撰：《尚书正义》影印本，上海：上海古籍出版社，1996。

［汉］郑玄注：《周礼注疏 》影印本，台北：中华书局，1966。

［唐］贾公彦撰：《仪礼注疏》，台北：中华书局，1966。

［清］孔颖达撰：《春秋左传正义》（影印本），上海：上海古籍出版社，1996。

［汉］毛亨传：《毛诗正义》，北京：北京大学出版社，1999。

［汉］郑玄注：《礼记正义》，北京：北京大学出版社，2000。

［唐］徐彦疏：《春秋公羊传注疏》，北京：北京大学出版社，2000

［晋］范宁集解：《春秋谷梁传注疏》，北京：北京大学出版社，2000。

［魏］何晏注：《论语注疏》，北京：北京大学出版社，2000。

［唐］李隆基注：《孝经注疏》，北京：北京大学出版社，2000。

［晋］郭璞注：《尔雅注疏》，北京：北京大学出版社，2000。

［汉］赵岐注：《孟子注疏》，北京：北京大学出版社，2000。

陈志良、加润国：《中国儒家》北京：宗教文化出版社，1996。

陆玉林、彭永捷、李振纲：《中国道家》，北京：宗教文化出版社，1996。

陈志良、黄明哲：《中国佛家》，北京：宗教文化出版社，1996。

李亚彬：《中国墨家》，北京：宗教文化出版社，1996。

卫海东：《中国法家》，北京：宗教文化出版社，1996。

张新：《中国名家》，北京：宗教文化出版社，1996。

张鸣、姜继为、程农：《中国兵家》，北京：宗教文化出版社，1996。
陆玉林、唐有伯：《中国阴阳家》，北京：宗教文化出版社，1996。
彭永捷：《中国纵横家》，北京：宗教文化出版社，1996。
张云飞：《中国农家》，北京：宗教文化出版社，1996。
邓实：《国学讲习记》，《国粹学报》，1906。
李时编著：《国学问题屋百》，天津：天津古籍出版社，1986。
罗联添，张蓓蓓等编著：《国学导读》，台北：巨流图书公司，1990。
张岱年等著：《国学今论》，沈阳：辽宁教育出版社，1991。
张岱年：《国学丛书》，沈阳：辽宁教育出版社，1991。
章太炎：《国学讲演录》，上海：华东师范大学出版社，1995。
中华孔子学会编辑委员会组编：《国学通览》，北京：群众出版社，1996。
曹聚仁整理：《国学概论》“汤志钧导读”，上海：上海古籍出版社，1997。
赵吉惠：《国学沉思》，杭州：浙江人民出版社，1998。
胡道静主编：《国学大师论国学·序》，上海：东方出版中心，1998。
章太炎：《国学略说》，上海：上海文艺出版社，2001。
汤一介主编：《国学举要》，武汉：湖北教育出版社，2002。
朱维焕：《国学入门》，北京：中国人民大学出版社，2005。
刘兆祐、江弘毅等著：《国学导读》，北京：中国人民大学出版社，2005。
孔祥骅：《国学入门》，上海：上海人民出版社，2006。
郭庆藩辑：《庄子集释》，北京：中华书局，1961。
陈鼓应：《庄子今注今译》，北京：中华书局，1983。
曾国藩：《曾国藩全集·家书》，长沙：岳麓出版社，1985。
冯天瑜：《中华原典精神》，上海：上海人民出版社，1994。
侯外庐：《中国思想通史》第五卷，北京：人民出版社，1995。
夏传才：《十三经概论》，天津：天津人民出版社，1998。
龚自珍：《龚自珍全集》，上海：上海古籍出版社，1999。
梁启超：《饮冰室文集》，吴松等点校，昆明：云南教育出版社，2001。
钱穆：《庄子纂笺》，台北：东大图书股份有限公司，2003。
陈鼓应：《老子今注今译》，北京：商务印书馆，2003。
汕头大学新国学研究中心编：《新国学研究》（1～3集），北京：人民文学出版社，2005。
陈克明：《群经要义》，北京：中国人民大学出版社，2006。

后　记

一个曾经落后挨打的文化古国，在经济高速起飞之际，暂时因无暇回顾而失落了国学，或也能够理解。但是，当物质生活渐次丰盈之际，对精神家园的追寻渴望势必会重新抬头。我们在国内受的基础教育，中小学，很少有亲近国学的机会；上了大学，术业有专攻，离国学更为遥远。因此对于国学有隔膜，是不奇怪的。当前，国内出现“读经热”，又称“国学热”。读经，就是学习中国传统文化，就是研究中国学术。这是一种潮流，是我们今天学术研究的一个焦点、一个学术前沿。何谓国学？分歧者众。至少应该包容了一个国家曾经赖以生存的语言、艺术、思想、文化、历史，是民族文化的一个载体。真能担纲“振兴国学”的重任，撑起这面“国学”的旗帜不是一件容易的事情。现在当务之急，是赶紧厘清大学教育中该有“国学”的哪些内容。

“大学”是什么？什么是大学之理念？也许人们会有很多答案。蔡元培先生说：“大学者，研究高深学问者也，所以诸君须把定宗旨，为求学而来。”大学应该是研究学问、探究真理的地方。学问：正确地反映客观事物的系统学识，或学养。学术：系统的较专门的知识与学问。知识：人们在改造世界的实践中所获得的认识和经验的总和。

大学教育不止于“传道、授业、解惑”，也不应只是训练一技一能，它更负有如培根所说“发展知识”的任务。一个大学生应该对人类知识文化有相当程度的了解，对自己民族的学术文化有一定基本的欣赏和把握，同时也应该养成独立思考、判断的能力；有一种对真理、对善、对美等价值之执著心态。大学教育是以专精和通博求统一、求平衡的。国学中的《四书》第一篇是《大学》，第一句是：“大学之道，在明德，在亲民，在止于致善。”说的是一切学问，主要用意是在学做人、掌握人类的智慧。

10 年前，我为本科学生开了《中国文化概论》的课程，编写了《中国传统文化精神》一书（暨南大学出版社，1997）；3 年前，为教育硕士研究生开设《国学概论》课程。本书就是在这个课程的讲稿基础上，编撰而成。

两者的教学内容稍有不同，各有侧重。一是传授文化知识，一是教授中国学术，但目的是相同的，那就是重新认识自己的国家，重新认识中国的学术文化。我觉得开设“国学”课程非常重要。1985 年我曾连续 3 年在香港中文大学、香港岭南大学做访问学者，面对大千世界的香港颇为感慨。在一次记者采访中，我对中华文化表达了如下的观点：“香港文化是中国传统文化未来的发展方向。”实践证明我的话似乎没有错。1995 年调到广州大学以后，我开始讲授《中国文学批评史》和《中国传统文化概论》等课程。时代需要既懂中国文化同时又了解西方文化的人才。可以说，我要开设“国学”课，是与我的经历、思考相关的。

1. 如何对待传统、对待中国古代学术？我曾把中国与日本、印度、韩国及中国与西方作了比较研究。我发现，我们周边国家在实现现代化的过程中，并没有打倒他们的传统文化，而是在尊重传统文化的前提下实现现代化的。这就与我们不同，我们为什么一定要将传统文化打倒呢？从五四运动到文化大革命，一些人甚至都把传统文化看作是“祸根”、现代化的“绊脚石”，以至痛恨、挞伐传统文化，造成了严重后果。伤害了中国学术界、教育界，也害了大批青年学生。我们不能简单地批评年轻人遗弃了国学。一群在基础教育中被“国学”遗弃的孩子，事实上等于被他们的文化之母所遗弃。

2. 不学中国古代学术，使我们缺乏新力，缺乏自主创新能力。不学传统文化，不懂中国古代典籍，传统文化就将在现实的生活中消失了。我们的学术只能效颦西方模式，“言必称希腊”，缺乏原创性，而成为西方的“大后方”。这都是我们不重视传统文化所造成的危害。中国的青年学子甚至中年学者，有几人认真读过《十三经》、《二十四史》？他们在国内没有接受这方面的基础教育，值得深思。

3. 在文化发展上，失去传统文化就没有自己的特色。中国几千年积淀下来的文化家园、心灵家园没有了，我们还有什么呢？空疏的学风，缺少文化家园感，缺少精神文明的核心。一些人惟利是图、贪污腐化、道德败坏，这都与精神空虚、传统文化失落有关。没有系统的教育，我们求人不如求己——在民间，对于国学的渴望，由此可见一斑。我们应该好好学习、继承传统文化，要看懂读懂。

当然，读经并不是我们的目的，正如学习西方也不是我们的目的一样，我们的目的是创新、是发现。我们既要放开眼界吸取世界优秀的文化，更要吸取前人，学习中国古代的经典。同时，读经是提高人文素质的重要途径，也是一种文化涵养和文化修养的体现，不是太多为了功利，是一个人气质、性格的标志。它对我们的日常生活、谈吐举止都有益处。要成为一个有文化、有气质、有风度、有修养的人，我们应该从读经开始。

一个中国人要想深具典雅文明的底蕴，陶冶谦谦君子的人格，确实要经常翻阅中国传统文化的典籍，与浓缩于其中而永具生命力的孔子、孟子、荀子、老子、庄子等诸位大师进行对话。这不是发思古之幽情，而是切己的人生之更新、智慧的人性的审视。

人生在世，总想活得有滋有味，丰富多彩，这就少不了智慧的指点和帮助，智慧从哪里来？单凭自己冥思苦想、绞尽脑汁充其量是闭门造车，所得无几。于是人们要学习各种知识，目的是提高智能，增强人生奋斗的实力，丰富人生内容的趣味。而人类知识：科学知识，人文知识，它们都是智慧的结晶。国学是中国人智慧的海洋，几千年的智慧酝酿、完成、积聚其中，如同一座丰碑，令后人赞叹不已，也取之不尽。比起高深而略嫌枯燥的科技知识，更富有人情味，更蕴涵人文性。

两千多年前，一位老夫子感叹：“子在川上曰，逝者如斯夫!”这位老夫子就是孔子。他俯视大河，遥想古今，发出这由衷的感叹：“时间就像流水一样，滔滔东去，不再回头!”然而中国人时时回头，从历史留下的典籍中，不断汲取精神营养。中国经历数千年的磨难，最终不失为文明古国之气势，泱泱大国之雄风，其原因即在于此。“俱往矣”，历史人物及其智慧，不可浮现在眼前，但我们可以在中国文化古代典籍中，足以吟味、足以自豪。这些“原典”，包括《四书》、《五经》等，浓缩了中国悠久文化精粹，是中国人特殊生命内涵的精神源泉。它的价值就在于蕴藏在其中的人生智慧，体现了中国人的聪明和风趣，展示了中国人的机灵和灵巧，刻画了中国人的风度和气节。

“数风流人物，还看今朝”，正是这智慧培养了一代又一代人，成为书写历史、改变时势的人才和俊杰。所以“原典”（“四书”、“五经”等）及其智慧，永远都是最弥足珍贵的聪睿之源，都是启发后人的明智之泉。

2008 年春节，羊城白云山云山居